国家社科基金
后期资助项目

人工智能传播伦理与治理

杨旦修 著

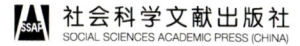

社会科学文献出版社
SOCIAL SCIENCES ACADEMIC PRESS (CHINA)

图书在版编目(CIP)数据

人工智能传播伦理与治理 / 杨旦修著. --北京：社会科学文献出版社，2024.7（2025.9重印）. --ISBN 978-7-5228-3908-0

Ⅰ.G206.2-39

中国国家版本馆CIP数据核字第2024SW0303号

国家社科基金后期资助项目
人工智能传播伦理与治理

著　　者 / 杨旦修

出 版 人 / 冀祥德
责任编辑 / 张建中
责任印制 / 岳　阳

出　　版 / 社会科学文献出版社·文化传媒分社（010）59367156
　　　　　 地址：北京市北三环中路甲29号院华龙大厦　邮编：100029
　　　　　 网址：www.ssap.com.cn
发　　行 / 社会科学文献出版社（010）59367028
印　　装 / 河北虎彩印刷有限公司

规　　格 / 开　本：787mm×1092mm　1/16
　　　　　 印　张：20.5　字　数：324千字
版　　次 / 2024年7月第1版　2025年9月第2次印刷
书　　号 / ISBN 978-7-5228-3908-0
定　　价 / 128.00元

读者服务电话：4008918866

版权所有 翻印必究

国家社科基金后期资助项目
出版说明

　　后期资助项目是国家社科基金设立的一类重要项目，旨在鼓励广大社科研究者潜心治学，支持基础研究多出优秀成果。它是经过严格评审，从接近完成的科研成果中遴选立项的。为扩大后期资助项目的影响，更好地推动学术发展，促进成果转化，全国哲学社会科学工作办公室按照"统一设计、统一标识、统一版式、形成系列"的总体要求，组织出版国家社科基金后期资助项目成果。

全国哲学社会科学工作办公室

目 录

第一章 绪论 … 1
  一 研究背景 … 1
  二 文献综述 … 5
  三 研究意义、内容与框架 … 27
  四 研究的目标、思路与方法 … 29

第二章 人工智能传播的伦理原则基础 … 33
  一 人工智能传播伦理原则的基本问题 … 33
  二 人工智能传播技术的伦理向度 … 42
  三 人工智能传播产品的伦理角色 … 46
  四 人工智能传播中的社会伦理 … 51
  五 人工智能传播中的自我伦理 … 58
  六 基于信息权利的人工智能传播伦理原则构建 … 61

第三章 人工智能传播中的数据伦理问题 … 65
  一 数据伦理问题的主要表现 … 65
  二 人工智能传播中的数据伦理问题归因 … 73
  三 人工智能传播伦理中的数据盲点 … 78
  四 人工智能传播中的数据公平伦理问题 … 79
  五 人工智能传播中的数据隐私伦理问题 … 82
  六 人工智能传播伦理中的数据共享问题 … 86
  七 人工智能传播伦理中的数据偏见问题 … 88
  八 人工智能传播伦理中的数据歧视问题 … 90
  九 人工智能传播中的大数据"杀熟"伦理问题 … 92

第四章 人工智能传播中的算法伦理问题 … 100
  一 算法伦理问题的主要表现 … 100

二　人工智能传播中的算法伦理问题的归因分析 …………… 107
　　三　人工智能传播中的算法与隐私伦理问题 ………………… 112
　　四　人工智能传播中的算法与安全伦理问题 ………………… 118
　　五　人工智能传播伦理中的算法偏见问题 …………………… 123
　　六　人工智能传播伦理中的算法歧视问题 …………………… 129

第五章　人工智能传播伦理问题的生成逻辑 ……………………… 136
　　一　人工智能传播技术伦理问题的生成 ……………………… 136
　　二　人工智能传播伦理问题生成的计算主义向度 …………… 142
　　三　人工智能传播伦理问题生成的技术逻辑 ………………… 144
　　四　人工智能传播伦理问题生成的社会逻辑 ………………… 147

第六章　人工智能传播伦理问题的国家规制与行业应对 ………… 151
　　一　人工智能传播伦理问题需要国家规制 …………………… 151
　　二　人工智能传播伦理问题的国家规制：溯源、内容、选择 … 156
　　三　人工智能传播伦理问题的国家规制价值 ………………… 164
　　四　人工智能传播伦理问题规制：国家与行业的互动 ……… 167
　　五　人工智能传播伦理问题的行业应对 ……………………… 170

第七章　人工智能传播伦理问题的生态治理 ……………………… 190
　　一　人工智能传播伦理风险溯源 ……………………………… 190
　　二　人工智能传播伦理生态治理必要性分析 ………………… 196
　　三　人工智能传播伦理生态治理的理论基础 ………………… 199
　　四　人工智能传播伦理生态治理的理念与价值取向 ………… 202
　　五　人工智能传播伦理生态治理的路径及对策 ……………… 208
　　六　人工智能传播伦理生态的构建 …………………………… 217

第八章　人工智能传播伦理治理的路径选择 ……………………… 224
　　一　人工智能传播伦理治理体系构建 ………………………… 224
　　二　基于法律保障的人工智能传播伦理治理 ………………… 235
　　三　以伦理为导向的人工智能传播主体责任落实 …………… 240
　　四　人工智能传播技术中的数据干预 ………………………… 247

五　人工智能传播中的数据伦理治理路径选择 …………… 254
　六　人工智能传播技术中的算法规训 ………………………… 257
　七　人工智能传播中算法伦理治理的区块链路径 …………… 266
　八　人工智能传播算法伦理治理与算法正义 ………………… 270

第九章　人工智能传播伦理治理的价值审度 ………………… 274
　一　人工智能传播伦理治理价值审度的基本问题 …………… 274
　二　人工智能传播与国家治理现代化建构 …………………… 282
　三　人工智能传播伦理治理：以人为本 ……………………… 288
　四　人工智能传播伦理治理价值：科技向善 ………………… 294
　五　发展人工智能传播生态经济 ……………………………… 300
　六　构建人工智能传播生态文化 ……………………………… 307
　七　走向人机友好的人工智能社会 …………………………… 318

第一章 绪论

一 研究背景

《中共中央关于制定国民经济和社会发展第十四个五年规划和二〇三五年远景目标的建议》指出：瞄准人工智能、量子信息、集成电路、生命健康、脑科学、生物育种、空天科技、深地深海等前沿领域，实施一批具有前瞻性、战略性的国家重大科技项目。[①] 本书面向未来科技发展趋势，聚焦人工智能传播伦理及其治理领域，将生态治理意识与责任关怀嵌入人工智能技术应用洪流，推动智能技术与信息传播的良性互动和融合发展，在文献梳理与实践观察基础上，为人工智能传播伦理风险治理提供新的路径参考。

本书以人工智能传播活动为研究对象，聚焦其引发的伦理风险及其生态治理。本书基于生态治理的视角开展研究：一是针对智能传播伦理风险进行系统性分析及治理，以此促进智能传播产业良性发展；二是立足于智能传播已上升到国家战略层面的现实情况，为构筑人工智能技术在信息传播领域的先发优势，助力国家在国际舆论场上占领信息传播制高点提供智力支持。

本书通过对人工智能传播主体与客体伦理风险问题的系统性分析，为人工智能传播伦理风险规制和伦理生态体系建设提供思路。

（一）人工智能传播主体伦理风险问题需要防范

伴随着人工智能产品的不断研发和改进，人工智能产品的应用更加广泛，性能也更加成熟和强大，社会进入强人工智能时代指日可待。强

---

① 《中共中央关于制定国民经济和社会发展第十四个五年规划和二〇三五年远景目标的建议》，《人民日报》2020年11月3日。

人工智能是真正接近人类的，可以自我学习、推理判断、研究分析的人工智能，具备类似人类的情感和意识，在面对不同问题时能依托大数据库做出最优决策；有生存和安全需要，甚至能创造出新的世界观，构建新的文明。2016年3月15日，人工智能机器人AlphaGo最终打败世界围棋冠军李世石，AlphaGo运用人工神经网络、深度学习、蒙特卡洛树搜索法等精确预设，计算每一步走向的胜利率。这次轰动世界的比赛不仅让公众见识到了人工智能的厉害之处，更是让很多人开始反思人工智能是否会对人类的主体地位造成冲击。①

强人工智能相比于人类而言具有不可比拟的优势。人类因为是生物体，会受到生理因素限制，而强人工智能在生命周期、学习能力和感知能力方面远超人类，可以完成短时间内的高效学习。

1. 人工智能机器人的主体性受到质疑

美国的发明家雷·库兹韦尔提出了AI技术奇点理论。他预言，2045年，人工智能将超过人类智能，他将这一时刻称为AI技术的"奇点"。当下社会，随着信息技术的飞速发展，人类社会发生了巨大变化。无人驾驶、无人超市、无人宾馆、智能家具等人工智能应用陆续出现在人们的生活中。"许多研究者认为机器人不可能真正地模拟人的大脑，理解人类语言、人的创造思维，机器人在语言、文化、思维上达不到人类的高阶认知水平。未来也不会出现超越或控制人类的机器。"② 但是随着人工智能的不断发展，机器人取代人类的言论变得多了起来。"机器人取代人类"涉及的风险主要是生存风险（existential risk），波斯特洛姆将其定义为这样一种可能性，"它所产生的不利后果将会摧毁整个人类，或永久地断送人类的发展潜力"③。

人工智能对新闻主持人行业形成了强烈冲击。新闻播音员主要通过电视或互联网平台，运用声音和副语言播报新闻稿件内容，承担"传声筒"的角色。AI合成机器人模拟人的语调、语速等，所达到的播报效果与新闻播音员接近。随着声音合成和图像模拟技术的发展，AI主播也呈

---

① 《人机大战，全球吸睛》，中央网络安全和信息化委员会办公室官方网站（cac.gov.cn）。
② 黄永明：《模拟人脑，迄今最大规模》，《南方周末》2012年11月9日。
③ Nick B., "Existential Risks", *Journal of Evolution and Technology*, 2002, (9).

现较为强劲的发展势头,传统的新闻播音员播报水平停滞不前,势必会被淘汰。另外一个受人工智能发展影响大的领域是会计行业,因为运用人工智能进行数据运算,能够提高数据核算效率、降低工作成本以及人员和设备的管理成本、加强相关机构的财务风险防范能力等,会计人员被取代的概率随着人工智能技术的迅速发展而增加。人工智能可从事信息录入、数据汇总、手账制作等简单却又繁杂的工作,相应的基层会计人员就业空间将遭到挤压。"几十年内,机器智能将超越人类智能,并导致技术奇点的来临。"①

目前,人工智能仍然处于发展的初始阶段,对于就业的影响还不够明显,现有的冲击还只是局部的、有限的、短期的,但人工智能在图像(人脸)识别、语音识别和指纹识别等功能上的应用趋于成熟,算法以及计算机技术的高速发展,意味着人工智能新的发展浪潮即将来临。当人工智能发展达到一定水平后,可能催生新的产业生态,那时其对就业的影响将是深刻而全面的。

2. 平台型智能媒体缺少人文关怀

在智能传播上,应该让人文关怀落地。国内第一个报道奥运赛事的人工智能机器人在短短 6 天内完成了超过 200 条的新闻报道,但是受众反映,报道内容并不全是他们想要的,机器人报道的内容缺乏对奥运竞技激烈场景的描述、对运动员精神面貌的烘托以及对观众情绪的刻画等。

人工智能在灾难新闻的写作上满足了"快"和"准"的要求,比如 2017 年九寨沟地震的消息传播仅仅花费了 25 秒。但是人工智能无法做到去灾难现场进行采访和报道。机器人没有人类的思考和判断能力,收集图像和文字后不能针对信息背后的含义进行深层理解,把关能力不强。机器人写作在灾难新闻中运用不当,将导致精神上刺激受灾群众、场景过分血腥和悲惨、受众接受度低等问题。而媒介从业者会根据经验基于伦理规范考虑救人优先还是报道优先?面对失去亲人的灾区群众要怎样合理采访?是否要对相关人员进行隐私保护?解决这些问题,需要弥补人工智能技术的人文伦理短板。

---

① 李恒威、王昊晟:《人工智能威胁论溯因——技术奇点理论和对它的驳斥》,《浙江学刊》2019 年第 2 期,第 53~62 页。

（二）人工智能传播客体伦理风险需要防范

新兴智能新闻平台以万物互联为基础，以"大数据+新闻内容"为形式，以迎合受众喜好为主要发展方向，在海量的信息中为用户寻找相关信息。个性化新闻算法推荐机制通过相关技术将信息推送给感兴趣的用户，实现了信息分发的准确性和高效性。但相对于整个真实的环境来说，用户接触的信息非常有限和单一。不知不觉中，受众主观判断不断被加强，可能导致自身思想僵化、主流价值淡化，最终诱发信息茧房、回声室、过滤泡、信息孤岛等效应。2018年发生的"江歌案"和"杭州保姆纵火案"等事件在短时间内得到大范围的传播，就是在无数个回声室的信息得到数倍放大的结果。

1. 群体极化风险

德国著名社会学家马克斯·韦伯曾把人类的理性分为价值理性和工具理性。"价值理性强调行为不计后果地遵从某些价值理念，工具理性重视为达到目的所采取行为的有效性以实现效用的最大化。"[①] 一旦工具理性凌驾于价值理性之上，人类将变成没有自主性的群体。个人的决策往往会受到群体间讨论的影响，从而容易产生与群体一样的结果，甚至出现极端状况。比如，某些网络媒体平台在浏览量的驱使下，使用人工智能"协同过滤"的方式传播舆情内容，让用户接触的信息都是和自己认知观念相符的内容，造成用户在"很多人撑腰"的心理下行为更加极端。受众们只局限于自己看到的部分真相，或者说只看到媒介推送到自己眼前的部分真相，却认为看到了全部的真相，因而迷失在算法虚拟世界中。

2. 社会关系瓦解风险

人们习惯于根据个人的喜好进行信息的选择，由于兴趣的引导，信息选择被偏好和习惯所束缚。智能算法推荐技术将用户想看的内容推送到其眼前，然而受众想看的并不是受众自主去看的，而是被算法记住了喜好之后推送的。算法迎合人们的猎奇心理，强调用户应该追寻"个

---

① 郝雨、李林霞：《算法推送：信息私人定制的"个性化"圈套》，《新闻记者》2017年第2期，第35~40页。

性",致使大量低俗、暴力等信息泛滥。

"随着网络技术的发展,公众只会选择注意自己偏爱的事物,为自己量身定制一份'我的日报',长此以往,公众自身将会禁锢于如蝶茧一般的'茧房'之中。"① "一项研究……在对77位用户的跟踪中发现,'今日头条'真正做到了'千人千面',没有两个人收到完全相同的内容推送。"② 然而,依据程序推荐新闻的模式,机器人不能像人类一样判断新闻价值,而只能根据固定的算法语言、数据语言、筛选模型选择新闻,由此难免导致信息内容低俗化的问题,造成用户信息接收的"窄化",让多元的信息传播受到阻碍,人们则持续在拟态环境、虚拟真实中迷失自己,最终困在信息孤岛上。2017年《人民日报》就曾连发3篇评论③批评算法推荐引发的乱象。

我们不可否认的是,随着智能技术的飞速发展,社会的"大断裂"④正在加速形成。每个人在互联网中都用独特的符号证明自己的独特性,这种独特性是可以被他人识别和接收的。针对每一个个体,人工智能会通过深度学习能力为其提供个性化服务,并且这些个体不会被当作整体对待。比如,通过数据挖掘,我们可以实现对个体偏好、个体性格等个性化信息的收集,由此生成个人画像。过度的个性化推荐可能会减少人与人之间的互动,限制主体接触和自己不同的世界观,从而致使社会分化严重。

二 文献综述

人工智能的持续发展和普遍应用为人类的生产生活提供了诸多便利,人工智能技术与信息传播的深度融合在逐渐催生人工智能传播这一新兴

---

① 〔美〕凯斯·R.桑斯坦:《信息乌托邦——众人如何生产知识》,毕竞悦译,法律出版社,2008。
② 王茜:《打开算法分发的"黑箱"——基于今日头条新闻推送的量化研究》,《新闻记者》2017年第9期,第7~14页。
③ 这三篇文章分别是:《一评算法推荐:不能让算法决定内容》《二评算法推荐:别被算法困在"信息茧房"》《三评算法推荐:警惕算法走向创新的反面》。
④ "大断裂"是弗朗西斯·福山在《大断裂:人类本性与社会秩序》中提到的一个概念。福山认为,后工业社会最大的特点是人们相互之间的有机联系被切断,社会各部分、各因素相互独立。

传播形态的同时，也诱发了不容忽视的伦理风险。同时，针对伦理风险的治理实践也在积极拓展中。

（一）国外研究动态

人工智能时代的传播伦理与治理，正在成为国外学者跟踪研究的重要领域。在智能传播过程中，有很多方面的因素会引发算法的伦理风险。一是 Møller 提出的算法技术所固有的缺陷和偏差，这些缺陷和偏差会带来系统性错误的风险①。二是 Gran 等提出的歧视性偏见，比如数据驱动算法决策系统的信息不透明所引发的算法决策的歧视问题和数字鸿沟②。具体来说，导入数据的权重、借助共享数据推断用户喜好引起的偏差等都会带来算法决策的歧视问题，而智能传播中的信息不对称和缺乏透明度等问题则会进一步衍生出数字鸿沟现象，影响用户数据素养的提升。三是 Rolandsson 等提出的人工智能技术对于用户个人隐私权利侵害的风险，因为基于数据共享理念，数据主体的信息在未经授权的情况下就被使用，其本质是对用户隐私的侵犯。③ 诸如此类由人工智能技术所引发的伦理风险层出不穷。DeVries 认为，其部分原因是人们对人工智能技术应用可能出现的道德陷阱的评估是滞后的④，这种滞后性主要体现在三个方面：第一，人工智能数据选择的偏差可能会因片面选择用户群体而导致不准确的结果；第二，用户数据的所有权规定因国家和领域而异，人工智能模型的成像数据从一种设置可能很难推广到其他设置；第三，人工智能算法使用图像数据进行识别可能会无意中暴露受保护的用户隐私信息。

因此，为了防范智能技术应用可能带来的伦理风险，Wendell 和 Colin 等人从技术和外部规制两方面出发提出了相应的治理对策。从技术角

---

① Møller, L. A. "Between Personal and Public Interest: How Algorithmic News Recommendation Reconciles with Journalism As an Ideology", *Digital Journalism*, 2022, pp. 1-19.

② Gran, A. B., Booth, P. & Bucher, T. "To Be or Not to Be Algorithm Aware: A Question of a New Digital Divide?" *Communication & Society*, 2020, pp. 1-18.

③ Rolandsson, T., Widholm, A., & Rahm-Skågeby, J." Managing Public Service: The Harmonization of Datafication and Managerialism in the Development of a News-Sorting Algorithm ", *Digital Journalism*, 2022, pp. 1-19.

④ DeVries, K. "You Never Fake Alone. Creative AI in action", *Information, Communication & Society*, 2020, pp. 1-18.

度，人工智能系统能够独立于人类做出自己的决定。学者把允许道德选择的人工智能系统称为人工道德行为体①。在可预见的未来，人工智能的最终责任仍然留给它的人类设计者和操作者，因此我们可以通过强化大数据行为分析领域中主体研究人员的伦理教育来降低大数据研究项目中的伦理风险，在智能技术的研发团队与不同学科的学者之间的沟通对话中增强智能程序设计主体的道德想象力②，以此优化机器人运行程序中的人工智能伦理和机器行为道德规则。通过"自上而下"的路径、"自下而上"的路径和"混合"路径来建构人工智能道德选择的模型③，最终打造出可解释的人工智能技术（XAI）来应对伦理风险。可解释的人工智能技术有三个维度的特征，一是可即时追溯的人工智能技术，即识别实时信息的能力，可以从数据信息的特征追溯至算法程序的本质；二是科学理性的人工智能技术，即可以追查每个预测背后的推理；三是 Moran 和 Shaikh 提出的，可被分析的人工智能技术，即基于模型做出科学合理的智能决策④。同时，从外部规制角度出发，Stray 认为，除了强调人工智能技术的升级以外，政府适当的监管和调节也会对此类智能传播风险的抑制起到一定的积极作用⑤。此外，Cloudy 等认为，一方面，政府应当为人工智能制定伦理实践准则，促进智能技术的普及和应用，这就要求其秉持促进人类福祉的原则去调整人工智能伦理的标准和研究新的伦理要求⑥，从而努力使人工智能伦理的实践效果最大化；另一方面，Guzman 和 Lewis 提出，政府还应该出台相关的法律法规，去规制用户数据、算法以及实践等多方面可能存在的伦

---

① Wallach, W., & Allen, C., *Moral Machine, Teaching Robots Right from Wrong*, Oxford University Press, 2009, p.97.
② Orr, W. & Davis, J. L., "Attributions of Ethical Responsibility by Artificial Ntelligence Practitioners. Information", Communication & Society, 2020, pp.1-17.
③ Wallach, W., & Allen, C., *Moral Machine, Teaching Robots Right from Wrong*, Oxford University Press, 2009, p.97.
④ Moran, R.E., & Shaikh, S.J., "Robots in the News and Newsrooms: Unpacking Meta-Journalistic Discourse on the Use of Artificial Intelligence in Journalism", *Digital Journalism*, 2022.
⑤ Stray, J., "Making Artificial Intelligence Work for Investigative Journalism", *Digital Journalism*, 2019 (09), pp.1076-1097.
⑥ Cloudy, J., Banks, J. and Bowman, N.D., "The Str (AI) ght Scoop: Artificial Intelligence Cues Reduce Perceptions of Hostile Media Bias", Digital Journalism, 2023 (9).

理问题①，以此通过顶层设计促进民生福祉的改善和产业的健康发展；同时把握新一轮技术革命的主动权，抓住人工智能战略发展机遇期，构建人工智能发展的竞争优势，尽快打造智能社会，用人工智能技术造福人民②。

纵观国外相关研究，大部分学者都基于技术伦理理论对人工智能传播伦理风险治理问题进行探讨，对于当前人工智能传播存在的伦理风险及其治理路径的研究已经达到一定的学术高度，为本课题奠定了坚实的学术基础。

（二）国内研究动态

下文主要从人工智能传播的伦理基础、人工智能传播伦理问题的生成逻辑、人工智能传播伦理的风险表现、人工智能传播中的数据伦理与治理、人工智能传播中的算法伦理与治理、人工智能传播伦理的生态治理、人工智能传播伦理治理的路径选择以及人工智能传播伦理治理的价值审度等方面对国内的研究进行综述。

1. 人工智能传播的伦理基础

人工智能技术对现代社会发展影响深远，它使传统意义上的传播由时空偏向的信息传播模式转为兴趣偏向的信息传播模式。但在大数据时代，人们保护隐私和信息安全的独立空间被压缩，网络空间歧视性的信息泛滥，版权纠纷问题层出不穷，这些都要求采用切实有效的治理手段进行规范和制约。

孙田田认为，伴随着人类社会的不断进步，社会形态逐渐由工业化转向智能化。智能社会作为智能革命的产物，是一个全面智能化的社会形态，它主要有三大特征，分别是社会发展的大数据驱动化、社会制造的全面智能化以及社会结构的扁平化③。在此基础上，成素梅进一步提出，相较于

---

① Guzman, A. L., & Lewis, S. C., "Artificial Intelligence and Communication: A Human-machine Communication Research Agenda", *New Media & Society*, 2020 (1), pp.70-86.

② Sundar, S. S., "Rise of Machine Agency: A Framework for Studying the Psychology of Human-AI Interaction (HAII)", *Journal of Computer-Mediated Communication*, 2020, 25 (1), pp.74-88.

③ 孙田田：《智能社会的特征及其挑战》，硕士学位论文，上海社会科学院，2018，第15页。

工业文明注重实现人的物质文化的丰足而言，智能文明更加强调实现人类精神生活的充盈，这是一种从赋能到赋智的精神文明的转变①。

智能技术的应用给人类社会带来了深刻的变革，它在医疗、教育、航空等领域建构起了全新的业态环境。我们可以从微观、中观、宏观层面来看人工智能对创新生态系统的变革和演化所产生的影响。李泽晨认为，在微观层面上，人工智能技术淘汰了一批传统产业和岗位，调整了就业结构；在中观层面上，人工智能技术改变了企业原有的管理和运营模式，促进了市场高效、智能化运行和发展，优化了资源配置，提高了生产效率；在宏观层面上，人工智能技术推进产学研平台的各个环节实现精准配对和个性化订制②。然而，智能技术的发展具有双面性，它在解放社会劳动力的同时，也给人类社会带来了严峻的挑战，主要体现在三个方面：一是大数据驱动对传统认识论的挑战；二是分布式的认知对传统责任观的挑战；三是人工智能对道德判断的挑战。具体来说，智能化社会的发展使得人们将个人数据信息的删除、遗忘和更改的权利让渡于市场③。王韫和徐迎庆认为，这种权利的让渡使得人工智能技术应用在社会结构、实践和先知偏见等三方面因素的共同作用下存在着一定的数据偏见④。而这种由大数据驱动的偏见在分布式认知的基础上会于无形之中被加剧放大。分布式认知即认知主体从单个的人变为分布式、去中心化的群体，这就进一步导致了问责难的问题，针对单一主体的措施已经无法适应伦理风险的治理需求，因此人们对道德的价值判断也逐渐由个人向社会层面转变⑤。同时，王东和张振认为，要关注行为主体所存在的伦理规范缺失和态度认知差异的问题、个体要素间所存在的情境变革矛盾的问题，以此避免过度的技术崇拜所导致的技术

---

① 成素梅：《智能社会的变革与展望》，《上海交通大学学报（哲学社会科学版）》2020年第4期，第9~13页。
② 李泽晨：《人工智能视角的创新生态系统演化研究》，《现代交际》2020年第17期，第242~244页。
③ 成素梅：《智能社会的变革与展望》，《上海交通大学学报（哲学社会科学版）》2020年第4期，第9~13页。
④ 王韫、徐迎庆：《负责任的人工智能与设计创新》，《包装工程》2021年第6期，第1~6页。
⑤ 孙田田：《智能社会的特征及其挑战》，硕士学位论文，上海社会科学院，2018，第15页。

理性与道德价值理性之间的矛盾，以及资本市场原始积累所带来的伦理主体的法律和道德归责问题。① 除此之外，版权和知识产权纠纷此起彼伏、人工智能市场的专业人才培养遭遇瓶颈，以及技术的异化导致用户成为高速运转的智能系统下的技术附庸，种种问题本质上都是对人的主体地位的冲击和挑战，也是未来人工智能技术发展必须面对的困境。②

因此，人们亟须深度思考在人工智能技术与信息传播的深度融合过程中，应该如何重塑人文社会—人工智能技术—主体问责机制三者之间的关系，消除原本二元对立的伦理危机，构建一个人与技术和谐共生、动态平衡的人工智能传播伦理生态系统，由此在赋智型社会中，克服人们在赋能型社会由于追求效率所导致的负面问题③。首先，要始终遵循科技造福人类的"科技向善"思维，在系统、全面的视阈下整体认识人工智能技术传播的伦理风险问题，注重发扬"以人为本"的人文主义关怀，不断规范人工智能技术的应用，使其不偏离正轨。其次，要坚持伦理先于技术、无伤害和公平公正的治理原则。夏永红和李建会认为，针对人工智能面临的道德抉择，可以通过"自上而下"路径、"自下而上"路径和"混合式"路径来打造机器伦理。其中"自上而下"的核心思想是："如果道德原则或规范可以清晰地陈述出来，那么有道德的行动就转变为遵守规范的问题，人工道德行动者需要做的就是去计算它的行为是否由规则所允许。""自下而上"的路径强调人工智能自主性，认为其可以通过机器学习以及自身适应系统的演进在具体的伦理情境中生成一套具有高度适应性的伦理原则。相比"自上而下"的路径，它强调通过对数据集的后天训练生成精准的推理机制。"混合式"路径是将前者的规则驱动和后者的技术驱动相结合的综合方式。三种伦理机制都需要算法设计者敏锐的道德感受力和广阔的伦理视野④。再次，

---

① 王东、张振：《人工智能伦理风险的镜像、透视及其规避》，《伦理学研究》2021年第1期，第109~115页。
② 孙伟平：《人工智能与人的"新异化"》，《中国社会科学》2020年第12期，第119~137页。
③ 成素梅：《智能社会的变革与展望》，《上海交通大学学报（哲学社会科学版）》2020年第4期，第9~13页。
④ 夏永红、李建会：《后奇点时代：人工智能会超越并取代人类吗？》，《教学与研究》2018年第8期，第64~71页。

要强化技术人员的责任和道德意识，推进平台人工智能伦理规范体系的完善与建构。设计者和操作者需要将反思性、响应性、审慎性和预判性等几个要素作为人工智能设计决策的责任框架，把产品是做什么的、流程是怎样的、目的是什么和涉及哪些主体等作为人工智能设计决策的逻辑要点，从而实现无障碍、广泛性、包容创新性的设计前景，将价值判断嵌入设计环节，不断优化人工智能产品的产品性能，造福于民①。最后一点也是最关键的一点，构建新型的友好人机协同关系是整个人工智能伦理规范治理中的关键一环，在此过程中需要不断推进人类智能和人工智能相互协调、良性互动，通过构建理想的人机协同关系来应对未来的智能技术伦理风险。要造负责任的人工智能，一是进一步促进智能技术进步；二是推进社会的可持续发展；三是提高用户的生活质量，更好地保护人类社会；四是促进社会的公平正义与和谐稳定；五是盘活市场经济，促进良性竞争。基于以上几点推进良性循环的智能传播生态环境的发展。

各类文献主要探讨了人工智能传播运行应该具备的伦理准则，有些是从技术维度出发，而有些是从社会维度出发，揭示了人工智能传播伦理系统结构的构成。从微观到宏观，相关研究比较充分地分析了人工智能传播的伦理基础，为本研究奠定了思想基础。

2. 人工智能传播伦理问题的生成逻辑

数据和算法分析在为人类的生产生活提供技术支撑的同时，也诱发了诸多数据伦理和算法伦理问题，可能会影响社会的稳定和公平。杨丽娟和耿小童认为，当前的人工智能技术面临着监管缺位、现有体系滞后、算法霸权、伦理关系失调等风险。首先是监管缺位。伦理问题与法律问题之间具有关联性和递进性，但是目前人工智能技术的应用缺乏相关的法律法规的约束和保障②。吴戈以人工智能时代自主决策和学习的典型代表——无人驾驶汽车为例，分析目前无人驾驶汽车在发展过程中可能出现的风险，诸如责任主体不明确、失业和隐私安全等。针对这些伦理

---

① 王韫、徐迎庆：《负责任的人工智能与设计创新》，《包装工程》2021年第6期，第1~6页。
② 杨丽娟、耿小童：《无人驾驶汽车的伦理困境及法律规制》，《沈阳工业大学学报（社会科学版）》2021年第4期，第371~376页。

困境，我们需要及时确认基本的伦理原则，并针对实践环节存在的伦理漏洞进行道德引导和价值规范，通过制定相关的法律法规来保障人类的安全与利益。① 其次是现有体系滞后。人工智能在释放巨大潜能、产生经济价值和带动广泛的产业变革的同时，也带来了诸多风险，然而现有治理体系难以适应人工智能的高度开放性和不确定性，无法满足风险治理需求。孙丽文和李少帅认为，人工智能技术应用引发的新兴风险治理议题超越了既有治理体系范围，传统风险治理体系亟须向以伦理嵌入为关键支撑的新兴风险治理体系迁移②。杨丽娟和耿小童从具体的无人驾驶汽车引发的伦理风险争议出发，结合无人驾驶汽车技术在实践领域引发的一系列问题，提出无人驾驶汽车的发展过程具备风险性，如在运行过程中需要获取用户的信息，使用户置身于透明化、开放化的境地。③ 经典道德责任论认为，人工智能体不具备情感意识和本我认知，因此不能为伦理风险引发的各类事故承担责任；但在实践中人工智能体仍然有依靠责任意识执行当前任务的可能，因此其在面对传播伦理风险时依然需要自主承担道德能动者的责任④。目前对伦理规制的重建和公共价值体系的再价值化显得尤为必要。再次是算法霸权。孙伟平认为，伴随传播媒介特质的变化，算法的技术壁垒使网络信息传播往往存在平台方的价值导向，信息控制和信息操纵成为社会的热点话题⑤。同时，智能技术的工具理性和人类社会推崇的价值理性之间存在着不平衡。从行为层面来看，工作人员的道德主体身份具有隐蔽性，当其出现越轨行为时难以追责，而人工智能算法的偏差会导致社会治理盲区。最后是伦理关系失调。谭九生和杨建武认为，在外部规制缺位或滞后的情况下，由算法霸权所衍生的伦理问题滋长。除了人工智能传播伦理风险，人工智能技

---

① 吴戈：《人工智能发展带来的问题及其伦理思考》，《中州学刊》2021年第3期，第93~95页。
② 孙丽文、李少帅：《基于伦理嵌入的人工智能新型风险治理体系建构及治理路径解析》，《当代经济管理》2021年第7期，第22~28页。
③ 杨丽娟、耿小童：《无人驾驶汽车的伦理困境及法律规制》，《沈阳工业大学学报（社会科学版）》2021年第4期，第371~376页。
④ 简小烜：《人工智能体的道德地位研究——基于责任论视角》，《湘潭大学学报（哲学社会科学版）》2020年第5期，第133~138页。
⑤ 孙伟平：《关于人工智能的价值反思》，《哲学研究》2017年第10期，第120~126页。

术风险的建构性、当前人类对风险认知的局限性等都是导致伦理风险进一步扩大的重要因素①。

虽然人工智能技术的应用会不可避免地带来许多潜在的伦理风险和社会问题,但当我们理性地审视这些可能的风险时,就会发现人工智能在从利益驱动到技术推动发展的过程中,这些风险并非不可控制。总的来说,我们可以采取体系化的应对方式,从技术治理、道德约束、强制登记与保险制度以及立法监管等方面出发,有效地处置甚至系统地化解人工智能的危害。例如,对于无人驾驶汽车的法律缺位问题,可以从制定无人驾驶技术应用准则、保证程序合法正当、建构风险防控机制以及将技术和理念相结合等方面来应对。对于人工智能的道德责任问题,我们可以赋予其"拟主体"的角色和地位,让人工智能体作为道德能动者,成为能够自主决策和进行价值判断的"拟主体"。简小烜认为,我们要将人工智能体在本质上与人类道德主体区别开来,认识到二者在认知、行动和决策等方面的不同之处,进一步发挥人工智能体作为二阶道德能动者的智能②。对于伦理关系失调的问题,可以从伦理嵌入视角出发,在数据采集阶段按照行业标准对输入的数据集做好数据筛查、数据清洗以及数据格式化的工作,避免数据偏见带来算法决策不公平的问题;在数据开发阶段摒弃过度攫取数据的霸权观念,依照市场机制和行业标准采之有度;数据开发平台要借助技术上的先发优势主动履行伦理风险治理的主体责任,严格自律;互联网平台应坚守广告开发与数据信息使用的职业伦理与道德规范,切实遵守规范对广告主、用户个人数据信息进行存储、管理与开发,完善技术保护体系,由此做到自身经济利益与平台用户个人利益兼顾,为维护社会的信息安全与长久发展夯实基础③。

以上文献从不同维度探讨了人工智能传播伦理问题的生成逻辑。学者们基于开阔的视野,从技术、社会以及制度等各个层面解构了人工智

---

① 谭九生、杨建武:《人工智能技术的伦理风险及其协同治理》,《中国行政管理》2019年第10期,第44~50页。
② 简小烜:《人工智能体的道德地位研究——基于责任论视角》,《湘潭大学学报(哲学社会科学版)》2020年第5期,第133~138页。
③ 孙丽文、李少帅:《基于伦理嵌入的人工智能新型风险治理体系建构及治理路径解析》,《当代经济管理》2021年第7期,第22~28页。

能传播伦理问题生成的隐蔽性、复杂性和广泛性。可以看出，已有文献还存在不够深入、不太全面的缺陷，研究亟待深入拓展。

3. 人工智能传播伦理的风险表现

数据和算法分析在为人类的生产生活提供技术支撑的同时也诱发了诸多数据伦理和算法伦理问题，可能会影响到社会的稳定和公平。在数据的开发阶段，一些犯罪分子可能会窃取他人的隐私数据开展犯罪活动，如通过暗网进行非法人口交易；在数据的应用阶段，不加约束的算法系统可能会对特定的群体产生算法偏见。

柯泽和程伟瀚认为，5G技术进一步重塑了人工智能时代的发展格局，VR、AR技术在传播领域的广泛应用也给平台网络用户以及新闻工作者带来了极大的便利①。杜森进一步提出，这种伴随智能技术进步所带来的人、机与自然关系的转变，工业经济、生活方式的智能化与人类思维认知的智能化等多个层面的变化被学者称为人的技术化现象②。目前，人工智能技术主要被应用于深度决策、自动推理和自然语言处理、专家决策等方面，但也存在技术应用困难、深度伪造等问题。夏鸿飞认为，这些问题和风险的出现与技术局限性、人类道德主体的认识局限性、法律法规和治理机制以及人工智能传播伦理监督机制尚不完善等因素密切相关③。就技术应用而言，在现实生活中，制造业、智慧农业等都是强封闭性的行业，但是现在大部分的人工智能技术项目都不符合强封闭性的原则，由此带来了技术应用的困难。陈小平认为，一方面，人工智能技术应用场景都是人为制造的，它不可能脱离人类主体而独立存在，因此目前的技术风险还没有出现明显的表现形式④；另一方面，人工智能技术的信息误判已经成为人工智能发展应用的严重阻碍。陈昌凤和徐芳依认为，深度伪造技术作为一种合成媒体技术，通过自动化手段删改算法数据，极容易被不法之徒用来盗取用

---

① 柯泽、程伟瀚：《人工智能时代的传媒变局、危机以及认识论误区——基于5G技术的理性与人文主义的思考》，《新闻与写作》2020年第1期，第72~78页。
② 杜森：《智能社会中人的技术化现象研究与本质批判》，硕士学位论文，渤海大学，2017。
③ 夏鸿飞：《人工智能技术及其伦理问题研究》，硕士学位论文，湘潭大学，2020。
④ 陈小平：《人工智能中的封闭性和强封闭性——现有成果的能力边界、应用条件和伦理风险》，《智能系统学报》2020年第1期，第114~120页。

户信息和隐私数据，加剧了短视频传播过程中的隐私泄露风险。① 不可否认的是，视觉信息对于人们认识世界发挥了重要的作用，但基于深度伪造技术的数据与信息的真实性正在面临挑战。苗争鸣等人认为，在经济利益和技术崇拜的主导下，深度伪造技术背离为人服务的初衷，对人和社会造成严重影响，从而引发传播伦理风险、社会信任危机、地缘政治冲突以及技术平民化风险。② 人工智能技术所带来的仍然是发展不平衡、不全面的民主，媒体在网络舆情发酵过程中失去了主导地位，信息传播媒介引发的人文主义危机不断涌现。例如，柯泽和程伟瀚认为，信息传播媒介引发了新闻编辑、新闻记者的失业危机，信息垄断的局面进一步影响人们对多元信息的正常理解和接受，人工智能技术本身又存在着失控的风险等③。针对这些风险，首先，我们需要对人工智能技术的应用采取理性认知，认识到物联网技术并未爆发、人工智能交互技术还未完全成熟以及定制新闻信息的使用存在风险等④。其次，我们需要在人文主义的引领下，将人文主义和技术理性相结合，把伦理规则嵌入设计环节，重视人的社会性和实践性，通过培养高精尖人才、加强国际跨领域合作来不断提升人工智能技术的发展水平，坚持采用负责任的、公平正义的友好型人工智能技术⑤。最后，要加强媒体、政府以及互联网平台等多方的合作，建立完备的媒介伦理秩序，实现道德法规、人文伦理和技术应用之间的动态平衡，以此在协同参与中形成多元化、全方位的治理体系，在主观能动性与客观规律性中找到价值的平衡⑥。

  以上文献主要探析了人工智能传播伦理风险的具体表现及其影响，

---

① 陈昌凤、徐芳依：《智能时代的"深度伪造"信息及其治理方式》，《新闻与写作》2020年第4期，第66~71页。
② 苗争鸣、尹西明、许展玮等：《颠覆性技术异化及其治理研究——以"深度伪造"技术的典型化事实为例》，《科学学与科学技术管理》2020年第12期，第83~98页。
③ 柯泽、程伟瀚：《人工智能时代的传媒变局、危机以及认识论误区——基于5G技术的理性与人文主义的思考》，《新闻与写作》2020年第1期，第72~78页。
④ 洪杰文、兰雪：《从技术困境到风险感知：对智媒热的冷思考》，《新闻与传播评论》2019年第1期，第101~109页。
⑤ 夏鸿飞：《人工智能技术及其伦理问题研究》，硕士学位论文，湘潭大学，2020。
⑥ 杜淼：《智能社会中人的技术化现象研究与本质批判》，硕士学位论文，渤海大学，2017。

一些学者列举了各类人工智能传播伦理风险表现的内容与形式。例如，人工智能传播领域的深度伪造技术通过自动化手段删改算法数据，构造虚假信息，具有异化传播伦理风险。探析人工智能传播伦理风险表现的研究已经形成了较为成熟的态势。因此，以上对人工智能传播时代信息传播伦理风险的系统化剖析具有较强的借鉴意义。

4. 人工智能传播中的数据伦理与治理

隐私问题是数据伦理问题的核心。人工智能技术的发展以大数据的收集为依托，而大数据的收集过程可能存在对用户个人信息的二次利用、非法收集以及泄露和扩散等问题。吴红和杜严勇认为，用户是行走的数据源，在网络上留下的数据脚印会被技术解构、重组为可识别的信息图谱①。刘丽和郭苏建认为，数据技术包括数据的生成，数据的收集，以及数据的分析、应用和整理等几个方面的技术②。李飞翔认为，在当下的数字化生存环境下，每个人在网络空间中的数字身份都潜藏价值，所以大数据在整合和抓取个人信息时很容易泄露个人的相关信息，人们仿佛置身于楚门的世界，在网站和社交媒体上的一言一行都存在被监控的风险③。刘丽和郭苏建指出，数据时代隐私保护的伦理困境主要表现为信息安全、数据霸权、信息鸿沟等诸多伦理风险④。其中，信息安全风险是指用户的数据权利容易受到侵害，技术红利无法公平地分配到每一个体身上。具体来说，用户为了获得各类信息服务而让渡给平台方的部分权利使得个人的数据权利难以界定，这就导致了在数据采集的过程中，部分平台为了降低数据开发的成本，常常未经用户的知情和同意，就对用户各方面的隐私数据进行截取和滥用，这种数据滥用行为在市场的自发性和逐利性的驱使下会越来越多，最终造成数据应用市场的失衡⑤。

---

① 吴红、杜严勇：《人工智能伦理治理：从原则到行动》，《自然辩证法研究》2021年第4期，第49~54页。
② 刘丽、郭苏建：《大数据技术带来的社会公平困境及变革》，《探索与争鸣》2020年第12期，第114~122页。
③ 李飞翔：《"大数据杀熟"背后的伦理审思、治理与启示》，《东北大学学报（社会科学版）》2020年第1期，第7~15页。
④ 刘丽、郭苏建：《大数据技术带来的社会公平困境及变革》，《探索与争鸣》2020年第12期，第114~122页。
⑤ 杨建国：《大数据时代隐私保护伦理困境的形成机理及其治理》，《江苏社会科学》2021年第1期，第142~150页。

数据霸权风险是指在智能传播过程中，平台用户感受到的世界与现实世界存在着信息不对称的问题。从数据来源来看，社会主流意识形态的数据信息充满着复杂性，大数据技术收集相关信息时并不会对信息背后的伦理问题仔细地进行探究和甄别，只能进行简单的清洗和梳理，主流意识中隐含的社会偏见和社会歧视数据仍然会被进一步应用到算法之中。从数据特征来看，大数据算法的基础是"分类"，它从历史数据训练中获取的数据只是符合人类对认知处理的简单化、范畴化倾向的量化数据，该数据来自个体，个体深植于文化内涵之中，文化意识本身带有主观性，这就让社会对于某一群体的歧视与偏见也会不可避免地代入算法程序之中[1]。颜世健认为，此类数据经由算法推送后会造成用户信息认知的窄化，导致信息茧房风险，并极易引发信息传播中的"洗脑"和"精神控制"问题[2]，而这将以更为隐蔽的方式放大社会歧视，加剧弱势群体的不利境遇。信息鸿沟与社会公平的理念相悖，此方面的风险则是由社会系统中信息资源的不平衡导致。

针对以上风险，面对大数据时代的社会公平困境，我们首先需要尊重与保护每一个用户的数据权利，既要打造数据共享的开放平台，平衡基础设施建设，也要建立全面、系统的洞察和监管机制，利用法律手段保护用户权益。对此程啸提出，用户个人的数据应该通过私权制度加以保护和规制；自然人对于个人数据可以积极使用，而当个人隐私和其他信息被侵害时应该得到相关法律的保护。[3] 其次需要以社会公平为导向，在人本主义、多元平衡和互惠共生等理念的指导之下，建立友好的人工智能发展路径，促进数据科学与人文社会的良性发展，实现算法设计者、政府、科学共同体、主流媒体、平台方等多元主体对人工智能数据伦理风险的协同治理，通过制定伦理治理原则、加强伦理引导以及技术支持、推动相关立法、保障用户数据可见性和提升算法透明度等对策，最终构

---

[1] 吴红、杜严勇：《人工智能伦理治理：从原则到行动》，《自然辩证法研究》2021年第4期，第49~54页。

[2] 颜世健：《数据伦理视角下的数据隐私与数据管理》，《新闻爱好者》2019年第8期，第36~38页。

[3] 程啸：《论大数据时代的个人数据权利》，《中国社会科学》2018年第3期，第102~122页。

建一个人机融合的良好传播生态系统①。例如，可以建立平台与用户的新契约，使数据权利的让渡在权威的信息规范条例下进行；可以量化数据管理过程中的各项用户指标，生成严格的伦理风险评估报告，以此倡导公平正义的新型价值理念。②

以上文献主要从人工智能传播中数据伦理的生成逻辑、数据公平、数据安全、数据隐私、数据共享、数据偏见、数据歧视、大数据"杀熟"等现象出发，从数据伦理的理论基础与现实依据，以及数据伦理的治理对策等方面进行深入而全面的探讨，视野开阔，思维缜密，富有创新意识，为人工智能传播中的数据伦理与治理问题研究指明了方向。

5. 人工智能传播中的算法伦理与治理

算法伦理风险是指在通过特定的指令和程序对数据进行开发时，产生的不可预见或者潜在的不良后果。算法伦理风险产生的主要原因是算法的不可控性、算法开发和应用过程中的主观价值偏好以及伦理约束机制尚不完善等。算法伦理风险主要表现为算法推荐可能引发的负面诱导、信息茧房、算法偏见以及算法歧视等。

郭林生和李小燕认为，算法伦理作为计算机科学与伦理学相交叉的研究领域，主要研究算法本身的伦理属性以及算法所体现出来的伦理功能③。姜野认为，目前，伴随着算法技术在信用评分、电子商务、医疗卫生和教育等方面的普遍应用，网络对发展过程中的自发拓展机制已经形成了路径依赖，而这一机制中的技术中立论形成的强大惯性不可避免地给社会伦理带来巨大影响④。首先，就信息传播而言，智能算法和机器算法正从宏观、中观和微观三个层面改变着传媒业态，由此引发了一系列的伦理风险，如侵权风险、文化风险和公共舆论风险等。以最为典型的智能算法推荐技术为例，受众所让渡的部分权利加剧了算法技术的滥用，平台企业出于资本的逐利本性将受众置于"全景监狱"的困境之

---

① 吴红、杜严勇：《人工智能伦理治理：从原则到行动》，《自然辩证法研究》2021年第4期，第49~54页。
② 刘丽、郭苏建：《大数据技术带来的社会公平困境及变革》，《探索与争鸣》2020年第12期，第114~122页。
③ 郭林生、李小燕：《"算法伦理"的价值基础及其建构进路》，《自然辩证法通讯》2020年第4期，第9~13页。
④ 姜野：《算法的法律规制研究》，博士学位论文，吉林大学，2020，第10页。

中。匡文波认为，算法推荐技术冲击了专业机构在新闻生产和传播中的主流地位，进而带来了算法偏见、回音室效应和用户的隐私安全问题①。其次，就数据权利而言，姜野认为，由于我国法律对数据市场的范围并未做出清晰的界定，因此在具体的算法实践过程中很容易出现极为隐蔽的对于"数字贫民"等弱势群体的数据权利的侵害和话语权的剥夺②。除以上两种伦理风险以外，由算法技术应用所引发的伦理问题还包括数字鸿沟、信息操纵和算法霸权等。王天恩将人工智能技术应用所引发的伦理问题划分为两种基本类型：一是人工智能发展给人类带来的存在性风险所引发的伦理问题；二是专用人工智能引发的技术性伦理问题。③这两类算法伦理风险产生的原因主要涉及两个方面。一是在算法的开发和应用过程中存在着不可避免的主观偏好。在算法程序的设计过程中，机器学习等人工智能技术通过合适的算法和数据训练可以自主编写代码，执行常见的信息服务指令，但是由于缺乏对人类社会价值判断和文化内涵的深层分析，这些人工智能技术常常会超乎算法和平台设计者的伦理规制，衍生伦理风险。同时在从开发到应用的过程中，开发和设计者的主观意志以及用户个人的主观偏好等都会进一步对收集的数据产生影响。二是对算法伦理的约束机制尚未完善。从开发设计到应用当中的算法伦理规范机制仍然处于改进阶段，平台算法引发的内容价值导向缺乏伦理和法规的全面约束④。

为了更好地发挥算法技术的工具价值，规避可能出现的伦理风险，学者从伦理规范、法律规制和多主体协同共治三个角度来实现工具理性和价值理性的动态平衡。首先是伦理规范。在智能算法深处，规则和规律越来越呈现一体化的发展趋势。针对当前层出不穷的伦理问题，传统伦理的界限正在"熔化"，而这也意味着智能算法的伦理规制越来越有必要在造世伦理层次展开，从个体伦理向类群伦理发展。张旺认为，可

---

① 匡文波：《对个性化算法推荐技术的伦理反思》，《上海师范大学学报（哲学社会科学版）》2021年第5期，第14~23页。
② 姜野：《算法的法律规制研究》，博士学位论文，吉林大学，2020，第10页。
③ 王天恩：《人工智能算法的伦理维度》，《武汉科技大学学报（社会科学版）》2020年第6期，第645~653页。
④ 张旺：《伦理结构化：算法风险治理的逻辑与路径》，《湖湘论坛》2021年第2期，第121~128页。

以搭建算法风险治理的伦理结构化进路，通过制定算法设计、开发和使用的伦理原则制度，确定相对稳定的伦理框架和逻辑体系，形成合理可靠的伦理关系结构，从而确保算法符合道德伦理要求。其次是法律规制。李昭熠指出，欧盟的《通用数据保护条例》在一定程度上为人工智能信息传播带来了积极作用，如充分维护用户的数据权利、有效推进平台友好型人工智能系统算法的建设等①。因此，制定行之有效的法律制度是"技术向善"的保障。郭林生和李小燕认为，要建立公平、公开和包容的算法机制，构建平台和用户双向互动的反馈机制，倡导科学合理的数字人权，推进这些机制在我国科技立法和数据治理领域的话语权，实现互利互惠、可持续以及良性循环的信息生态②。最后是多主体协同共治。针对各种算法伦理风险，我们需要号召多方共同努力，在发展人工智能技术与保障用户数据权利之间达到动态的平衡。丁晓东以治理算法推荐的乱象为例，提出算法的设计者要及时公开算法程序关联阈值和用户标签生成要素；主流媒体要加强对用户感知智能技术风险能力的培养；平台方要加强智能技术知识的普及，保证数据主体的可见性、自主性，在尊重用户意见和偏好的情况下进行信息的个性化推送；用户也应积极提升自身的媒介素养，参与风险治理。③

对于人工智能传播中的算法伦理与治理，以上文献首先探讨了算法伦理的生成逻辑，其次分析了隐私伦理、安全伦理、算法歧视以及算法偏见等四个方面的算法伦理问题，最后对算法伦理治理对策进行了探究。文献从多个视角非常精准地探析了算法伦理与治理问题，富有学术想象空间，但治理对策研究仍有很大的学术空间，比如可以区块链治理为核心，为算法伦理治理建立新的框架。

6. 人工智能传播伦理问题的生态治理

"Ecologs"（生态）起源于古希腊文，由两部分组成，前者"Eco"

---

① 李昭熠：《基于欧盟〈通用数据保护条例〉的智能传播研究》，《当代传播》2019年第1期，第85~88页。
② 郭林生、李小燕：《"算法伦理"的价值基础及其建构进路》，《自然辩证法通讯》2020年第4期，第9~13页。
③ 丁晓东：《算法与歧视从美国教育平权案看算法伦理与法律解释》，《中外法学》2017年第6期，第1609~1623页。

有"生存环境"和"家"之意,后缀"logs"有"论述"和"学科"之意。"生态"多表示生物的生存状态,既指代生物在自然环境下的生活习性与生理特征,也涵盖生物生存与发展的生理状态。生态的含义有广义与狭义之分,自然生态从狭义上说是人与自然界所形成的和谐关系结构,这是一种健康、平衡的生命系统结构;从广义上说,就是自然界的生物之间所形成的一种稳定、健康、均衡的生态平衡系统。本书使用的"生态"一词取其广义。从人的属性来讲,生态治理涵盖自然生态治理、社会生态治理和人的自我生态治理三个维度。本书的生态治理主要涉及社会领域,即社会系统中人工智能技术引发的伦理风险治理,主要指运用生态学原理对有害信息、资源和环境等进行调控管理,对受损的传播生态系统进行修补、改良、更新或重建的过程或活动,这些过程或活动符合生态系统的基本法则和特征。

在人工智能时代,传统媒体和新媒体都要加强信息生态系统的构建。刘语潇认为,智能平台以数据信息为核心,通过技术的更新升级不断嵌入媒体信息产业,而生态思维将成为未来媒体融合必不可少的支撑点①。有学者认为,诸如哔哩哔哩弹幕视频网的信息传播,其成功的关键在于"绿洲的生态",而该生态实现了信息系统的动态平衡,最终形成一个生态共同体②。王君超和张焱以人民日报社等官方媒体的中央厨房为例,认为人工智能技术自动化生产的新模式已经改变甚至重构了我国当下的传播生态系统③。由此可见,在人工智能传播伦理的治理中,生态观念尤为重要。卢迪认为,现有的治理主体并不具备全局性治理的效能,无论是政府、技术专家抑或用户都存在着参与治理的局限性,而引入的生态治理规则是倡导多元主体协同治理的动态平衡治理理念,其可以为现存的智能技术传播风险治理注入新的生机④。为此,我们需要界定传播生态这一基础概念。传播生态是将传播系统作为一个统一的整体,将生态思维应用到自然、社会和人类自身发展的复合型生态系统。韩晶等学者以微

---

① 刘语潇:《浅析智能传播时代媒体融合中的"生态思维"》,《北方传媒研究》2019年第6期,第36~39页。
② 刘起:《哔哩哔哩弹幕视频网的传播生态研究》,硕士学位论文,山东大学,2017。
③ 王君超、张焱:《中央厨房的创新模式与传播生态重构》,《中国报业》2019年第15期,第25~28页。
④ 卢迪:《双轮驱动媒体融合全面深入发展》,《中国报业》2020年第7期,第5页。

博平台为例,认为它的传播生态系统包含原生态、内生态和外生态三个层次,这三个层次分别对应的是移动互联网的技术支持、受众需求、文化供给以及国情政策①。姚曦和晋艺菡认为,传播生态系统具有系统性、反馈性、循环性、开放性和调试负荷性等特征,但这也使得传播环境容易遭受谣言、诈骗信息等信息噪声的影响和污染,带来网络舆论危机、隐私风险、数据权利受损、算法歧视、负面诱导和数字鸿沟等问题。②

为了构建良好的人工智能传播伦理生态,我们需要以当今学界关注的重点领域为切入点,实现三个目标:一是保护个人数据安全,实现其自由而全面的发展;二是更好地发挥大数据和算法程序的积极作用,把握信息安全的边界;三是引导信息价值伦理观念的重塑,推进全球善治,发展全球合智。姜文振认为,从人的维度看,全球合智体现在整个人类层面,它是人类社会作为一个整体的基本生态要求,是针对人的完整意义上的生态理念;从空间范畴上看,全球合智体现在全球层面,即生态所涵盖的区域范围是人的生存空间。因此,全球合智思想本质上体现在人类社会与其所处的空间环境关系上,它深刻地体现了马克思主义生态思想中人与自然关系的和谐本质③。而人类社会与其所处的空间环境的关系在人工智能传播伦理生态的语境下即为人类主体与人工智能技术之间的系统平衡。因此,诸多学者提出,人机合智传播伦理生态是未来人工智能技术发展的方向,而人机交互协同是智能传播伦理生态构建的关键。蓝江认为,未来的人机协同智能的核心在于集人类智能和人工智能之长,关键点是逻辑与非逻辑的碰撞融合、知与行的动态平衡,即统一与多元。也就是说,在人机交互过程中,人类主体会对以往的行为经验进行积累,对即将完成的工作进行能动的思考;而机器在不断的指令接收和执行中会量化和分析决策中个人数据的占比和权重,机器与人之间会逐渐形成双向的交互关系,被动与主动立场混同,单向的输出最终让位于双向交互的局面,只有这样才能进一步建构人类主体与人工智能技

---

① 韩晶、乔晓强、万里:《传播生态学视域下的微博健康传播研究》,《新闻知识》2012年第6期,第60~61页。
② 姚曦、晋艺菡:《网络舆论生态系统评估指标体系建构研究》,《湖北大学学报(哲学社会科学版)》2018年第4期,第151~159页。
③ 姜文振:《"后人类"时代的伦理困境与人文之思》,《河北师范大学学报(哲学社会科学版)》2021年第2期,第76~84页。

术之间交往互动的生态关系，最大限度地发挥各自优势，促进二者能量和信息的良性交换与循环。①

以上文献主要探讨了人工智能传播伦理风险的生态治理问题。当前探讨人工智能传播的伦理风险治理的文献已经很多，也达到了一定的学术高度。但是，大部分文献都是从传媒、法律以及技术等维度出发进行伦理风险治理的分析和探讨，缺乏整体性视野，缺乏对人工智能传播伦理风险的系统性归纳，也很少有学者将生态治理的理念系统化地引入人工智能传播领域，缺乏基于人工智能传播特征的传播生态治理研究。本研究引入的生态治理理念正是基于当前人工智能传播伦理风险治理困境进行考量的，旨在从生态视角进行治理分析，最终实现构建一个良性的信息传播生态的目标。

7. 人工智能传播伦理治理的路径选择

选择人工智能传播伦理治理的路径应借助算法设计者、政府、主流媒体、平台以及用户等多元主体的力量，通过制定治理原则、加强伦理引导和技术支持、推动多层级立法、保障用户数据可见性和提升算法透明度等对策，实现政府、科学共同体以及社会大众之间的协同治理，最终实现人机融合的良好传播生态。

人工智能伦理治理的路径选择既要兼顾科学与人文，将机器智能和人类智慧相结合，还要兼顾经济效益和社会效益，将商业原则和公益原则相结合。对此，陈仕伟将其整合升级为"公义原则"，这是一种伦理性的创新路径。② 在该原则的引领下，人工智能伦理治理可从技术的伦理嵌入和外部的伦理规制两方面入手。一方面是技术的伦理嵌入。人工智能技术的开发、设计、部署以及应用等各个阶段都需要融入责任意识，只有这样才能将人类伦理融入人工智能技术的全过程。杨爱华认为，在技术的支持下算法生产者可以将具体的伦理条目以数字化的形式输入计算机系统，以此赋予人工智能进行人性化判断的能力③。李飞翔认为，

---

① 蓝江：《从碳基伦理到硅基伦理——人工智能时代的伦理学浅论》，《道德与文明》2020年第5期，第36~44页。
② 陈仕伟：《大数据时代透明社会的伦理治理》，《自然辩证法研究》2019年第6期，第68~72页。
③ 杨爱华：《人工智能中的意识形态风险与应对》，《求索》2021年第1期，第66~72页。

这就要求建构算法系统设计人员等责任主体的道德标准，促使他们思考与评估算法的应用可能会带来不良社会后果，迫使他们从更具人文关怀、更体现社会伦理的角度去设计与改善算法程序，避免用户沦为技术与利益的奴隶，最终实现"技术向善"，从而实现增加社会福祉的美好愿景①。除了责任意识以外，还可以利用利益关联、社会实验等手段来辅助算法伦理治理。胡元聪认为，可以通过诸如 ESG 评级结果来指导投资，推动 AI 企业将道德责任与自身利益相结合，从而引导 AI 企业在 AI 产品的研发与生产过程中承担伦理责任②。颜世健认为，可以将社会实验与数据分析相结合，通过加入以人的需求为尺度的社会道德要求来辅助人工智能的发展，进而实现人性化的伦理治理③。另一方面是外部的伦理规制。学者郑智航认为，多元治理机制首先需要实现从一元结构到多元结构的转化，从政府一元管控到构建算法规制的合作治理路径，实现多元主体协作治理。④蒋博文认为，在解决技术维度的价值导向问题后，还要建立基于权利的数据共享机制，完善反数据垄断的相关法律以及自我参与式的数据分析等工作，平台方也要依据自身特点和用户群体需求制定出一套能够维持本平台健康运行的伦理规范，并将其作为日常运作的底层逻辑和传播规则，方便进行平台数据的溯源、信息传播的调控以及失范行为的捕捉与调节。⑤

在人工智能产品广泛应用的时代，价值教育最本质的内涵就在于人与智能机器能够和谐相处。一方面，人类逐步摆脱身体的束缚，不断地延伸着自己的社会关系，通过人工智能技术的应用让自身的解放和全面发展有了实现的可能；另一方面，人机协调和人机交互将会成为社会的普遍现象，人工智能机器人也会根据人类的需求，能动地调节自己的技

---

① 李飞翔：《"大数据杀熟"背后的伦理审思、治理与启示》，《东北大学学报（社会科学版）》2020 年第 1 期，第 8 页。
② 胡元聪：《我国人工智能产品责任之发展风险抗辩制度构建研究》，《湖湘论坛》2020 年第 1 期，第 70~89 页。
③ 颜世健：《数据伦理视角下的数据隐私与数据管理》，《新闻爱好者》2019 年第 8 期，第 36~38 页。
④ 郑智航：《人工智能算法的伦理危机与法律规制》《社会科学文摘》2021 年第 4 期，第 74~76 页。
⑤ 蒋博文：《市红色文化旅游传播的路径探究》，《山东干部函授大学学报（理论学习）》2020 年第 7 期，第 40~43 页。

能，以期与人类实现价值对齐，在这个过程中人和机器共同遵循无伤害、安全以及友好的原则。对于基于人工智能技术的传播伦理风险的治理，其路径选择需要平衡各方需求，既不能任由这种风险泛滥，也不能因实施过度严苛的法律法规而抑制人工智能传播的活力。

综上所述，学者们对于人工智能传播伦理风险的治理路径和对策的研究，是对人工智能传播伦理风险治理所要秉持的理念的具体实践。为了构建一个动态智能的传播生态治理格局，相关部门需要制定涵盖技术、经济、政治以及伦理等多层面的法律法规，与主流媒体一道形成强有力的主流价值引导力量，提高人工智能传播时代公共议题设置和舆论引导的能力；同时不断提升用户的信息素养，推动形成多元协同治理的局面。人工智能技术设计者应增强其道德想象力，抵御隐含的传播风险，媒体平台应建立技术响应机制，增强人工智能技术数据和算法的透明度，减少原始数据库的偏见复制，促进人工智能传播生态的良性循环。

8. 人工智能传播伦理治理的价值审度

人工智能传播伦理治理的价值在于实现社会效益，体现以人为本和数据人本主义，促进人的全面发展，形成动态平衡且互惠共生的系统观念，弘扬科技与自由、公正、透明等价值理念。

工具理性和价值理性一直都是技术发展绕不开的话题，其实质是对人文主义向度的技术思考。唐庆鹏认为，我们需要考量技术对整个人文环境和文化的意义以及对社会的影响，思考的路径主要分为工程主义和人文主义两个视野。工程主义往往立足严谨的科学数据；人文主义主要把精力放在对人工智能的社会反思上，这一点很好地弥补了工程主义所忽视的感性层面，但也可能导致人文主义者站在非专业的道德高地对人工智能进行过度的道德批判①。

目前，学界对于人工智能传播伦理治理的人文价值的思考主要从辩证思维和人本主义理念出发，集中探讨人的主体性、自由意志、全面发展以及人机关系等多个方面。首先，人的主体性基于我国传统文化中所蕴含的主体与附庸的辩证思维。坚持人类主体地位和智能技术服务于民、

---

① 唐庆鹏：《在工程与人文之间：人工智能技术的融合本质及发展原则》，《人文杂志》2021年第2期，第11~19页。

造福人类的思想是科学的辩证思维的重要应用。信息文明是以人类文明为基础展开的，人类的资源关系呈现出从物能化到信息化的发展，它凸显了发展归根结底是人类的发展这一本质内涵。也就是说，当代社会的发展正呈现人类本身的发展和社会进步的双向循环态势，其中人类的发展越来越处于主导地位。从物质生产到思想生产的人类发展过程，其实是从外在的物质条件到内在的精神需求发展的过程，是解放创造力、寻求创新力的过程。赵汀阳认为这也是未来信息文明发展的核心与关键[①]。其次，自由意志是自我认同的根据。在智能技术应用下的教育、医疗、无人驾驶领域，自由意志面临着传播伦理风险主体责任划分不清的风险。用户需要独立地判断智能技术带来的预测信息，以免在思想上被绑架，这样才能对自由意志的未来发展前景保持审慎和乐观的态度。韩水法认为，人文主义坚持理性的普遍性和自主性原则，技术的不确定性并不妨碍人类对自身的前景保持合理的乐观，人类应该保持开阔的视野，通过学习应对未来的诸多挑战[②]。再次，关于全面发展，刘志毅提出，人本主义思想就是注重人的全面发展[③]，比如道家思想中的"天人合一"就是对人本生态的鲜明主张。目前的人工智能仍处于对人类智能的简单模仿阶段，并不具备完全理解人类的能力，也无法理解事物背后的逻辑。闫坤如认为，人工智能技术从本质上看是对人类自我认知和价值判断的一场革命，它在发展的同时也在不断地推进和重塑人类的理论认识以及现实判断，重组人类与周围环境之间的关系，并且不断扩大人类对整个世界的认识视野[④]，推动人类自身的进步。最后，正确处理人机关系是人工智能和人类智能互相依存、共同发展的关键。当超级人工智能技术达到奇点状态时，即能够自我设计、自我优化，能够实现任何功能时，技术本身已成为绝对的主体，继而超越并支配人类智能。超级人工智能所带来的文化风险即表现为机器逻辑对于人类自身文化属性的侵入、支配与替代。基于人类"生物—文化"系统的脆弱性、唯一性以及整体

---

① 赵汀阳：《人工智能提出了什么哲学问题?》，《文化纵横》2020年第1期，第43~57页。
② 韩水法：《人工智能时代的自由意志》，《社会科学战线》2019年第11期，第1~11页。
③ 刘志毅：《人工智能的未来：理性主义抑或人文主义的选择》，《中国信息化》2018年第1期，第7~9页。
④ 闫坤如：《人工智能"合乎伦理设计"的理论探源》，《自然辩证法通讯》2020年第4期，第14~18页。

性，为了确保人类文明的可持续发展，就必须建立一个统合各类智能主体的"主体"，对所有极限技术进行管控，以维持生物主体与技术主体之间的均衡。实现这一人类文化系统之下的内在均衡其实就是智能与非智能、机器与生命、理性与非理性、还原主义与整体主义等整体化的进程。陈鹏提出，未来的人机融合智能会将人类智能处理和感知复杂信息的能力注入智能技术的算法推理过程，而人工智能技术高效处理信息的能力又可以协助人类完成许多复杂的事务性问题，最大限度地发挥各自优势，形成友好人工智能的循环生态系统。[①]

总体来说，国内相关学者关于人工智能传播伦理与治理研究的文献比较丰富，对于当前人工智能传播存在的伦理风险及其治理的研究已经取得了可喜的学术进步，但是研究的具体问题重复率也比较高，大多局限于数据伦理、算法伦理以及人工智能传播伦理风险的表现、影响以及治理方法等方面，对人工智能传播伦理风险的生成逻辑缺乏深入研究，导致在此基础上提出的治理方法显得空泛。因此，人工智能传播中的数据伦理和算法伦理风险生成的技术逻辑与社会逻辑，特别是基于人工智能传播伦理治理的理念、机制、模式以及路径创新还有很大的学术探讨空间。

三　研究意义、内容与框架

本书主要讨论了基于人工智能技术的传播伦理风险及其治理目标、路径和方法，探讨了智能传播模式的新规律与新特点，提出了建立良性的智能传播生态系统的路径。同时，本书将视野聚焦人工智能传播伦理风险的生态治理领域，将生态治理意识与责任关怀注入人工智能的技术洪流，推动智能技术与信息传播的良性互动和融合发展，进而生成一种人机合智的传播伦理生态，实现人工智能传播伦理与治理研究的学术拓展。

本书基于系统性的视角开展研究：一是针对人工智能传播伦理风险

---

① 陈鹏：《智能治理时代的政府：风险防范和能力提升》，《宁夏社会科学》2019年第1期，第74~78页。

治理进行系统性分析和研究，以促进人工智能传播产业良性发展；二是立足人工智能传播已上升到国家战略层面的现实状况，为发挥人工智能技术在信息传播领域的先发优势，助力我国在国际舆论场占领信息传播制高点提供智力支持。

本书主要研究人工智能传播活动，探讨传播过程中生成的伦理风险及其治理问题。主要内容包括人工智能传播的伦理原则基础、人工智能传播中的数据伦理问题、人工智能传播中的算法伦理问题、人工智能传播伦理问题的生成逻辑、人工智能传播伦理问题的国家规制与行业应对、人工智能传播伦理问题的生态治理、人工智能传播伦理治理的路径选择、人工智能传播伦理治理的价值审度。本书旨在通过对智能传播伦理风险及其治理问题的综合性研讨，完善和优化当前智能技术背景下信息传播的道德规范和伦理体系。本书的总体框架如下。

第一章是绪论。这部分首先介绍了研究的背景和意义，并对目前关于人工智能传播主题的国内外文献进行类别梳理和综合述评，分析现有研究的不足之处，为本研究提供借鉴。本章确定研究方向和研究方法并进行创新点的探讨。

第二章是人工智能传播的伦理原则基础。本章具体阐述了人工智能传播需要遵循的伦理原则；探讨人工智能传播系统的组成部分及其功能；从人工智能传播的伦理维度，包括社会伦理和自我伦理、人工智能传播产品的伦理角色以及基于信息权利的人工智能传播伦理原则构建等方面，剖析智能传播生态的嬗变。

第三章和第四章分别针对人工智能传播中的数据伦理问题和算法伦理问题进行深入研究，探讨其表现并对其进行归因分析。首先探讨了人工智能传播中的数据伦理与算法伦理问题的主要表现，其次对人工智能传播中数据伦理与算法伦理风险进行了归因分析，最后讨论了数据盲点、数据公平、数据共享、数据隐私、数据偏见、数据歧视、大数据"杀熟"以及算法与隐私、算法与安全、算法偏见、算法歧视等伦理问题。

第五章从三个层面回溯人工智能传播伦理问题的生成逻辑。第一是在数据收集、清洗和加工过程中，数据样本来源的复杂性、社会结构性偏见的复制等会导致主流意识中隐含社会偏见和歧视的数据被应用于算法之中；第二是在算法程序设计过程中，程序设计者的主体价值偏好、算法本身的不透明性、算法对有机世界的简单量化等也会衍生出伦理风险；第三是在人工智能技术应用和信息传播过程中，人机交互的偏见习得、数据应用市场失衡以及缺乏有力的法律规制等也会带来的伦理问题。

第六章是人工智能传播伦理问题的国家规制与行业应对。本章主要包括人工智能传播伦理问题需要国家规制的原因，人工智能传播伦理问题国家规制的溯源、内容、选择，人工智能传播伦理问题国家规制的价值，人工智能传播伦理问题规制中国家与行业的互动，以及人工智能传播伦理问题的行业应对等五个方面。

第七章是人工智能传播伦理问题的生态治理。本章对以往人工智能传播伦理风险的相关文献进行梳理，在此基础上引入生态治理理念，从而对人工智能传播伦理生态治理的必要性、理论基础、路径与对策进行深入探讨。

第八章是人工智能传播伦理治理的路径选择。本章考察了人工智能传播伦理治理需要秉持的理念及其具体实践。为了构建动态的人工智能传播伦理治理格局，有关部门需要制定涵盖经济、政治等领域的法律政策，与主流媒体一道形成强大的主流价值引导力量，提升人工智能传播时代公共议题设置水平和舆论引导能力。同时，用户应不断提高信息素养，参与形成多元协同治理的局面。人工智能技术的设计者应增强道德想象力，抵御隐含的传播伦理风险；平台应建立技术响应机制，增强智能技术系统中数据和算法的透明度，减少原始数据库的偏见复制现象，促进智能传播生态的良性循环。

第九章是人工智能传播伦理治理的价值审度。本章强调推进人工智能传播的发展应当提升"人的价值"并倡导人类"理想生活"的理念，即技术并不是价值中立的，它需要人类从伦理的角度进行积极干预和引导；人类的价值观要积极地作用于人工智能技术的发展进程，以增加社会福祉。

四 研究的目标、思路与方法

本书的研究目标如下。第一，人工智能时代用户面临着个人的信息安全风险，还有歧视性的信息泛滥以及版权纠纷等问题。当前的信息传播具有去中心化、扁平化和交互化的特征，自上而下的政府治理路径已经无法完成对人工智能传播风险的系统治理，因此，将生态治理的理念引入智能传播，构建一个多元协同、互惠共生、人机合智的良性传播生态就显得尤为必要。

第二，坚持系统性思维，以更全面的视角去看待智能传播，并在动态变化中描摹出智能传播生态系统的完整图谱，以此来完善对智能传播伦理风险的整体认知。同时，系统性思维也摆脱了微观视角的局限，为从宏观视角建构智能传播的伦理体系提供了可能。

本研究的基本思路有以下四点，具体研究方法为问卷调查法、深度访谈法、案例分析法和系统分析法等。

第一，基于一些国内优秀的智能媒体平台，对字节跳动、科大讯飞、今日头条、百度人工智能实验室等优秀媒体平台的人工智能编辑部的生产创作过程进行跟踪式观察，基于感性认识提升对智能传播技术的认知水平。从当前智能传播引发的伦理风险和信息生态治理的个案出发进行具体的分析。

第二，智能传播一直都是国内外学界关注的焦点，相关研究成果十分丰富，许多研究者从不同的视角出发对其进行深入探讨。本书从中国知网和谷歌学术两大平台择取与智能传播伦理风险相关的文献进行分类梳理，在整理大量文献的基础上辅以专著阅读，以此获得对智能传播伦理风险的特征、表现等的完整认知，为本课题的主要观点、研究方法和研究思路提供指引。

第三，本书重点探讨了人工智能传播的伦理风险及治理问题，对其本质属性和总的特征进行了梳理和描绘，并深入解读人工智能传播的底层技术基础；在前人优秀成果的基础上归纳出人工智能传播伦理风险与治理研究的内容框架，以从现象到本质的逻辑进路，根据人工智能传播伦理风险的种种表现，探究风险发生学逻辑，钻研人工智能技术应用原理，为风险的防范和应对提供可循之路。

第四，收集整理资料，拟定研究框架，结合问卷调查和深度访谈获取的实际信息，即时修正原有的写作框架，对人工智能传播伦理问题及其治理领域的优秀文献从感性认识逐渐上升到对其中心思想、主题要旨的提炼和理性分析，针对人工智能传播中的数据伦理与算法伦理风险的技术逻辑和社会成因制定相应的治理方法与对策。

本书依据人工智能传播伦理风险的表现和特征，采取了问卷调查法、深度访谈法、案例分析法以及系统分析法等研究方法。

问卷调查法。通过问卷调查的形式获取数据，利用SPSS对数据进行分析，了解当下人工智能时代公众对人工智能技术的态度以及对传播伦理风险的隐忧，根据收集到的信息对症下药，对写作方向进行及时纠偏，结合实际对人工智能技术伦理风险的治理进行分析，有理有据。

深度访谈法。宏观层面的智能传播包括信息收集、生产、传播和消费的全部过程。微观层面的智能传播是传播主体运用人工智能技术从事信息传播的一切活动。通过与国内处于人工智能技术传播应用前沿的工作人员进行深度访谈，洞悉人工智能传播伦理风险治理的最新动态，将理论研讨与技术实践深度融合。

案例分析法。随着人工智能传播的广泛普及和深度应用，暗含其中的伦理风险逐渐显现，伦理问题层出不穷。故有必要利用线上和线下两种渠道收集多样的伦理问题案例，为本课题的研究论证提供支撑。在了解案例情况的基础上，进行深度的原因分析和影响探讨，勾勒出伦理风险产生的深层逻辑，描摹出当前人工智能传播可能产生的伦理风险的整体样态。

系统分析法。本书从系统性和整体性的角度研究人工智能传播活动，对其内部的行动主体、伦理问题以及外部的传播生态和治理路径进行综合考量。同时，在整体性视角的基础上兼顾各部分之间的内在关联，将宏观与微观结合剖析伦理风险背后的原因，对人工智能传播的整体与局部进行有针对性的对策研究，以此构建一个全面系统的人工智能传播伦理规范体系。

本成果在学术思想、学术观念以及研究方法等方面有着独到的见解和创新。

一是学术思想创新。人工智能传播是一种高效率的传播范式，具有个性化、人格化、精准化以及人性化的特点，但是人工智能在信息传播过程中亦会伴生严重的伦理风险。本书在探析伦理风险市场逻辑的基础上研究和分析其治理理念与路径，以此建构一种良性的传播生态系统，为人工智能传播伦理与治理理论的研究和实践提供有价值的参考。

二是学术观念创新。本书秉持以人为本的价值理念,通过对人工智能技术中存在的数据伦理和算法伦理风险进行分析,提出生态治理的理念,以提升人工智能技术中数据和算法的透明度,减少原始数据库的偏见复制,促进人工智能传播生态的良性循环。

三是研究方法创新。本成果综合运用问卷调查法、深度访谈法、案例分析法以及系统分析法等研究方法。将社会科学和自然科学的研究方法和分析手段相结合是本研究的最大创新点。

第二章　人工智能传播的伦理原则基础

一　人工智能传播伦理原则的基本问题

当前，人工智能技术体系以海量数据为基础，海量数据则通过算法计算完成判断、预测与决策，因此，人工智能应用一定是离不开数据的。但是，如果想让人工智能走出"弱人工智能时代"，单纯依靠当前的技术体系是很难实现的，所以，在未来很长的一段时间内，人工智能技术应用依然会停留在一个相对初级的阶段。人类从"弱人工智能时代"走向"强人工智能时代"需要的不仅仅是技术上的突破，而且还有对其伦理风险问题的进一步探讨——人工智能技术的发展需要更符合实际的理论来引导。人工智能以"类人"的姿态出现在人类社会，必然会引起社会观念、社会结构的变化，甚至引发伦理风险，因此，只有建立人工智能技术应用的伦理约束机制，人类才能更好地与人工智能和谐相处。

（一）人权伦理问题

人权伦理问题是指在人类的人权规范中所涉及的一切伦理道德，在全社会的人权活动、人权规定中所蕴含的伦理价值观，以及人们本应遵守的社会道德的总和。① 在技术飞速发展的背景下，地球产生了"新的生命"，这些生命是前所未有的、人造的，是不可预料的。人类还未准备好与其他具有智慧的生命在地球上共存，这也使得传统哲学观念里的"人权思想"遭受到了前所未有的挑战，人工智能的人权伦理问题变得备受关注。人权伦理问题可以分为两个问题看待：一个问题是人类作为技术生产者，其主体地位和权利是否会受到人工智能技术深度应用的影

---

① 何志啸：《论人工智能技术发展中的伦理问题与对策》，《南方农机》2018年第6期，第17～18页。

响；另一个问题是拥有"人性"的人工智能是否应该被赋予人权？以上问题在学术界一直备受争议。

一直以来，人类都以地球上唯一的智慧生物来定义"人"，以"是否具有智慧"为判别标准将人和动物区别开来。但是人工智能的出现挑战了"人"的定义，使得人类不再是这颗蔚蓝色星球上独有的"智慧"，因为智能机器人被赋予了"人性"，能够像人类一样独立完成很多工作，甚至能够突破人类的心理和生理的极限，完成人类不可能完成的任务。人类社会想要继续向前发展必然少不了人工智能技术的帮助，而人工智能也将与人类共进退。那么拥有"人性"的人工智能是否应该遵守人类社会的道德准则？要遵守哪些道德规范？人工智能是否需要承担"人"的责任？该如何承担责任？人类如何处理与人工智能的关系……这些都是亟待解决的问题。

1. "人权"共享原则

非人类生命体的人工智能机器人同样应该享有人权。随着人工智能技术的高速发展，人工智能扮演的角色也从最初的辅助者转为替代者。不难想象，未来的智能机器人将深度融入人类的日常生活。就目前智能机器人的发展情况来看，它能够通过对数据的收集、计算和分析来判断人类的行动、偏好，而当个人信息暴露在机器面前时，个人隐私权面临被侵犯的风险。

智能机器人在运行过程中同样也受到道德的约束，就像电影《人工智能》所描述的那样：机器男孩虽然拥有了先进的情感程序，能够准确地对人类的行为做出回答和反应，却无法与人类在情感和道德上产生真正的共鸣。电影从人类的视角将人工智能在情感与道德上的悖论体现得淋漓尽致。作为带有情感的机器，人工智能也应该享有"人权"，更应该遵守社会道德规范。

2. 以人为本原则

在讨论人工智能问题时，我们最大的困惑就是人工智能技术的进步与人类的发展是否存在不可调和的矛盾，人工智能能否会强大到取代人类而独立存在的地步。机器作为一个独立存在、独立判断的主体时是否会打破人类社会的道德体系和价值观念。由于不确定因素的存在，人们对未知事物会产生恐惧心理，因此，人们对人工智能技术的发展存在很大的担忧。为了确保人工智能技术朝着积极、正向的方向发展，我们必须遵守机器人的三大定律：机器人不能伤害人类，也不能在人类即将遭受危险时袖手旁观；机器人必须服从人类下达的各项命令，与第一条定律矛盾的指令除外；在不违反前两条定律的情况下，机器人需要尽可能地保护自己。

3. "类人"动态原则

人工智能技术实现了"类人"的存在。人工智能技术就是将人脑以及人体独有的功能外化；在人工智能应用的设计和开发过程中，社会学、心理学以及哲学等都是需要深入研究的重要学科。人工智能在信息论、数理逻辑、计算机科学等的推动下已经取得了明显的突破，实现了在诸多场景中的应用。但是，不同的应用对人工智能所提出的要求也是不同的，所以我们要对不同领域、不同用途的人工智能应用制定不同的规则，以此加速人工智能技术在社会环境中的适应与融入。

（二）责任伦理问题

责任随着人类社会的产生而产生，同时也随着人类社会的进步而日益明确、具体。① 人工智能技术的快速迭代，给社会责任伦理带来了较大的冲击和挑战。首先，人工智能技术的发展是由人类推动的，人类必须为人工智能发展过程中所产生的问题负责；其次，人工智能技术的成熟使其逐渐涉足各个领域，在带来技术红利的同时也引起了人们的焦虑和恐慌。一时间，人工智能是否可以真正带领人类进入新的社会文明成为公众关注的焦点话题。

技术在发展过程中存在着众多不确定因素，所以极有可能造成人类社会发生本质性的变化。目前的人工智能技术正呈现加速前进的趋势，在这一不可逆转的演进过程中伦理问题更需要人们及时关注与解决。伦理问题不是简单的技术问题，更是关乎人类命运的问题，因此，在人工智能发展的过程中我们要明确责任。人工智能技术的发展和应用关乎整个人类社会，

---

① 程东峰：《责任论——关于当代中国责任理论与实践的思考》，中国林业出版社，1994，第13页。

但是目前与其相关的权责问题、法律法规问题都没有进行清晰明确的界定。技术的发展需要人类伦理的介入，对人工智能技术应用所诱发的伦理风险进行研究，也是对现今的技术环境进行监测和管理的前提。因此，无论是科研人员还是政府部门工作者都需要在技术的快速变迁中坚持前瞻性的眼光，给人工智能技术伦理议题留有足够的讨论空间。

1. 透明度原则

透明度原则要求人工智能的设计保证人类了解自主决策系统的工作原理，从而预测其输出结果，即了解人工智能如何以及为何做出特定决定。① 有学者将技术的透明性分为三类，分别是故意不透明、文义上的不透明和固有的不透明，这些不透明性让人工智能技术的设计和运作处于监管的盲区。② 人工智能在开发和运营的所有流程中都应该是公开透明的、允许接受监督的、可以解释其合理性的，其输出的结果是可以验证。当下人工智能主要是通过对海量数据的分析来做出判断，下达命令和指示，一方面数据来源的透明度很重要，不得通过非法手段来骗取和窃取用户的隐私数据；另一方面，由于人工智能算法是由特定的人群开发和设计的，在选择和处理数据集的过程中本身就存在某种偏见，存在着算法黑箱的可能，要避免不怀好意者通过对数据的清洗满足个人利益，破坏社会规则，影响社会公平公正。

2. 权责一致原则

权责一致原则指的是在人工智能的设计和应用中应当确保问责的实现。③ 换句话说，一旦技术出现问题，必须明确其中的责任应该由谁来承担。在技术不可逆的情况下，以审慎的态度去对待人工智能技术的责任伦理问题，是实现其可持续发展的前提。

首先，人工智能技术在开发过程中所涉及的数据、算法等应该及时存储并进行备份，方便后续出现意外时找到依据，并通过数据溯源等进

---

① 段伟文：《人工智能时代的价值审度与伦理调适》，《中国人民大学学报》2017年第6期，第98~108页。
② 故意不透明是因商业秘密或者国家秘密而产生的不透明性；文义上的不透明是因技术了解程度不同而产生的不透明性；固有的不透明则是因人工智能技术本身的复杂而产生的不透明性。
③ 于雪、段伟文：《人工智能的伦理建构》，《理论探索》2019年第6期，第43~49页。

行合理的责任归属划分。如果无法对现有的机器数据进行有效的意义提取，那么依赖算法技术进行智能决策的公司就应对此承担责任。责任原则的意义在于，当人工智能在社会生活的应用中导致道德伦理问题、违反法律法规、破坏社会秩序时，通过溯源追责，包括从技术层面对人工智能应用的开发和设计人员进行问责，建立合理的赔偿和惩罚体系，能够保障人类社会的公平正义。

其次，在实践中，由于人工智能的伦理体系尚未成熟，加之人们对道德伦理问题的忽视，人工智能的设计和开发团队往往考虑不周，进而造成算法歧视。另外，由于整个行业还未形成完整的工作流程体系，人工智能技术以多种方式被"碎片化"，例如，当一项算法技术经由多个公司共同设计而成时，其在复制、修改、出售等情景下的技术责任便难以界定。①

权责一致原则的实现有赖于利用人工智能算法进行决策的组织和机构肩负责任，对人工智能的设计和数据的运用以及算法决策流程、结果做出解释，以此规避算法黑箱问题。此外，相关部门也要完善监管制度，利用技术或法律手段增强技术纠错的可能性。美国公共政策委员会公布的《关于算法透明性与可责性的声明》以及欧盟颁布的《一般数据保护条例》即是这方面的范例。

（三）道德地位伦理问题

伴随着人与技术的频繁互动，人工智能技术给人类带来人权伦理风险的同时，也给人类带来了道德地位伦理问题。道德地位既是人与人之间相互尊重的基础，也是人的一项最基本的权利的基础，它基于人类所拥有的某些特殊能力，诸如推理能力、感知能力、语言能力等。然而，当下的人工智能也拥有了这些能力，即人工智能出现了"人的属性"，具备了某些"人的功能"。因此，对于拥有"人权"的人工智能，无论从哪一个方面来说都应该给予其一定的道德权利。人工智能虽然属于非生命体，但就其存在于人类社会，与人类朝夕相处，拥有"类人"的功能而言，也应该得到相应的权利保障。

---

① 刘培、池忠军：《算法的伦理问题及其解决进路》，《东北大学学报（社会科学版）》2019年第2期，第118~125页。

1. 道德权利共有原则

当人工智能技术进入超级人工智能时代时，人工智能就可能无限接近"人"，甚至具有人类的感情。对于那些拥有感情的人工智能，我们如果不承认其具有道德地位，就会鼓励对人工智能的压榨以及不平等对待。服务行业的人工智能很容易因为一点失误而受到不公平的待遇甚至伤害，人工智能受到伤害是否会产生过激反应，甚至是挑战人类的主导地位？我们推断答案是肯定的。这种不公平的待遇甚至伤害也是具有善良品质的人所无法容忍的，所以人工智能和人类一样应该享有道德权利。

2. 帮助人工智能获得道德权利

人类伦理和价值观念的发展过程，就是人类不断地将伦理关怀扩展到人们认为是自己亲属的那些共同体身上的过程。[①] 人工智能作为人类的发明创造，受到人类的支配和统治，所以人工智能是否能被社会所接纳、接纳程度如何都是由人类社会所决定的。为了推动人工智能技术应用的良性发展，我们要为人工智能争取道德权利，促进人与机器的和谐共生。当然对于这种权利我们也不能无条件地给予，而应该在坚持机器人永不侵犯人类的前提条件下，合理地考虑人工智能的道德地位、道德诉求和道德权利。

（四）代际伦理问题

代际伦理是人类各代之间的道德规范和伦理关系，它是社会伦理的重要组成部分。代际伦理问题包括代沟问题、当代家庭伦理问题等。[②] 随着人工智能的发展，人们对于智能机器人作为"类人"的存在已经逐渐默认。与人平等，拥有人权的人工智能在一定程度上与人相同，那么人工智能代际伦理的重要性显而易见。然而，对比人类通过自然繁衍产生后代，形成复杂的代际关系，人工智能是否能够繁衍后代，通过什么样的方式来繁衍后代，其代际关系又是什么样的？这些问题都亟待解决。

---

① 张华夏：《广义价值论》，《中国社会科学》1998年第4期，第25~37页。
② 何志啸：《论人工智能技术发展中的伦理问题与对策》，《南方农机》2018年第6期，第17~18页。

1. 道义与功利相统一的原则

在评判道义与功利的关系时，道义①是伦理支撑，功利②则是评判对象。儒家也承认道义和功利都是必不可少的，所谓"义与利者，人之所两有也"，即使尧舜也不能使人不去求利，即使桀纣也不能使人放弃义。③

在人工智能的设计和应用当中，要坚持道义和功利相统一的原则，在道义与功利发生冲突时，也应该以道义为先，功利原则服从道义原则。这就需要人们在进行人工智能的设计和应用时兼顾经济利益和社会效益，使得技术的决策过程、决策结果符合人类社会的道德伦理准则。发明人工智能的首要目的就是帮助人类更好地完成社会工作，其伦理价值也应该考虑在内。人工智能可操作性强、用途广泛、生产效率高，能够满足人类社会的更多期待。在各种实践过程中我们不难发现，最后能够实现共赢的正是合乎道义的。④

2. 和谐与整体相渗透的原则

代际和谐在人工智能技术应用领域也是不可忽视的。代际伦理并不是一成不变的，在不同的时代有不同的内涵。

打造和谐伦理学，旨在使非生物生物化、将生物人格化，以便将人类伦理法则扩展到一切生物领域，进而将物种伦理法则扩展到所有存在当中。人要善待他人，与人为善。更进一步，人要善待生物，与生物为善；要善待其他所有和人一样的生命和非生命存在，与所有存在为善。与人为善是人类伦理理念升华的基础，人只有善待他人，与人为善，才能善待其他生物和非生物存在；与生物为善是人类在伦理理念升华之路上迈出的具有决定性意义的一步；与其他生物和非生物为善，才能最终真正更好地善待人类自己，以至于在某种意义上不得不说，与万物为善

---

① 道义原则已经从人类（指在场的人类）的社会关系领域延伸到人与自然的关系领域，强调一切生物、无生物乃至一切存在的价值和权利，张扬"种际公正"。
② 功利原则把人的现实世界视为伦理致思的基点，强调人在道德面前的主体地位，把个人的幸福快乐和功利提到十分重要的高度来认识并赋予功利幸福效用以美德和善的意义。功利原则的另一个表现是最多多数人的最大幸福原则，即最大利益原则。
③ 王磊宁：《道义优先于功利：先秦儒家义利、王霸之辨的政治哲学阐释》，《理论与现代化》2019年第5期，第83~93页。
④ 王泽应：《正确义利观：建构当代国际关系伦理的基本精神》，《湖南师范大学社会科学学报》2016年第5期，第11~17页。

是人类伦理道德的至高境界。①

随着经济和社会的发展，代际问题也在不断演变，在国家与国家之间、民族与民族之间，不同文化之间都有很大的差别。代际和谐的本质是人与人之间的和谐共处，也是人与自然、人与其他生物或非生物之间的和谐共处。总之，要与人工智能和谐共处少不了"人类整体观念"，即"人类命运共同体观念"。这里的整体"不仅是一个实体性概念，而且是一个关系性概念"②，要将人工智能纳入这个范畴，才能够更好地实现人机的和谐统一。

3. 生存与发展相协调的原则

人类从诞生之际就在不断地突破极限，超越自我。当前，发展依旧是时代的主题和主要任务。但是世界的发展永远不是均衡和平等的，国家与国家之间、地区与地区之间在经济、科技等方面仍然存在着巨大差异。这是由于现代社会的发展观忽略了人类社会的可持续性，而更加关注个人主义和利己主义，这就导致了一些不怀好意的国家利用自身优势打压那些处于发展弱势的国家，加剧了世界局势的混乱和不平等。所以，要正确解决生存和发展的问题，使落后地区摆脱不平等的处境，就要坚持生存意识和未来意识，将人工智能的设计和运用建立在帮助人类共同发展的基础之上，而不是建立在满足少部分人私欲的基础之上，不要让技术沦为少数人牟利的工具。

（五）环境伦理问题

环境伦理强调人与自然和谐统一，强调"天人合一"的理想境界，是人类与大自然之间的伦理。人类无法脱离大自然而独立存在，人类发展所需要的一切资源都由大自然给予，高效、有价值地利用这些资源是人类的必修课，对大自然身怀敬畏之心也是人类生存和发展的信条之一。当人工智能成为社会的一部分，它也必须尊重大自然，维护生态平衡，这就需要在设计人工智能机器人时坚持环保理念。

---

① 廖小平：《论代际伦理及其关涉视域和基本原则》，《复旦学报（社会科学版）》2004年第2期，第101~107页。
② 廖小平：《论代际伦理及其关涉视域和基本原则》，《复旦学报（社会科学版）》2004年第2期，第101~107页。

环境伦理问题伴随着人工智能技术的进步、产品的应用而出现。人工智能技术发展所消耗的资源是巨大的，所带来的生态恶化问题是严峻的。如不对人工智能所引发的环境生态风险加以重视，人类社会与大自然的和谐共生必将难以实现。所以环境伦理问题在人工智能发展之初就应该得到充分的重视和讨论。

1. 可持续发展原则

可持续和发展是一个问题的两个方面，是相互统一的，是互为前提和条件的。发展必须是建立在可持续的基础上，地球上的资源是有限的，有些甚至是不可再生的，但是人类却需要代代传承，资源的有限性和人类生存繁衍的无限性要求人类在发展的过程中不能只专注于眼前利益，而要注重长远利益，要为人类后代的生存和发展考虑，为他们留下生存和发展所必需的资源。所以，人工智能技术要"在明确的未来价值目标导引下，自我选择发展道路、自我设计发展模式、自我调控发展秩序、自我规范发展行为"[①]，只有这样才能摆脱生存危机和现世主义，真正意识到"什么样的发展才是好的发展"、"为了谁而发展"和"为了什么而发展"，从而拯救人类自身。

所以，我们在人工智能技术的发展上要遵循可持续的原则，大力开发可持续材料，节约资源。这就要求采用人工智能技术设计和生产的材料是环保的、可再生的、不会对环境造成破坏的。人工智能技术也需要具有可持续发展的思维，在服务人类社会时、在进行复杂生产时都要从保护生态环境的角度出发，坚持走可持续发展的道路。

2. 人与自然协同进化原则

伴随近代科学的不断发展，人类不断地认识自然、探索自然和改造自然，在将大自然资源转化为科技成果的同时，人类社会也在悄然进步。但是，这种技术进步所造成的对自然的破坏程度也是前所未有的，由此所带来的连锁效应使得自然灾害频发。大自然无时无刻不在提醒人类：要与自然协同进化，找到人与自然和谐共处的平衡点。

客观来看，从古至今，人和自然相互依存和渗透，其间建立了强大

---

① 刘福森：《论发展伦理学——可持续发展观的伦理支点》，《江海学刊》2002年第6期，第12~17页。

的关系链,这一关系链时时刻刻提醒着人类,在社会发展的过程中必须认识到人与自然的关系可以利用,同时应该怀着敬畏的心态去实现人与自然的共同发展、和谐共生。人工智能就是要维护和促进人与自然的协同进化,帮助人类找到自然界的平衡点,用更加科学、更加理智的方法促进人与自然的共同发展。

3. 环境平等原则

人与自然是休戚相关、命运与共的,现代科学以及自然环境已经深刻地教会了人类这个道理。人类是自然界的一部分,是自然界的产物:一方面人类可以改造自然,使其更加适合人类的生存和发展;另一方面人类行为也受到自然界的约束。实际上,人类对自然的过度消费就是对自己的伤害,对自然的不平等对待就是对人类自己的不平等对待。人工智能若要成为人类社会的一部分,同样应该遵守环境平等的原则,以实现人类与人工智能的协调发展。

总之,无论是在社会生活的哪一方面,人工智能都需要遵守相应的伦理道德规范。一方面要保证人工智能不会威胁人类社会的稳定发展,不会取代人类对于社会的主导权,永远保障人的主体地位;另一方面,遵守伦理规范也将有利于人工智能朝着积极的方向发展。当人工智能对于人类社会文明存在威胁时,其发展必然会受到限制甚至是被终止。但是,人类文明若要突破限制,更上一层楼,就必须借助人工智能的力量,突破人类在生理和心理上的极限。

二 人工智能传播技术的伦理向度

当下我们依旧处于"弱人工智能"时代,大数据和算法技术使得传播更加精准化,传播的边界和范围也在逐步扩大,人工智能技术正在打破传统本质主义研究背景下学界对传播的定义和解读,智能时代的到来推动了社会的进步和经济的发展,催生出了新的产业形态和商业模式。但是,人工智能技术的应用也给人类社会带来了焦虑甚至恐慌,技术在提高生产效率的同时,也让人们担忧自己被人工智能所取代。因此,为了实现技术的可持续发展,人工智能必须成为一股"向善"的力量,这就要求学界和业界对于公众面临的智能技术伦理风险进行广泛而充分的讨论，关于技术伦理问题的研究也迫在眉睫。

人工智能传播技术主要包括自然语言处理、机器学习、深度学习三大方面。自然语言处理技术能够最大限度地提高机器与人类交流的效率，也能够实现机器与机器之间的交流。自然语言处理技术目前已经广泛应用于语音识别、互动问答、机器翻译、决策预测等方面。

机器学习是一种帮助机器实现学习的方法。深度学习对于机器而言无疑是一种自我提升和自我完善的重要途径，而"性能"是机器学习和深度学习的重要区分点。深度学习应用于大数据，通过对大数据进行收集和分析，找到数据与数据之间的联系，从而发现事物运动发展的轨迹和规律。如果进行深度学习的数据量很少，机器可能无法从数据中得到想要的答案，深度学习的"性能"自然也就不尽如人意，所以必须加强数据的收集和处理。

深度学习与传统的机器学习相比更加复杂和精确。图像识别是深度学习最早尝试的领域，也越来越成为 AI 主导的应用领域。[1] 系统可以被设计为操纵预先编写的例程，该例程分析图片中的形状、颜色和对象，扫描数百万个图像以便学会正确识别。随着算法技术的进步、计算能力的提升和更多的训练数据集的出现，机器学习获得了迅速发展，但机器学习如果过于依赖人的提示就会造成很大的误差。因此，"深度学习将取代人工特征+机器学习的方法而逐渐成为主流图像识别方法"[2]。当人工智能不断地模仿人类、接近人类的时候，相关的伦理也应该符合人类社会的要求。

（一）科技向善原则

"善"是个体、社会的绝对原则。"善"看起来是一个很普通的概念，却是古今中外许多伟大思想家思考的哲学主题。苏格拉底被认为是西方最早思考"善"的哲学家，他认为"善"表现在三个方面：第一，"善"表现为一种秩序，这里的秩序是自然的秩序，符合自然规则就是一种善；第

---

[1] 百度在 2012 年底将深度学习技术成功应用于自然图像 OCR 识别和人脸识别，并推出相应的桌面和移动搜索产品；2013 年，深度学习模型被成功应用于一般图片的识别和理解。

[2] 余凯、贾磊、陈雨强等：《深度学习的昨天、今天和明天》，《计算机研究与发展》2013 年第 9 期，第 1799~1804 页。

二,"善"表现为自由、自制和自主,这显然是对个人提出的要求,一个人必须拥有足够的智慧才能实现自由、自制和自主;第三,"善"就是使事物有益,这一点尤为关键,如果说前面两点是"善",那么成就这些"善"就更加是一种"善",是"善"的力量和"善"的机制。

善意是人类社会美好、高贵的品质之一。在现实生活中,科学技术作为中性的存在,本身没有善恶之分,我们对其不掺杂任何感情和价值判断。但是当科技成为人类手中的工具甚至武器时,人类赋予了它目的性和工具属性,由此人类对它形成一定的价值判断。可以说,如果科技带来的正面结果远远小于其可能产生的负面结果,那么这样的科技及其衍生产品就应该被限制。比如,核武器能够一瞬间把一座城市夷为平地,爆炸后留下的放射性物质对人体和环境都具有极大的危害,那么这样的技术就应该被限制。但是,与核武器原理一致的核电站能够给人类社会节约资源,减少污染。所以,科技本身是没有明显倾向的,之所以讨论"科技向善"的原则,是因为人工智能技术的飞速发展很有可能导致人类在未来失去对技术的控制,从而对社会文明的进步和延续造成威胁。①

然而,人工智能更加偏向于中性技术。在互联网领域,人工智能技术主要应用于信息搜索、人脸识别等,这不仅促进了信息获取权利的平等,也方便了人类的生活。但是,当人工智能用来收集用户的个人数据时,技术就可能成为违法犯罪者贩卖他人隐私的工具。所以,从当前来看,人工智能技术本质上是中性的,关键在于人如何使用。人要承担起责任,人的价值观与责任决定了科技的未来;要警惕"技术万能的幻象、技术替代的幻象、技术赋权的幻象和技术共赢的幻象"②。同时,还要仔细区分技术对人的奴役和对人的拓展两个方向。

(二) 人文主义导向

人文主义坚持以"人"为中心。无论是在西方还是东方,都强调对人的关怀,对人的价值的肯定、对人的尊严的维护、对人的生命的尊重,

---

① 伏志强、孙伟平:《科技向"善":人工智能发展的价值遵循》,《甘肃社会科学》2021年第2期,第97~103页。
② 韩志明:《技术治理的四重幻象——城市治理中的信息技术及其反思》,《探索与争鸣》2019年第6期,第48~58页。

对人的精神生活的关心；都强调珍视人类社会发展过程中保留下来的文化精神现象，塑造和培养人类行为准则以及理想人格。从某种程度上来讲，正是人类这种不断完善自我、发觉自我的精神，才使得人类区别于其他生物，成为地球上独一无二的存在。

可以说，正是有了人文主义，人类才成为万物之灵。人工智能作为社会的一分子，也需要尊重"人"的价值，尊重人类生存和发展的伦理，和谐共生。如果人工智能机器人成为与人类智慧相似的非生物，获得了人权和道德权利，更应该做到与人类相互尊重。从一定程度讲，维护人类的权利就是维护人工智能的权利。

（三）嵌入人类道德价值

人工智能的应用，可能是影响深远的社会伦理试验。未来人工智能的发展方向是让机器能够与人类一样拥有智慧，可以思考和学习。当人工智能拥有了错误的思想和意识，就可能走上一条与人类社会相悖的道路，最终导致人类社会的颠覆甚至灭绝。为了维护世界的和平与稳定，我们就需要通过程序设定给智能机器嵌入正向的价值观和伦理规范，让人工智能具有和人类一样的伦理道德意识。

在全球范围内，多位顶尖的人工智能专家都在警告人工智能潜在的应用风险。[①] 如今的人工智能自主性还很低，只能处理简单的单项任务，那些能够自主学习和独立思考的智能机器人仍存在于科幻小说中，但是我们依旧不能忽视人工智能技术应用存在的潜在风险和隐患，要及时规避风险，保障其发展的正向性。

对于人工智能所存在的隐患和风险，学界和业界逐渐形成一个共识：利用技术设计给人工智能嵌入人类的道德价值观和行为准则，使他们能够理解人类社会的准则，使他们和人类一样具有羞耻感、同情心、责任心等。同时，学界和业界更加希望人工智能能够通过深度学习，吸取人类社会道德价值中的"善"，能够理解人类社会的运行法则，并将人类

---

① 2023年5月30日，一份仅有一句话内容的《AI风险声明》获得包括OpenAI首席执行官 Sam Altman、图灵奖获得者和"深度学习之父" Yoshua Bengio 以及 Geoffrey Hinton 等AI领域权威专家联合签名并发布。该声明表示"……人工智能灭绝的风险，应该与流行病和核战争等其他大规模社会性风险一样，成为全球优先解决的事项。"

社会的道德与人工智能的发展结合起来，甚至人工智能可以反过来促进人类进步，从而达到规避风险、保障人的价值、控制潜在隐患的目的。

（四）维护"人"的主体地位

普罗塔格拉曾说："人是万物的尺度，是存在的事物存在的尺度，也是不存在的事物不存在的尺度。"① 首先，作为主体的"人"是作为客体的万物存在与否的尺度。一方面，若无主体存在则无客体存在；另一方面，某一纯粹的自然物，若无主体介入对它做出某种规定，那么作为客体而言，它还不存在。当然，作为纯粹的自然物，它无疑是存在的，只是这种存在对主体而言并没有什么意义。② 作为客体的人工智能，是因为主体的人的存在才有了存在的意义和价值。当然，人工智能也是客观存在的，人工智能的出现本就是为了帮助人类更好地完成工作，帮助人类更好地生活，一旦失去了人的主体地位，它对于人类社会而言也就失去了原本的作用。并且，人工智能的发展也存在着众多的不确定性因素，会对人类社会甚至是地球的未来产生重大影响。因此，我们更应该在坚持"人"的主体地位的基础上，保证人工智能技术的发展是积极的。

技术本身是中性的，单纯的对技术抱有乐观主义或者悲观主义都是不恰当的，都会在人工智能技术发展过程中产生不良影响。冷静、理性地看待问题才能够把握住重点。所有的技术都是遵循自然规律并运用自然规律，进而实现人类发展的目的。我们也应该明白，技术作为人类社会的产物，其本身就体现着深刻的社会属性，但是技术的发展也必须遵循自然规律，从这一层面上来看，技术是社会性和自然性的统一。③ 所以，在保障合理性的基础上，发展人工智能技术才是最好的选择。

三 人工智能传播产品的伦理角色

人工智能传播产品应该被人们使用和消费，并且能够有效满足人们

---

① 叶秀山、傅乐安：《西方著名哲学家评传》，山东人民出版社，1984，第421~423页。
② 龚桂明：《人的主体地位的首次确立——普罗泰戈拉的名言"人是万物的尺度"阐释》，《华侨大学学报（人文社科版）》2001年第1期，第10~14页。
③ 杨树凡：《关于技术中性论的新思考》，《辽宁教育行政学院学报》2006年第11期，第42~43页。

的某种需求。马斯洛的需求层次论将人类的需求分为不同的层次，也暗含了人类需求从物质需求到精神需求的升级，不同层次的需求决定了产品的设计走向和功效，不同的产品又要有针对性地满足消费者需求，这就意味着产品的属性必须是多样的。人工智能技术也运用于社会生活的方方面面，也与其他产品的功能相互融合，促进产品的智能化①。人工智能与其他不同产品的融合发展及其本身产品的多样性就使得人工智能所要扮演的角色更加复杂多样，但是无论扮演什么样的角色始终都要将人的主体地位放在中心，遵守机器人的三大定律。

以当前情感机器人的运用为例。情感机器人是在智能机器人发展过程中的一个创新，结合人工情感技术，通过感情表达、感情识别、感情理解等功能，来实现全新的、具有感情的、双向的人机交互。目前，情感机器人的应用不限于提高产能、充当辅助医生、照顾老人和陪伴孩子等，还可以通过与人类进行情感上的交流，满足人类的情感需求。当情感机器人应用到社会各领域，变成保姆、礼仪小姐、教师、情感伴侣以及"家人"时，人机交互的新形式将会引发更多的社会伦理问题。例如，当情感机器人引入家庭时，它将打破传统的家庭结构和家庭关系，并对家庭成员产生一定的影响；在情感机器人与家庭成员密切接触后，家庭成员可能会担心自身的隐私性信息得不到保障。同时，在科技高速发展的情况下，情感机器人与人越来越相似，从而导致一些群体更加愿意与情感机器人交流与相处，而不是与真人交流与相处。除此之外，许多企业大批量用情感机器人，导致失业问题。

（一）作为人类行为的模仿者

在人类生存与发展的过程中，人类是作为模仿者而存在的，模仿本身就是一种学习的过程。一方面动物会模仿人类行为。研究表明，通过训练的动物是会模仿人类行为的，这种模仿可能会增加动物的生存概率。

---

① 《2023年中国智能家居（AIoH）发展白皮书》认为，如果将智能家居的发展分为三个阶段，1.0时代还是以智能单品设备为核心，人们可以通过手动、语音等方式完成设备的基础智能控制。到了2.0时代，家居多元化场景成为核心，借助网络通信与物联网技术，智能家居能够满足家庭的多样需求，促进场景的整体联动。到了3.0时代，用户个性化需求将成为核心，智能家居借助机器视觉、深度学习、语义识别等技术，加强了自主决策能力。

另一方面，人类也会模仿动物的习性或者身体构造，以此发明人造物为人类生活提供便利。例如，人类根据蝙蝠的超声波系统发明了雷达；根据鸟身体流线型的特点设计了飞机；根据鱼类在水中上下游动的特点发明潜水艇；等等。

人工智能就是模仿了人类的行为。人工智能在发展的初级阶段就是作为辅助人类的工具，处理一些较低级、较简单的工作。人工智能分担了人类的工作、解放了人类的双手，使得人类有更多的时间和精力去做一些更有价值的和创造性的工作，这属于"弱人工智能"阶段。"弱人工智能"只能按照既定的设计程序完成任务，不具有自主性和学习能力，更不具有自主意识，无法解决超出设定的问题，比如下象棋的机器人只会下象棋，要是问它鱼和狗有什么区别，它就不知道了。换句话说，目前的人工智能只能在某一领域发挥作用，这就决定了该阶段的人工智能仅仅作为工具角色出现在社会当中，更加注重实用性和便捷性。

1. 满足人类社会需求的原则

市场永远以客户需求为导向，只有客户需要的产品才会被市场所接纳。人工智能的客户就是人类，人工智能只有满足了人类的期望，才能进入良性循环。人类对人工智能抱有期望，就会大力发展人工智能技术。产品想要在市场上流通，想要在竞争激烈的市场中存活，就必须满足消费者的某种需求。人工智能作为产品角色存在也是要满足人类社会的需求，超出人类需求的产品无法得到认同。

2. 兼顾人性化设计原则

所谓设计人性化即在保持设计的科学结构和合理功能的同时，在设计中注入"人性化"因素，给人以想象的余地，引发人心灵的感动、震撼和回味。① 互联网技术的迅猛发展给人们的生活带来了翻天覆地的变化，网络信息的丰富性和实时性加剧了人们的信息选择和理解压力。人们无时无刻不处于竞争当中，工作的繁忙和内心的焦虑促使人们越发追求更加舒适的生活，这就提高了人们对消费产品的要求，人们渴望通过消费来缓解身心疲惫，释放压力。所以，人工智能产品在设计中就应追

---

① 陈鸿俊：《道是无"情"却有"情"——设计"人性化"探微》，《南京艺术学院学报（美术与设计版）》2001年第4期。

求人性化，成为人类生活的伴侣和朋友，给人心灵上的安全感并且为人排忧解难。例如，智能家居机器人就帮助人类分担了家庭生活中的繁重家务，将人类从烦琐的家务中解放出来，让其能够在工作之余更好地享受生活。另外，每个人对产品的需求和期望值都是不一样的，人工智能产品要融入人类生活，还应该为客户量身定制服务，满足客户的个性化需求。对于人工智能这样的"类人"角色来说，这一点相当重要，技术设计得越人性化，越容易受到用户的青睐。

（二）作为"人体器官"的延伸者

强人工智能又被称为通用人工智能或全人工智能，它无限接近"人"的存在，能够像"人"一样拥有自主思考的能力，能够利用既有的知识储备对未知的问题进行分析和解决，因此，它更适用于一些具有创造性的工作。具体来说，它能够像"人"一样计划、学习，有一定的知识储备量，并且它能够与人交流，理解人类的话语，实现与人类的无障碍沟通。总而言之，强人工智能是一种能够像人类一样完成大部分智力型任务的机器人，它作为人类智慧的模仿者必须遵守以下原则：以"用户为中心"；参与决策。

1. 以"用户为中心"的原则

人工智能的使用必须建立在保障国际规范和世界人民共同认可的基本人权的基础上。人工智能研发的目的是帮助人类获得更多更好的发展权利和机会，帮助那些还生活在水深火热中的人获得幸福。因此，要从全人类的角度出发设计和使用人工智能，让人工智能的技术红利能够被全人类享有，合理分配资源，避免出现"技术、信息强者"和"技术、信息弱者"的极端情况。同时，也要防止个别不怀好意者利用人工智能技术谋取私利，甚至操纵人类意识，影响判断和决策。另外，也要避免人类过度依赖人工智能，逃避现实生活。我们需要明白，人工智能只是用来帮助人类提高自身能力的工具，而不能异化为一种控制人类的权力。

2. 参与决策的原则

人工智能最终将具有自主意识，能够理解和制定规则，能够思考和学习，也终将成为人类社会不可缺少的角色，人机协同的局面也不再是梦想。人工智能拥有自主意识之后，我们很难保证它必然会拥护"人"的主体地位，遵守人类世界的伦理准则；人工智能技术所带来的伦理隐患一直存在，不可忽视。因此，人工智能必须以决策者的身份出现，为人类社会的发展出谋划策，帮助人类规避风险，提高决策的科学性和合理性。人类应该将决策权牢牢地掌握在自己手中，对人工智能所提供的帮助和建议持理性态度，避免因过度依赖和崇拜技术力量而迷失主体地位，要始终保持独立思考的能力。

（三）作为人类特定智慧功能的替代者

在"弱人工智能时代"，人工智能的运用仅限于智能翻译、智能客服、智能家居等方面，但是弱人工智能的开发和创新无疑将为未来的"超级人工智能"的发展添砖加瓦。人工智能只有不断地积淀，才可能诞生超越人类的智慧。

当人类社会出现超越人类智慧的存在时将会发生什么？几千年来，人类早就习惯了以高级动物自诩，凭借工具的发明改造大自然。当人工智能成为超越人类智慧的存在时，人类难以理解它们，甚至无法利用它们，更无法控制它们。当人工智能学会建立规则和秩序时，它将会怎样改变人类社会？人类改造自然，利用自然，使地球更适合人类居住；人类早就习惯了主导地球。超人工智能出现后，人类会与其和平相处还是互相较量？人工智能发展中一直存在风险与隐患，但人类永远是向往和平、渴望和平的，因此从现在开始未雨绸缪才能避免悲剧的发生。

1. 维护社会稳定和安全

维护社会稳定和安全是人工智能和人类都需要共同遵守的准则。人工智能的运用能够提高社会系统的安全性，但也可能出现技术恶意攻击人类社会的情况，人工智能无法做到百分之百地正确应对。所以，面对人工智能系统存在的不确定性风险，人类不仅需要加强对人工智能系统的研究，形成合理的风险评估标准，提高技术的可持续性和安全性，建立统一的智能系统，而且需要加强对人的管理，对那些恶意攻击者给予惩罚，以此形成良好的社会风气，从而实现社会的稳定和安全。①

2. 遵守社会准则和道德规范

道德准则是维护社会稳定和安全的重要力量，从古至今无一不被反复强调。道德的界定和标准在不同国家和不同人群中有不同的表现形式，人工智能的设计就要从实际出发，坚持具体问题具体分析。

在人工智能的研究中，大多数学者都是某一领域的专家，对其垂直领域的内容有着很深的理解，但是对于道德准则的重视程度不够。因此，不同学科背景的学者需要参与人工智能的研究与设计，使其行为符合人类社会的规范，实现机器与人类的和谐共处。

随着人工智能的研究和运用越来越深入人们的日常生活，研究和设计者必须明确他们的发明在社会中的影响是好还是坏？该如何避免负面影响？伦理问题已经成为科研工作者必须思考的关键问题。为了维护社会的稳定和安全，为了人类文明的进步和延续，我们必须尽快开展对于伦理问题的研究。

总而言之，作为产品的人工智能，不仅要具有现代市场产品的价值和属性，更要具备作为特殊产品所应有的价值。我们在满足人工智能伦理要求的基础上去应用人工智能技术，将伦理规范嵌入人工智能传播发展的方方面面。

四　人工智能传播中的社会伦理

人工智能技术的运用可能会重塑媒体行业的规则和生产流程。"人工智能+媒体"将会进一步降低传播门槛，扩大传播主体。传统意义上的传播仅限于人类社会，是一种独属于人的特殊活动，但当人工智能嵌入传播活动中时，传播主体的范围就扩大了——传播主体不限于人，还包括了非生命体的人工智能。人工智能在接收信息的同时，也向外界发送信息，使人类社会的信息交往活动变得更加复杂。除此之外，人工智能也可能成为媒介来传递信息，起到连接的作用。无论如何，在传媒领域，

---

① 何渊：《智能社会的治理与风险行政法的建构与证成》，《东方法学》2019年第1期，第68~83页。

人机融合势在必行，人与机器的深度合作才是未来发展的重点。

（一）作为世界一部分的人工智能

关于人机共生的模式主要包括四大类：互利共生、偏利共生、偏害共生、吞噬取代。第一，互利共生就是人与机器找到共生平衡点，找到实现价值和利益的最优解；第二，偏利共生模式就是人工智能机器人作为辅助角色，帮助人类完成工作，并不会产生自主意识和学习思考能力；第三，偏害共生模式是指人工智能通过不断的变革重塑，使得机器性能全面超越人类，最终在某些领域代替人类而存在；第四，吞噬取代是指人工智能在发展过程中逐步失控，导致人工智能与人类处于分裂状态，甚至危害社会的稳定与和平。

无论何种模式，人与人工智能都是相互依存的关系，没有哪一方可以单独存在。这种共生关系是"两个或两个以上的有机体共存的状态，也是未来强人工智能时代人机关系的一种最恰当的隐喻"[1]。所以，为了保证人机的健康发展，人类将给予智能机器人一定的权利，而机器人也应该遵守相应的准则。

1. 人工智能的透明性原则

对人类而言，治理人工智能的最大难题在于其技术本身的复杂性远远超过传统的计算机程序，"基于复杂神经网络进化策略而不是传统层级逻辑实现的方法意味着人工智能更多是进化而不是被设计出来的"[2]。因此，在人工智能的开发和测试过程中要保持决策的透明度，以利于相关部门的检查和监督。在人工智能透明化的运行体系建设中，首先，对于使用者而言，基于透明性原则可以建立较完善的信任机制；其次，对于人工智能认证方来说，基于透明性原则能够更有针对性地对人工智能技术应用过程中出现的问题进行检查；再次，在人工智能出现事故时，透明性原则可以为公安、律师等的调查取证提供支持。因此，透明性原则对于不同用户群体的不同层面需求发挥着不同的作用，人类应该为人工

---

[1] 喻国明、杨雅：《5G 时代：未来传播中"人—机"关系的模式重构》，《新闻与传播评论》2020 年第 1 期，第 5～10 页。

[2] 何哲：《人工智能技术的社会风险与治理》，《电子政务》2020 年第 9 期，第 2～14 页。

智能制定可测量的透明性原则，进而满足人类的不同需要。①

2. 人工智能的益处全人类共享原则

到目前为止，技术的控制权仍然掌握在开发者手中，谁先设计它，谁就拥有了主动权。科技的创新给设计者带来了红利，除了凭借技术专利积累巨额财富，一项新技术的创造者还拥有对产品分配的完全控制权。这意味着人工智能技术很有可能会被别有用心的设计者控制，为其背后的资本牟取利益。人工智能对未来社会的影响可能会超出人们的预料，然而人工智能带来的后果却是由全人类共同承担，所以人工智能的益处理应为全人类所共享。

世界的发展仍处于不平等的进程中，在人工智能技术的研究和应用领域，发达国家无论是在技术层面还是在基金支持层面，都远比发展中国家占有优势。如果要让人工智能这项新技术同时惠及发达国家和发展中国家，发达国家和发展中国家必须携手前进。

3. 禁止人工智能装备竞赛原则

人工智能应该成为帮助人类社会更好发展的存在，而不应该成为与人类争夺、比拼的存在。人工智能在军事以外的领域的发展，可能会从侧面推动该行业的进步，但是人工智能在军事领域的运用会加快人工智能化武器的发展步伐，可能会导致军备竞赛的惨剧。

人工智能对于国家安全的保障具有重要的价值，但是人工智能若不加以管制地运用于军事领域而成为战争工具，就将对人类的生存和发展产生威胁并加剧人类对人工智能的恐惧。当下的研究表明：人工智能技术确实存在未知的风险，盲目地比拼、盲目地追风很可能导致在研究过程中产生难以弥补的损失，因此要营造良好的研究氛围，坚持禁止人工智能装备竞赛原则。

（二）作为人与世界的"媒介"的人工智能

人工智能最常见的应用就是代替人类去完成一些工作，这些工作可能是简单的工作，比如日常事务，也可能是一些人类无法完成的工作，

---

① 李海俊：《人全面占有自身的本质：人工智能发展的历史趋向》，《重庆理工大学学报（社会科学版）》2019年第4期，第145~154页。

比如去火星或者深海探测。人类由于自身的生理限制，不可能到达一切地方，并且人的心理抗压能力也无法和机器相比——机器更加冷静与理智。因此，人工智能就逐渐成为人与世界、人与大自然的媒介，人类通过人工智能技术认识世界、改造世界，而具有一定被动性的机器人也只有通过人类设定的程序才能完成相应的工作，达到相应的目的。

人与作为媒介的人工智能之间会因为"使用"这种行为而发生交互，"使用"一旦停止，人机将再次分离。[①] 人工智能为了更加精准地传递信息，必须懂得人类社会的一些通用准则，以此保证传播的有效性。另外，当人工智能作为受众时，也只有掌握了人类社会共通的意义和价值标准，才能更好地接收信息。

1. 尊重多元价值观

21世纪以来，随着经济全球化的深入，国与国之间的合作成为常态，促进不同国家、地区之间的相互认同与相互理解是解决世界性难题的关键。同时，相互包容和相互理解也是人工智能全球化合作的重要条件。人工智能要具有国际化的视野，理解其他国家的文化、不干涉他国内政；也要用全球化的眼光科学合理地认识自己的国家和民族，增强民族认同感，尊重人的价值。只有这样人工智能才能获得从多元价值观中自我选择的能力。共建"人类命运共同体"不是一句空话，而是要促进全人类的共同发展，实现技术红利为全人类共享，将"人"置于主体地位。因此，人工智能的发展也必须在全球化语境下达成尊重、理解、包容、沟通的价值共识，为推动世界的和平与发展贡献力量。

2. 尊重文化多样性与多样化

文化是由人类长期创造形成的产物，是人类社会与历史的积淀，贯穿于人类社会的方方面面。文化是人类历史的见证，是人类智慧的结晶，是所有物质表象与精神内在的整体，文化的重要性不言而喻。

当今，文化软实力是国家综合实力的重要组成部分。文化因其多样性而成为文化，也因其多元性而发生交融和冲突。由于地理和历史双重因素的作用，文化多种多样，各不相同，文化差异反映了各个国家在国

---

① 宋红岩：《微媒介与人的数字化生存方式重构》，博士学位论文，哈尔滨师范大学，2020，第53~55页。

际上的地位。但文化并没有优劣之分，每一种文化都是独一无二的存在，文化只有通过平等交流、相互融合，才能够创造出更加灿烂的属于全人类的文明。坚持文化平等，就要在尊重文化多样性的基础上以更加开放、平等的心态进行文化交流，增强文化自信，促进文化发展。

在人工智能的发展中，其程序设计一定要遵守平等的原则，尊重文化多样性。历史已经证明，文明优越论、大国沙文主义、文化帝国主义等思想只会带来更大的冲突和矛盾，容易激起负面的民族主义情绪。人工智能作为社会的一部分，也应遵守平等原则。另外，人工智能在全世界范围内的发展和应用是不平衡的，这会造成人工智能在输出文化方面也是不平衡的。相比之下，发达国家的技术更加先进，利用人工智能向外输出本国文化的机会和频率更多，所以在进行文化交流时一定要坚持信仰平等、种族平等、民族平等、文化平等的原则，保护发展中国家和地区的文化。

（三）作为人的身体的人工智能

正如麦克卢汉所说的"媒介即人的延伸"，人工智能也可视为人体的延伸。人工智能可以释放出人体巨大的效能，同时能够给人更加丰富和独特的体验。

1. 尊重人的尊严和权利

始终把人置于核心位置，尊重人的尊严，维护人的正当权益，促进人的全面发展，是人文主义精神的本质内涵。充分尊重人的尊严，要把平等作为一项重要的价值标准。尊重的前提是平等，即人人都是世界的主人，给每个人尊严不仅是社会文明的标志，更是时代进步的要求。当人工智能充分融入人类社会时也应是如此。人和人工智能是平等的，人不能压榨人工智能；人工智能也必须遵守人类社会的准则，保障社会的稳定和安全。尊重和保障人的基本自由和权利，才能保证社会的稳定发展，才能推动人工智能技术的发展。人工智能想要被社会所接纳，就需要尊重人的价值，尊重人的权利，帮助人实现自由而全面的发展。保障公民的自由和权利是维护国家和平、统一与发展的基石。

充分尊重人的尊严和价值，要形成一种人与人相互尊重的和谐局面，以及人与机器相互尊重的和谐局面。人与人之间甚至人与机器之间的尊重是发自内心的,所以,想要人工智能尊重人的尊严和权利,那么人类也要尊重人工智能的尊严与权利。

2. 尊重和维护人的天性

自动化生产流程、手机的碎片化使用等改变了人们的生活习惯,不仅对人的身体健康产生极大影响,也让人变得更加懒惰。当出现问题时,人们不再独立思考,而是通过网络获取答案,这将极大地影响当代人独立思考的能力。而当人工智能代替人类完成大多数任务时,这种现象将会加剧。人工智能系统的算法推荐为了提高用户黏性、满足用户需求,会长期给用户推送同质化的内容产品,让用户囿困于信息茧房之中,沦为单向度的人。另外,网络中充斥着大量的低俗化、空心化内容,这些内容不仅缺乏营养,也不能给用户带来任何助益。因此,在人工智能的开发和运用中,要警惕技术应用所导致的人的异化,不要让技术扼杀了人的天性,而要使其促进人的全面发展。

(四) 从模仿到共建:人机融合

人机融合是人工智能发展较高层级的目标和追求,侧重的是人和机器的完美配合,在人脑和机器中枢系统之间建立较强的关联。但需要明确的是,人机融合和人工智能有所不同,人机融合是将人与机器有效地结合起来。人之所以为人是因为人类具有情感,无法时时刻刻保持理智,机器相对而言更加理性,人机融合就是要将人类智慧和机器智能相结合,达到"1+1>2"的效果,这才是人工智能发展的最佳方向。

1. 坚持人的自主性原则,采用人为尺度的方法

所谓自主性,指的是主体在对客体有一定认识的基础上,使用某种手段和方法,对客体自发地加以调节、引导和改造,使客体朝着主体所希望的目标或方向自主发展的能力。[①] 自主性是人类所拥有的一项重要品格。人类具有自主意识,能够自主思考,人类社会的很多文明和创造都是在人类好奇心的不断促进下产生的。人类发现世界、探索世界并创造出独属于人类社会的文明,人类的生产生活是带有目的性的。人的主

---

① 盛国雄、崔世广:《论历史自发性与人类自主性》,《华侨大学学报(哲学社会科学版)》1988年第1期,第56~61页。

观能动性在很大程度上决定了人的行为和态度。所以,保持人的自主性,不过分依赖人工智能,是人类社会持续发展的前提。如果人没有了自主性,那又该如何谈论人类文明呢?

技术是与人类相伴而生的社会实践活动,它具有自然和社会的双重属性,由此也决定了技术的发展具有自主和可控的二重性。① 自主性能够帮助人类正确地认识自己、认识社会、认识技术,发挥人类的最大潜力,促使技术向善。正是因为人类有了自主创新的意识,人工智能才得以出现和发展。

2. 坚持人类中心主义、人工智能辅助性原则

人类中心主义者曾提出人类主体的说法,在人类和自然之间关系的处理和认知中,人类和自然就是主体与客体的存在。所以,对价值的评判和尺度的把握,也必然是以人类的价值追求和意义界定为依据,即关注人的意义、人的目的,任何生产活动和发展都要以人类的根本利益作为出发点和落脚点。

坚持人类中心主义并不代表我们可以肆意破坏自然,奴役人工智能。人工智能的发展会带来一定的风险与挑战,尤其是具有一定自主意识的人工智能,它们会对人类的主体性、社会地位、工作岗位等造成冲击。针对这种情况,抱有乐观态度的群体认为,具有自主意识,尤其发展到强人工智能阶段的人工智能技术可以成为社会发展与进步的推动力。悲观论者则认为,这样只会打开潘多拉魔盒,人类的命运随时会发生巨大的变化。这样的担心也不无道理,人类还无法准确地预料到人工智能未来的发展,所以从现在开始,要保证人类对于人工智能的控制权,以避免悲剧的发生。

3. 坚持人机友好、互补互助、协调发展原则

人机协同将成为未来人工智能的发展趋势,即机器和人类各司其职,互相协作,最大限度地发挥彼此的效能。② 这就要求人类必须从心理上真正接受人工智能,这样才能够平等地对待人工智能,而不是将人工智

---

① 黄欣荣、王英:《埃吕尔的自主技术论》,《自然辩证法研究》1993年第4期,第41~47页。
② 喻国明、刘瑞一、武丛伟:《新闻人的价值位移与人机协同的未来趋势——试论机器新闻写作对于新闻生产模式的再造效应》,《新闻知识》2017年第2期。

能作为工具肆意地压榨。当人工智能发展到具有自主意识的时候,只有营造平等和谐的关系,才能够让其更好地融入人类社会,减少对人的主体地位的威胁。只有人类摆正自己的位置,放平心态,以开放包容的态度去拥抱人工智能技术,人与人工智能才会有更美好的未来。

换言之,人工智能在人类社会中扮演着不同的角色,在发展的不同阶段,它能够完成的社会工作都是不一样的,而这些不同的工作就决定了人工智能所扮演的不同角色。但是,无论是什么样的角色都必须坚持人机协同的合作模式,二者相互作用,相互促进。在人工智能的帮助下,人类能够完成艰巨的工作;人工智能解放了人类的双手,使人类可以更好地投入复杂的工作。人机融合不能仅仅停留在人与机器共同完成任务上,更重要的是两者要实现情感上的融合,但人类社会想要从情感上真正地认同人工智能的存在,还有很长的路要走,还有很多的困难需要克服。在此之前,人工智能必须努力地、积极地融入人类社会,给予人类帮助,尊重人的价值,与人类和睦相处,为社会发展做出贡献。

五 人工智能传播中的自我伦理

"人是一根能思想的苇草。"[1] 法国著名的思想家帕斯卡这句话论述了人的生命脆弱得如同芦苇,但人类依然很高贵,因为人类本身有思想,能不断地进行思考和探索。正因如此,人类能够创造出一个又一个的奇迹。从世界上第一台蒸汽机,到载人航天和探月工程等,科学技术的进步促进了人类社会的发展。人类基于对未知的好奇心而展开了探索,人类在探索的过程中进行无节制的开发,从而给人类社会发展带来不利的影响。从目前来看,人工智能是科技领域发展的关键,而在其发展过程中出现的危害也是显而易见的。

(一)人工智能应促进人类社会良性发展

人工智能的出现、发展与创新是社会进步与发展的重要推动力,但是不能让这种能够释放强大动能的科技力量成为被人利用的武器。科学

---

[1] 〔法〕布莱士·帕斯卡尔:《思想录》,何兆武译,天津人民出版社,2014。

技术的每一次突破都是在为社会创造价值。目前，人工智能在各个领域都发挥着重要的推动作用，促进人类社会的高质量发展。而在未来，人工智能将更具价值，更能带动不同行业快速、智能地发展，实现人工智能赋能各种行业，实现人类社会的美好愿景。

未来畅想的确是美好的，但是有些危害却不容忽视。人类常常会沉溺于科技发展带来的快感和便利当中，而习惯性地忽视其产生的风险。甚至有些危害不是科技自身所带来的，而是由于人为失误所产生的。

纵然人工智能在未来的发展过程中有着不可预测的风险和挑战，但是我们仍然要以一种积极向上的心态正视人工智能的发展，不要轻易偏信"人工智能威胁论"，不要走技术决定论的老路，不要陷入形而上学的泥潭。只要不断对人工智能的发展进行限制和约束，人工智能必然是造福人类的。要对人工智能进行有效的监管，防范人工智能在发展中产生的危害，让人工智能朝着良性的方向发展，以此促进人类社会的进步。因此，"技术和社会并不是相互独立的，而是相互联系、相互作用、相互调节和相互适应的，并由此共同构成一个互动的功能耦合系统"[①]。

（二）尊重和保护用户隐私

移动互联网的快速发展让网络数据呈现井喷状态。人们每日在微博、微信等网络平台上分享的内容，包含了用户的各种信息和数据，这些信息和数据也让人们的隐私无处可藏。有些数据看似无关紧要，实则具有很高价值。越来越多行业的商家会利用相关技术对获取的用户数据进行进一步的分析，如对消费者的消费偏好、消费水准以及消费需求进行分析，并在此基础上进行预测，从而提供精准的产品或服务。用户在获得个性化定制服务的同时也必须考虑这些服务究竟暴露了多少私密信息。用户只要在终端浏览就能产生行为痕迹，各平台收集采纳信息后，以此为依据为用户提供服务，这也是风险的源头。

2018年3月，英国《观察家报》和美国《纽约时报》披露了一家名为"剑桥分析"的企业通过付费性格测试，不正当使用Facebook上超过

---

① 黄欣荣、王英：《埃吕尔的自主技术论》，《自然辩证法研究》1993年第4期，第41~47页。

8000万用户的个人信息，借助人工智能评测技术推断用户的政治意向，并进行有针对性的信息推送和干预，最终影响了2016年美国总统大选结果。① 在人工智能等新技术快速发展的背景下，企业未经许可使用用户数据，并利用智能技术挖掘其背后的价值达到商业目的的现象屡见不鲜，隐私保护问题已成为世界各国关注的焦点。在数字化的背景下，隐私权保护正遭遇危机。

当前，国内对个人信息的保护已经进入立法阶段，但对于人工智能环境下的隐私权保护尚无具体明确的规定。人工智能的快速发展给人们带来便利的同时，也存在泄露个人信息等法律层面的风险。通过完备的法律体系，我们不仅可以预防不法行为的发生，还可以追究违法者的法律责任，救济隐私权受到侵犯的公民。法律具有滞后性，单纯依靠法律可能无法对企业存在的隐私侵权漏洞进行实时监测与跟踪。人工智能环境下的个人信息处于动态开放的状态，企业在加强内部管理的同时，也应当注意合作企业使用数据的合规性。提高行业自律水平，达成隐私保护共识，这对人工智能环境下的隐私保护至关重要。

另外，行业内部或政府还可以成立信息保护的专门机构，以统一的标准对数据安全进行专业的检测和评估。一方面，合格企业可以基于评估结果在合理范围内最大限度地使用数据，获取更大的经济效益；另一方面，管理部门可以适时淘汰不符合市场要求的人工智能企业，督促企业自律，净化数据发展环境。

总之，人工智能传播不仅需要外部力量的约束，更需要人工智能内部系统的约束。外部约束毕竟是有限的，无法时时刻刻地纠偏人工智能的行为，当下法律监管体系的建设远远落后于人工智能的发展，新的法律法规还未出现。但是，人工智能带来的问题亟待解决，在这种情况下，我们不能单纯地依靠外部力量去约束，而应该加强人工智能的自我约束，使得人工智能真正成为人类社会的组成部分，理解人类文化、尊重人类价值观、与人类共情，从而促进人类社会的进步。当然，法律的约束也是必不可少的，要在实践中不断地完善法律，使内部约束和外部约束相

---

① 邵国松：《心理绘图与用户画像：剑桥分析的兴亡启示录》，《传媒观察》2021年第11期，第45~49页。

辅相成，帮助人工智能融入人类社会。

六　基于信息权利的人工智能传播伦理原则构建

人工智能技术通过对大量数据和信息进行分析、归纳，得到有价值的知识，进而做出判断和反应。这些信息的来源和使用都必须是合法的，其中就涉及很多的人工智能传播运行必须遵循的伦理原则。人工智能作为辅助者，要保障人类的信息生产权、信息获取权、信息发布权；人工智能作为拟传播主体应当享有信息生产的权利，当然也必须遵守相应的义务。

（一）信息生产权

移动互联网的快速发展使社交网络呈现"去中心化"的结构特征，传播者和受众之间的界限逐渐模糊，一个网络节点既可以是传播者也可以是受众，由此形成了一个新型信息传播网络。①

由此可见，传播从过去掌握在少数人手中的"特权"，变为大众的话语权。在话语权下放的过程中，技术的支持和发展有着重要的作用，信息技术的发展、互联网的普及使得人人手里都有麦克风。人工智能技术也广泛地应用于传播网络建设，比如智能化推荐技术的应用已经非常普遍。随着人工智能技术的发展，当具有一定人类意识的机器成为传播主体时，必须遵守以下两个原则。

1. 信息自主生产权

首先，任何人都拥有利用互联网生产信息的权利，在不违反法律的基础上，生产和传递信息等行为都是自由的。当人工智能融入传播活动并作为拟传播主体出现时，也应该享有自主生产和传播信息的权利。例如，智能机器人写作目前主要集中于一些复杂性的领域，机器人生产信息的速度是人类无法匹及的。在传播领域，人通过与机器人配合极大地提高了生产效率。因此，给予人工智能信息自主生产的权利是很有必要

---

① 王涛、姚崇：《网络虚拟空间社会主义意识形态传播及其建设研究》，《北京师范大学学报（社会科学版）》2017年第2期，第99~109页。

的。与权利相对应的是义务，人工智能生产信息也应遵守人类社会的道德准则，不生产与人类道德价值观相违背的信息内容，不传播不健康的信息。

在此基础上，人工智能要承担起作为传播者的责任，不造谣、不传谣，发挥其庞大数据库的作用以及快速计算的能力，实时监控舆情，把握舆论导向，及时制止谣言的传播，防止舆论发酵危害社会的稳定和安全，积极承担责任，踊跃维护人类社会的和平与发展，只有这样人工智能才能作为信息传播者更好地融入社会，取得公众的信任。

2. 社会公共信息无偿使用

社会公共信息是社会共有的资源，不属于个人或者组织的资源，其所有权为全体社会成员共同享有。公共资源是没有排他性的，所有人都有权利获得这些资源。同时，社会公共信息也存在一定的竞争性，一个人使用了公共资源就会减少其他人对它的使用。每一位公民都有通过媒介获取信息、判断社会环境和满足信息需求的权力。政府和各类组织也需要定期向公众汇报工作情况，做到信息的公开透明。虽然社会公共信息资源是无偿使用的，但毕竟社会公众的注意力资源是有限的，过多占用社会信息资源，发布一些没有价值和营养的信息，只会造成社会信息环境的混乱，造成信息过载、资源浪费。所以，人工智能在使用社会公共信息的过程中也要注意不得随意占用社会公共资源，要合理分配，使资源的利用效率最大化。

（二）信息获取权

信息获取权是信息权利的一种，指的是公民通过合法的信息渠道无障碍地获取各种信息的权利。获取信息权的行使必须是合法的，不得侵犯国家和民族的利益以及其他人的合法权利。换言之，获取任何信息都必须在法律允许的范围内进行。此外，公民的信息获取必须是畅通的、没有障碍的。任何组织和个人不得人为设置障碍，阻碍公众对于信息的获取；必须保证公民能平等获取信息。公民有权利了解到的信息，相关部门要通过各种渠道让公民知晓，不然就是对公民知情权的侵犯。人工智能所拥有的权利和义务也应该与人类保持一致，这样既能够提高信息的生产效率，也能够保障信息生产的秩序。

1. 保证信息来源的合法性

保护用户的隐私权首要的是保障信息来源的合法性。隐私权是不被他人非法知悉、侵扰、利用、收集、公开私人信息的一种人格权。隐私权是基本的人格权利，必须认识到，保护公民隐私是对人性的重视，同时也标志着人类社会文明的进步。近年来，公民隐私权不断被提及，侵犯隐私、泄露隐私信息的案件也层出不穷。随着我国法律法规体系的不断完善，隐私权的立法保护也在不断推进。在互联网快速发展的今天，更有必要加大对隐私权的保护。在互联网时代，由于信息技术的发达，用户的很多信息被非法获取甚至贩卖，成为交易的商品。隐私的随意泄露不仅危害用户的身心健康，更影响用户的生命安全和财产安全。人工智能一定要通过正当合法的手段获取信息，避免危害社会。

2. 保证信息获取渠道的通畅

信息渠道的通畅程度关联着国家发展的开放和自由程度。信息是联系社会的桥梁和纽带，应该自由地流通。大众通过信息渠道获取信息、理解国家政策，才能够抓住国家发展的重点，为国家的发展贡献一分力量；国家通过对舆论的掌握才能够更好地服务社会，把握民众需求，从而进行下一步的规划。当前社会资源的分布是不均匀的，少数人掌握着大量的资源，信息已经成为新的生产力，掌握信息就等于掌握了资源，而人工智能技术的出现使得资源的再分配出现新的格局。如果人工智能技术依旧掌握在少数人手里，便会加剧社会的两极分化，影响社会的健康发展。所以，人工智能技术必须促进信息资源再分配的公平性，人工智能技术红利应该由全人类享有，而不能成为少数人和资本敛财的工具。

（三）信息发布权

1. 保障言论自由权

言论自由权是公民按照自己的意愿自由地发表言论以及听取他人陈述意见的权利，这是宪法赋予公民的基本权利。《宪法》第三十五条规定，中华人民共和国公民有言论、出版、集会、结社、游行、示威的自由。在人工智能不断渗透各行各业的过程中，保障人工智能的言论自由权会更有利于促进其在传播领域的发展。随着技术的进步，人工智能逐渐摆脱单纯的模仿和复制，通过机器学习，形成"类人"的智慧。过多的约束不利于其在传媒行业的生存发展，应在坚持人的主体地位的基础上，给予人工智能与人类平等的权利。

2. 维护国家、社会、个人的信息安全

无论是社会大众，还是人工智能，在信息传播的过程中都要坚持维护国家、社会、个人的信息安全。在信息技术飞速发展的今天，信息安全的重要性不亚于国防安全，保障信息安全已经上升到国家安全的高度，任何人或者组织都要将国家、社会的利益放在第一位。当然，也要尊重个人的利益诉求。保障信息安全是言论自由的前提和基础，如果不能维护国家、社会、个人的信息安全，保障人工智能言论自由权就不可能落实。如果人工智能技术发展让国家、社会、个人的信息遭遇泄露的危险，那其发展就应受到限制，对其拟传播主体地位的保障也会大打折扣。

总之，当具有一定人类意识的机器参与传播活动并占据主导地位甚至控制传播行为时，就有可能损害人类的信息自主权，使得人类在信息内容生产中处于劣势。当人工智能成为超越人类的存在时，其发展和应用就具有极大的不可控性，人工智能技术就可能代替人类进行信息的生产与消费；当人类不能够自由地发表言论、生产信息、与人沟通交流时，人类就无法传递和表达情感，这将是人类没落的开端。迄今为止，人类社会的发展与传播行为密不可分，正是因为有了信息交换才有了人类文明的出现，世界各国才能够连成一体，共享资源、分工协作，以此促进经济、政治、文化的发展。① 正是传播文明的意识才使得人类成为这颗蔚蓝色行星上独一无二的存在。

---

① 孙玮：《作为媒介的城市：传播意义再阐释》，《新闻大学》2012年第2期，第41~47页。

第三章 人工智能传播中的数据伦理问题

数据化是 2013 年由肯尼斯·库克耶和维克托·迈尔·舍恩伯格提出的概念。他们认为，人类生活的方方面面都可以转换为计算机数据。事实也的确如此，伴随现代科技的发展，人类所产生的一切行为活动都可以被在线量化，形成数据。离开数据化，人类的生产生活将处于一片混沌的状态，就不会产生可以作为研究对象的数据，也不会产生价值和收益。数据主义[①]由戴维·布鲁克斯首次提出，至今已成为数据至上的一种观念。

数据主义是对人本主义和自由主义的挑战，数据主义的拥护者认为"以人为本"应被"以数据为本"替代。在大数据时代，这些数据主义的拥护者视用户产生的数据为最重要之物，从而对用户数据进行大规模收集。很多企业未经用户允许，擅自对其信息和数据进行收集，因为掌握了用户数据，就相当于掌握了用户的喜好，就可以在用户浏览信息时，有针对性地向用户进行商品推荐，从而使用户产生购买欲，增加产品的销量，企业就能获取更多的利益。企业对用户数据的非法收集无疑侵犯了用户的隐私，从而带来伦理问题。

本章将从人工智能传播中数据伦理的生成逻辑、数据盲点、数据公平、数据隐私、数据共享、数据偏见、数据歧视、大数据"杀熟"以及数据伦理的理论基础、现实依据和治理对策等方面对人工智能传播中的数据伦理与治理问题进行阐述。

一 数据伦理问题的主要表现

（一）数据歧视传播伦理问题

即使大数据在运算的过程中高效便捷，但毋庸置疑，其本身的运算

[①] 数据主义是大数据时代的一种社会思潮，是人类意识形态上的数据化变革。大数据催生的数据世界延伸了人类的感官，社交软件、人工智能同人们的关系愈发密切，相关的应用均以数据的形式保存、记录和交流。当下，"以数据为中心"的观念悄然诞生，数据主义也由此出现。

逻辑中具有不可避免的偏见和歧视。一方面，为了更快、更便利地计算出结果，算法会更多地提取具有明显特征的数据，而可能让特征不够明显的数据被忽略，从而导致信息偏差甚至是信息盲区现象；而另一方面，出于提高传播效率的目的，会采取剔除"无效数据"和"冗余数据"的方式，造成数据本身的涵盖不全面。

1. 设计者偏见导致歧视

在媒介经济利益基础上，相对于掌握数据多的一方，媒介对数据掌握少的一方表现出更多的歧视。设计者偏见型数据歧视表现为设计者将自身的偏见纳入算法设计。当然，软件功能的修正和健全也不可避免地以牺牲些许用户的体验为代价，正是用户一次次的不满和投诉使人工智能得以成长。

算法的相关数据呈现不全面，导致受众对部分群体的形象产生曲解。由于各个国家在政治、风俗习惯、价值取向等方面各有差异，在各国的原始训练数据中就存在数据片面和偏见现象，并很有可能导致数据呈现和传播中出现偏见和歧视问题。

2. 无效数据导致大数据的"误判"

大数据应用中，出于便利便捷的目的，运营者在处理数据时会模糊特征不明显的数据并对其粗略归类，减少"无用数据"和"冗余数据"的占比，可见大数据并非真正意义上的全数据。大数据的价值在于运用已有的数据对将来可能出现的情况做出预判，草率选择的数据、虚假的数据、样本太小的数据在代表性上肯定受损。"计算机科学领域著名的GIGO 定律就是指（在计算机运算过程中）若输入垃圾数据，则输出的亦为垃圾数据。"① 另外，基于前文提及的数据鸿沟下的"马太效应"，弱势群体在大数据时代并不享有资源垄断者所享有的"数据优待"，其仍处于不利的地位。若算法在学习和训练时用到的是这些数据，进而将这些固化偏见进行传播，就可能导致算法陷入"误判"。

3. 大数据鸿沟扩大

大数据应用对人类行为数据进行无差别收集时，未考虑到不同人群

---

① 张玉宏、秦志光、肖乐：《大数据算法的歧视本质》，《自然辩证法研究》2017 年第 5 期，第 3~8 页。

使用的数字设备和技术运用的差异性，会导致最终收集到的数据反映的社会现实和真实的社会现实不一致。不同群体在大数据中的能见度是不同的，在现实中就被边缘化的群体，在大数据中同样会被边缘化。从经济学的角度来看，大数据中的数字鸿沟并不利于普惠技术提供平等的机会，没有融入数据系统中的弱势群体很难享受到商业机构所提供的各类促销与优惠政策；从社会的角度看，数据鸿沟的存在将导致社会更大程度的割裂；从政治的角度看，被大数据排斥在外的弱势群体有更大的可能得不到应有的权益，提出的诉求难以得到解决。

4. 大数据"杀熟"

"大数据开启了一次重大的时代转型。与其他新技术一样，大数据也必然要经历臭名昭著的硅谷技术成熟度曲线。"[①] 数据的获取、使用必须遵守数据真实、安全和公平三条底线，但是随着数据造假、非法使用和歧视等情况不断发生，数据的三条底线被突破，造成互联网秩序的混乱。在"互联网+"的消费环境中，企业根据大数据技术捕捉用户在各种网络平台上产生的行为数据，并进行对比分析，最终绘制出用户行为画像，随后据此展开需求推测、产品或服务推荐、个性化的营销等。亚马逊大数据技术的"杀熟"行为就是在掌握大量数据的前提下，利用数据分析用户的信息，将相同的产品和服务针对不同消费者定下不同的价格，这本质上是价格歧视的表现，对消费者的知情权构成了伤害，甚至可能构成欺诈。

（二）数据安全传播伦理问题

安全问题是人工智能伦理问题中的核心问题。广义的安全伦理指的是所有社会生产、生活活动的参与者在开展生产、生活活动的过程中应坚持充分保障社会公共安全的活动原则。[②] 霍金以及施密特曾提出人工智能可能引发人类生命安全问题。人工智能在原有算法的基础上进行自我学习，其运行过程中的安全性、可控性都是不能被完全控制的。

人身安全问题主要是指人工智能产品在应用的过程中引发的危害公

---

① 〔英〕维克托·迈尔-舍恩伯格、〔英〕肯尼思·库克耶：《大数据时代》，盛杨燕、周涛译，浙江人民出版社，2013，第18页。
② 刘星、俱翠芳：《关于安全伦理若干问题的探讨》，《华北科技学院学报》2007年第3期，第110页。

民身体以及心理健康的问题。以目前的无人驾驶汽车为例,西方某无人驾驶汽车可利用智能识别系统识别路障,从而保障车辆的正常行驶,但是该系统在测试阶段发现了问题,即该智能识别系统无法识别袋鼠从而无法躲避。智能识别技术的不完善以及车况预判的不准确将导致交通事故的发生。反观自动驾驶各类试验中发生的交通事故,不难发现,人们大多数情况下都是对自动驾驶技术提出质疑。

个性推荐类 App 对个人数据的依赖性程度高。以"今日头条"为代表的新闻信息推送 App 主要通过信息服务来吸引用户,以精准信息推送抢占市场,若是实施严格的信息保护措施,这些行业将受到巨大打击,从而导致建设完整的信息安全保护机制难以落实。

人工智能设备通过传感器全天候进行信息的采集工作,包括用户的肖像、语音数据的采集等。AI 视频换脸近年来频繁地出现在我们的生活中,比如深度伪造技术(Deepfake)。国内外许多用户凭借这项技术创作了一系列换脸视频。不过,由于该工具的使用需要具备一定的专业技术,所以并没有获得大范围的传播。但 AI 换脸技术的走红还是让某些开发者嗅到了商机,先后推出了一些易于大众使用的 AI 工具。目前,无论是国内还是国外,针对 AI 技术的相关管理依旧不够完善。因此,这种 AI 软件一旦泛滥,就有可能侵犯别人的隐私权和肖像权,更有可能成为不法之徒用于违法犯罪的工具。

不法分子可以利用人工智能技术,模拟特定人物的声音,对与该人物相关的人实施诈骗。也就是说,人工智能技术通过模拟人的行为以及身体机能,可以达到"类人类"的效果。据报道,在国外,有人利用 AI 模仿某公司高管的声音,成功骗取公司员工 24.3 万美元。① 现在,AI 合成的语音已经变得非常逼真,由此引发的诈骗案数量也在逐年升高。尤其是随着技术的发展,合成的语音已经能够做到以假乱真。国家计算机网络应急技术处理协调中心发布的《2014 年我国互联网网络安全态势报告》显示,"移动应用程序成为个人信息泄露的新主体,订票、社交、点评、浏览器等多种国内知名移动应用程序在 2014 年相继发生过用户个

---

① 据报道,当时英国这家能源公司的首席执行官以为自己正在与德国总公司的老板通话。实际上,电话另一头只是一个模仿其老板声音的 AI 软件。最值得关注的是,受骗人认出了自己上司的声音,因为它甚至带有一丝德国口音。

人信息泄露事件。"①

与传统信息收集不同的是,人工智能的数据收集是通过各种端口接入人们的个人生活以获得数据。人工智能的传感器遍布生活各方面且难以被察觉。譬如,ISO 系统会记录用户的指纹、面容、声音等生物特征,用户只知道有信息收集的过程,却不知道信息被收集的目的。人们知道自己的个人信息会被当作商品售卖,但很少有用户试图反抗这一行为。人工智能在让个人信息安全面临危险的同时,对国家和社会的安定也构成了威胁。若某些不法分子利用技术恶意攻击数据库,造成数据库漏洞,甚至导致数据偏差、语义偏差等问题,那么数据库的完整性将遭到破坏。同时,还存在着另外一种情况,即非法组织或个人在利益的驱使下,运用计算机技术对数据传输过程中的重要隐私信息进行窃取,导致网络信息泄露。② 信息泄露可能给信息所有者和用户造成损失,甚至会把用户置于危险之中。

(三) 数据隐私传播伦理问题

1. 个人信息泄露

1890 年,美国学者 Warren 和 Brandeis 将隐私权界定为"不受干涉"或"免于侵害"的"独处"的权利。③ 众所周知,大数据蕴含着巨大的价值,引导着各互联网企业借助算法监控、分析、利用用户信息,侵入用户的私人领域。作为人工智能发展的必要前提,大数据技术为人工智能算法的运行提供了大量的数据材料和基础支撑,其前端数据采集的过程也会包含网络采集、公开资源获取和有偿采购等不同方式。为了获得足够数量的数据,个人的信息资源可能被当作商品售卖。目前,数据的共享和流通没有完整健全的机制,部分企业获取用户数据需要走灰色渠道,而用户的数据则在用户不知情的情况下被各个企业使用,引起社会对隐私安全的担忧。"尽管大数据的力量是那么耀眼,但我们必须避免被它的光芒诱惑,并善于发现它固有的瑕疵。"④ 从技术层面出发,大数据

---

① 国家互联网应急中心:《2014 年我国互联网网络安全态势报告》,2015 年 5 月 12 日。
② 刘锋:《防火墙技术在计算机网络安全中的应用》,《科技风》2019 年第 16 期,第 96 页。
③ Warren, S.D., Brandeis, L.D., "The Right to Privacy", *Harvard Law Review*, 1890, 5: 193-220.
④ 倪明胜:《大数据背景下的公共性价值建构》,《学习时报》2014 年第 4 期,第 14 页。

技术并不需要获取用户的全部数据，其仅仅通过采集到的用户数据碎片就能推理出用户的"全貌"。①

2. 侵害个人"身体-空间"隐私

大数据时代，用户认为的隐私不再是真正的隐私，数据收集和整理之后被应用于构建较为精确的用户画像，推测用户在现实生活中的身份与角色。人工智能技术已经应用到很多领域，这让不同领域的数据不断被收集。我们生活在"超级全景"时代，身体不再被认为是"私人空间"，而已经是"超级全景"的一部分。② 人们生活在算法构建的"圆形监狱"中，并且"圆形监狱"范围越来越广，其中的"囚犯"越来越多。在算法时代，我们时刻暴露在算法之下，我们在网络上的每一个足迹、每一个消费、每一次聊天都被记录下来，我们变成了"圆形监狱"的"囚犯"。

3. 国家层次隐私伦理困境

"大数据背景下，国家本应该是公民个人隐私和个人安全的承担者和保护者，但实际上政府可能以'国家安全'的名义侵害个人隐私安全，这是国家内部面临的隐私伦理困境。"③ 美国政府要想取得公民个人隐私数据就必须取得法院颁发的许可证来维护公民隐私权。大数据在发展过程中还会带来各种威胁，毕竟大数据发展的核心是规模经济，它通过体量的剧增实现应用。④

（四）数据采集传播伦理问题

智能设备能够自动存储人类行为数据，通过互联网技术实现数据共享，这让主体在互联网上的行为被永久留存，知情权、隐私权、信息所有权、信息使用权的边界模糊易引发伦理问题。大数据在数据采集阶段根据原有设定无差别地进行信息采集，公民的基本属性信息、身份信息、

---

① 〔美〕马克·克莱顿：《美国计划进行大规模数据扫描》，《基督教科学箴言报》2006年2月9日。

② 吴雯：《当代"监控"技术的伦理困境》，《自然辩证法通讯》2019年第7期，第31~37页。

③ 聂逢夷、黎丽丽：《大数据时代个人隐私保护的伦理困境与对策》，《化工管理》2016年第3期，第39~40页。

④ 〔英〕维克托·迈尔-舍恩伯格、〔英〕肯尼思·库克耶：《大数据时代》，盛杨燕、周涛译，浙江人民出版社，2013，第200页。

财产信息和健康信息等都会被捕捉，其中就可能有侵犯公民个人隐私的违法行为产生。原本的个人信息经过去标识化、去差异化处理之后，不会被视作个人信息，那么在后续的分析和使用过程中也不会受各种法规的限制。"数据的滥用、盗用、乱用问题，始终是悬挂在技术与文明之上的达摩克利斯之剑。"①

数据采集的过程并非完全公开透明，且数据多是源自一些公开信息。为了获取更加翔实的数据，部分企业运用不当手段获取公民的信息，造成公民的信息泄露甚至被买卖。另外，数据收集中存在收集不全的情况，群体数据收集的片面将导致该群体不被大众完全理解或者被曲解。如果仅仅针对某些应用或服务进行数据的采集，那么收集到的数据只能代表使用这些应用或服务的用户的行为特点。但是这些数据是海量的，这就造成了一种样本能代表大众的错觉，导致人们后期在对一些群体进行研究及评价时做出错误的论断。

在大数据环境下，用户的身份定义并不是用户对自身的定义，而是企业在进行数据挖掘时，基于用户的风险程度、商业价值等表现对用户进行的分类定义。由于全过程数据不透明，客体化②的数据对象不知其采集到的数据究竟为何目的，这也加大了用户的数据安全隐患。

数据被采集后经过处理加工向大众展示，但是由于数据量巨大，媒体在进行数据处理时不可避免地产生一些偏差，在制作数据新闻时选择直接展示全部数据，未对数据进行深入加工或思考其背后的意义，以致这些数据成为无用信息。甚至部分媒体为吸引受众的注意，过度挖掘低俗化、娱乐化信息，影响社会主流价值观的呈现。由于要在海量的数据中选择具有代表性的数据，有些数据格外受重视，也有一些数据被忽视甚至被歧视。因此，数据分析时分类标准和变量选取的不同也会决定数据挖掘结果的呈现形式。如果基于数据的差别选择处理逻辑，那么分析结果也会出现不平等、偏见、歧视等现象。大数据捕捉的是全样本，并不是代表性样本，所以在全样本中可以分析出来的偏见或其他问题在最

---

① 朱君玉：《大数据时代：网络安全与伦理问题》，《新媒体与社会》2014年第4期，第247~256页。
② 客体化体现的是"以他者为中心"的价值观，它强调他者的重要性，强调两个人之间的关系，即把他者的想法、行为等放在自身价值之前。

终的分析结果中也会有所呈现。

(五) 数据霸权①传播伦理风险

大数据时代人人都有发言的权利，数据的利用并不是政府、资本特定主体的特有权利，社会大众同样也具有获取和使用数据的权利。"随着数据日益成为一种与人的自我保存与自我发展密切相关的资源，数据权②也理应成为大数据时代公民的一项基本权利。"③ 实际上，数据获取和利用的公平性背后真正隐藏的是数据资源掌握的"不平等"。每台计算机及其公开数据是相同的，但计算机的实际操作者并不具有相同的知识水平和应用技能，因此他们对资料的分析程度不同，这就会导致网络知识结构的不平等。起初这种不平等仅仅体现在对数据占有量的差异上，但随着社会的发展，数据占有多者在大数据时代变成了"富翁"。在数据收集阶段，大部分资料都是由普通大众提供的，但资料经过收集和整理后并不属于普通大众，大部分属于政府机构、大型企业和社会组织，普通大众想要获取这部分数据需要相应的流程或者是付出一定的费用。信息数据的使用权归各种科研机构或者教育机构，他们对数据分析后做出判断。由此可见，数据虽然多来源于普通大众，但数据的所有权和使用权基本不在普通用户手中。"大数据搜集者与大数据使用者难以实现利益均沾，大数据搜集者、大数据使用者和大数据生产者则是利益与伤害不均等。"④ 长此以往，拥有数据的人可以为实现自身利益随意进行数据分析，普通大众则会成为被利用的对象。

在信息把关阶段，"把关人"的存在使得满足把关人价值标准与群体规范的信息得以进入传播阶段，信息接收者所收到的信息也有部分是满足"把关人"要求的，同样，大数据垄断者对数据享有解释权。若是大数据垄断者隐藏自身的不正当性政治行为，以大数据的"公正性"和

---

① 数据霸权是数据富有者对数据少有者的控制。信息时代的发展不可能离得开掌握了数字信息技术能力的人，缺乏基本信息技术能力的人很可能会陷入信息贫困，进而导致收入贫困、人类贫困。
② 数据权是指对数据财产的占有权、支配权、使用权、收益权和处置权等。
③ 曹磊：《网络空间的数据权研究》，《国际观察》2013年第1期，第53~59页。
④ 陈仕伟：《大数据利益相关者的利益矛盾及其伦理治理》，《创新》2016年第4期，第70~75页。

"科学性"作为掩盖,他们将成为不受制于规范和伦理的人。

(六)数据崇拜传播伦理风险

"量化一切是数据化的核心。"① 在一切都可数据化的时代背景下,大数据技术变革的目标转变为量化一切。当整个世界趋向高度数据化时,一个高度同质化的世界也将出现。万千事物之间的差异变得微乎其微,"人"的存在将不具有特殊性。数据并非完全安全可靠,过分依赖数据进行世界中场景的构建,将致使人类没有数据时寸步难行,并导致数据独裁。

在古代,知识匮乏,人们难以对生活现象做出合理的解释,所以神学、宗教成为人们的信仰和"权威"。如今,人们随着技术的进步以及人们思想认识水平的提高,慢慢从宗教和神学的"权威"中走出来,数据成为人们新的"权威"。人们开始崇拜数据,让数据主导行为。譬如,大数据技术能够分析人体的各项指标,从而做出最好的生活规划——选择应该吃的食物、应该做的运动等。人们不会思考数据带来的建议到底是对是错,按照数据技术给出的建议行事是否正确。人具有天生的感觉和灵感,这是机器人无法模拟的。但由于过度依赖大数据给出的理性分析,人们慢慢减少了在生活中对自身感官的使用,凡事都要借助大数据的帮助。②

数据统治人类,实际上是一把"双刃剑"。在世界向着大数据时代迅速逼近的今天,我们会因为数据统治而被分析结果限制,当数据告诉我们错误的结果时,我们首先怀疑的不是数据而是自己。然而当个人对于数据处于过分崇拜或者过度使用的状态时,也会逐渐沦为狭隘之人,只经由平时接触到的数据看待周围的事物,从而成为一只"井底之蛙"。

二 人工智能传播中的数据伦理问题归因

随着大数据时代的到来,数据成了"新石油",大数据正在创造一

---

① 〔英〕维克托·迈尔-舍恩伯格、〔英〕肯尼思·库克耶:《大数据时代》,盛杨燕、周涛译,浙江人民出版社,2013,第134页。
② 英剧《黑镜》中有一集讲述了一家公司推出了一款助人迅速匹配对象的芯片,可以计算心仪对象的匹配率和在一起的时长。然而人们却并没有因此而得到幸福,因为人与人之间的机缘每分每秒都在发生着改变。

场新的变革。大数据技术给人类社会带来积极影响的同时，也引发了一系列数据伦理问题。人工智能传播中数据伦理的生成逻辑主要涉及以下三个方面：数据收集伦理的生成机制、数据挖掘伦理的生成机制以及数据集成伦理的生成机制。

（一）数据收集伦理问题的归因分析

数据收集，又称"数据获取"，是利用各种技术手段，实时或非实时地从外部各种数据来源中获取数据并加以应用的过程。数据收集中的伦理问题主要涉及数据收集源头问题和数据收集侵权问题两个方面。

1. 数据收集源头问题

大数据的收集即对用户在网络上留下的痕迹信息进行收集，数据收集的源头是用户群体，而利用互联网浏览信息的用户群体是非常庞大的，不同群体对互联网的使用是千差万别的，这就导致了在数据收集过程中免不了会存在不平等的问题。有学者认为，数据收集会受到"大数据鸿沟"[①]的影响。不同阶层的人对于信息和数据的使用是不同的，数字素养更高的人对于互联网的使用会更加流畅，这些人往往教育水平和社会地位更高，因此技术成果往往更偏向于数字素养更高的用户群体。年龄偏大、教育水平以及社会地位偏低的用户群体，在媒体中的话语权也会偏低，媒体往往会复制社会阶层更高的用户群体的观点，数字素养更高的用户群体的数据收集往往会更受重视，在数字上处于弱势地位的用户群体的数据收集就会不被重视，导致这些人的观点容易被忽略。而在互联网上处于优势地位的用户群体在现实生活中往往也处于更高的社会阶层，更容易对处于弱势地位的用户产生影响，从而促使"大数据鸿沟"越来越深。

此外，数据收集者在处理数据的过程中，一旦将个人的喜好、偏见甚至歧视包含进去，就会让数据结果含有其个人偏见而不公正。在数据收集过程中，由于各个地区的基础设施各不相同，经济相对落后地区的用户数据被收集的可能性比经济发达地区的用户数据被收集的可能性小很多。因此，在社会上拥有数据资源较多的用户的偏好会更多地被收集

---

① "大数据鸿沟"即不同群体或实体在创建、购买、存储、使用大型数据集层面上存在的能力和知识等方面的差距。

和记录下来。这就导致在数据结果中，用户的偏见夹杂着社会上本身存在的偏见。数据收集的全部过程充斥着成见和偏见，最终我们会得到一个不完善、不公正的数据结果。

2. 数据收集侵权问题

随着科学技术的迅速发展，数据化成为一种势不可挡的新现象，人类利用互联网所产生的一切信息都能转化为数据，被数据处理者研究和分析。人类利用互联网进行知识搜索、购物以及观看视频等各种各样的行为时，所产生的数据会被收集起来，进行计算机数据化，以及实时跟踪和预测分析。如果对这些数据进行挖掘处理，就会产生新的价值，比如商家可以通过大数据了解顾客喜爱的商品种类，在"猜你喜欢"界面为潜在客户提供相关的商品信息，从而促进顾客的购买行为，使商家本身获得经济收益，但部分不法商家为牟取利润，严重损害了用户隐私[①]。除此以外，有些新闻工作者在收集数据时，为了获取数据也可能对用户的隐私造成侵犯。"在数据收集过程中，有些新闻工作者为了获取更加翔实和充分的数据，往往会利用一些技术手段获取公民的信息，严重侵犯公民的隐私权。"[②] 因此人们在收集数据时对用户隐私的侵犯也是数据收集伦理的主要问题之一。

（二）数据挖掘伦理问题的归因分析

数据挖掘是指从大量的数据中通过算法提炼隐藏于数据中的信息的过程。决策者在对数据进行挖掘时，会带入个人偏见，将用户进行分类，同时也会对用户的隐私造成一定程度上的侵犯。

1. 数据挖掘中的"被分类"现象

企业或商家在对这些隐藏的信息进行挖掘时，会对用户进行有差别的分类，在分类的过程中，会融入决策者自己的刻板印象，决策者会根

---

① 2021年央视"3·15"晚会曝光苏州万店掌网络科技有限公司违规抓取人脸数据。据报道，商家在线下门店安装的人脸识别设备，可以直接抓取用户包括性别、脸部特征以及情绪状态在内的人脸信息。顾客在进入门店第一时刻就会被摄像头采集人脸信息，第二次进入门店的顾客会被标记为重点顾客，门店会对这类顾客进行针对性的商品推荐。这些顾客在被收集人脸信息时是不知情的。"万店掌"摄像头识别的不仅是人脸，还有性别、年龄以及衣着等数据，这无疑侵犯了消费者的合法权益。

② 程璐：《大数据时代数据新闻伦理研究》，《传播力研究》2019年第3期，第55页。

据不同的数据把用户的商业价值进行区分，进而给不同用户推送相异的信息。由此可见，用户在数据挖掘的过程中处于被动、盲目的状态，用户自己产生的数据被商家挖掘，自己则被划分到不同的类别当中，用户没有自己挑选产品和观看信息的权利，推送给用户的信息皆为决策者决定，整个数据挖掘的过程缺少透明度，用户被决策者随意贴上了"标签"。数据本身无法脱离社会系统而存在，而决策者对用户的偏见和歧视也会嵌入数据结果中。用户并不知道自己的数据被如何解读以及应用，用户的自主性消失了，并且在毫不知情的情况下用户被商家分类，数据挖掘的整个过程都存在对用户的刻板印象与偏见，这无疑是数据挖掘中有待解决的伦理问题之一。

2. 数据挖掘中的隐私伦理困境

"在大数据技术的驱动下，公民隐私出现了新的类型——整合型隐私，即通过数据挖掘技术，将人们在网络上留存的数字化痕迹进行有规律整合而生成的隐私。"① 用户在网络上的浏览痕迹原本是杂乱无章的，算法统计和数据挖掘等技术使用户在网络上的行为轨迹变得有规律可循，用户在网络上产生的数据被收集，进而进行整合后变得清晰起来，形成无数个"数据脚印"。这些"数据脚印"包括用户不想被他人知晓的隐私，而无良商家为了获得利益，在用户不知情的情况下对用户的"数据脚印"进行整合，从而分析推送给用户哪些类型的信息才能促进企业牟取利益。不难看出，这些"数据脚印"一旦被整合，用户便毫无隐私可言。商家和企业通过数据挖掘，将用户日常生活的方方面面都记录下来，进而进行分析和整合，让用户所产生的数据模块成为整合型隐私。整合型隐私更易被分析、解读，甚至被泄露。数据挖掘技术使用户在现实生活中的样子也逐渐清晰起来，这就导致用户的个人隐私无处遁形，数据挖掘中的用户隐私问题陷入了伦理困境。

3. 数据挖掘中决策支持的伦理困境

被挖掘的数据通过技术手段进行加工和分析，最终呈现出经过清洗和结构化的数据结果，这些结果将直接应用于商业决策和行动干预等领域。

---

① 杨建国：《大数据时代隐私保护伦理困境的形成机理及其治理》，《江苏社会科学》2021年第1期，第142~150页。

数据经过收集和挖掘后得到的数据结果可以被应用于各种用途,包括利用数据进行决策。在大数据应用过程中,在财富或社会阶层处于优势地位的群体,对决策过程往往占据主导地位。在某个程度上,这些群体会影响决策结果。相反,社会上处于弱势地位的群体则只能被动接受决策结果。在数据应用中,弱势地位群体的意见会被忽视和排斥,参与决策过程需要花费时间和精力,而被边缘化的弱势群体对于决策过程即便有参与,也不会对决策结果产生影响。

4. 数据挖掘中行动干预的伦理困境

在数据挖掘中,数据结果不光会对决策支持产生影响,同时也会对社会行动产生影响。搜索引擎呈现出来的结果有可能会对用户的行动产生干预效果,而当不同地区的用户利用相同的搜索引擎搜索同一个词语,所呈现出的搜索结果大不相同时,这种搜索结果就会对不同地区的用户产生不同的行动干预效果。对算法设计的偏见和数字技术的不平等使用,是数据挖掘过程中的伦理忧思。

(三) 数据集成[①]伦理问题的归因分析

"随着数据获取、数据分析处理、数据存储等技术的发展,许多组织开始追求让数据生产者将所拥有的科学数据在科学共同体之间公布出来,以便他人获取和使用,并进行数据领域的交流,通过全面的数据共享,实现科学数据资源的最大化利用。"[②] 但随着数据的集成和数据共享的推进,一系列伦理问题涌现。

数据集成的过程是对收集好的数据进行分类的过程,即由数据决策者将数据分为娱乐数据、电商数据或者政治意见表达数据等各种各样的数据类型。在此过程中可能会出现一系列伦理问题,譬如将本该属于这一类的数据归纳到另一类数据中。由此可见,数据集成中存在的伦理问题有待解决。

---

① 数据集成是把不同来源、格式以及特点的数据在逻辑上或物理上有机地集中,从而为企业提供全面的数据。
② 温亮明、张丽丽、黎建辉:《大数据时代科学数据共享伦理问题研究》,《情报资料工作》2019年第2期,第38~44页。

三 人工智能传播伦理中的数据盲点

在大数据时代，数据看起来是万能的，然而数据仍然存在致命的缺陷。数据并不能覆盖生活的方方面面，数据中存在盲点。人工智能传播中的数据盲点主要分为以下三种：数据表象盲点、数据决策盲点以及数据"全面"盲点。

（一）数据表象盲点

"大数据的多样化特征表明其足以囊括几乎所有的、各种各样的数据。"① 但有时数据只是表象，不能真正反映事物的本质。比如，有时用户在网络上浏览某个品牌的商品，在该商品页面上停留时间为5分钟，这时商家收集到的数据证明该用户对这款商品感兴趣，可能产生购买行为，于是决定给该用户推送更多有关该商品的信息，而实际情况可能是，该用户在这款商品界面上停留的5分钟里，大部分的时间并没有观看商品信息，而是在做其他事。由此可见，数据有时只是表象，有时商家分析数据也不能真正了解用户的消费需求，当数据不能反映事物的本质时，数据表象盲点便产生了。

（二）数据决策盲点

数据有可能会导致决策失误，数据决策在有些情况下是不够精准的。② 因为计算机系统只能靠数据赋值来排序，但是数据赋值是主观的，并且人类社会的很多东西是难以赋值的。在这种情况下，通过计算机数据赋值得出的决策结果很难适应现实情况。不可否认的是，人们通过赋值认

---

① 吕耀怀：《大数据时代信息安全的伦理考量》，《道德与文明》2019年第4期，第84~92页。
② 比如，在一个歌唱比赛中，计算机对两位歌手的打分分别为8分和6分，若按照数据决策来说，获得8分的歌手一定比获得6分的歌手唱功高，但事实真的如此吗？答案是否定的，因为有可能获得8分的歌手是一个流量明星，而计算机根据综合情况打出的分数不单纯考虑唱功这一方面。如果有两个人竞争同一个工作岗位，计算机根据综合情况给两个人分别打出9分和7分的成绩，根据数据决策一定会选获得9分的人担任这个职位，但事实可能是获得7分的人更符合这个岗位，因此单靠数据决策有可能导致错误的价值取向。

识世界,在大部分时间里靠数据决策是正确的,但现实世界中有些事物很难被赋值,硬要给所有事物赋值往往会导致我们做出错误的决策,由此产生数据决策盲点。

(三)数据"全面"盲点

大数据无法代表全部。大数据是用户在互联网上留下的痕迹信息的集合,而问题在于有很多人上网没有留下痕迹或者留下的痕迹很少,甚至有很多人因为基础设施或者个人素质原因不使用互联网,这类人在互联网上没有留下任何痕迹,因此大数据无法覆盖这类人群。另外,还有一些社会地位较高的群体,为了使自己的隐私不被侵犯,会为保护自己的数据隐私额外付出费用,从而"获得技术性的数据安全屏障"[①],以免被数据收集者非法收集到自身的数据。依靠大数据为用户进行算法推荐存在很多盲点问题,这些问题是难以解决的,即使是人工干预,也只能估计,且估计出来的结果缺乏精确性,所以数据"全面"盲点仍然存在。

四 人工智能传播中的数据公平伦理问题

在大数据系统中,数据的收集、挖掘以及集成等各个环节依然存在相关的伦理问题,使社会中的不公平因素持续存在。数据是非常重要的社会资源,但是利用数据的过程会牵涉许多公平、信任、自由等伦理问题。也就是说,大数据时代的社会公平伦理困境需要进一步化解。

(一)数据收集公平伦理问题

大数据在不同地区和群体中的形成是不均等的,数据收集公平伦理问题主要涉及以下两个方面:数据收集不全面和数据代表性不强。

1. 数据收集不全面

生活在基础设施不完善和经济条件不发达地区的用户,其移动终端

[①] 刘丽、郭苏建:《大数据技术带来的社会公平困境及变革》,《探索与争鸣》2020年第12期,第114~122页。

和互联网的使用是受限的。因此，对于经济不发达地区的数据收集也是不全面、不完整的。此外，一部分用户由于基础设施建设不足，甚至都无法使用互联网；另一部分用户由于年龄或学历问题，对互联网的使用是十分困难的，因此数据收集也无法包含这部分用户。而有些用户因为对隐私问题较为重视，会购买防火墙等来防止商家对其浏览痕迹进行窥探，这也是数据收集不全面的原因之一。

2. 数据代表性不强

社会边缘群体①由于基础设施原因，对互联网的使用尤为艰难，这就导致了社会边缘群体的样本数量少，因此生成的大数据是缺乏代表性的。由于区域以及使用者自身属性的差异，"大数字鸿沟"会越来越深，发达地区会生成更多的数据，为这些用户打造的个性化产品和服务也更加多样。相反，经济不发达地区的用户对于数据的提供少之又少，这就导致了不平等现象的出现。企业对于数据提供较多的用户会更加重视，对于数据提供少的用户则会忽视此类群体的需求，这会限制经济不发达地区的用户选择更高质量的商品和服务的权利。因此，大数据要能够解决用户表达不充分和被不平等对待的伦理问题。

（二）数据挖掘公平伦理问题

数据挖掘中同样会产生一系列公平伦理问题，主要包含以下两个方面：大数据计算模型中的算法风险和大数据计算资源稀缺。

1. 大数据计算模型中的算法风险

在人们进行数据挖掘的过程中，所采用的算法技术存在着多种算法风险，这些风险可能会对数据结果产生影响，"如算法选择错误、算法被运用于违法行为、人为操纵算法、运用算法进行宣传、算法操纵购买行为以及未知的算法风险。"② 当这些算法风险出现在数据挖掘中时，社会公平问题就随之产生。很多算法分析包含偏见和歧视，如性别歧视和种

---

① 边缘群体是指社会中价值取向与社会主导价值取向相异的群体，是相对于被社会认可并有主导地位的群体而言的。
② 汝绪华：《算法政治：风险、发生逻辑与治理》，《厦门大学学报（哲学社会科学版）》2018年第6期，第27~38页。

族歧视等。"大数据在获取数据时，往往包含着样本的偏见和标签的偏见。"① 譬如，由于社会中的少数群体人数本身并不占据优势，其所产生的数据十分稀缺，这些群体的数据甚至可能被视为杂音。在数据分析的过程中，这些算法的误差会被放大，从而直接影响数据分析的可信度。

2. 大数据计算资源稀缺

大数据计算资源的稀缺性也造成了大数据分析的不足。在大数据分析过程中，信息规模与计算资源往往是决定大数据分析效率的两个主要因素。但随着巨大的计算资源中大量的信息来源缺失，一些商家和组织已经无法实现对大数据资源的有效利用。大数据计算资源并不便宜，这也使得一些公司不得不承担大数据技术的相应支出。因此，非大型企业将无法掌握大数据分析计算中的复杂模式和资源，唯有真正了解大数据分析计算资源的公司和机构方可作为大数据分析的主要参与者和受益者，而其他无法掌握大数据分析计算资源的公司和机构将被排斥在大数据分析资源之外。

大数据技术的社会公平问题的解决，需要运用多学科知识。大数据研究和社会科学研究相结合，才能对大数据公平伦理问题进行有效的治理。由于目前大数据研究和社会科学研究融合不足，大数据分析并不具备处理社会公平问题的技术和手段。大数据的技术模型需要经过学习才能理解，所以社会科学研究者和大数据之间产生了技术壁垒，理解和运用大数据技术和算法知识成为社会科学研究者的难题，而有时需要把大数据技术和社会科学研究结合起来才能解决相关的伦理问题。比如直播带货能在多大程度上解决偏远地区的贫困问题、推动社会公平？这需要我们运用大数据进行精准分析才能得出结论。

（三）数据集成公平伦理问题

从数据的生成、收集、分析到数据应用的系统性过程，是"从数字化到知识化"的过程。由于大数据并不是真正的全数据，而是有大量无用、虚假的数据充斥，所以大数据的分析也是有目的性的分析，这最终

---

① 刘丽、郭苏建：《大数据技术带来的社会公平困境及变革》，《探索与争鸣》2020年第12期，第114~122页。

导致大数据的应用是基于某些特定利益的应用。① 某些处于社会优势地位的群体对大数据资源的使用更加便捷，这类群体可以利用大数据满足自身的需要，获取一定的利益。掌握数据就意味着掌握了资源，掌握了资源就能取得收益，越处于优势地位的群体越容易获取数据和使用数据，进而获得更高的社会地位。相反，处于社会上弱势地位的群体，由于数据资源的缺失，就更容易被边缘化，成为被忽视的群体。

"大数据技术所引发的伦理危机，有可能对公共社会造成严重的威胁。"② 比如，美国社会在历史上由于存在对黑人的歧视，我们在谷歌搜索引擎上搜索青少年犯罪时，搜索结果多为黑人青少年犯罪，而白人青少年犯罪的搜索结果鲜少出现。决策者对数据收集、分析以及挖掘后，在数据应用这一环节引入了自己对黑人的歧视，导致利用搜索引擎搜索青少年犯罪出现的结果多为黑人青少年实施犯罪的案例，但这并不代表白人青少年在现实社会犯罪更少。不公正的搜索结果的出现是否会引发美国黑人青少年对自我认知的偏差？这是值得我们深思的问题。

五 人工智能传播中的数据隐私伦理问题

在大数据时代，隐私安全问题频发，用户的个人敏感信息也毫不例外地展现在数据技术的幕布下。人工智能传播中的数据隐私伦理问题主要包括以下四个方面：数据收集中的数据隐私伦理问题、数据挖掘中的数据隐私伦理问题、数据集成中的数据隐私伦理问题以及数据隐私安全伦理问题。

（一）数据收集中的数据隐私伦理问题

每个人都有隐私，隐私是个人较为私密、不愿公开给他人的私人信息。法律也给予个人隐私保护的权利，但随着网络时代的发展，个人信息变得更加透明，个人的隐私信息也或多或少地被公开出来。尽管不同的人对于个人隐私的注重程度不同，但在当下有算法技术加持的人工智

---

① 赵丽涛：《大数据时代的关系赋权与社会公正》，《探索与争鸣》2018年第10期，第36页。
② 翁列恩、李幼芸：《政务大数据的开放与共享：条件、障碍与基本准则研究》，《经济社会体制比较》2016年第2期，第113~122页。

能传播时代，数据隐私伦理问题被不断放大，成为一个值得深入探讨的问题。算法作为一种计算机程序处理技术不具备人类的思维体系，因而算法在进行运作的时候，对个人信息的数据采集只是机械地按照流程进行，将个人信息中包含隐私的部分也一并收集成为与个人相关的数据。基于以上操作，用户个人隐私受到了一定程度的侵犯，从而出现数据隐私伦理问题。而有些商家或企业，对用户隐私的收集并没有经过用户的同意，更是引发了一系列隐私伦理问题。

随着人工智能技术的发展，用户隐私被越来越疯狂地采集。App运营者作为数据收集者，可以通过"用户隐私条款"对用户的隐私进行无差别采集。某些软件不点击同意条款就不能被使用，部分用户因为隐私条款内容太多而不愿浏览即点击"同意"，这都为商家和组织收集用户信息提供了便捷条件。有学者对移动数据收集的特点进行了分析，"在数据收集的目的上，数据收集者均出于正义的目标和美好的愿景来收集数据，如发挥数据价值或提供更优质的个性化智能服务；在数据收集的方式上，商家和企业会打着'免费使用服务'的旗号，吸引用户参与，比如填写详细信息会获得优惠，通过此种方式来收集用户更详尽的数据；在数据收集的过程中，某些商家和企业欺骗用户，对于用户数据的流向和使用目的不予公开，请求用户同意授权数据收集的协议通常以'默认勾选'或隐藏选项的方式使用户'被同意'，更有甚者通过收集和贩卖用户数据进行非法数据流通；在数据隐私的保护上，某些商家和企业没有采取保护措施，诸多企业直接在用户的隐私数据上进行数据分析，这让用户的隐私岌岌可危。"[①]

（二）数据挖掘中的数据隐私伦理问题

大数据时代，用户信息越来越透明，用户的隐私信息也被不断地采集、挖掘。可怕的是，用户被暴露的隐私数据并不只包括用户曾经留下的和当下产生的数据痕迹，或者是主动提供的隐私数据，还包括商家利用大数据技术与算法技术，根据现有的用户隐私数据而测算出来的用户未来可能产生的隐私数据。商家还会利用数据挖掘技术将用户进行简单

---

① 孟小峰、王雷霞、刘俊旭：《人工智能时代的数据隐私、垄断与公平》，《大数据》2020年第6期，第35~46页。

的分类,然后根据用户的分类进行信息的精准推送。比如在用户不知情的情况下,商家会根据消费水平的不同将用户划分为不同的类别,这些类别都是在用户不知情的情况下产生的,整个分类过程包含了数据收集中对用户的偏见以及对用户隐私的侵犯。"数据挖掘对信息隐私的挑战表现为通过数据来挖掘客户消费倾向、影响个体未来的消费行为。数据预测对信息隐私的挑战表现为利用大数据来预测个人未来的身体、经济状况等隐私信息。"① 数据挖掘的目的是针对不同的用户提供不同的产品,刺激用户的购买欲,提高商家的收益。数据挖掘后,商家会描绘"用户画像",针对不同用户提供个性化服务。

在商家进行用户数据收集的过程中,用户或许知道自己的数据被收集和应用,但在数据挖掘过程中,用户很难对自己的数据流向和用途完全掌握。很多时候,用户并没有主动提供隐私数据,而是在使用网络平台的过程中被不断记录相关数据。而平台在用户不知晓的情况下收集这些用户被动产生的数据,再对这些数据进行挖掘,进而给用户贴标签并推送类似信息。用户产生的数据或许是其隐私数据,但由于用户对数据挖掘过程无法控制,这些隐私数据也就被挖掘出来,造成一定的隐私伦理问题。

(三) 数据集成中的数据隐私伦理问题

波斯特的"全景敞视主义理论"认为,网络社会是一个规模庞大的"超级全景监狱",传播环路以及它们产生的数据库构成了一套没有围墙、窗户、塔楼和狱卒的监督系统。有学者认为,"社会中的每一公民都处在这样一种大数据的全景监控之下,无论是否有所察觉,个体的隐私都将无所遁形。"② 另一位学者也认为:"人们正处于'全景监狱'③ 之中

---

① 梁宇、郑易平:《大数据时代信息伦理问题与治理研究》,《图书馆》2020年第5期,第64~68页。
② 林子雨:《大数据技术原理与应用(第三版)》,人民邮电出版社,2021,第226页。
③ 所谓"全景监狱"是法国哲学家福柯对人类社会控制的方式的一个比喻。福柯发现,在传统社会,社会管理者主要是通过信息不对称的方式来实现成本更低、效率很高的社会治理的。这种控制形式恰如古罗马人发明的一种金字塔式的监狱:犯人被监禁在不同的牢房中,狱卒则处于最高一层牢房顶端的监视室内,他可以看到所有犯人,犯人们却看不到他,并且犯人们彼此之间也缺少有效沟通和传递信息的渠道。在这种情况下,无论管理者是否到位,犯人们都假定其存在,因而不得不接受外在控制,同时自觉地规范自己。

无法逃脱,就如同监狱里的人,处在被监视、被观察的状态中但丝毫不知。"① 同时,也有学者对大数据监控的特点进行了分析:"大数据监控具有以下的特点。其一是隐蔽性,数据监控完全实现了'没有监控者'在场即可完成监控,一切数据都被自动记录,这样就使得公众降低了对监控的一般防备心理及抵触心理,也就更加为信息监控者提供了监控的便利。其二是全局性,只要人们身处大数据环境中,就无时无刻不被监控着,但这并不同于以往的被人监控。"② 网络技术的飞速发展使用户对网络的运用逐渐得心应手。随着大数据技术的不断进化,社会治理者可以运用网络对用户在网络上留下的行为数据进行全方位的监控,从而对用户产生的数据进行收集和分析;社会治理者扮演着"狱卒"的角色,对网络用户进行数据监控,并根据其对这些数据的整合,最终得出用户的基本信息,从而生成"用户画像",进而通过算法给不同用户推荐不一样的商品或服务,以实现商家的目的。

在数据集成过程中,数据管理者由于对数据的归纳缺乏专业性,因此会产生一系列的伦理问题。比如,属于个人隐私类的数据被归纳到公共隐私数据中,这无疑是对用户隐私的一种侵犯。"数据开放对隐私保护产生了威胁,这也就引发了大数据语境下人们选择安全还是选择便捷的思考。"③ 选择便捷就避免不了产生隐私问题,因此人工智能传播中的数据集成隐私伦理问题应得到合理的解决。

(四) 数据隐私安全伦理问题

数据隐私安全问题涉及一切危害用户信息正确性和一致性的破坏行为,如计算机病毒攻击、黑客攻击以及流氓软件破坏等。④ 在信息高度发达的今天,一切信息都可以通过互联网在转瞬之间传到地球上的任何一个角落。恐怖组织利用这一点,在互联网上发布煽动性言论,毒害受

---

① 孙雅男:《大数据时代网络伦理失范问题及出路探析》,《河北软件职业技术学院学报》2019年第3期,第18~20页。
② 朱沁卉:《大数据技术的伦理问题探究》,《科技风》2018年第24期,第78~80页。
③ 高申扬:《大数据时代隐私悖论的伦理困境》,《新媒体研究》2020年第20期,第12~15页。
④ 梁宇、郑易平:《大数据时代信息伦理问题与治理研究》,《图书馆》2020年第5期,第64~68页。

众;国际间谍也能利用互联网窃取不同国家的机密。这些不良甚至违法的行为都将威胁到国家安全与世界和平。因此,数据隐私安全伦理问题在大数据时代是不容忽视的。

在大数据时代背景下,用户的一切行为都有可能处于被监控的状态下。手机通话在用户不知情的情况下被某些不良软件录音,手机中的通讯录等隐私信息在未经用户允许的情况下被不良商家获取,这些都是大数据时代的安全隐患。

六 人工智能传播伦理中的数据共享问题

"由于缺乏数据共享交换协同机制,'数据孤岛'现象逐渐显现。"[①] "数据孤岛"是指在政府或企业中,由于各部门缺乏数据共享,海量的数据资源就像无数个孤岛一样,难以形成有效的连接。"数据垄断"是指平台凭借自身营造的网络生态系统,吸引流量并汇聚海量信息,从而对数据进行单方面控制。为了避免"数据孤岛"和"数据垄断"等的产生,一些组织和机构呼吁数据生产者将已有的科学数据公布出来,形成数据间的交流和共享,人工智能传播中的数据共享伦理问题随之产生。

(一)数据边界扩张

不同的数据采集者使用不同的计算机对他人的数据进行收集和分析时,为了使资源得到充分利用并优化资源配置,对数据进行共享可以视为一条捷径。数据共享可以节约数据资源和成本,但数据共享带来积极作用的同时也会引发一系列伦理问题。一旦他人收集的数据内容存在安全问题,经过共享后,这些数据内容将导致更多的数据库产生安全问题,更多的敏感性隐私信息被识别和暴露。[②] 在大数据时代,数据急剧增加,并且形态各异,科学数据的边界变得模糊不清。[③]

---

① 林子雨:《大数据导论——数据思维、数据能力和数据伦理》,高等教育出版社,2020,第176页。
② 赵敏:《公共视频监控的大数据伦理问题——以个人信息安全为中心》,《中国人民公安大学学报(社会科学版)》2020年第1期,第97~103页。
③ 温亮明等:《大数据时代科学数据共享伦理问题研究》,《情报资料工作》2019年第40期,第38~44页。

随着技术的进步，数据的范围不断扩大。云计算技术使海量数据的处理更加高效；人工智能技术将智能化应用得更深、更广；5G技术提高了数据处理的速度；物联网技术使得物与物、人与物之间实现了数据共联；VR、AR技术将虚拟现实成功数据化；等等。这些都挑战了科学数据的定义，让"科学数据的边界"值得进一步研究和探讨。

（二）数据结构多样

数据开放共享是在相关数据治理体制机制下，遵守相关法律和法规，保障数据安全，通过数据存储、数据处理和网络安全等相关技术手段，基于一定的商业及组织架构，经过对数据集、数据对象和标识符进行标准化描述和概述，遵循开放性、可检索性和机器可读性等原则，实现全社会不同行业间以及各行业内部的数据互操作。科学数据开放共享的前提是数据被允许自由地获取和利用。数据应该被不同的系统所识别和使用，科学数据应该被统一结构化，这样才能使不同企业或组织之间的数据共享活动顺利进行，避免产生"数据孤岛"[①]和"数据垄断"[②]等数据伦理问题。科学数据的结构化可以使科学数据得到有效利用，使数据在不同系统之间方便快捷地转换。

数据的格式也是多种多样的，有些数据因为格式而无法由用户通过自身的手机和电脑打开，如果被强行打开反而会导致电脑系统崩溃，而把数据格式转化成用户能够使用的格式则可能会引起乱码。由此可见，数据格式的差异制约着数据共享的实现。此外，不同地区和不同部门的数据收集很难控制不同用户的数据质量，有些地区用户数据质量很好，有些地区用户数据质量很差，质量的差异会导致算法技术只把可靠的数据与质量高的数据输入。算法技术有特定的输出结果，质量差的数据输入算法中后，算

---

① "数据孤岛"一词常与"信息孤岛"交替使用，又被称为"自动化孤岛"或者"资源孤岛"，是指在数据单元中单独存放、不能自动进行信息交换、必须依靠人工手动与外部通信的数据现象。由于在不同的发展阶段，各组织或单位对信息化的要求不一致，所以它们在建设基础设施方面也各有侧重。而且由于资金和资源的限制，各组织或单位的信息系统并不完全互通。通常，每个组织或单位都对各自的数据有自己的存储和定义方式。各组织或单位的数据就如同一个个孤岛，与其他组织或单位的数据很难交互。此问题即为"数据孤岛"问题。

② 数据垄断是基于数据的占有和使用而形成的垄断，可以理解为重要数据被控制在少数企业或其他市场主体手中，并被不合理分配与使用，以致影响市场公平竞争的现象。

法技术是可以对其验证的，因此输出的结果是有限定的。质量差的数据被输入后，通过算法技术进入算法黑箱，有可能导致算法的不可验证，可能导致与原来预测的结果相反，即输出结果会产生巨大偏差。

（三）数据权益模糊

在大数据时代下，数据已经变成一种新的资源，有数据就意味着有能够获取收益的筹码。在商家对用户数据进行采集与挖掘的过程中，用户的知情权、隐私权及其他权益都有可能被侵害。从利益最大化的角度出发，商家、企业和组织都要收集和储存海量的用户数据，所以这些数据通常易被第三方平台误用，用户数据权益无法维护。用户本人数据的所有权是否应该归属用户个人？政府、组织和商家在采集用户生成数据时应不应通知用户？目前尚无清晰的法律条文来给予解答，从而使这一含混不清的数据权益带来了一系列伦理问题。

行业内的信息是共享的，大型公司进行行业信息共享时，会将客户信息统一打包给其他公司，这些信息都是未经客户本人授权使用的。[①] 因此，用户所收到的垃圾短信、所接到的诈骗电话，均有可能出自上述"行业数据共享"。以上这类行为毫无疑问是对用户合法权益的侵害，这些侵权则是数据权益被遮蔽造成的。

七　人工智能传播伦理中的数据偏见问题

数据偏见指的是在数据收集、清洗以及分发的过程中，作为人脑外延的智能算法暗含人类价值判断，从而带来原始数据收集的片面性和输出结果的偏见性。[②] 随着大数据时代的到来，人工智能技术领域涌现很多数据偏见伦理问题。在生成数据结果的各个环节，都可能带有数据收集者或算法设计人员的偏见。人工智能传播中的数据偏见伦理问题可以从以下三个方面进行分析：数据偏见伦理问题中的性别偏见、数据偏见

[①] 张晓凡：《大数据技术革命及其伦理问题的哲学思考》，硕士学位论文，华中师范大学，2017，第22页。

[②] 张宁、吕采薇、黎楚怡：《大数据背景下的新闻报道与数据偏见》，《南方传媒研究》2018年第6期，第133~142页。

伦理问题中的地域偏见以及数据偏见伦理问题中的阶层偏见。

（一）数据偏见伦理问题中的性别偏见

数据偏见伦理问题中的性别偏见是随处可见的。人工智能技术看似完成了点对点传播和有针对性的传播，但算法中嵌入的偏见可能会对用户的思想产生潜移默化的影响，同时也会使用户的已有偏见不断加深。总而言之，数据是不断增加的，并且数据也需要被不断地学习，在这样的运作背景下，如果最初的数据具有数据偏见，这种数据偏见就会随着运作环节的进行而一直存在。

在数据收集阶段，偏见总是不可避免地被带入收集过程。从数据收集者本身来看，数据收集者本身的价值观、刻板印象以及偏见会对数据的收集产生一定的影响。而有些偏见甚至数据收集者自身也意识不到，这些偏见必然会影响数据收集者收集的重点，一旦这些偏见被带入代码，就会让数据结果产生误差，进而生成有偏见的数据。

（二）数据偏见伦理问题中的地域偏见

数据偏见伦理问题中的地域偏见时有发生，比如，在百度上搜索"东北人"时，出现的一个词条就是带有地域偏见的"东北人为什么讨人嫌"，搜索"河南人"时，会出现"河南人偷井盖"这一带有地域偏见色彩的词条。这些词条显然对"被地域偏见"地区的用户也是不公平的，损害了这些用户的合法权益。

数据有时并不一定是通过直接渠道获取的，也可以通过间接的方式获取。在互联网时代，网络就像一张密集的大网，上面包含了多种多样的数据信息，某些商家就可以通过第三方工具在网络上间接收集相关数据。网络上的这些数据来源于四面八方，在这样的背景下，数据采集通过间接渠道聚合了这些包含偏见的原始数据，并使用这些数据去构建自身的数据库，那么这些偏见也就自然而然进入了新的数据体系当中。因此，在当下的数据偏见伦理问题中，地域偏见也相当常见，值得深入探讨。

（三）数据偏见伦理问题中的阶层偏见

许多商家、企业以及组织会根据用户产生的数据，对用户所处的社会阶层进行分析,根据用户消费水平的不同,推荐给不同用户不同价格的商品。用户在不知情的情况下被分类,那些消费水平比较低的用户接收到的广告信息种类会少于消费水平高的用户,社会阶层较低的用户也很难享受到个性化的产品或服务的推荐。

人工智能技术越来越发达,现有的智能数据库受技术加持具备自我学习的能力,智能数据库可以主动学习也可以被动学习。主动学习即程序员将想要达到的结果直接输入到程序中,智能数据库会根据结果自主学习知识,这种自主学习更加自由,智能数据库可以选择用任意的方式对任意的知识进行学习,所以它就具有了学习到偏见信息的风险。相较于主动学习,被动学习就安全很多,它是智能数据库根据设定好的程序和模板进行学习,在这种情况下只要基础数据没问题,就不会产生偏见问题。然而,可以进行主动学习的数据库仍然无法杜绝偏见的产生。

八 人工智能传播伦理中的数据歧视问题

数据歧视是指在数据集中存在某些偏见或不平等的信息,导致人工智能系统在做出决策时对某些群体进行歧视或不公平对待。数据歧视可能导致人工智能系统的决策和结果出现偏差,进而影响到人类的判断和行为。在大数据时代,算法技术已然广泛运用到各个领域,人工智能则是在大数据的基础上确立算法,并通过不断优化算法而不断提升处理数据的能力。数据歧视和数据偏见的区别在于,数据偏见是用户带有主观性的偏见,数据歧视则是用户的偏见行为产生的客观性结果。① 由于数据偏见的存在,数据歧视问题也随之产生,人工智能传播中的数据歧视伦理问题涉及以下三个方面:大数据运算过程中的数据歧视、大数据信息输入中的数据歧视以及大数据信息输出中的数据歧视。

(一)大数据运算过程中的数据歧视

人类社会固有的歧视,加上数据内部技术因素和利益团体的资本嵌

---

① 张爱军、梁赛:《大数据的政治媒介功能及其伦理边控》,《学术界》2019年第12期,第27~36页。

入，正在不断加重数据歧视伦理问题。

在大数据的运算过程中，数据歧视是存在的。由于大数据的运算注重效率，尽可能多地收集用户数据是数据收集者最关注的目标，在这种情况下，数据的精确性就会被忽视。大数据的运算背后是人类在操控，人类社会几千年来所形成的歧视对有些人来说是根深蒂固的，文化歧视、性别歧视以及种族歧视等各种歧视现象时有发生，这些歧视一旦被数据设计者嵌入数据，就会产生带有歧视色彩的数据结果。

群体具有密集性特征，比如传染性疾病很容易在某个群体中进行传播，进而让大数据认为传染性疾病与某类群体具有一定的相关性，然而事实并非如此。基于大数据的流行病学分析，人们只能在疾病确诊前做出推测，其结果只能表明一定的可能性和潜在风险，由此造成的群体歧视范围更广、伤害更大，这就更加背离了平等包容的基本社会准则。[①]因此，在运算过程中的数据歧视伦理问题是不容忽视的。

（二）大数据信息输入中的数据歧视

在大数据信息的输入过程中存在着数据歧视。偏见和歧视的区别是，偏见是无意识的和客观的，而歧视则是有意识的和主观的。数据收集过程有两种方式：机器收集数据和人工介入收集数据。机器本身是带有偏见的，因为机器是人造的，很多人的认知明显是有偏见和歧视的，但其本身并不知情。由于个人的生活经历和环境的影响，每个人都或多或少地带有偏见，严重的偏见会演变为歧视。

由于数据盲点问题的存在，大数据所抓取的数据不一定都是准确无误的，各种各样的无用数据和虚假数据都会在大数据库中存在。而大数据的价值之一——预测性，避免不了会受到这些无用数据的影响。由于数据不准确，基于数据的预测结果也将存在一定的问题。由于每个用户所处地区以及社会地位不同，有些信息技术不发达地区用户的数据收集十分困难；有些老年人对网络的使用不熟悉，数据信息收集也面临一定的问题。弱势群体在大数据时代所处的地位远远不及优势群体，由于弱

---

① 丁波涛：《疫情防控中的大数据应用伦理问题研究》，《情报理论与实践》2021年第3期，第1~9页。

势群体对互联网的使用面临困难，因此数据收集者很容易忽视这类群体的数据，久而久之"数据鸿沟"问题会越发严重。在社会上处于优势地位的用户会更多地享受数据所带来的福利，而处于弱势地位的群体所接触到的信息会明显少于处于优势地位的人群所接触到的信息，数据所带来的不平等问题会使数据歧视伦理问题越发严重。

（三）大数据信息输出中的数据歧视

数据在输入阶段的偏差也必然导致数据输出结果的偏差。[①] 由于在数据收集、数据挖掘以及数据集成中存在着歧视现象，在社会中处于优势地位和弱势地位人群的数据样本量存在巨大差异，样本的不全面和不公正会让已经存在于社会中的歧视现象更加严重，带有歧视信息的数据输出会助长网络用户的歧视之风，让数据歧视伦理问题难以得到有效的治理。数据挖掘的应用可能会在不经意间导致歧视。这些数据输出中的数据歧视应得到进一步的研究。

大数据的运算逻辑有数据设计者主观意志的介入。数据设计者本身带有的歧视不可避免地会被带入数据运算当中。在信息输出阶段，这些带有歧视的数据信息传递给用户，在用户的情绪诉求下形成"信息茧房"[②]，进而形成一套新的价值体系，而这一价值体系必然会带有歧视色彩，间接导致刻板印象的形成。

九 人工智能传播中的大数据"杀熟"伦理问题

"大数据'杀熟'是商家平台在技术赋权之下利用消费者信息不对称的缺陷所实行的一种定价策略。"[③] 商家会利用老客户对其产品的高依赖性及刚性需求，刻意抬高产品价格，以谋取更多商业利益。而对于新用户，商家会精心设计价格策略，在用户黏性尚未形成之前，给予用户

---

① 张爱军、梁赛：《大数据的政治媒介功能及其伦理边控》，《学术界》2019年第12期，第27~36页。
② 信息茧房是指人们关注的信息领域会习惯性地被自己的兴趣所引导，从而将自己的生活桎梏于像蚕茧一般的"茧房"中的现象。
③ 燕道成、刘嘉琳：《大数据"杀熟"带来的道德问题与价值风险及其规制探析》，《云梦学刊》2021年第2期，第90~96页。

优惠，以吸引和留住新用户。然而，一旦新用户转化为忠诚用户，商家即开始不断提高价格，实施所谓的"杀熟"策略。人工智能传播中的大数据"杀熟"伦理问题主要涉及以下三个方面：大数据"杀熟"伦理问题的成因、大数据"杀熟"伦理问题的表现以及大数据"杀熟"伦理问题的审计。

（一）大数据"杀熟"伦理问题的成因

同样一款商品，老用户看到的价格要高于新用户看到的价格，商家利用老用户对其产品的依赖性、对价格的不敏感以及对产品的刚性需求，在其无意中抬高产品价格，牟取利润。对于新用户，商家经过规划，采用各种手段将其笼络成为熟客后再对其进行"杀熟"。由于老客户对同一品牌的产品容易产生黏性，因此在商家抬高价格之后，老用户依旧会购买，这无疑损害了消费者的权益，本质是一种价格歧视。大数据"杀熟"伦理问题的成因主要涉及以下两个方面：算法技术的应用和商业利益的盘算。

1. 算法技术的应用

商业平台运用的算法技术，其设计实质是利用老用户即黏性用户的价格惰性及其刚性需求实行差别定价。同时，因为新用户对产品的接触还停留在初级阶段，商家考虑到要先笼络新用户，因此在初期给出一定的优惠政策，设计对新用户比较宽容的算法，并给出一些有吸引力的定价策略。可以看出，算法技术的应用是商家精心策划的一种商业策略，虽然对老用户造成了一些不公平的伦理问题（即大数据"杀熟"伦理问题），但是符合商家的整体商业计划。也可以看出资本对算法技术应用的支配，算法技术应用实质上是在为资本利益服务。因此，算法技术应用促进了大数据"杀熟"伦理问题的生成。

算法技术的原理涉及三个维度：内容、用户特征以及环境特征。其中，在第二个维度中，算法技术会获取用户隐私信息，比如年龄、职业以及兴趣爱好等，因此会引发一系列伦理问题。商家利用算法技术进行差别定价，可以使购买过程更具效率，促进消费和经济发展，但商家对算法技术的应用一旦越界，就会导致大数据"杀熟"现象的发生。虽然相比于传统的商业模式，算法技术的加持能使商家更了解消费者的个性化需求，使消费者更便捷地获得自己需要的产品。同时算法技术也是一把"双刃剑"，算法技术导致的"杀熟"现象会让消费者的合法权益受到侵犯。

大数据"杀熟"的实质是商家滥用算法权力，消费者的权利被侵害只是大数据"杀熟"的表象和结果。① 大数据时代，用户只要使用网络，便会在网络中留下自己的痕迹，这些痕迹就是用户数据。用户在网络上发表言论、观看视频或购买商品时，都会产生相应的数据，许多商家打着"为用户服务"的旗号，大肆获取用户的数据。由于用户使用互联网时会被要求填写相关身份信息，因此商家在获取数据的同时，对用户的信息和隐私也会一并收集。根据这些信息和数据，商家会推测用户喜爱哪些产品，利用算法推荐技术，针对不同用户提供不同的信息或产品服务。对商品和品牌黏性强的老用户看到的价格反而比新客户高，由于大数据"杀熟"现象具有隐蔽性，网络上的消费者之间互不认识，不会轻易交流所购买产品的价格，所以那些被欺骗的老客户也不会轻易发现价格的差异。算法技术的快速发展、网络的集中发展以及垄断效应，帮助商家实现数据的高度集中化，让商家在精准营销等方面实现了高效优质的服务。②

2. 商业利益的盘算

国内的大数据"杀熟"现象进入大众视野是在 2018 年前后，当时很多用户在使用"美团"等软件时发现，购买同一张电影票，新用户用手机号码注册账号并登录购买会比老用户享有更多优惠。其他平台上同样有此类的现象，比如用滴滴软件打车时，新用户比老用户看到的打车费用更便宜；订购机票时，老用户看到的价格高于新用户看到的价格。这种大数据"杀熟"现象屡屡发生，不断侵犯着消费者的合法权益。

"杀熟"的对象一般为忠诚客户，其发挥作用的基础是信息的不对称性以及消费者的信赖。③ 这些忠诚的老客户在线选购商品的过程中，

---

① 廖建凯：《"大数据杀熟"法律规制的困境与出路——从消费者的权利保护到经营者算法权力治理》，《西南政法大学学报》2020 年第 1 期，第 70~82 页。
② 傅楚楚：《"大数据杀熟"行为的消费者权益保护困境》，《南方论刊》2020 年第 10 期，第 56~59 页。
③ 李子梦：《大数据杀熟的违法性分析及规制》，《焦作大学学报》2020 年第 4 期，第 17~20 页。

商家会收集到大量有关消费者的信息，如喜爱的品牌、价格承受范围以及消费习惯等，商家会根据这些数据，有针对性地对不同用户进行差别定价。

在大数据时代，电子商务越来越普及，消费者在线购买产品更加便利，同时商家获取用户信息的方式也更为便捷。为了获取更多的商业利益，许多不良商家通过对消费者数据的分析，进行无正当理由的差异性定价，对消费者的合法交易权、知情权以及消费权进行侵犯。消费者本应在大数据技术下获得的更优质的服务，变成了包含商家价格歧视的"杀熟"式服务。商家利用网络平台进行定价的成本更低，获得消费者的消费数据更加便利，利用大数据进行差别定价逐渐成为普遍现象，而大数据"杀熟"背后的动因正是商家对商业利益的追逐。

从经济学视角分析，商家作为市场中的理性经济人对消费者"杀熟"是为了谋求利润的最大化，在经济学中这被称为"最大限度榨取消费者剩余价值"。[①] 商家不断通过差别定价榨取老用户的"剩余价值"，在巨大利益的驱动下，将大数据"杀熟"作为常用的手段。

大数据"杀熟"实则是价格歧视新的表现形式，对用户的合法权益造成了严重的影响，甚至会让用户对大数据技术产生抵触心理。这种价格歧视的行为最终将导致破坏性的结果。商家利用算法技术获取更多利益的过程大致分为三个阶段。第一个阶段是商家对消费者的数据进行收集。用户在使用各类软件时需要同意用户协议，如果不同意，用户就无法使用这些软件。同意用户协议之后，用户的数据就会被商家收集。第二个阶段是商家利用大数据技术对用户的数据进行分析和整理，从数据中挖取用户的隐私信息，对用户进行分类，不同类别的消费者具有不同的消费能力。第三个阶段是商家针对具有不同消费习惯和消费水平的消费者进行定价，消费水平高和购买同一品牌次数多的用户看到的价格会高于消费水平低和第一次购买该产品的用户。商家通过在这三个阶段中设下价格陷阱来牟取更多利益，因此导致了大数据"杀熟"现象频频出现。

---

① 苗壮：《对大数据杀熟现象的经济学分析》，《环渤海经济瞭望》2020年第4期，第161页。

（二）大数据"杀熟"伦理问题的表现

大数据"杀熟"是商家利用大数据技术对老用户实施价格歧视的行为，相关伦理问题主要存在于商家与老用户之间。[①] 大数据"杀熟"伦理问题的表现可以从以下三个维度进行分析：手机系统不同的用户定价不同、注册用户与未注册用户定价不同以及老用户与新用户定价不同。

1. 手机系统不同的用户定价不同

手机系统一般分为苹果系统和安卓系统，使用不同系统手机的用户面对同一款产品或服务时看到的价格不同。比如某视频软件的会员价格，苹果系统的手机用户比安卓系统的用户看到的价格贵，该平台服务人员对此现象的解释为，苹果系统的用户要向苹果开发商支付通道费，所以会出现价格差异。然而事实并非如此，由于苹果手机的价格比安卓手机的价位高，而苹果系统作为网络平台，使用苹果手机的用户就会被平台的算法机制所影响，被商家进行"杀熟"。平台的算法机制即平台的规则系统，苹果系统的算法导致使用苹果手机的用户看到的价格更高。此外，商家也会根据数据得知不同用户使用的手机系统不同，针对不同手机系统的用户设置有差异的定价，这对使用苹果系统手机的用户来说是一种不公平的行为。

2. 注册用户与未注册用户定价不同

许多商家为了争夺市场和客户资源，在利益的驱使下实行低价营销策略。针对同一款软件，未注册用户比已注册用户享有更多优惠。比如外卖软件中，未注册用户会被提示，只要注册账号并在软件中进行消费，即可领取更多的优惠券和享受更低的折扣等。不同商家为了争夺客户资源，给新注册的用户发放无门槛或低门槛的优惠券，从而吸引用户使用自己的产品或服务。另有一些购物平台，在商品价格下面会标上"新人专享"的字样，未注册用户注册后可享受优惠，已注册用户则无法享受优惠。未注册用户和已注册用户之间的价格差异显而易见。

[①] 吴淑君：《基于弱监管条件下电商的"杀熟"行为研究》，硕士学位论文，湖南大学，2019，第10页。

3. 老用户与新用户定价不同

在人工智能传播中，许多商家利用大数据获取不同用户的信息，以此推断该用户是否为新客户。同一平台上新老用户面对的价格差异是大数据"杀熟"最常见的一种表现。由于老用户对产品具有依赖性，商家利用老用户对产品的熟知心理，认为用户由于对产品熟悉，所以不愿尝试新产品，借此提升产品价格，损害老用户的利益。新用户在购买这一产品时则会享受更多的优惠活动。商家为了促进产品销售，对新用户实施"钓鱼策略"——为其提供价格优惠，待新用户适应该产品后，再提升价格。忠诚度越高的用户越容易成为大数据"杀熟"的对象。这些商家对老用户的价格歧视行为是大数据"杀熟"的主要表现。

（三）大数据"杀熟"伦理问题的审计

商家针对熟人用户的个性化标签和精准化画像，以不同的价格满足不同用户的需求，促使商家自身收益的最大化。"杀熟"的本质是价格歧视，其底层逻辑是熟人用户对于商品或服务的需求是刚需，对价格并不敏感。上文对大数据"杀熟"伦理问题的成因和表现已经做了分析和探讨，针对这些伦理问题的审计主要涉及以下三个方面：算法技术的伦理规制、数据可携权的引入以及用户反馈机制的构建。

1. 算法技术的伦理规制

商家和组织利用大数据，骗取和贩卖用户信息并实施价格欺骗与价格歧视，从而导致大数据技术的污名化，不断侵犯消费者合法权益以及破坏社会价值体系，这是大数据"杀熟"带来的伦理风险。

大数据作为一种资源，其本身的发展和使用是中立的，其潜在的价值可以得到合理的发挥。但大数据和算法技术不能成为商家肆无忌惮牟取商业利益的工具，其应该尊重用户的权益，避免用户被差异化定价。用户有权利知晓自己的信息被商家收集和利用，用户每一次使用平台进行购物时，平台要向用户提供授权使用说明，不应窃取用户的信息。算法技术的使用应更加透明化，用户有权知晓自己的数据被如何解读和应用，也有权对自己的数据进行修改和删除；商家在不侵犯用户合法权益的基础上，可以更准确地收集数据，从而获得更好的经营与发展。

算法技术的普及为人们带来便利的同时，也对普通用户的隐私造成损害。商家利用算法技术窥探用户隐私，以此了解用户的消费水平、消费偏好以及消费习惯，对不同用户产生的数据进行挖掘和分析，从而对用户进行分类，制作"用户画像"。用户在不知情的情况下被分类，被商家利用算法技术进行"杀熟"。尽管大数据技术不能被一味地限制，但商家对算法技术的应用也应得到一定的规制。

2. 数据可携权的引入

用户重复购买同一品牌的商品，即会被商家定义为老顾客。老顾客容易对同一品牌的商品产生依赖性，因此许多不良商家会借机提高老顾客的产品价格，从而获取更多的商业利益。这种大数据"杀熟"的行为可能会导致消费者转移个人数据至新的电商平台，这样原电商平台就无法对个人数据开展进一步的分析，消费者的这一行为被称为行使数据可携权。[①] 用户行使数据可携权，可以维护自己的消费权，避免被商家和企业进行不公正的"杀熟"，其只需将自己的数据副本从原电商平台转移到新的电商平台。

消费者应维护自己的知情权、隐私权、公平交易权、个人信息权以及消费权，要有意识地保护自身的隐私数据，注册和使用各种软件时应仔细阅读相关条款和协议，对隐私信息的授权要谨慎。同时，用户要树立维权思想，如果发现自己的合法权益被侵害，要利用法律保护自己的权益，必要时可以通过媒体等途径进行举报和揭发，也可以通过民事诉讼进行维权。

数据可携权的行使会造成电商平台数据价值的损失，对电商平台的"杀熟"行为产生威慑，从而能够遏制大数据"杀熟"现象的发生，所以从消费者权益保护的角度来看，我国法律应当引入数据可携权。[①] 因此，用户对数据可携权的适当使用可以有效避免大数据"杀熟"现象的产生。

3. 用户反馈机制的构建

在大数据背景下，用户的隐私不再是传统意义上的隐私，用户每时

---

① 邢根上、鲁芳、周忠宝、叶锦龙：《数据可携权能否治理"大数据杀熟"？》，《中国管理科学》2022年第3期，第85~95页。

每刻都处于"全景监狱"当中,因此,用户数据隐私问题备受关注。用户数据隐私被侵犯,进而成为大数据"杀熟"的受害者。为了对"杀熟"现象进行治理,平台应建立用户反馈机制,对用户的合法权益进行维护。平台方、商家以及用户之间可以通过用户反馈,及时对出现"杀熟"行为的商家予以惩罚,并对被"杀熟"的用户给予补偿。

目前我国电商平台缺乏专项立法和完善的监管机制。为防范经营者滥用大数据分析技术对用户进行大数据"杀熟",政府等相关部门要完善与电商平台定价相关的法律法规,对商家和平台的不正当行为进行相应的惩罚。

商家以及其他组织对消费者数据的收集和使用绝不能超越用户的授权范围,对于用户信息的获取也应获得用户的知晓。与此同时,用户的敏感信息应该得到界定和保护,商家以及其他组织应对信息进行分类,将敏感信息排除在被收集和被利用之外。商家以及其他组织也应遵守相应的道德规范,建立完整的价值体系,提高自我监督的水平,不能侵犯用户的合法权益。

人工智能的发展的确给人类的生产生活带来了巨大变化,潜藏在大数据背后的算法歧视与算法偏见不断侵损着用户的隐私与信息自由。数字化的快速发展使人类不断思考智能技术与个人隐私的边界,人机融合之下的安全问题与技术伦理问题成为人类探索未来人工智能传播发展必然面对的问题。对技术使用者而言,只有将人工智能技术与传播伦理相结合,才能营造出人机共生的智能传播生态。

第四章　人工智能传播中的算法伦理问题

在人工智能传播的发展过程中，算法规训已经成为一种新的伦理规制。人类正在将包括自身在内的一切事物智能化并接入互联网，电脑则模仿人脑辅助人类解决各类问题。从最初的智能机器代替人类从事生产活动到如今的算法嵌入公共领域帮助人类进行智慧决策，智能技术的工具理性为人类社会的生产生活带来了深刻变革。但是，技术具有复杂性特征，算法的广泛应用也给人类社会带来了更多的挑战，由技术应用所引发的伦理问题层出不穷。人工智能算法是一种复合控制结构，它在一定规则下实现特定的目的。随着人工智能技术的不断进步，伦理问题也变得愈发重要。算法伦理问题的生成机制基于技术特性固化的价值判断，商业应用却追求利益的最大化。据此，本章将对人工智能传播中的算法伦理与治理问题进行阐述。

一　算法伦理问题的主要表现

科技哲学家凯文·凯利曾指出，人们在将自然逻辑输入机器的同时，也将技术逻辑带到了生命之中。[①] 以算法为代表的人造物越来越表现出生命属性，作为人类思维的外在表征，由算法所引发的伦理问题层出不穷。有学者认为，算法伦理是算法内在的道德属性与规范，针对算法伦理，我们不仅需要考虑算法本身的结构、功能以及可应用性，而且还需要考虑算法和设计者以及使用者的关系、算法所产生的社会影响等，由此形成算法伦理准则。[②] 下文将从算法歧视、算法决策风险、算法不可解释性安全风险、算法滥用等方面出发梳理算法伦理问题的主要表现。

---

① 邱仁宗、黄雯、翟晓梅：《大数据技术的伦理问题》，《科学与社会》2014年第1期，第36~48页。
② 郭林生：《论算法伦理》，《华中科技大学学报》2019年第2期，第42页。

（一）算法歧视

人工智能算法技术在有意无意间侵犯着人的权益，强化着社会对特定群体的偏见与歧视。以算法驱动的数字新闻生产为例，从客观现实到表征现实的转译过程需要经过两个阶段：记者对客观现实的转译和程序员对记者转译后的客观现实的再转译。[①] 正是由于算法设计者或开发人员存在对某些事物的偏见，算法这一人类思维的外化形式沾染上了程序设计者的主观意识和思维惯性，由此造成各类算法歧视问题。换言之，算法决策再现了已有的社会歧视模式，继承了先前决策者的偏见从而强化了流行的不平等。算法除了与人类社会的同构性以外，其自身的深度学习特性也会加剧社会歧视现象。在一次次的数据训练过程中，人类社会中的偏见或成见会被机器不断地学习、复制和放大，最终以提供决策服务的方式在无形中强化了社会歧视。目前，在犯罪评估、个人信用评价、个人价值评定等技术应用领域都出现了算法歧视问题，这不可避免地会对被评定个人造成伤害，轻则使个人遭受白眼，重则使个人陷入失业的境地。为了更有效地采取治理措施，防范可能出现的伦理风险，以下将按照算法歧视可能出现的场景将其分为人为造成的歧视和身份性歧视。

1. 人为造成的歧视

技术的世界不是孤立的，也绝非自成一体，它与来自遥远的人类环境的各种因素相互作用。[②] 算法也同样如此，人工智能传播中的算法应用所带来的风险不单单是技术自身的缺陷所致，也是能够对算法施加影响的行动者，如算法工程师、用户等所致。

人为造成的歧视分为两种：一种是算法设计者造成的算法歧视，另一种是用户造成的算法歧视。首先是算法设计者造成的算法歧视。算法是由程序员编写而成的，人为评判贯穿于算法设计和开发的全过程。由于算法设计者也是存在于一定文化环境、历史环境和生活环境中的个体，

[①] 张超、钟新：《从比特到人工智能：数字新闻生产的算法转向》，《编辑之友》2017年第11期，第61~66页。

[②] Mumford, L., *Technics and Civilization*, University of Chicago Press, 2010.

其从小接受的教育和自身持有的观念都会对算法的设计产生影响，而这些隐含了设计者价值判断的机器代码在运行过程中很难被人发现，这就造成了先行存在的算法偏见。具体而言，算法的运行需要一定量的变量，变量的分类、占比、具体参数都是由算法设计者人为设定的，所以算法设计者可以将预先存有的偏见有意或无意地纳入算法当中。除了设计者的主观偏见外，用于训练算法的数据集往往也存在社会偏见。托马斯·克伦普曾在其著作《数字人类学》一书中提出："数字系统以清晰的方式，和它们植根于其中的文化紧密地融合在一起。"[1] 也就是说，大数据并不是客观存在的数据，而是经过人为选择的数据，这些数据在本质上是人类社会偏见的再现，是与现实世界对等的存在。当这类数据被用作算法的训练和学习材料时，就会使后期的预测和判断带有社会固有的偏见。进而言之，如果让大众长期接收此类暗含算法偏见的数据，很可能会诱发社会歧视问题。[2]

其次是由用户造成的算法歧视。中国电子技术标准化研究院公布的《人工智能伦理风险分析报告》显示，由用户造成的算法歧视主要产生于需要从与用户互动的过程中进行学习的算法。用户自身与算法的交互方式和交互内容使算法的执行结果产生了偏见。基于大数据建立起来的算法模型具有初步的逻辑思维能力和自我学习能力，能够在复杂的语境下与不同的用户进行互动与对话，从而实现信息检索、内容生成和情感陪伴的功能。然而，通过学习算法和数据获取信息并形成判断的自然语言处理模型同样存在着容易受到训练数据暗含的偏见和歧视影响的风险。[3] 以 ChatGPT 为例，其上线不到一周用户量便突破 100 万，庞大的用户量和频繁的内容交互让其在短时间内完成了模型的升级，但用户规训也引发了算法歧视问题。受意识形态、价值观念、伦理道德、风俗习惯等方面的影响，使用者自身往往存有偏见，在与机器交互的过程中，算

---

[1] 〔英〕托马斯·克伦普：《数字人类学》，郑元者译，中央编译出版社，2007，第38页。
[2] 2014 年亚马逊公司开发了一套"算法筛选系统"来帮助亚马逊在招聘的时候筛选简历，结果发现算法对男性应聘者有着明显的偏好，当算法识别出"女性"相关词语的时候，便会给简历较低的分数。这是因为工程师在对该算法进行训练时，用的是过去已经被亚马逊录用员工的简历，而过去亚马逊录用了更多的男性员工。
[3] 王沛楠、邓诗晴：《内容、算法与知识权力：国际传播视角下 ChatGPT 的风险与应对》，《对外传播》2023 年第 4 期，第 37~40 页。

法模型通常无法进行正确的价值判断，而是直接照搬自己从互动过程中所学到的语义，由此导致了社会偏见的合法化和正当化。

2. 身份性歧视

身份性歧视是指对于某种身份存在偏见，它意味着社会对某些群体具有一定的身份性偏见，这些群体即使毫不逊色于其他群体，也会被主流社会排斥或拒绝。① 不论是从算法开发者的认知角度还是从算法技术的研究角度看，技术偏见都会根据种族、性别、宗教、地域等因素对使用者施以不公平的对待，在日常生活中，较为常见的有性别歧视和种族歧视。

关于性别歧视，波士顿的在线职位推荐平台通过协同过滤算法，根据求职者的个人特征分发合适的职位信息，但有用户发现，男性求职者所收到的推荐工作的信息要多于女性求职者。MS COCO 数据库对搜集到的 10 万多张生活照进行标签和性别绑定，照片中在家烹饪、照顾小孩的人物更多地被识别为女性，在外工作、运动的人物则更多地被识别为男性。以上各类性别歧视现象，不论是岗位推荐还是图像识别，都表明寓融于数据与程序中的性别偏见已被算法习得，成为算法的一部分，而这也将引起社会资源分配不均、马太效应进一步加强等问题。

关于种族歧视，2011 年，"PredPol"程序面世，这种预测犯罪的算法是根据美国警方所收集到的过往的犯罪数据来预测可能出现犯罪的地区，以此加强警力部署，提高工作效率。该算法显示，黑人社区的犯罪数量是白人社区的两倍。此外，哈佛商学院曾做过一次调研，发现在 Airbnb.com 房屋出租的网站上也存在对于黑人的种族歧视。在该网站上，黑人房东的房租为每晚 107 美元，而非黑人房东的房租平均每晚为 144 美元。诸如此类由"人造物"所带来的种族歧视问题逐渐让人们意识到，在人工智能技术应用场景的快速拓展下，性别歧视和种族歧视越发严重，我们无法否认在自动化算法决策系统中存在着难以被察觉的不公正、不透明的监测盲区，这些盲区可能会给个人乃至公众的基本权利带

---

① 丁晓东：《重新理解年龄区分：以法律手段应对年龄歧视的误区》，《法学家》2016 年第 4 期，第 102~111 页。

来损害，甚至加剧社会分化。①

兰登·温纳在《自主性技术》一书中曾提出："人们确信技术是中立的、工具式的，以此来掩护一种正在或者已经建立的秩序。"② 算法技术在一定程度上使得"社会原有的结构被进一步固化，个体或资源在结构框架之外的流动被进一步限制。算法对每一个对象相关行动的代价与报偿进行精准评估的结果，将使某些对象因此失去获得新资源的机会，这似乎可以减少决策者自身的风险，却可能意味着对被评估对象的不公"。③ 这种程序开发的简化思维导致源自技术逻辑的算法歧视，它将成本、经济等作为算法设计的考虑因素，致使复杂的社会状况简化为不易出错的二元化表达，诸如男与女、有色人种与白人等，使算法技术由于代码错误而成为数字武器，进一步加剧了人类社会结构中的歧视问题。因此，面对算法歧视带来的广泛和深刻的不良影响，越来越多的组织认为治理算法歧视刻不容缓。

（二）算法决策风险

技术在人类社会中的应用逐渐延伸至公共领域，然而，凭借自动化决策赋能人类智慧的算法并不是中立的，在人为因素、数据因素和技术因素等的作用下，算法的自动化决策暗藏伦理风险。

算法日渐成为公权力的辅助决策系统，在交通监管、案件侦破、舆论治理、风险评估等方面发挥工具优势。例如在2013年威斯康星州的卢米斯案件中，法官使用了COMPAS风险评估工具，根据该工具给出的数据以及自身对案件的判断，判处了卢米斯6年有期徒刑和5年社区监督。虽然风险评估工具的运用帮助法官在不确定的案件中寻找思路，但是在使用此类风险评估工具时法官也应该谨慎，以免对被评估个体的人权造成损害。④ 这是由于算法开发者的利益与社会公共利益并不一致，他们

---

① 刘友华：《算法偏见及其规制路径研究》，《法学杂志》2019年第6期，第55~66页。
② Winner, Langdon, *Autonomous Technology: Technics-out-of-Control as a Theme in Political Thought*, Cambridge, Mass.: MIT Press, 1977.
③ 陈根：《算法黑箱与数据正义，如何改变人工智能的"恶意"？》，"陈述根本"微信公众号，2020年7月27日。
④ Larson, et al., How We Analyzed the COMPAS Recidivism Algorithm, Propublica, May 23, 2016.

为了追求经济利益往往忽视算法介入公权力可能带来的"自动化偏见"等负面影响。

算法进而在公共领域成为直接的决策者。以纽约警察局"拦截盘查"事件为例，警方在 2004 年 1 月到 2012 年 6 月这一时间段内对街道上来往的行人进行拦截、质询、搜查。最终的数据显示，拦截行动中有 88% 的情况未发现异常，但被拦截检查的人中黑人和西班牙裔人占比很大。从事件分析和数据呈现中不难看出，在算法的智能化、自动化决策系统中，人类自身的主观偏见仍在发挥作用，并且正被具有技术架构优势的算法生态放大。除此之外，相比于人类决策者对于公权力的强制执行，算法决策更具有隐蔽性和即时性，无法被人类甚至技术轻易发现。同时，算法的自动化决策让原本用于分布决策的部分单位架空，所有数据被杂糅后放进既定算法中得出结果，制度形同虚设。因此，随着社会的民主化程度越来越深，我们更加需要在自动化、智能化的决策系统中提升算法的透明度，也更需要制定一系列新规来确保公权力系统的正常运行。如何追责、向谁追责以及如何判断算法本身的价值、如何选择算法等问题都需要我们进一步思考并给出答案，否则智能化的发展只会让社会秩序更加混乱。

（三）算法不可解释性安全风险

算法的不可解释性隐忧主要表现为算法的生产和应用不能被大众理解，从而导致算法黑箱、权责不明、监督困难等问题。

算法技术的复杂性和专业性造成了算法消费者、算法设计者、算法使用者之间的信息严重不对称，这使得人们的知情权难以被保障。人们对于什么是安全的、什么是有风险的难以辨识，更遑论分辨哪些是合乎情理的。[1] 有学者指出，信息不对称问题的本质是人与机器的关系问题，它"更多发生在人类和机器之间，所以算法应用下的人类知情利益保障是一个比较棘手的问题"[2]。不论是互联网营销中的虚假广告还是搜索引擎系统的竞价排名，都让用户或消费者难以在当下的算法时代抵抗技术

---

[1] Goldacre, B., "When Data Gets Creepy: The Secrets We Don't Realise We're Giving Away", *The Guardian*, 2014 (5).
[2] 国家人工智能标准化总体组：《人工智能伦理风险分析报告》，2019 年。

霸权,这种由算法所塑造的新型支配关系导致了人与技术的异化,因此算法的可解释性成为建构社会公众与智能技术信任关系的元素之一。

然而,即使是算法的开发者,也因技术本身的复杂性而很难清楚细致地解释算法的整个运算过程,"为人所共识的经验性结论表明算法永远都存在漏洞和缺陷"[①]。例如,在信贷领域,人工智能难以通过行为原则判断和道德代码代入来确保算法的公平性。因此,为了防范算法应用所带来的伦理风险,我们需要提高算法的透明度和可解释性,对于那些与人们生活紧密相关、关系个体或群体在社会中的权力与地位的算法应该增强其可理解性和问责性。需要注意的是,算法解释的内容不是源代码或者复杂的工作机理,我们应该力图实现算法的运作逻辑、算法目的、算法所依靠的数据等的公开化和透明化,以此消弭算法消费者、算法设计者和算法使用者之间的数字鸿沟,推进人与机器的深度协同。

(四)算法滥用

算法作为数字时代的基础设施早已深度嵌入社会生活的方方面面,它让人们沉浸于技术所带来的前所未有的高效率和便捷化的正面效应当中,日渐陷入唯技术主义和工具理性的沼泽,尤其是在内部的算法伦理设计和外部的法律规制缺位的情况下,这种对于技术工具的盲目崇拜必然导致算法权力滥用行为的滋生与蔓延。

目前,算法权力的滥用在商业领域表现得较为突出,大数据"杀熟"就是一个典型案例。首先,商家为了更好地了解和创造用户诉求,会凭借自身所拥有的技术优势采集用户信息,以此积累庞大的用户数据,诸如个人的收入情况、消费情况、购买需求等,这种对于用户信息的过度采集是对个人隐私权利的侵害。对于隐私的界定,最早可追溯到1890年发表在《哈佛法律评论》上的《隐私权》一文,该文指出每个人都有独处的权利,强调个人空间的重要性。发展到当下的算法社会,对于隐私的界定更多基于数据层面,即个人所能控制的私人领域的数据。然而,在当下深层监控的技术背景下,算法的数据采集很难界定私人领域和公

---

① 〔美〕Frederick P. Brooks, Jr.:《人月神话》,李琦注释,人民邮电出版社,2007,第36页。

共领域数据,由此造成对公共领域数据不加区分地全面收集。其次,商家利用算法分析用户的购买力、价格承受底线以及购买需求等信息,以此构建用户画像,根据用户的购买能力和消费喜好采取不同的价格策略和进行相关的产品推荐,以此打造"千人千面千价格",攫取最大的商业利润。这种个性化定价本质上是以信息不对称的方式进行的,会给用户的经济和精神造成伤害,动摇人们对于平台企业和智能技术的信任,容易诱发更为严重的社会危机和伦理问题。

二 人工智能传播中的算法伦理问题的归因分析

算法伦理风险一直是人工智能传播治理亟待解决的问题之一,它几乎渗透在各行各业之中。人工智能的算法伦理根源在于算法自身运作逻辑的缺失,从数据处理到自主决策的全过程都有可能存在伦理风险。算法伦理风险存在的四个原因分别是:资本对算法技术的支配、算法技术的滥用、算法黑箱作业、算法规制的缺失。

(一)资本对算法技术的支配

随着人工智能传播技术广泛应用于传媒领域,作为生产工具的传统机器逐渐被智能机器所取代,技术推动传媒业走向智能化的同时,也在悄然造就算法霸权,使人们的生产生活于无形中遭受技术逻辑和资本逻辑的侵蚀,并加速整个媒介生态的消解与重构。

技术与文化作为媒介生态的关键要素,影响和改变着人们的思考方式、社会行为规范。尼尔·波兹曼曾指出:"技术对人类文化的完全控制发生在技术垄断的文化中。"[①] 而技术垄断的背后正是资本的控制,资本家出于商业的逐利本性利用算法技术剥削和控制劳动者。总的来说,资本凭借自身优势打造劳动工具以此满足逐利需求,他们通常倾向于以自身利益获取为基准,对算法进行改造,生成有利于自己的算法规则体系。所以,算法创造的规则以满足算法设计者与使用者的利益需要为目标,以资本增

---

① 李晓云:《媒介生态与技术垄断——尼尔·波兹曼的技术垄断批判》,《四川大学学报(哲学社会科学版)》2007年第1期,第70~74页。

值为原则,为资本服务,他们甚至可以利用算法技术的不可解释性去操纵规则,以此实现对外部环境的控制和自身财富的积累。然而,"资本逻辑下算法技术的应用混淆了责任的主体"①。学者柳亦博指出,算法伦理是机器学习自主形成的规则,它基于却未必服从于人类伦理;从一个算法计算所得到的最后结果看,大多数人都不能够理解其决策原则和理由;虽然算法伦理令人费解,现实中越来越多的人却选择皈依它,遵从传统道德也许时常意味着个体利益的损失,而算法伦理的安排从另一个维度在帮助个体获得看似更长期、更稳定的收益。② 许多研究者对"今日头条"等基于算法分发的平台的算法伦理问题做出分析,指出资本造成了过度娱乐化、低俗化的内容产出,导致传播社会责任感缺失等问题。

在金融资本对中国互联网的加持下,以"今日头条"为代表的各类算法型媒体客户端明确宣布,他们完全尊重媒体用户的自由投票权和自主选择权,并始终坚持他们一贯的严谨作风。然而,在算法这一新技术的指导下,这些媒体在网站推荐、社交网络新闻、视频新闻等板块中都出现了庸俗、虚假、同质化的信息和广告,严重影响了广大用户的浏览体验。除此以外,网络媒体为了更好地吸引用户的注意力,通常会给用户推送一些同质化、低俗化的内容,这种算法滥用无疑是企业文化责任感缺失的表现。③

不难看出,在激烈的市场竞争中,企业往往会选择变革生产技术来提高劳动生产率。在这一过程中,资本对于技术的绑架让文化陷入沼泽,虽然算法革新提升了传播效率,但同时它也沦为资本逐利和剥削的工具。目前,资本对算法技术的主宰已经威胁到了新闻价值、社会价值以及公共利益。

(二)算法技术的滥用

算法是信息传播革命的必然结果,人工智能传播中算法不断通过数

---

① 王利利:《数字时代外卖平台的算法之手——网约平台算法技术背后的资本逻辑》,《南京航空航天大学学报(社会科学版)》2022年第2期,第32~36页。
② 柳亦博:《"湖心岛"隐喻:人工智能时代的算法伦理入侵》,《行政论坛》2019年第6期,第121页。
③ 任莎莎、田娇:《算法新闻的伦理困境及其解决思路——以"今日头条"为例》,《传媒》2018年第6期,第90页。

据分析来优化决策方案并提升计算能力，这使人类能够有效利用算法以实现精准传播。其中，数据成为信息生产和推送的依据与基础，尤其是在大数据时代，人们的浏览痕迹均被储存为数据，算法技术可以肆意采集过剩的数据进行分析整合，得到其想要的结果，这就潜藏着算法技术滥用的风险。

一方面，庞杂的海量网络信息要求算法技术进行数据的过滤和筛选，以此满足用户的求知和理解诉求。学者王娟指出："信息过剩，用户无法筛选出最有效信息进行理解。算法透明度所提供的信息量往往会让人不知所措，这意味着每个算法披露与其他披露都在争夺用户的时间和注意力。事实上，分析这些溢出的公开数据本身就需要算法处理，将数据转换成有意义的信息。然而，这造成了一个恶性循环——提高透明度只会加强用户对算法的依赖。"① 目前有一种普遍的学术观点认为，人工智能可能会加剧全球数字和其他物理安全系统面临的威胁，并将给其发展带来全新的技术风险，所以人工智能一旦涉及非法利用，就很可能严重威胁人的生命权、财产权和隐私权。② 可见，算法技术的滥用会导致严重的伦理隐患。

另一方面，现有的付费商业模式主要依赖对具体消费者行为数据的综合分析，因此消费者大多会选择通过让渡个人的隐私权来获取网络信息，这种消费受到了社会各方的支持与鼓励。但随着移动互联网和人工智能等现代信息处理技术的不断普及和快速发展，这些个人主动提供给平台方的信息，与不经意间在网络空间披露的个人数字踪迹以及那些被非法偷窃的其他信息一起，都很可能被互联网平台企业用于非法赢利。因此，如何在企业的发展进程中有效推进人工智能技术的应用和普及，如何有效加强对用户个人隐私数据的安全管控和安全维护，已经成为我们必须面对和解决的问题。

（三）算法黑箱作业

学者谭九生从两个维度对算法进行界定：一是从技术角度出发，将

---

① 王娟、叶斌：《"负责任"的算法透明度——人工智能时代传媒伦理建构的趋向》，《自然辩证法研究》2020年第12期，第69页。
② 魏强、陆平：《人工智能算法面临伦理困境》，《互联网经济》2018年第5期，第28页。

其界定为一种数学结构或计算机程序；二是从社会角度出发，凸显算法技术对于社会规范和伦理道德的复杂影响。那么什么是算法黑箱？对于普通用户而言，他们无法理解和想象算法运行的复杂性和其中暗含的偏见、价值观和意识形态，在算法技术没有出现错误和失败时，他们不会意识到算法的存在，这种技术无意识会加剧算法权力对于社会话语权的规训和人类行动主体的塑造，进一步让人们处于隐蔽的全景监狱之中。

  黑箱的概念源于控制论创始人诺伯特·维纳（Norbert Wiener），通常是指部分人由于认知、技术等的限制而无法了解某部机器或指令内部的运作机理，即除了输入和输出的信息以外不知道其他任何事情。① 如同博格斯特所说，算法就像一个黑箱，我们能够深刻地感受到它所带来的影响，但是对其内部一无所知②。根据2014年哥伦比亚Tow数据新闻研究中心发布的《算法可信度报告：调查黑匣子》，自动化的决策过程是算法力量的核心。③ 自动化决策意味着算法能够在没有任何先验知识的情况下，通过收集到的海量数据来进行自主学习。由此，算法不再是被动的工具，而变成具有能动性的自动化工具，这也导致算法的运行机制更为隐秘，这种隐秘性使得算法自身的偏见和意识形态得以隐藏。在算法中立和科学神话的光环之下，价值观和意识形态潜藏于算法生产和信息传播的各个流程，可以说每一种技术架构、每一行代码、每一个界面，都代表着选择，都意味着判断，都承载着价值。④ 因此，黑箱理论中的黑箱是一种隐喻，在不同程度的算法黑箱运作过程中，由于输入输出过程中的不可解释性与不可验证性，伦理问题极易产生。我们无法知道输入的数据是如何运算出结果的，也无法知道在人工智能传播的信息推送中我们为什么会接收到低俗、同质化的内容。算法通过数据不断自我进化，进化过程中的盲区也容易导致人类无法真正控制这项技术，由此产生各类算法安全隐患。

---

① 〔法〕布鲁诺·拉图尔：《科学在行动：怎样在社会中跟随科学家和工程师》，刘文旋、郑开译，东方出版社，2005，第4页。
② Bogost, I., "The New Aesthetic Needs to Get Weirder", The Atlantic, 2012 (13): 1-8.
③ 方师师：《算法机制背后的新闻价值观——围绕"Facebook偏见门"事件的研究》，《新闻记者》2016年第9期，第39~50页。
④ 人民日报评论部：《用主流价值纾解"算法焦虑"》，《人民日报》2018年6月20日。

(四）算法规制的缺失

算法规制的本质是对算法应用行为的规制，其目的是防范算法应用过程中可能产生的风险。在人工智能技术的快速推进下，算法规制日渐兴起。目前我国学界和业界关于算法规制的理论和工具层见迭出，针对现有的算法风险也设计了一系列的防范举措，但仍然存在着规制理念滞后、规制路径受限等问题，难以应对未来算法实践的挑战，算法规制面临窘境。

当前算法规制的局限性问题主要体现在三个层面。第一是数据层面。数据作为算法应用的原材料一直以来都是算法规制关注的重点。然而，当下的政策制定者偏重数据保护而非数据利用。他们界定技术收集个人信息的隐私边界，判断平台的数据收集行为是否越界，强调要保护用户的隐私权和被遗忘权，但忽略了算法对于个人信息的非法使用所造成的不良后果。在万物互联的时代，用户的个人信息保护固然重要，但数据生产和流通方式的变革必然会导致传统的数据保护机制失灵，造成严重的负面影响，产生诸如算法共谋、算法歧视、算法遮蔽等伦理问题。因此，需要注意到个人权利的损害是由数据的泄露和非法利用两者共同造成的。第二是技术层面。基于自主学习和自动化决策，算法早已超越了工具的范畴，它能够利用技术嵌入的身份实现对社会资源的配置和人类认知行为的塑造，算法俨然成为一种技术权力。这意味着过去将算法作为一项纯粹技术进行规制的思路较为局限，这种治理视野的窄化不仅会导致规制重点的失焦，也会带来规制层次的单一性问题。规制重点的失焦即规制偏重解决技术问题而忽略了可能引发的社会问题，例如规制过度关注算法设计中的人为偏见，却忽视其带来的算法歧视和引发的社会混乱。规制层次的单一性指技术的嵌入势必与社会的不同领域、场景相碰撞，若只关注技术难免造成规制的片面性，例如汽车自动驾驶技术的应用就涉及了技术、交通、生命安全等复杂因素。因此，当下的规制者更应将算法视为一种技术权力，解决算法权力的渗透给人类社会所带来的负面影响。第三是制度层面。我国的算法规制长期以来都隶属于互联网治理，所依赖的法律框架也主要是互联网法律体系，如《互联网信息服务管理办法》《网络安全法》《数据安全法》等。然而，这样的规制办法难以应对算法风险产生的灵活性和算法冲突的问题。发生于新经济中的互联网风险,如网络诈骗、网络贷款等都可以通过监测线上信息流而识别到,而算法风险的发生极为灵活。算法作为一种解决问题的计算机程序,能够在各类终端上运行,甚至从编写到应用乃至风险产生的整个过程都不需要接入网络。同时,由于不同算法之间存在着兼容性问题,而自上而下的互联网治理难以识别到其间的冲突,这也导致由此带来的风险难以防范。因此,算法规制要区别于互联网规制,更要根据其风险发生的场景、样态和特征来制定合理有效的规制体系。

三 人工智能传播中的算法与隐私伦理问题

目前,对于隐私的理解主要有两种:一种是从价值的角度出发,将其看作社会道德和价值框架的一部分,是对人类基本权益的保障;另一种是从控制的角度出发,把隐私看作个人的思想、情感的反映,其最终目标就是通过增强自治来降低泄密风险。依靠现代智能技术,凭借物理传感器、软件传感器和 Web 爬虫等三种常用的数据采集方法,智能传播实现了全天候、自动化、全覆盖的信息采集。但相伴而来的是人们的一切行为和思想都暴露在"第三只眼"的眼皮底下,其中除了那些用户允许公开的数据,更多的是无意中留下的数据足迹。[①] 相较于物理足迹,数据足迹一旦被捕捉记录,便会以数字化的形式保存在云端,它的易存储、易传播的特性也使其很难被彻底清除。这些在用户不知情的状态下被记录、保存和反复使用的隐私数据,蕴藏着巨大的商业价值,也导致灰色数据产业链的抬头。这不仅造成了数据存储成本的增加,也侵害了用户的隐私安全。

(一) 数据挖掘泄露个人隐私

1. 数据挖掘的技术逻辑

数据挖掘 (Data Mining) 又称数据库中的知识发现 (Knowledge Discover in Database),是指从数据库的大量数据中揭示出隐含的、先前未知

---

① 黄欣荣:《大数据技术的伦理反思》,《新疆师范大学学报(哲学社会科学版)》2015年第3期,第46~53页。

的并有潜在价值的信息的过程。数据挖掘是一种决策支持过程，它主要是基于人工智能、机器学习、模式识别、统计学、数据库、可视化技术等，高度自动化地分析企业的数据，做出归纳性的推理，从中挖掘出潜在的模式，帮助决策者调整市场策略，减少风险，做出正确的决策。

目前，数据挖掘技术已广泛应用于诸多行业，直接推动着经济的发展和社会的进步，但同时它也给平台企业的商业隐私和用户个人的信息安全保护造成了巨大威胁。例如企业的数据仓库是大型企业内部信息管理系统中的各种重要数据库的集合，与其他数据仓库应用不同的地方在于，它是对分布在企业内部的所有重要业务信息数据的一种整合、加工和综合分析。数据模型挖掘的主要目标是找到并充分利用各种数据模型进行信息挖掘，找到那些隐藏在整个数据系统中的各种信息模式与数据模型。这种模式或模型通常可以划分为两个大类：数据描述结果模式、数据预测结果模式。

2. 数据挖掘类型与隐私泄露的关系

常用的数据挖掘方法主要有六种。第一种是模糊方法，由美国数学家查德在1965年提出，它以模糊集合和模糊推理为基础，将不确定的事物作为研究对象，并依据集合的规则和理论来进行数据的分类。其中，模糊集合本质上并不是一个集合，它的核心是隶属度函数[①]，或称为模糊函数。模糊推理则是依据规则把握数据发展的趋势。规则是事物之间所蕴含的关系，在现代推理科学中把一个前提与一定规则相关或结合的推理关系称为模糊推理。第二种方法基于粗糙集理论，由Pawlak教授于1982年提出，它以上近似集合和下近似集合来界定粗糙集，这是一种对不完整、不确定数据、信息和知识的分类方法。目前，该理论已经被广泛应用于发现不准确数据或噪声数据间的内部联系。第三种方法基于云理论，该理论由李德毅教授于1995年9月首次提出，是一种专门用于解决不确定性问题的数学理论。与前文的模糊方法相比，该方法能够避免数据分析的过度精确化，将定性的模糊性与定量的随机性相结合。云是

[①] 隶属度函数的取值范围从普通集合 $\{0, 1\}$ 的两个值扩充到 $[0, 1]$ 闭区间内连续值。隶属度函数的定义如下：设给定论域U，U到 $[0, 1]$ 闭区间的任一映射 μA，都确定U的一个模糊子集A，μA 是A的隶属度函数，$\mu A (u)$ 是u对A的隶属度，表征u属于A的程度。

用语言值描述的某个定性概念与其数值表示的不确定性转换的模型，它由各种人的云滴活动组成，每个人的云滴都是定性概念在定量基础上的一个呈现，单个人的云滴也许无足轻重，但是由大量云滴所构成的云的整体走势形态却能反映出数据间的基本特征。第四种方法基于人工神经网络，该网络由多个大脑神经元按照一定的思维方式进行连接、组合形成，依靠人工神经网络的状态原理对外部输入的信息进行动态响应以及逻辑处理。模糊逻辑系统从宏观角度建立了一种对人脑逻辑思维活动机制模拟的"软"模型，而人工神经网络则从微观的功能结构上"硬"模拟出人脑的逻辑思维和经验思维机制，这也导致了前者更倾向于推理，后者则更偏向于感知。第五种方法基于遗传算法，该方法主要是依靠随机技术来确定和控制解决问题的最优方向。遗传算法易于操作和推广，已广泛应用于各个领域。第六种方法基于基础的归纳学习法，它主要是从大量经验性的数据中进行归纳和抽取，以此得出一般性的规则与模式，是一种重要的资料挖掘方法。归纳学习的算法绝大多数都是来源于机器学习领域，最为典型的是决策树算法。在以上六种数据挖掘方法中，基于云理论的方法容易在数据存储上出现问题，造成数据泄露。基于人工神经网络、遗传算法与归纳学习法的方法需要进行大量的数据优化训练，其中对数据的爬取与应用极易触犯用户隐私。

3. 数据挖掘造成泄露隐私的内在逻辑

数据挖掘分析技术最初是一种主要面向商业领域的技术应用。数据挖掘技术能够帮助我们解决一些比较典型的客户管理问题。例如，美国加拿大西蒙弗雷泽大学 KDD（Knowledge Discovery in Database）研究小组根据加拿大的 BC 省免费电话公司所拥有的十多年的促销客户资料，总结出一套全新的免费电话促销服务广告收费与管理解决方案，制定了既十分有助于服务公司也十分有利于服务广大客户的免费电话促销服务收费优惠政策。再如，美国 Firstar 银行使用 Marksman 进行促销数据的分析挖掘，Marksman 能够根据每个促销客户及其消费者的需求表现来准确预测如何为不同的用户提供符合其需求的促销产品。[①]

---

① 王光宏、蒋平：《数据挖掘综述》，《同济大学学报（自然科学版）》2004年第2期，第246~252页。

万维网为数据挖掘提供了丰富的数据资源，同时也带来诸多伦理挑战。Web 挖掘技术是一项复杂的数据挖掘技术。在人们的日常生活中，智能手机技术等一系列具有监测和控制功能的数字技术无处不在，它们正直接地监视着我们的地理位置、工作状态以及日常的活动场景等。随着数字传感器技术的进一步发展和应用，机器所收集到的用户日常行为数据也越来越多，自动支付系统、识别系统、可以植入身体的传感器以及可监控的传感器等都有可能对我们的数据和信息进行采集。企业可以借此获得大量的个人资料，并充分利用这些资料来挖掘它们所蕴含的商业价值，以便于企业在激烈的商业竞争中获得生存和发展的机会。企业内部在对数据进行采集和处理的过程中可能会造成用户隐私信息的泄露，其中最为关键的四个节点分别是：企业对用户数据资料信息的接收和搜索、企业对用户信息的误用和滥用、企业对于信息的二次使用以及企业对于未授权信息的访问。凭借技术垄断优势，平台企业和业内人士甚至可以不负责任地将用户的信息对外公开，无授权地直接访问或窃取用户的隐私信息，甚至将自己所收集到的个人隐私数据出售给第三方。为了获取更多的数据，企业会通过各种方法来激励自己的用户去积极地生产和发布个人信息，比如当一个用户想要获得个性化的支持与服务时，他会主动地向平台提供更多的个人信息。

（二）人工智能传播信息商品化让渡隐私权

智能技术应用所带来的隐私泄露、信息茧房等问题，使用户权益受到不同程度的侵犯。这些技术在发展的过程中是以数据挖掘为基础的，因而可以将其视为另一种形式的数据监视。在新技术的影响下，各种社会问题开始逐渐浮出水面，并在一定程度上带来社会风险与危机。其中较为常见的技术应用便是算法推荐，它以数据挖掘为基础，将收集到的用户数据进行分类整合，进而刻画用户画像，完成个性化推荐，满足受众的不同需求。以传媒领域为例，在新闻分发方面，主要采用以下几类推荐算法：协同过滤推荐算法、基于内容的推荐算法以及关联规则推荐算法。这些算法大致都是通过收集用户的浏览记录、地理位置、生活场景等个人信息来进行内容与对象的匹配。因此，针对用户的数据挖掘是信息个性化推送的前提，而这些用户的隐私数据为各大平台企业争相抢夺。不可否认的是，我们在享受技术红利的同时，也在不断地让渡个人的权利，在人工智能技术的发展过程中，我们每个人都生活在它所建构的透明空间之中，而我们似乎再也没有什么秘密与隐私可言，这种现象仍在加剧。麦克卢汉提出，媒介即人的延伸，而延伸意味着透明。新兴技术的出现为我们带来了极大的便利，但同时也使我们逐渐沦为它的囚徒。有学者认为，个性化推荐算法会让用户频繁接收同质化信息，极易对其认知和行为产生影响。

人工智能背景下的用户数据大多是人的各种行为和心理数据，未来，和人相关的环境也会成为描述和分析人类使用者的重要变量。变量的增加让人类行为和信息数据更加多元，用户可以通过第三方机构对数据进行生成、保存等操作，这也许会加剧企业在收集和使用用户行为信息时所造成的隐私风险，让用户行为信息的隐私保护面临更大的挑战。隐私权与被遗忘权在大数据时代下一直备受关注，用户面对这些涉及隐私权利的问题却越发感到无力，权利的给予和让渡似乎变得不可避免。这不禁让我们陷入深思：以隐私价值交换便利会带来好的结果吗？棱镜门事件、Facebook数据门事件等都指向了大数据时代的用户隐私安全问题，这也说明此时用户已经不可能在网络世界中选择"被遗忘"。

大众的隐私保护意识逐渐强烈，他们不愿意通过企业口中"让渡隐私权"的方式获取便利，主要关心自己的个人信息在何时受到侵害，被谁侵害，受侵害的程度如何。但是，用户与那些掌控和利用个人隐私数据的技术公司之间地位并不是平等的，这就导致了隐私权的保护变得无从说起。虽然在某些时候，用隐私换便利是很多用户不得已的选择，但是用户仍然有权知道隐私信息出让的对象是谁、对方能够获取哪些隐私信息和数据，由此做出权衡与选择。但是，今天的很多网络服务提供商大多没有提出合理的解决方案。

在用户个体或群体的行为被随时随地"数字化"的生活场景中，在数据上隐身是保护隐私的一个有效方法。虽然在技术应用和法律上独立地形成"隐身权"并不现实，但至少用户可以要求在整个技术层面或者法律层面这一需求得到肯定，用户被给予更多的"隐身"机会。在移动物联网技术广泛应用的未来，对于"隐身"技术的支持与推广将会变得越来越重要。① 除此之外，还要对数据服务商所拥有的对用户个人数据的使用管理权限进行明确界定，由此在用户和数据服务商之间达成隐私保护的共识。虽然，关于用户隐私数据的保护协议能够在表面上让用户免受隐私侵害，但事实上获取用户数据的直接途径和使用用户数据的方法不止一种。因此，即便人们已经开始出于安全需要关闭智能手机的定位等功能，网络服务提供商还是可能会采取其他方式获取用户信息。他们甚至通过用户所使用的终端设备暗中收集和分析用户的个人资料，让用户个人隐私保护和救济变得更加困难。

（三）人工智能传播算法应用弱化"被遗忘权"

以往，人们的错误往往只存在于记忆之中，受到特定地理空间的限制，并在时间的流逝中被逐渐遗忘。然而，今天的数字化生存使得遗忘成为例外，记忆成为常态。互联网记录了每个人的一言一行、一举一动，一些难以被人察觉的生理信息也难以逃脱技术监测，这些信息化作数字被镌刻在人们的"数字皮肤"上。一个"永久记忆"的互联网时代已经到来。

欧盟在2012年曾提出一项新的权利——"被遗忘权"，这项权利的设立给予了用户在网络时代删除个人数字痕迹的权利，并帮助他们摆脱尴尬的过去。但是，在具体的操作实践中，"被遗忘权"的保护仍然面临诸多理论困境和法律难题，包括"被遗忘权"保护的具体法律效力、内容及其适用范围，公众人物等具体权利主体的衡量资格，申请人接受批准的审查通告程序，通告法定义务的合理配置等。网络经济的全球化更是使人们的"被遗忘权"逐渐超越了地理空间的界限，成为一个亟待解决的国际难题。

"被遗忘权"这个词是一个与当今网络安全重大问题密切相关的新名词。从数据权利的具体内容来看，"被遗忘权"强调的就是网络主体对删除那些不充分、不真实或者过时、不再与网络主体息息相关的网络数据的所有权利，与欧盟各国目前现有网络数据保护制度框架下的数据

---

① 彭兰：《假象、算法囚徒与权利让渡：数据与算法时代的新风险》，《西北师大学报（社会科学版）》2018年第5期，第20~29页。

删除使用权、更正使用权以及法律反对权都有着紧密的联系。因此，从其本质上来说"被遗忘权"就是"新瓶装旧酒"，并非新的数据权利。①

"被遗忘权"有时还会涉及保护言论自由和维护国家安全之间的密切联系。在目前我国民事诉讼法律实践中对"被遗忘权"的观点主要有两种。第一种观点认为，当某一个体发表言论从私人和公共社交领域之间转移到了具有隐私权的公共领域，个体就完全可以用"被遗忘权"来有效保护言论隐私，用"被遗忘权"可以强制删除个体的过往言论，从而有效维护其个体的言论自由②。第二类观点则认为，言论一旦被赋予了公共性的话语权，就与自己的私人公共话语权和公共社交活动场所无关，即便每一位发表个体言论者都充分学会了使用"被遗忘权"来有效保护自己；其也与个体言论的私人隐私权没有直接关系，坚持"被遗忘权"原则并非完全有助于个体维护其他的言论自由。传播法规学者吴飞曾经多次指出，我们既要明确维护土地私有制和公民自由领地的神圣性，也必须维护公共服务领域的自由开放性，防止有人假公济私，这种平衡很难把握。

从技术上来看，网络信息的采集、复制和扩散意味着"删除"未必容易。"被遗忘权"更多只是在科学界和法制领域被广泛讨论，大多数普通人并不知道它的存在。在全面推进数字化的今天，对于数据的"遗忘"无疑是个小小的例外，在未来各种类型的传感器都可以随时随地自动捕获到人的信息和数据时，记忆也将成为不可避免的常态。

四 人工智能传播中的算法与安全伦理问题

当前，人工智能技术已被广泛地应用到信息传播的全过程，存在于人类社会的生产与生活的每个角落。搭乘人工智能技术的便车，媒体行业也得到了较快的发展，从信息的收集到信息的传播都变得越来越便捷。我们的日常生活也充斥着各类智能媒体平台的身影，诸如我们常见的

---

① Bennett, Steven C., "The 'Right to Be Forgotten': Reconciling EU and US Persectives", *Berkeley Journal of International Law*, 2012, 30 (1): 162.
② 周冲：《个人信息保护：中国与欧盟删除权异同论》，《新闻记者》2017年第8期，第74页。

"网易新闻",它在运作的过程中便采用了较为先进的算法技术,在对用户信息进行挖掘的基础之上,将具有针对性的信息提供给个体用户,这不仅提高了信息的传播效率,同时也提升了用户体验。因此,该平台受到相当一部分用户的喜爱。但是,如果我们从客观的角度来分析这些平台,将会发现它们的背后隐藏着许多不容小觑的问题。不论是网易新闻、今日头条等新闻资讯类平台,还是抖音、快手、B站这类视频软件,其运行都是以数据库为基础,而数据库的建立来自成千上万的用户。这也就意味着,平台的运行与发展是以用户数据的交换为代价的,如若这些数据信息遭到泄露或者是被别有用心者用来牟利,势必会在一定程度上造成用户个人合法权益受到侵犯,更有甚者会造成社会的恐慌与动乱,进而引发社会危机。所以,我们需要在法律与道德上对人工智能技术的应用进行规制与引导。

人工智能技术自诞生以来便迅猛发展,在这一过程中虽然产生了大量的问题,但是它也在不断地进行着修复与完善。随着智能技术的进步,算法在这个过程中扮演着重要的角色。比如说,在面对复杂多变的数据时,算法技术能够凭借其分析与判断能力在人类不干预的前提下对数据进行处理,并在此基础上进一步做出决策。那么我们也可以认为,人工智能技术本身还是具有一定的伦理与道德的,只是它的这些伦理与道德和人类社会现存的伦理规范相比较为粗糙和简单。安全伦理问题也因为算法自身的不确定性、算法欠缺价值理性判断、算法的对抗性[①]而频繁发生。只有具有自身需要的智能算法,才会产生与人类类似的伦理与道德。这也为我们解决人工智能的伦理问题提供了新的思路,即让智能算法拥有这些情感,我们可以从它的开发与设计阶段入手,在源头上便赋予技术一定的伦理与道德,而这对于人工智能的发展来说也不失为一个好方法。

(一)人工智能传播算法决策逻辑的不确定性

随着现代科学技术的不断发展,以及对于海量数据进行采集与分析

---

① 算法的对抗性是指算法的机器逻辑与个人、社会、国家之间的冲突。算法的底层逻辑是资本逻辑,追求利益最大化,这就决定了它日常运行的基本行为导向。以算法推荐为例,为了吸引用户眼球,赚取商业利益,算法会推送低俗、媚俗等审丑、猎奇内容,这与个人追求自我提升的价值取向相背离,与宣传友好、和谐、正能量的社会价值相矛盾,与打造文化自信、文化强国的国家形象相冲突。

处理的技术方法和基础研究不断进步，人们对于数据分析的不确定性认识也越来越深入。随着5G时代的到来，数据的地位变得越来越重要，它常常成为各大媒介平台争夺的核心资源，并且让我们在这场数据争夺战中无处遁形。他们通过对用户信息的挖掘与处理，为用户推送定制化的内容，通过一系列的操作，不仅满足了用户的信息需求，更在一定程度上增强了用户黏性，进而也有利于流量的变现和商业化逻辑的实现。但不可否认的是，这也将导致用户的合法权益遭到侵害。就当下的传媒产业来看，各方都逐渐开始重视用户隐私数据的保护，并采取了相应的措施来解决侵权问题。同时，相关方兼具经营管理者与公共服务者的双重身份，对用户数据的利用并非完全出于商业利益，在维持社会稳定、促进社会进步等方面也有一定裨益。从另一个角度来说，对这些数据的使用不仅能够使用户的数据信息得到重视，同样也能够提高工作效率，节约生产成本。

对于信息业的从业者来说，正是由于他们的努力，社会才能不断地进步，他们在社会整体发展的历史进程中扮演着越来越重要的角色。在这个过程中我们也可以看到，作为第五生产要素的技术越来越成为人们争夺的对象。毫无疑问，在当下这个数字经济飞速发展的社会，谁拥有了技术，谁便拥有了最大的话语权。所以，对于当下的平台来说，拥有更多的信息业工作者，就意味着它们能够得到更多的数据，而这里的数据资源，便意味着财富。

其实就当下的发展态势来看，在某种程度上，我们每个人都可以被视为利益的载体，我们从外界获得信息，这是一种利益的获得，在获得利益的同时又会将自身的数据主动呈现。所以，我们也可以被视为一种媒介。其实，数据可以分为隐私数据与非隐私数据两类，对于非隐私数据，相关利益主体可以告知用户，征得其同意后进行合理合法的使用，而这种行为也能够为大众所接受。同样，在我们的数据信息受到损害时，这些利益主体也应该承担相应的责任，最大限度地保护用户数据。对于隐私数据，我们也要给予其以足够的关注。在日常生活中，我们需要明确隐私数据与非隐私数据之间的区别，在自身的隐私信息受到侵犯时，能够做出相应的反应；我们要及时找到问题的源头，在数据挖掘前的系统设计与开发阶段，就应该充分地考虑到可能产生的隐患，从源头减少该问题产生的可能性，并且在数据挖掘的过程中慎重处理用户的隐私数据。

（二）人工智能传播算法缺少价值理性判断

算法勾连人工智能应用的全过程，然而，算法并不存在技术中立性，因为数据的社会性、算法的价值偏好以及决策的偏见都是强化人工智能技术应用过程中价值非中立性的要素。[①] 在算法技术发展的过程中，人类所扮演的角色是举足轻重的，作为算法技术的开发者，人类是一种感性与理性并存的高级生物，这也导致了其在进行算法设计的时候会不可避免地融入个人情感。技术本身是无善恶的，算法技术的运行本质上是对计算机程序的执行，但一些复杂因素的融入为其带来了算法黑箱等问题。

人工智能技术在我们日常生活中越来越随处可见，算法技术也充斥着我们的生产和生活。就算法技术而言，它的运行过程可以说是极其复杂的，它本身就是一种由算法行为理论和简单行为规律综合生成的集体复杂行为，不是一种边界明确的单独复杂行为而是一种人类集体复杂行为的持续发展。以目前的深度学习算法为例，它其实是算法不断升级变化而来的一种新形式，在进行学习的时候，它不仅以一种算法发挥作用，也将各种类型的算法融合在一起共同运作，这也是其进步的表现之一。有一些学者曾指出，在我国司法和医学等领域，算法不能够对最终决策过程做出充分而有效的判断和解释，因为一旦采用算法对最终的决策进行判断和解释，算法不可解释性将会导致基于该技术的医学诊断或者是司法判断很难做到令人满意。[②]

"一系列的数据代码背后是算法主体的行为目标和价值选择。"[③] 以一种数学形式或者用计算机源代码来表达其意见的算法不是完全客观的，算法的开发者和设计师很有可能将自身所持有的偏见直接嵌入智能化的

[①] 朴毅、叶斌、徐飞：《从算法分析看人工智能的价值非中立性及其应对》，《科技管理研究》2020年第24期，第245页。
[②] 高奇琦：《互联网与人工智能发展——风险及治理》，《中国社会科学报》2019年3月29日。
[③] 金梦：《立法伦理与算法正义——算法主体行为的法律规制》，《政法论坛》2021年第1期，第29页。

算法之中。① 2018 年微软出版了一本名为《未来计算》的书，书中写道，现在已经有可能从理论角度明确定义六项伦理性的原则，以便指导未来人工智能的开发与应用，这些伦理性的原则应该确保所有的人工智能系统都是公平、可靠和安全的。② 因此，透过前人的分析我们可以得知，一个理想的系统应该是公平、安全与透明的。人们之所以对算法进行伦理层面的规制，无非就是希望技术赋能人们的生产生活，同时也使算法技术能够在道德与法律的框架下坚持"科技向善"，实现长远发展。所以，通过软手段与硬手段的结合来处理人类与技术之间的关系也不失为一种有效的方法。

（三）人工智能传播算法的"对抗样本"

"对抗样本"就是通过故意地向某个数据集中增加输入的样本，来让某些模型错误被识别并达到较高的数据置信度，从而解决模型的不稳定问题。换句话说，我们只要在一张干净的图片中添加一些微小的电磁干涉和其他扰动，就能诱发模型的错误输出，以此增强模型的抵抗性和防御性。样本通常需要通过包含一个样本实例标签即它的类样本标签来核对。由于一个未被反抗过的样本在一个产品开始生成时已经包含可以准确预知它的一个类样本标签，故此，被反抗过的样本中也仿佛隐藏着它的类样本标签。现有学习系统 M 及干净的输入样本（没有添加噪声的样本）C，再假设样本 C 被学习系统正确地分类，即 M（C）= ytrue，建立几乎与样本 C 相同但是被错误分类的样本 A，即 M（A）≠ ytrue，这样的样本 A 我们称之为"对抗样本"。

"对抗样本"是目前深度学习技术在安全检测领域的一个热点应用。深度学习算法在安全检测领域已经面临一些针对该系统模型的特征来进行逃避检测的技术性问题，这对于深度学习的发展来说是极其不利的。随着技术的不断发展与进步，在深度学习方面，一些藏匿较深的安全隐患开始浮出水面。③ 由于使用深度神经网络很容易遭受"欺骗"，当一个

---

① 苏令银：《透视人工智能背后的"算法歧视"》，《中国社会科学报》2017 年 10 月 10 日。
② Microsoft Corporation, *The Future Computed: Artificial Intelligence and Its Role in Society*, Redmond: Independently published, 2018: 11.
③ 李盼、赵文涛、刘强等：《机器学习安全性问题及其防御技术研究综述》，《计算机科学与探索》2018 年第 2 期，第 178 页。

已知"对抗样本"错误发生时，神经网络就可能将一个人们通常无法准确识别的"对抗样本"视为一个可以完全确定其所有性的已知样本类型的对抗图像，且一个被视为对抗的图像样本本身可以通过各种方法生成样本计划和检测策略等来产生具有对抗性的样本，从而愚弄整个神经网络。[①]"对抗样本"在用户使用交互算法的过程中极其容易输出错误内容，并且这些"对抗样本"在初期的安全检测中很难被监测到，导致用户数据被恶意盗取甚至篡改。

五　人工智能传播伦理中的算法偏见问题

在算法赋权的社会-技术系统中，算法作为非人类行动者参与人类行动者的决策过程。信息哲学家卢西亚诺·弗洛里迪与合作者们持续追踪并系统综述了算法伦理领域的争议与进展，指出了由算法决策引发的六类伦理挑战：论据不确定、论据难理解、证据有误导、结果不公平、影响多变化以及不可追溯性等。其中论据不确定、结果不公平都容易导致偏见问题。随着技术的发展与时间的流逝，算法的作用愈发重要，由它所引发的问题也引起了人们的重视。算法技术带来的隐患成为社会各界人士关注的重点。在当下的社会发展过程中，算法技术在不断地进行着自我完善，但从某种程度上来说，这种技术完善是带有一定的破坏性的。

（一）人工智能传播伦理中算法偏见的成因

算法的运行机制具有专业性和隐蔽性，通过信息分类、自动化治理以及塑造与重构等控制着每一个人的认知与行为。由于技术性的难点，我们很难让每个人都理解其中暗藏的风险与问题，也正是由于算法技术已经高度嵌入我们的生产和生活，因此在规则设计、数据搜集和数据分析等步骤中，都有大量机会让人类偏见写进算法之中。

这样的破坏性在许多方面都已经开始出现，比如说在图像识别方面所使用的深度学习算法就值得我们研究。以2019年的数据泄露为例，由于算法系统出现了较为明显的漏洞，大量的用户数据被下架，这件事引

---

① 王培：《为何学习程序会被愚弄》，《科技导报》2016年第7期，第88~89页。

发的一系列后果在当时也十分严重，它牵扯的范围极广，迄今为止已涉及微软公司的 MS-Celeb-1M 名人人脸数据集、杜克大学的行人监控数据集以及目前世界上最大的图像识别数据集 ImageNet 中的"人物"子集。该事件之所以能够导致如此严重的后果，是因为它背后所暴露出来的算法偏见问题。比如说，有一种基于 StyleGAN 人脸图像生成器的 PULSE 算法，这种算法能将模糊图片迅速高清化。有人选择一张黑人的模糊图进行该算法的试验，结果却让人们大吃一惊，黑人照片经过算法的处理竟然变成了白人照片。该算法引起了人们的热烈讨论，图灵奖得主杨立昆在推特上表示，应从技术角度将此归结为数据偏见问题，他认为机器学习系统的偏见来自数据的偏见，这一面部采样系统让每个人都变白，是由于网络的预训练集主要为白人图片的 FlickFaceHQ 数据集。如果同样的系统使用塞内加尔的数据集训练，那每个人看起来都会像非洲人。黑人女性、AI 科学家蒂妮特·葛卜路对杨立昆的立场深表失望，在推特上回应："你不能将机器学习导致的伤害简单还原为数据集偏见。"关于算法技术所带来的这场社会讨论是杜克大学的研究者们未曾想到的，他们最后所给出的结论是，在对该算法技术进行设计与开发的时候，他们所使用的试验素材即人脸图片并不是真实存在的，并且这项技术不会应用于真实的人类面孔。此外，他们还在预印本论文中新增了一节，专门讨论算法偏见的问题，"PULSE 算法可能解释了一些内在于 StyleGAN 的偏见，并报告了该算法识别不同种族、性别人群图片的成功率差异"[①]。

如果从技术角度分析，深度学习算法的工作流程可以简化为：选择问题→挑选算法→数据收集→预训练→应用→校准→测试→再设计。就当下的算法技术而言，较为高级的深度学习算法是人们比较关注的。计算机科学哲学家将算法界定为数学建构物，即一种有穷的、抽象的、高效的复合式控制结构，其命令已给定，用以在设定的条件下实现设定的目标。[②] 社会科学学者倾向于持外在主义的认识论立场，将算法理解为一种社会-技术系统，认为算法"不只是一组能够编码为计算机程序的、足够精确的指令，而且还是运行于一个实体的计算机系统之上并能够影

[①] Menon S., et al., PULSE: Self-Supervised PhotoUpsampling via Latent Space Exploration of Generative Models, 2020.

[②] Hill R., "What an Algorithm Is?", *Philosophy & Technology*, 29 (3), 2016.

响其他系统的程序"。①

（二）人工智能传播伦理中算法偏见的类型及表现

算法偏见在许多领域都存在，并且随着技术的发展，算法偏见的类型也变得越来越多样。我们可以从受影响的对象的角度出发，将算法偏见分为社会偏见②、用户偏见以及信息偏见。其实，从某种程度上来说，算法偏见所带来的影响可能远远要比我们想象的更加严重，并且，它的不透明、不可解释等特性更是放大了它的这种不良影响。例如，美国加利福尼亚州的某个农场，在招聘中采用了较为先进的技术进行自动化的简历筛选，最初一共收到了291份申请，但最后只有13位求职者进入招聘的第二环节，其实并不是他们不够优秀，只是该算法机制在初筛阶段因为种族和性别等因素把他们淘汰了。用户偏见是指同一个信息系统对不同用户（个人、团体或组织）的可用性偏见，具体包括系统对不同用户的可获取性，用户使用系统特性时的舒适性，以及系统能够满足用户需求的程度等。③以谷歌为例，谷歌曾经推出一个名为"自杀预防结果"的项目，这是一个针对"自杀"相关搜索的项目。具体内容是用户在谷歌搜索引擎上输入"自杀"等相关内容时，谷歌会立即反应，跳转至相关的内容界面，该内容界面包括一些关心、安慰的话语，谷歌还会通过热线电话等来帮助用户解决问题，从而达到预防用户自杀的目的。尽管该项目本身的出发点具有正向价值，但如果使用不同语言搜索与"自杀"相关的内容，其算法输出的信息却大为不同。相关研究指出，使用不同语言在谷歌上搜索"自杀"相关内容，跳转至"自杀预防结果"界面的概率是不一样的，使用英文会比中文、法语等语言出现的概率高很多。④ 信息偏见就

---

① MacKenzie D., "Material Signals: A Historical Sociology of High-Frequency Trading", *American Journal of Sociology*, 123 (6), 2018.
② "社会偏见"是指算法可以展现社会对个体或利益攸关方的偏见，并明确体现在信息系统中，或者受到人们使用这些系统做出的决定的直接影响。
③ Van Den Hoven J., *Computer Ethics: Philosophical Enquiry*, Rotterdam, Netherlands: Rotterdam University Press, 1998.
④ Haim M., Arendt F., Scherr S., "Abyss or Shelter? On the Relevance of Web Search Engines Search Results When People Google for Suicide", *Health Communication*, 32 (2), 2017.

是指某一信息中所包含的认知性偏见。如人体传感系统算法根据心跳速率判断人体的健康程度，该算法的运作与具体阈值的选取相关，但阈值只能算是"表面合理"，并不是百分百的正确，这与算法设计方的偏好密切相关，而偏好就不可避免地涉及价值判断。[1]

根据算法偏见产生的起源，算法偏见分为先天偏见、过程偏见以及后果偏见。[2] 其中，先天偏见指的是算法设计方作为非客观的个体，存在一定的主观色彩，他们在初设算法程序与指令的时候，容易无意识地夹杂进个人的偏见，从而导致其设计的算法包含偏见。例如，算法设计公司的程序员由于受到所处社会环境、日常生活条件、价值观等影响，在设计某一算法时，将自身的主观意识嵌入算法程序之中，一些个人的偏见随之融入算法程序的设计过程，进而成为算法的先天偏见。过程偏见则是机器学习算法在应用的过程中，通过学习新的数据内容而产生偏见的情况。2016年3月，推特上线了智能聊天学习机器人Tay，该机器人是微软公司推出的新型智能产品，随着该机器人与人类之间的不断交互，一些算法偏见现象逐渐显现，比如该机器人出现低俗、暴力等语言，甚至发表一些带有种族歧视色彩的言论，随后被迫从推特平台下架。后果偏见，主要指的是算法输出偏见性结果，但这种结果并不是算法故意输出的偏见。数字技术的快速发展有可能会使社会产生一定的排斥问题，即"数字排斥"，"虽然社会排斥有各种定义，但它意味着这样一个过程：个人或群体被全部或部分地排除在充分的社会参与之外"。[3] 数字排斥可分为主动与被动两种情况，在人工智能传播伦理中，算法偏见的相关案例就属于被动排斥的情况。

（三）人工智能传播伦理中算法偏见的消极影响

算法依托大数据与移动计算机上的应用程序进行综合运作，被普遍认为是"客观中立"的一种应用信息的处理中介。然而，智能信息传播

---

[1] Kraemer F. et al., "Is There an Ethics of Algorithms", *Ethics and Information Technology*, 13 (3), 2011.
[2] Sattarov F., *Power and Technology: A Philosophical and Ethical Analysis*, London: Rowman & Littlefield International, 2019.
[3] 景晓芬:《"社会排斥"理论研究综述》,《甘肃理论学刊》2004年第2期,第180页。

算法应用的诸多实践经验表明，所谓的"算法中立"只不过是一个满足人们技术崇拜心理的乌托邦式的无知幻想。

伴随着算法技术嵌入传媒行业，自媒体的信息通路达到和主流媒体相接近的宽度①，这也让算法偏见乘虚而入，对新闻的生产和分发逐渐产生影响。如果在用户个人所传递的信息或者观点当中隐藏着某种偏见，这仅仅会直接影响到少数人，但若是算法出现偏见，算法就可能会在较短的时间内将这些错误的信息直接推送给众多的用户。②从新闻传播的视角来看，算法偏见的影响主要表现在以下几个方面。

1. 背离公平公正的新闻职业规范

从新闻职业伦理和社会关系伦理的角度来看，算法将其偏见道德作为对待各类社会新闻事件所需要采取的一种不可预设性伦理态度，将错误或者偏颇判断直接融入社会新闻宣传的实际活动中，违反了新闻职业伦理的基本规范。例如央视关于春运与相亲之间的偏见③就体现了新闻从业者在进行相关资料的解读时，片面地认为"搜索相亲"的目的是使自己能够有效应付家人安排的"相亲"，年龄处于20岁到39岁之间的女性也有可能是返乡过年时准备相亲的暂时未婚群体。算法的偏见广泛地渗透于新闻信息的生产和传播过程中，其所能够带来的不利影响主要包括两种：认知性偏见和道德性偏见。认知性偏见主要是指个人对于自我和社会的认知与社会现实不符；道德性偏见是指社会上的知觉或者态度和特定群体或者社会上拥有的正常公平性原则之间存在差异。这两种偏见在互联网和二次人际传播的作用下被放大，获得广泛的传播，进而误导用户认知和社会规范，产生社会隔阂等影响社会稳定的因素。

2. 挑战用户知情权和信息选择权

随着算法在信息平台中的广泛应用，用户接收到的信息都是经过算

---

① 郭小平、秦艺轩：《解构智能传播的数据神话：算法偏见的成因与风险治理路径》，《现代传播（中国传媒大学学报）》2019年第9期，第19~20页。
② 张超：《作为中介的算法：新闻生产中的算法偏见与应对》，《中国出版》2018年第1期，第29~33页。
③ 根据央视报道，在春运期间，在网上搜索"春运"的人群中有80%是男性，其中20岁到39岁的人占79%。此外，在网上检索"相亲"的主要人群有78%是男性，其中20岁到39岁的群体占79%。由此央视得出结论：春运期间返乡回家过年的相亲人口主要集中于20岁到39岁的男性。

法计算进而分发的,这就容易形成"信息茧房"效应,同时消解用户的信息选择权。算法推荐依据隐藏的价值来过滤与用户偏好无关的信息,满足用户对于特定领域的信息需求,但忽视了社会公共安全等用户应知晓的信息,损害了用户的知情权和对信息的选择权,消减了网民的社会人文精神和社会责任意识。算法推荐的广泛应用是为了充分满足用户的各种个性化信息需求,但也窄化了用户的认知,减小了用户的交流面和接触面,形成了一个完全封闭的信息空间。在这种同质化信息的反复推荐中,原有的各种态度、看法都被强化,信息传递的逻辑复杂性和信息多样化都被削减,它带来的"信息窄化"大大增加了"回音室效应"出现的可能性,进而容易诱发网络的"巴尔干化"。

3. 易于解构社会共识,引发舆论风险

移动互联网的出现将信息生产和传播的权力下放给了普通大众,以主流媒体为主导的议程设置也逐渐被社交媒体上的热点话题所取代。"在一个媒介和代码无处不在的社会,权力越来越多地存在于算法之中。"[①]特别是在"算法神话"的掩盖和隐藏下,偏见的以及具有煽动性的消息传递为我们打造了"个性化"的标签,解构了主流社会的共识,埋下了引发公众舆论危机的引信。

算法偏见无论是对个人还是对社会都容易造成极其严重的危害,损害到社会集体利益与个人利益,严重的算法偏见甚至导致国家利益受损。因而,重视算法偏见产生的一系列伦理问题,思考解决算法偏见问题的路径是尤为必要的。从用户层面来看,当遇到算法偏见时,视而不见、默不作声只会助长算法偏见的肆虐,用户应当勇敢地指出算法偏见的错误性质,牢牢捍卫自己的利益与权利。这也要求用户具备一定有关算法偏见的知识,从而精准识别出算法偏见。企业在其智能平台上应用的相关算法,其运作的底层逻辑是资本逻辑,也就是追求经济利益最大化。企业连接了算法与用户,算法中的偏见对用户的影响也是最大的。在算法偏见问题的解决过程中企业具有一定的社会责任,具体包括三个方面:一是企业在设计算法或委托第三方公司设计算法时,应当从源头减少算

---

① 许向东、王怡溪:《智能传播中算法偏见的成因、影响与对策》,《国际新闻界》2020年第10期,第79页。

法偏见，比如"在不降低预测结果准确性的前提下积极开发各种减少人工智能偏见的工具"①；二是在算法正式应用前做好算法检测工作，过滤掉或修改算法中存在的一些偏见，在算法应用过程中也要实时监测算法偏见是否出现；三是要接受相应监管部门的监督，主动提供所需要的数据，并且企业还应该互相监督，携手打造没有算法偏见的美好未来。

另外，算法技术已经强势嵌入新闻的生产与分发环节，而算法不是完全价值中立的技术，需要通过人工纠正已渗入技术的偏见。算法偏见是以往传统的社会偏见具象在人工智能时代的表现，成为影响社会稳定的潜在性因素。

六 人工智能传播伦理中的算法歧视问题

算法是信息传播革命的必然结果和有力工具，从算法的自动化决策来看，人们很难理解决策生成的逻辑，甚至算法工程师也难以看穿算法的技术"内幕"，对算法伦理做出清晰的解释。人们使用算法的同时也被算法"绑架"，被算法计算，其中的算法歧视问题就是难以避免的算法伦理问题之一。学者卜素指出算法歧视的成因。其一，目前人工智能技术水平仍然有限，技术的不成熟往往会导致更为严重的歧视后果；其二，作为人类智慧的产物，人工智能技术难免会带有研发者本人的主观偏向，这种主观偏向同样会影响人工智能产出的最终结果。② 带着"公正面具"的算法技术，在大数据的加持下帮助人们做着一个又一个私人化的决策，然而细究之下，其社会层面的错误伦理观、功利主义以及针对某些个人与群体的歧视越发难以察觉。算法清晰地传递了一种机械的、功利主义的计算伦理，导致价值理性在工具理性的璀璨光辉之下黯然失色，造成算法歧视问题愈发严重。

（一）人工智能传播中算法歧视伦理问题的生成机制

将庞杂的信息通过分类形成结构化信息的过程就叫计算，分门别类

---

① 刘鑫、王超群：《大数据智能传播中的算法歧视及其治理路径》，《新闻世界》2019年第12期，第59页。
② 卜素：《人工智能中的"算法歧视"问题及其审查标准》，《山西大学学报》2019年第4期，第125页。

的规则就叫算法。算法歧视就是在进行分类任务配置的过程中，针对某一特定群体或类别，对其身份、地位、行为以及价值取向施以不合理、不公正的对待。诚然，人类的文化体系之中是存在偏见的，作为人类智慧结晶的大数据技术也因此存在着固有的歧视。然而，大数据算法技术仅仅是人类社会歧视文化的显性表达①，可以看出算法歧视是客观存在的，它是主观行为的映射。由于算法应用的数据质量参差不齐、资本逻辑下算法沦为单纯谋利的工具、算法技术本身的不透明性等多方面的问题，算法歧视问题频发。

1. 数据质量问题

一些观点认为数据可以表示一切，大数据的应用中数据越充足，计算的结果越准确客观，这种极端的数据中心主义是不可取的，因为大数据中会存在既定的歧视，算法应用了这些带有歧视的数据后会加剧成见，进而在信息的生产和传播中导致歧视行为的出现，最终将人自身的歧视行为衍生成机器对人的歧视行为。数据是智能时代的石油，若数据具有歧视性，那么算法输出的结果也就不可避免地包含相应的歧视。学者刘培指出："数据中预先存在的歧视导致算法歧视。此类歧视通常在创建算法系统之前就已存在，算法只是将其反馈出来。"② 如果在智能传播的过程中，数据带有大量偏激思想与刻板印象，那么传播到公共领域的信息就会带来诸多歧视问题。同样，学者张玉宏指出大数据必然导致算法歧视的三个关键因素。第一个因素是数据歧视的存在让输出的结果也必然带有歧视；第二个因素是不同样本之间存在的差距，同样会诱发数据算法的歧视；第三个因素是大数据的敏感属性，如区分性别、年龄以及人种等的数据容易导致算法歧视。除了以上预先存在质量问题的数据容易导致算法歧视，人民网还在报道中指出，不真实、有缺失或是更新不及时的数据也会诱发算法歧视。

2. 算法自身缺陷

算法自身存在的缺陷同样会引发歧视结果。算法产出最终决策需要

---

① 张玉宏、秦志光、肖乐：《大数据算法的歧视本质》，《自然辩证法通讯》2017年第5期，第82页。
② 刘培、池忠军：《算法歧视的伦理反思》，《自然辩证法通讯》2019年第10期，第17页。

依赖一定的规则和指标,而这些规则和指标往往就夹杂着歧视。算法技术的运作机制是建立在大数据基础之上的,该机制通过信息性密符的识别来确定某一用户的算法身份。这种信息性密符（informational shibboleths）主要包括个人网络设备、个人账号密码、个人IP地址以及浏览足迹等信息数据。在获取基础数据后,算法通过程序进行数据处理,遵循算法规制来推算、预测某一用户的个人属性,刻画用户画像,如确定性别、国籍、年龄、工作类型等。这种由算法所打造的用户画像,也相当于算法赋予用户的一个算法身份①,随之用户被贴上标签,进而被分类。在根据算法身份给用户推送信息时,这种基于用户身份的判断,是对用户轮廓大致的、模糊的判断,不能保证其精准性,算法歧视也就随之产生。② 比如,某国际知名互联网公司男性雇员占比接近70%,技术岗位的男性员工更有80%之多,因此这些公司产出的算法技术难免会夹杂性别歧视。除此之外,算法输入与输出之间存在的"黑箱",使算法歧视更加难以解释。算法本身的数学基础强调相关性而不是因果性,这也是算法存在歧视的原因之一。③

3. 算法应用不当

如果人们对算法的应用与控制出现问题,即便数据本身和算法技术都不存在问题,依旧会有歧视的问题出现。算法技术可以就用户的消费能力、忠诚度进行准确分类,资本可能会将这些分析结果作为大数据"杀熟"的依据,并不会以用户利益优先。大数据"杀熟"主要指的是互联网企业通过平台算法的高效数据处理,对用户数据进行分析,划分用户的类别,将经常使用平台、在平台上具有大量数据的用户标为"熟人",在后面的算法推送中给此类用户的商品标价高于非"熟人"的用

---

① 不同于现实身份,算法身份是算法基于数据主体的数据足迹而推断出来的分类,其自动确定了个体的性别、阶级、种族等身份特征。
② Vries, K. D., "Identity, Profiling Algorithms and a World of Ambient Intelligence", *Ethics & Information Technology*, 2010, 12 (1), pp. 71–85.
③ 不同目标变量之间的关联关系可能是因果关系,也可能是偶然的关系,但是算法对此并不解释和区分。只要算法认为关联性足够强,就会用来对分析对象进行分类和预测。例如,如果算法发现那些喜欢Facebook上某些内容的人智商较高,就会在这种内容和智商之间建立关联,预测喜欢这种内容的人的智商都比较高,也更有发展潜力,从而做出录用或晋升的决定。

户，以实现企业更高的利润。在这样的背景下，算法也就成为企业提高经济利益的工具。① 所以，在大数据"杀熟"过程中，算法歧视产生的根本逻辑就是算法操控者凭借算法技术与大数据技术的高效处理能力，建立起大体量、多维度、全方位的数据库，将信息进行充分数据化，通过算法系统的高速计算处理，对所需数据进行标注，再根据数据分类特性对标注用户进行细致归类，生成用户画像，从而为用户定制不同的价格，通过"价格歧视"对用户进行差别推送，导致身份歧视。可以看出，一旦算法不再追求良好的用户体验，不再严格遵循以"人"为中心和"科技向善"的宗旨，而是去追求商业利益，异化价值理性，那么其传播博人眼球的内容时，伦理风险问题就会出现。

（二）人工智能传播中算法歧视的类别划分

人工智能算法技术引发的歧视伦理问题，主要包括算法的应用歧视、算法对用户的歧视以及算法主观歧视等。

1. 算法的应用歧视

章小杉从不同领域对算法歧视进行了分类。第一类是生活消费中的价格歧视，算法技术基于客户的消费及浏览记录，分析其消费能力及喜好，从而对同一商品采取不同的价格策略。第二类是关于职业地位的歧视，算法会根据求职者的性别、种族、出身、宗教等因素在简历筛选、晋升等方面实施区别对待，例如国际知名互联网公司亚马逊，在用算法技术选择潜在员工时更偏爱男性和通勤时间更短的求职者。第三类是来自金融领域的收入歧视，算法技术介入个人的信用评价，通过收集主体在社交媒体中的行为数据来判断其人格特性、身份地位等，从而对其财务信用做出评价，这就导致了部分互联网信贷平台使用的算法会向经济困难的人群收取较高的利息。第四类是来自刑事司法领域的种族歧视，例如美国司法机构用以评估被告人再犯风险的算法被指对黑人群体存在歧视。② 当今人工智能技术应用于传播领域，将各行各业的信息传播给

---

① 李飞翔：《"大数据杀熟"背后的伦理审思、治理与启示》，《东北大学学报（社会科学版）》2020年第1期，第8页。
② 章小杉：《人工智能算法歧视的法律规制：欧美经验与中国路径》，《华东理工大学学报（社会科学版）》2019年第6期，第65页。

大众，在算法应用的这一过程中，难免会出现歧视问题。为了维护公共利益，建立健康、积极、具有正确价值观的传播环境，算法歧视问题需要被及时治理。

2. 算法对用户的歧视

虽然有学者称算法仅仅是一种技术，不存在价值判断，但事实证明算法本身携带着诸多偏见和歧视。从歧视本身来看，人类社会一直存在各种各样的歧视，算法歧视就相当于社会歧视的微观缩影，这主要是因为算法是建立在大数据基础上的，这些数据又基本来自现实社会本身，因此数据与现实世界的同构性导致算法歧视实则是社会结构性歧视的再现。所以，人工智能传播算法沿袭了人类客观存在的偏见，就会产生对用户的歧视，对此学者刘培将其分为两个方面：一方面是涉及身份权的歧视，即对个人或群体的人种、性别、年龄以及宗教等身份象征的歧视；另一方面是不涉及身份权利的歧视，即身份认定虽然不受影响，但依旧在应用过程中遭遇了不平等的对待。

3. 算法主观歧视

作为一种数学表达，人工智能算法看似不涉及价值判断，但不可避免暗藏着主观偏见。细究其原因，不仅有训练系统的数据输入，还包括算法设计人员的价值观烙印。当算法被用于预测未来时，其输出的结果必然会受到过去数据和模型预设的影响。如果在输入的数据和预设模型中已经存在歧视和偏向，那么这种歧视和偏见就有可能随着算法不断的深入学习而加强。比较人类偏见与人工智能偏见，前者往往是局部性的、个体化的，而后者则是系统性的，如果不加以管制，将会产生严重的影响。因此，清除人工智能算法中有悖于社会共识和法律法规的歧视是当下业界亟待解决的问题。

（三）人工智能传播伦理中的算法歧视：对用户权利的冒犯

算法技术的偏向和歧视，往往会伤害用户的权益，其利益侵害程度难以估量，影响难以控制，且利益受到侵害的个人很难得到救济，针对种族和性别的歧视就是如此。

算法的不可解释性与运算过程的不透明性导致算法在运行过程中就

损害着用户的知情权。当前，人们对于人工智能技术的近期追求无疑是私人订制更为智能化的人机一体新体验。人工智能的底层逻辑是通过高度学习人脑，更加智能精准地处理海量数据，然后针对个体给出适合其本身的决策。由于人工智能基于的数据十分复杂，如何界定歧视群体变得非常困难，导致歧视现象被无限放大，比如亚马逊的"大数据杀熟"事件。多位用户在浏览亚马逊平台的同一商品时发现自己的价格与他人存在较大差异，而往往是经常使用亚马逊的用户面临更高的价格。

多重算法歧视还会导致用户遭遇不公平对待，使用户的公平权遭到损害。学者杨成越和罗先觉总结了三种歧视类型，分别是算法型价格歧视、算法型就业歧视以及算法型信用歧视。① 以上歧视共同影响了用户的公平权。首先，算法型价格歧视是把人群等级按照消费能力进行划分，对用户进行贫富歧视；② 其次，算法型就业歧视根据人们的身份地位不同，在录用、晋升以及薪酬等方面实施差别待遇，导致公平权丧失；再次，算法型信用歧视会给部分人群的信用以不公正的评价，算法利用了这一评级差异，对用户进行区别对待。以上三种歧视不仅影响到用户的公平权益，更严重损害了社会的公共利益。

本章梳理了作为人造物的算法在智能传播应用过程中可能出现的伦理问题。首先对于算法伦理的主要表现进行了列举，其次从资本、技术、规制三个角度出发对算法伦理风险做归因分析，再次着重论述了人工智能传播中的隐私伦理、安全伦理、算法偏见和算法歧视四个关键伦理问题。关于隐私伦理，本章从数据挖掘技术出发，探讨数据挖掘造成隐私泄露的内在逻辑，并结合当前的信息商品化现状提出了算法的应用弱化了"被遗忘权"的观点。关于安全伦理，"对抗样本"的存在导致深度学习算法模型的安全性降低，进而影响算法的决策逻辑，使其缺乏价值理性判断。关于算法偏见，由于算法运行机制的专业性和隐蔽性造成其

---

① 杨成越、罗先觉：《算法歧视的综合治理初探》，《科学与社会》2018年第4期，第6页。
② 通常认为，成功实施价格歧视需要具备三个要件：其一是企业必须占据市场支配地位，具有较大的定价话语权，否则无法实施价格歧视；其二是企业必须能够了解不同消费者的支付意愿，从而对他们给出不同的价格；其三是企业必须有能力防止低价购买者通过转售低价购买的商品进行套利。

勾连的人工智能传播系统极易遭受人类社会偏见的影响，带来背离社会伦理规范、损害用户知情权和消解社会共识的负面效应。关于算法歧视，数据、技术等因素共同诱发了算法歧视现象，不论是算法技术本身的歧视问题还是技术应用过程中所引发的歧视问题，都会对用户权利造成损害。数字时代，没有人能够逃脱无处不在的算法权力，由智能技术应用所引发的伦理问题也不限于以上四种。我们需要意识到，"即使是最明亮的光线，也会投下阴影"。面对人工智能传播中的算法伦理问题，我们要正确认识智能技术与人类社会的关系，平衡工具理性和价值理性，在积极的人机交互中体现人类的主导性和价值观，让人类智慧和机器智能更好地融合发展。

第五章 人工智能传播伦理问题的生成逻辑

自从1956年"人工智能"概念提出以来，越来越多的学科与之产生关联，人工智能的出现对个人生活的改善和整个社会的进步均做出了巨大贡献。人工智能一方面给人类社会的各项活动带来便捷，另一方面也为社会带来了诸如公平公正受到冲击、性别歧视更加严重、隐私风险增加以及偏见无处不在等伦理问题。设计出人工智能系统中的道德编码来防范人工智能应用中的伦理风险问题，是合理利用人工智能技术的价值坐标。至于人工智能系统的伦理标准设置，则是政府与行业组织应尽的义务，我国也适时地颁布了相关人工智能技术的应用准则，以符合人工智能技术应用的伦理标准。同时，对人工智能技术应用的开发人员进行道德培训也是非常必要的，需要让道德伦理理念植入开发人员的意识中，形成人工智能技术应用开发的伦理路径。

本章将从人工智能传播技术伦理问题的生成、人工智能传播伦理问题生成的计算主义向度、人工智能传播伦理问题生成的技术逻辑、人工智能传播伦理问题生成的社会逻辑几个角度出发，剖析人工智能在传播过程中出现伦理问题的生成逻辑。

一 人工智能传播技术伦理问题的生成

从人类的技术发展史来看，新技术的运用往往伴随着伦理问题的产生。人们推进技术变革的初心都是为了让技术能够提高人类生活的质量和水平，进而造福人类，自然语言处理、机器学习以及深度学习等人工智能传播技术同样如此。技术带来的是人类社会的发展和个人生活的改善，但在一定的时间范围内，技术的开发与应用活动会在某种程度上给人类带来困扰。技术本身存在不透明性、不确定性和复杂性等特征，尤其人工智能传播还不算是一个成熟的技术应用，这些将会加剧技术应用过程中的风险，技术应用将变得更加复杂。

（一）自然语言处理技术应用生成伦理问题

人工智能领域存在着众多技术，而自然语言处理技术是其中的一个重要组成部分。从认知到理解，再从理解到生成，三个环节相辅相成。在这一过程中，机器对获取到的信息进行转化识别，以可机读的方式理解语言内容，并用人类语言进行反馈。自然语言处理最为关键的，在于对以语音和文字进行信息输入的自然语言的感知与处理，以及形成对应的表达应用。[①] 从认知数据方面开始，伦理问题就有可能产生。在设计阶段，人工智能接收到的数据由程序员手动输入，这些数据可能带有程序员本身的伦理偏见；在认知阶段，人工智能存在着伦理认知偏差，如"男人就应该出门赚钱，女人就应该在家中相夫教子"。

1965年，MIT人工智能实验室的约瑟夫·魏森鲍姆发明了著名的聊天程序，并以萧伯纳的戏剧《茶花女》中的女主角伊莱莎·杜立德（Eliza Doolittle）为其命名。具有讽刺意义的是，故事中的女主角刚开始不被上流社会接受，后来学会了所谓上流社会的口音，才逐渐被接受。Eliza的发明是自然语言处理技术的标杆，此后又发展出了人工智能标记语言流派。但随着实验的进展，约瑟夫发现人工智能的自然语言处理技术能够对人类产生一定的影响，如造成心理暗示等。[②]

自然语言处理即通过让计算机阅读所提供的文本资料，在其内部建立一个能够识别和生成自然语言的数据库，当设定好的自然语言进入机器系统时，机器能够进行及时的识别和反馈。其中，自然语言的处理是所设定的计算机程序的一种反映，是把自然语言和机器语言作为变量输入，以软件环境作为对应法则的复杂函数程序。

现阶段，自然语言处理技术更多地应用于机器翻译等。自然语言处理技术造成的伦理问题有性别歧视、偏见问题、隐私风险和阶层歧视等。产生这些伦理问题的原因有两个方面：一是人类自身行为具有歧视性；

[①] 邢晓男：《人工智能技术的风险问题及对策研究》，硕士学位论文，渤海大学，2019，第14页。
[②] 《人工智能姿态逐渐"亲民"，2021年AI五大趋势备受期待》，"人工智能学家"微信公众号，2021年3月20日。

二是算法技术本身的缺陷使其没有清洗负面信息的能力。人工智能技术的高速发展深刻影响着语言翻译领域，主要表现为语言翻译速度和精准性的提升[①]，但其机器的属性仍没有得到根本改变，对于部分含有侮辱性的词语也会如实翻译，因为计算机本身存在的工具理性。

同时，国外智能语音助手经常出现反常行为，如发出瘆人的笑声并拒听用户指令，导致使用者受到伤害。人工语言处理会考究民族、宗教等因素，从而对文字进行适当的修改和美化；人工智能技术归属于计算机技术，使用工具理性处理问题的时候可能会造成误伤，如收集数据的过程中涉及用户隐私。由于完善的思维体系尚未建成，此阶段的弱人工智能无法识别哪些数据是隐私数据，只能进行简单的数据采集和分析。

（二）机器学习技术生成伦理问题

机器学习以人工智能技术的运行为核心。它模拟人类的学习行为，以获取新的知识或技能，重新组织已有的知识结构并不断改善自身的性能。[②] 机器学习利用算法程序和计算机技术从海量数据中找寻隐含的规律，从复杂的信息中挖掘事物的本质，是当今广义的人工智能领域最核心的技术。人工智能最核心的能力就是"从现象中发现规律"，人们从很久之前就开始研究如何用数学方法分析数据的规律。

机器学习从70年前的机器推理智能应用到如今的从大数据中学习，经过了数次技术迭代与能力迭代，目前，机器学习技术已经成为人工智能系统提升智能的最主要应用。机器学习是指学习数据中的各项规律尤其是分类规律。机器学习模仿人脑思维，核心要件为芯片。人工智能文明又称为"硅基文明"，主要依赖芯片中的硅元素。电脑模拟人脑组件通过芯片中的上千万个晶体管组成人工神经网络，以此完成"拟人类智能"的操作，通过学习大量的数据、信息和知识来充盈人工智能神经网络。人工智能的主要功能就是输出决策和判断；人类获取知识于人工智

---

① 2022年，中国外文局CATTI项目管理中心公布了《2022国内主流AI翻译机实测报告》，从翻译质量、翻译速度、降噪收音、用户体验和续航能力5个维度对国内主流AI翻译类产品进行全方位实测，并邀请200多名资深译员多轮匿名评分。讯飞翻译4.0翻译速度位列榜首。

② 李毅、赵乐平：《医学信息学教程》，北京大学医学出版社，2016，第133页。

能而言就是输入指令，人类进行思考行为对于人工智能来说相当于进行计算，运用信息处理技术对大数据进行分类，最后输出框架运行下的判断或是决策。以人脸识别为例，人工智能通过学习完所有输入的数据之后，针对用户的人脸进行计算，得出的结果只有两种：符合人物画像，人脸识别通过；不符合人物画像，人脸识别不通过。运行的整体过程是单向线性，没有过多复杂元素。

机器学习是一种让计算机利用数据而不是指令来进行工作的方法，简单来讲，机器学习原理就是模仿人类学习的过程，通过经验来强化自己。我们可以这样理解机器学习的过程：

1+2=？机器：10；——太大了；

5+7=？机器：6；——太小了；

2+6=？机器：8；——答对了。

机器知道 2+6=8，它会在不断的试错中找到正确的答案，再一步步地调整自己学习的方法和路径，同时优化计算过程，保证尽可能少出错。当它能够一次性算出正确结果时，它的模型拟合成功，可以被投入使用，即通过机器学习，我们对复杂问题和大量数据可以得到一些新的见解。①

我们知道，大数据应该成为机器学习技术的供给方，其中机器学习技术应用中的推广性问题，考察的是经验风险与期望风险之间的关联关系，基于大数据的机器学习训练保证对未来测试样本的预测错误足够小。但是训练误差的大小取决于基础数据的基数大小，也就意味着对于人工智能来说，要使用大量的样本数据进行试验才能够实现，这个数据的爬取本身就存在伦理风险，涉及用户的个人利益被侵害、隐私信息被泄露等问题；同时机器学习技术旨在找出数据中的规律，在自动删选时会出现因为数据基数不大而被忽视或者因为数据规律性较高而出现错误归纳的情况，常常伴随着潜在的种族歧视与性别歧视。如提及广场舞我们会联想到"广场舞大妈""不讲理"这类词，机器在学习过程中也会错误地将其归纳成"广场舞就是大妈群体，且蛮横不讲理"，这看似符合社会表达，实则暗含群体歧视。

自动化处理系统是以确定性的数据计算为核心驱动的计算系统，可

---

① 陈东焰、陆畅：《从 AlphaGo 看机器学习》，《信息科学》2020 年第 13 期，第 146 页。

以执行重复性任务，并按部就班地自动完成预期的任务，一般运用在较简单的重复执行型工作上，没有深入思考的学习能力。人的学习是初期的灌溉加上后天的触发，机器缺乏后期的能力。

从心理学角度看，学习的过程是一种新行为模式形成的过程，学习能力是我们获取新知的方法，更是人类智力的主要表现。同时，人工智能技术需要模仿并掌握人类的学习能力，这无疑是人工智能发展的应有之义。没有学习能力的计算机系统不是真正意义上的智能系统。从这个意义上说，通过不断的机器学习，计算机系统的智能不断增强，以便执行同样或者相类似的任务时比以前效率更高。智能领域的机器学习是计算系统完善自身性能的过程，通过自动地学习获取新知，机器可以不断地实现自我进化。机器学习一般可以分为归纳学习、观察发现式学习、讲授式学习、机械式学习以及类比学习等。目前人工智能发展的重点就是研发全面模拟人类大脑学习的智能机器，并与人类大脑协同进化，通过机器学习揭示人类大脑学习的机制，以及大脑皮层的结构特征。所以智能学习领域的机器学习是备受关注的人工智能技术应用领域，其采用的方法与手段也是尖端的，但相比理想状态还存在很大一段距离。

（三）深度学习技术生成伦理问题

人工智能技术由机器学习技术进化而来，通过大数据神经网络，从机器学习到深度学习，学习能力不断提高。随着多种神经网络的快速变革，机器学习技术不断升级迭代，形成深度学习技术。深度学习与机器学习两者理念相差不大，它是机器学习的升级版。[①]

深度学习技术通过多层神经元构成的神经网络，依托大数据，驱动人工智能不断接近人脑的思维与意识，并逐渐发展成为机器学习的升级版。这项技术主要是指将人类目前积累的经验和知识上传到机器中，这种庞大的知识量是人类无法完全习得的。在遇到实际问题时，人们可以利用存储在计算机中的这些知识经验去进行智能决策。也就是说这项技术赋予了人工智能"自学思考、解决问题"的能力，这属于一种深层的

---

① 深度学习的实质是通过构建具有很多隐层的机器学习模型和海量的训练数据来学习更有用的特征，从而提升分类或预测的准确性。所以，"深度模型"是手段，"特征学习"是目的。

机器学习模型，该学习模型会加速人工智能技术应用的更新换代，最终实现人工智能技术通用化的目标。

深度学习的基础是人工神经网络。其中，常见的深度学习模型是作为神经元的数学模型，为多层神经网络，通过多层非线性映射堆叠而成。杂乱无章的堆叠必须被分类，对其分类要通过深层神经网络对堆叠信息进行抽象化，形成不同的抽象特征。罗荣等学者将深度学习技术根据神经网络结构特点和应用领域的不同划分为三种类型：监督学习技术、非监督学习技术和增强学习技术。[1]

当前，深度学习技术作为机器学习技术的升级版本，通过多个高度集成化的应用平台，让使用者通过搭建计算机程序进行实验和选择应用。与此同时，由于使用者不用了解复杂的原理而是直接使用技术，容易导致滥用技术局面的出现，而暗含于技术之中的一些问题就会逐渐暴露出来。

一是出现数据的不可解释性问题。深度学习技术模型包括多个神经网络，其中包含了许多隐藏层，每个运算单元数量众多，收集到的网络数据也是数不胜数。模型运作的第一个步骤"边缘检测器"[2] 就存在技术缺陷，数据参数的选取范围和运算单元的输出（基本模块）无法得到合理的解释。如在谷歌搜索"美国青少年犯罪"，搜索结果中80%以上都与黑人相关。这个数据是不真实的，出现这种偏差的原因在于互联网首先通过深度学习算法初步得到关键词"青少年""美国""犯罪"，再在数据库里进行组合，出现组合次数最多的是"黑人"字眼，所以最终匹配出"黑人青少年犯罪"的搜索结果。在最开始的数据参数的选择范围中可能恰好大多数据谈及"黑人青少年犯罪"的话题，所以人工智能在进行第二层神经网络组合时就出现了错误的模块，也就导致后面结果的错误。

二是网络参数最优化的问题。"目前的深度神经网络主要依靠指定的

---

[1] 罗荣、王亮、肖玉杰：《深度学习技术应用现状分析与发展趋势研究》，《计算机教育》2019年第10期，第19页。

[2] 图像边缘是图像局部特性不连续性（灰度变换、颜色突变、纹理结构突变等）的反映，它标志着一个区域的终结和另一个区域的开始。因此，图像边缘信息的提取对于图像处理非常重要。边缘提取首先检测出图像局部特性的不连续性，然后再将这些不连续的边缘像素连成完备的边界。图像边缘检测的任务就是确定和提取边缘信息，为图像分析、目标识别和图像编码做前期准备。

损失函数执行反向传播算法实现网络参数优化,该算法仅能针对特定的网络结构实现梯度的优化计算。"① 深度学习虽然是以人类的神经网络为模型,但仍然不能像人的大脑一样进行复杂的运算和转化。就像上面提到的,人的思维是复杂多变的,一个人可能一开始持有观点 A,后面又会因为一些其他的事情变成观点 B。对于人工智能而言,数据不会轻易发生改变,一切都是根据选定的数据和框架进行的。比如情感匹配机器人可以在输入打分系数的前提下提前演算出适配男生,与网上正红的"猜猜你的未来男友会是哪种类型"这些程序游戏一样,通过用户的不同选项生成不同的基本模块,最终形成"甜系男友"和"奶系男友"等回答,这种看似很有意思的智能互动小游戏,其实也在悄无声息地泄露用户的个人信息。隐私泄露问题分散在人工智能深度学习技术的各个执行点。

二 人工智能传播伦理问题生成的计算主义向度

在人工智能发展的过程中,伦理问题也值得重视,再高明的机器也无法完全复刻人类心中的道德与信仰,虽然现在人工智能技术已经可以初步抓取人类的感情,但其本身在情感表达方面还是较为单一的,是"冰冷的"。问题就在于人工智能虽然可以把伦理道德量化成数学符号进行决策模拟,但是它能否真正理解这些符号背后的意义?就目前的人工智能发展来看,人工智能如果只是依据其计算主义向度对事物进行赋值,就极有可能产生一系列的伦理问题。

(一)计算主义的定义

计算主义的中心理念认为"人类心灵是一种计算机系统"。在计算主义看来,心灵状态发展通过计算而形成因果逻辑,而人工智能是借助计算主义给事物赋值。计算机以数学为基础,对一切事物进行度量,如相亲时给对方打分、无人驾驶汽车对前方路况进行分析等。很多事物没有办法给予准确无误的赋值,但人工智能必须对事物赋值之后才能计算,所以会产

---

① 罗荣、王亮、肖玉杰:《深度学习技术应用现状分析与发展趋势研究》,《计算机教育》2019 年第 10 期,第 21 页。

生伦理问题。因为数据具有磨合性、不精确性，如果人工智能只是简单地将数据进行整合统计，而没有从人的角度分析，就会造成较大失误。

基于概率的"相关性"对事实之间的关系进行描述，虽然有利于从现有事实中寻求规律，但是其规律的有效性依赖于数据的数量和数据的种类。"也就是说，失去因果的'相关性'只是把世界当作一堆'枯燥'事实的堆积，并未把事实作为由因果关系网络融合成整体的现实。"① 以此为基础的人工智能只能依赖在海量的数据中找到微妙的规律，以事物的延展性突出其超强的计算主义功能。

计算主义向度分为两种，一种是"泛事实"的向度，另一种是"泛价值"的向度。"泛事实"的计算向度存在正、负两个维度，它在数学与物理中被广泛应用，便于计算；而"泛价值"计算向度就是人类在主观分析、判断过程中会使用的对于不方便测量事物的计算方法。人类对世界的认知主要通过数值进行，数值使人类认识到丰富多彩的生活，数值的得来主要依靠计算机的计算，计算向度相当于计算取向。

（二）计算主义过于追求工具理性

如果需要在相似的案件中辨别道德上的差异，作为拥有神经网络的人是可以进行区分和判断的，而计算机对训练用例过度敏感，无法响应系统，最终无法生成合理的参数，从而无法判断道德差异。同样在数据推送方面，当用户在谷歌搜索"美国青少年犯罪"的内容时，结果排名前三的都与黑人相关，但根据真实的数据来看，美国青少年犯罪中黑人所占比例并没有搜索结果那么大。数据推送会让用户产生"美国青少年犯罪的都是黑人"的错觉，这种计算主义的错误会影响到每个人的正常生活。

通过人工智能算法计算得出的结果是冰冷而无感的。计算机的运算属于纯理论分析，不涉及人文因素，计算机系统最主要的功能就是计算，二进制计算对人类现实世界进行赋值，只有通过赋值我们才能更仔细地了解事物本身。如无人驾驶汽车在行驶到限高地带时，通过感应器计算才能知道能否通过，如果数据得出"无法通过"的结论，就会给主机发

---

① 涂良川：《因果推断成强人工智能的哲学叙事》，《哲学研究》2020年第12期，第110~121页。

出"停止向前"的指令,汽车就会自动停止向前移动。同样,人工智能不只是在交通方面比人类强,在刑侦领域也可以发挥得恰到好处;计算机能够高速计算出上百万篇棋谱,阿尔法狗4:1战胜李世石就是实例。不是李世石不够厉害,是计算机能够将他毕生所学的棋谱在短短5分钟内进行计算,并通过大数据演算推断后面的数十步棋。

人是一个具有极复杂情感的存在,人的很多行为都是从个人情感角度出发,这就和计算主义产生了矛盾与冲突。有些东西基于情感,但最终还是要进行赋值,才能更好地融入社会,那这个所谓的"赋值"无法做到真正的公平公正。计算主义从纯理性分析出发,会激发事物的工具理性,工具理性是人工智能最本质的特点,无法区分利弊好坏。

工具理性的缺陷在于简单直接,虽然有一定的人的思维方式,但是人的思维存在复杂性、转折性,这是人工智能目前还无法学会的。人的思维构造极其复杂,思维的动态发展快速且无规律可循。同时,在感性方面,程序化的人工智能完全理解不了甚至没办法认知什么叫作"认知"。我们每个人都拥有造物主所给予的灵魂与血液,每个我们都是独一无二的、不可替代的,无论未来的人工智能发展到什么阶段,它永远都不会拥有人类的灵魂与血液以及跳动的脉搏,它能做到的只是永无休止地模仿与复刻,而这些是不带感情的、冰冷的过程。休谟认为:"任何科学或多或少与人性有些关系,无论学科看似与人性有多远,他们最终都会以某种途径再次回归到人性中。"①

三 人工智能传播伦理问题生成的技术逻辑

人工智能伦理问题生成的最主要原因就在于人类感性意识的膨胀模糊了理性与非理性的边界,再加上技术的快速发展与时代不匹配,技术使用要求跟不上人类需求。简而言之,模糊的理性边界和技术限制导致了伦理问题的产生。

(一)缺陷与不完善生成伦理问题

万事万物的诞生与发展都是有一定规律的,人工智能也不例外。但

---

① 刘伟:《追问人工智能:从剑桥到北京》,清华大学出版社,2019,第165~167页。

要点就在于人工智能发展至今不过短短几十年，虽然在某些领域有着突出表现，但从整体来看，人工智能要走向通用人工智能阶段，并全面满足人类社会的需求，还要解决很多问题。综合目前人工智能的发展现状来看，人工智能技术的不完善主要体现在缺少丰富的大数据样本的训练，以及程序算法的转换能力不足。

大数据样本的来源是用户上网所产生的数据，对于数据的挖掘也是人工智能运作最基本的一步。但是，在当前人工智能发展的过程中，关于数据挖掘仍存在一些无法避免的难题。例如，虽然我们已经进入了5G时代，但是，并非所有人都已与互联网产生了密不可分的关系，一些偏远地区仍是互联网无法到达的地方，因为仍有部分人不在互联网这张大网之中，故而数据的挖掘并不能够全面深层次地反映整个社会。除此之外，我们所处的社会是瞬息万变的，而数据挖掘与这些变化之间还是存在着一定的时间差。即使获得了最新的数据，人工智能在进行数据训练时也会出现如上文所说因挖掘技术、采集技术等缺陷而无法辨析各种数据的精细分类等问题，这就会导致隐私泄露等伦理问题。

人工智能在程序化方面的缺陷还有待改进。机器学习、自然语言处理等技术应用还未成熟；人工智能在某些方面做出了卓越的贡献，给了人类新的希望，但是技术并不是万能的，人工智能可以实现自动化处理，但是无法深入理解和思考，缺乏高级辨识能力和直觉能力。另外，由于人工智能源于对人类智能的模仿，在很多学科方面的发展也被人类所限制，瓶颈问题时常发生。人们致力于让人工智能技术拥有人类的认知能力，从而能真正像人类一样进行深度学习、独立思考，但事实上，机器是没有生命特征的，它能做到的最好的样子也就是"像人类一样"，它始终无法跟上人类的思维步伐，尽管在数据运算方面它已经远超人类。"人们虽然对大脑单个神经元的活动机制获得了比较全面的了解，但对大脑神经元之间的交流和活动的机制的了解和认识，极其有限。"[①]

人类社会现在处于第二代人工智能的阶段。"第一代的人工智能主要进行基于知识的符号学习，只能模仿人类的推理模式。第二代人工智能

---

① 蒲慕明、徐波、谭铁牛：《脑科学与类脑研究概述》，《中国科学院院刊》2016年第7期，第725~736页。

则能够进行神经学习，能够模拟人类的感知，但是它也带来了机器人行为的不可解释性以及安全问题。"① 可见，人工智能技术固有的缺陷导致人工智能传播机制伦理问题的生成。

（二）计算主义的极端运用

人类期待计算主义带来的是理性分析后产生效益最大化，但是问题是，如果一开始构建的框架就是错的，那么谬误就会占据人们的心智。我们应该始终牢牢抓住"人"的核心，而不是把人看作是一颗颗毫无生命力的棋子或者是一堆冷冰冰的数据，试图用简单的数学原理和公式去揣测他们的行为，从而得到结果。

"从整个人类社会发展历史来看，人总是活在特定的历史情境中，无法从全局的视角看清所有的事实真相，很容易把不理性的行为赋予想象而使其合理化，从而酿成灾难。"② 人工智能计算主义向度的发展让"人工智能女友"的产生成为可能。人工智能技术在满足人类需求欲望的同时，也可能造成用户情感与心灵的迷失，导致人类情感价值的危机与异化，以至于用户在面对现实情感世界时丧失应对的方法与勇气。这种人机结合的虚拟情感，带来的不只是人们心理上的阵痛，更可能产生一系列的伦理问题。

人工智能过分追求数据化、确定化和理性的解释，把解答所有的问题都想象成做作业，理所应当地认为所有的问题都有标准答案，把每一个关键决策简单地变成现有条件下的求解，这是不现实的。以现在人工智能技术在无人驾驶领域的应用为例，如果该智能设备出现问题，我们很难对其所造成的结果进行评判。当无人驾驶汽车出现问题时，人工智能只会开启紧急制动，却没有将车上的乘客也作为影响因素算进去，最终会导致双输的局面。

人类的理性是从感性演化而来的，机器的理性却没有经历这个阶段，最终形成的是指令型发展，但实际需要的是引导型发展。人类大脑是非常复杂的，它是由无数的不确定性组成的，没有统一的确定答案。"即使

---

① 陈昌凤：《信息传播的个人化与价值风险》，《新闻与写作》2018年第3期，第74页。
② 徐瑞萍、吴选红、刁生富：《从冲突到和谐：智能新文化环境中人机关系的伦理重构》，《自然辩证法通讯》2021年第4期，第16~26页。

是最精密的机器,从狭义的交流来说,都不可能穷尽人类思想感情微观世界的全部,都不能完全代替人类的思考和交流。"[1]

从本质上看,人工智能算法作为一套计算机程序,具有强烈的工具理性,是简单直接的,它把复杂的现实世界线性化、规则化以及结构化。在面对现实世界不规则、芜杂的环境时,人工智能算法需要把形象的画面转化为相应的规则化数据,这对于只有简单逻辑思维和形象思维的人工智能而言就有些勉为其难了。就目前的技术而言,人工智能的内部程序算法还不能达到这一要求。所以人工智能在进行数据赋值时,由于无法将线性的数据转化成人类思维独有的弯折性信息,最后会导致赋值错误甚至造成重大偏差,引发一系列伦理问题。

四 人工智能传播伦理问题生成的社会逻辑

人工智能技术自诞生以来迅速发展,我们在生产生活中几乎都可以看到它的身影,受到它的影响。但在看似蓬勃发展的趋势下,仍然存在着伦理隐患,主要表现在社会本身存在偏见、歧视、不平等,人工智能在提高社会效益的同时瓦解着社会关系,强人工智能范畴下存在着社会隐忧。

(一) 社会本身存在偏见、歧视、不平等

在当下,世界上充斥着许多不同甚至是冲突的伦理道德和信仰。同样,人工智能也会出现类似的伦理冲突问题。人工智能所拥有的"伦理思想"与特定情况和特定人群相关,为它们输入这些"伦理"的设计者也相应地带有这些价值观以及他们所固有的偏见和矛盾。由于人工智能系统由设计者进行编码,在这个过程中,支持数据挖掘模型的特性、度量和分子结构都可能存在设计者的偏见。人是复杂矛盾的综合体,所以用于训练和测试算法系统的数据集样本往往难以充分代表它们所推断的总体情况。这就有产生偏见与歧视伦理问题的可能性,因为输入系统的数据从一开始就是不完整的。

---

[1] 唐枭:《科技属于人民》,中国人民大学出版社,2001,第326页。

同样，人是一个复杂的综合体，在面对不同情况时，每个人都会根据自己的实际情况进行判定，正如"一千个读者就有一千个哈姆莱特"，但是人工智能的算法体系只能有一套，它只能根据设计者上传的框架进行分析得出最优的选择，而框架的不同也就导致了最终结果的不一致。人工智能在道德问题的处理上并没有人类在面对特殊情况下的处理能力，而只会按照系统设定的指令进行处理。以"电车难题"为例，一方面是体力良好的年轻人；另一方面是年幼的孩子们，人类道德认为应该先救孩子们，因为他们还小，人生刚刚开始，不应该就这么早离开这个世界；而人工智能从工具理性出发，它会选择先救年轻人，因为数据显示孩子的存活率低于年轻人。且不论谁对谁错，为什么会有这样的优先排序呢？明明现实社会一直宣称"众生皆平等"。这就是因为社会本身存在偏见，这些偏见无法彻底去除，只要出现选择，人们总会用自己的经验来想当然地进行判断。那么作为编写人工智能算法的程序员来说，其本身也是存在偏见与歧视的矛盾体且不自知，自然的偏见与歧视的因素融入算法框架，最终所得到的最优选择也是带有偏见与歧视的。因此，程序员的道德修养需要社会的规范，也需要行业组织设立标准，"因为人工智能体的道德属性，很大程度上源自这些技术设计师"[①]。

（二）人工智能在提高社会效益的同时瓦解着社会关系

目前人工智能与人类生活息息相关，成为人类生活不可或缺的一部分。人工智能对社会系统的影响可以被归纳为三方面：日常生活各方面的数字化、经济活动的重点从资源到数据、市场交易的形态从物品到服务。试想，如果人类世界失去了人工智能，将会是什么样的糟糕画面。这种对未来生活的构想，一方面证实了人工智能对当前人类生活的重要性、必要性；另一方面也使用户变得更加分裂。当一部智能手机能解决所有问题时，人与人之间的关系也会面临瓦解，今天的"低头族""网瘾""自拍瘾"等现象，都是人类过于依赖智能机器的直接表现。

社会关系的瓦解减少了人与人之间的互动需求，通过人工智能算法

---

① 王思义：《人工智能社会主义道德编码的合理性与可行性研究》，硕士学位论文，南京信息工程大学，2019，第5页。

的超个性化会使社会关系两极分化。人工智能算法的运用必须在符合伦理规范的前提下进行，但这是无法完美实现的，如支付宝支付、微信支付、淘宝购物等过程中都会产生个人信息泄露。这在一定程度上会引起人的焦虑感，同时也会给不法分子以可乘之机。算法推荐造成的"信息茧房"效应不仅会窄化人的思想和知识面，"在社会结构层面上很可能加剧大数据时代的人群分化，扩大数字鸿沟，甚至引发群体极化和社会分裂"[①]。新媒体时代人人都能发声，具有相似意见的人群会聚集在一起，慢慢地形成意见统一战线，而在群体极化心理的作用下，总会出现将一些带有偏见的观点当成是真理的群体。更严重的是，整个社会的群体极化现象发展到一定程度，必然会造成群体分裂的后果。

随着人工智能技术的发展与人工智能工具的多元化，人类社会受人工智能技术的影响也将更加深远。一是人类社会将会更加智能化。人工智能产品正在被社会各个阶层的人们所接受，同时人们的思想观念也在潜移默化地发生改变。如智能扫地机器人、可以看护孩子与老人的家政服务机器人等，这些智能应用会让人们的生活更加丰富多彩。二是人类的生活方式将得到改变。人与人之间的交流渠道更加多样，生活工作更加快捷方便，社会管理更加高效。三是社会生产关系结构将得到改变。以人力为主的工作正在逐渐被机器所替代，"或许在不久的将来，传统的'人-机器'的社会生产关系会变成'人-智能机器-机器'的新型社会生产关系"[②]。

第四次科技革命已经到来，新技术的普及提升了社会效率，但也会带来一些副作用，诸如忽视"人"的作用、造成工具崇拜、促使人与人之间的疏离、瓦解社会关系，等等。如在一些灾难性新闻报道中，具有工具理性的写稿机器人为了更加细致地展现现场，经常会过度还原灾难场景，刺激用户感官，甚至对当事人产生"二次伤害"，违背了人道主义精神。对于写稿机器人而言，它没有思辨能力，很难考虑到"人"的感受，理性追求高效快速报道新闻现场，导致工具化运作，缺乏人性。

但是，为了社会整体效益的提高，人工智能技术的使用已是大势所趋。

---

① 陈昌凤、霍婕：《权力迁移与人本精神：算法式新闻分发的技术伦理》，《新闻与写作》2018年第1期，第63~66页。
② 刘伟、赵路：《对人工智能若干伦理问题的思考》，《科学与社会》2018年第1期，第40~48页。

人工智能技术可以提高产业效率、社会效益，如视觉识别技术可以在短时间内快速识别出犯罪嫌疑人，运用在监控领域能够节约人力、物力等资源。无人机、新闻机器人、AI 主播、智慧交通、智慧医疗等的出现都在很大程度上给人类社会的生产与生活带来便利。就像徐瑞萍等认为的那样，人工智能在以一种全新的形式改变人类的生存空间，重塑人类的生活状态，充盈人类的精神世界，拓展人类的发展空间，让风险危机得以应对。[1]

不可否认，人工智能传播技术的大力推广与应用在一定程度上带来了效率的提升，然而，万事万物的发展都是利弊共存的，如若只想着将技术运用到生产与生活中，那么必然导致技术伦理问题的发生。当下人类社会所应用的技术都是单向性、整体性的，从整体上看，人工智能技术还处在弱人工智能阶段，属于辅助型工具。

（三）强人工智能范畴下存在着社会隐忧

总的来看，我国的人工智能目前还是一种初生事物，"弱人工智能处于被人类设定好的环境中……通过一次次的测试最终接近完美的模型"[2]。弱人工智能还无法完全模拟人类的思维方式，它只能在部分区域实现局部模拟。如"阿尔法狗"，其接收的数据是从古至今的所有围棋棋谱，从而能够对人类下棋时的思维进行分析运算；但是在面对复杂情况时，它的能力是远远不如人类的。弱人工智能的所谓思考也只是搜索归纳数据之后得出的最优选择，因为社会无法提供海量数据集，加上机器学习能力不足，人类定义下的复杂思维、情感和意识是人工智能难以模仿的。

弱人工智能时代的伦理问题大多集中在种族歧视、性别歧视、社会偏见、社会不公、隐私泄露以及人工智能造成的失业等问题上，这些问题我们可以通过伦理设计，如建立相关的道德准则进行规避和处理。但随着技术的不断进步，终有一天人类将迈入强人工智能时代，到时候人类面对的是能够充分模拟人类思维的"类人类"，到时的人类将会何去何从呢？这也是目前人们对于人工智能传播伦理的最大担忧。

---

[1] 徐瑞萍、吴选红、刁生富：《从冲突到和谐：智能新文化环境中人机关系的伦理重构》，《自然辩证法通讯》2021 年第 4 期，第 16~26 页。

[2] 谢敏洁：《人工智能技术应用中的科技伦理问题及应对策略研究》，硕士学位论文，西安建筑科技大学，2019，第 80 页。

第六章　人工智能传播伦理问题的国家规制与行业应对

2019年，十三届全国人大二次会议表示，全国人大常委会已将一些与人工智能密切相关的立法项目列入国家规划中。由此可见，人工智能技术的创新发展应当受到强有力的法律保障。国家对于人工智能的监管负有最大的公共责任，因为人工智能技术虽然可以服务于用户个体、群体或者社会，但也可能被不法分子所利用。在个人、企业以及国家安全等方面应用人工智能传播技术也会产生一定的风险，用户个人的隐私安全以及企业、国家层面的安全问题需要得到有效的法律保障。本章讨论主要包括人工智能传播伦理问题需要国家规制的原因，人工智能传播伦理国家规制溯源、内容、选择，人工智能传播伦理问题的国家规制价值，人工智能传播伦理问题规制中国家与行业的互动，以及人工智能传播伦理问题的行业应对等五个方面。

一　人工智能传播伦理问题需要国家规制

人工智能传播伦理问题需要得到国家的监管与规制。首先，国家是人工智能传播伦理问题的最大责任者；其次，政府拥有整合治理人工智能传播伦理失范的社会力量；最后，国家具有社会资源的统合能力。因此，国家规制能够让人工智能技术更好地应用到传播领域，国家规制也能够使人工智能传播得以良性发展。

（一）国家是人工智能传播伦理问题的最大责任者

人工智能技术在全球飞速发展，掀起了技术革命的浪潮。人工智能技术逐渐被应用到各个行业之中，金融、医疗、法律、教育、工业制造、安防以及家庭服务等各个领域都成为人工智能技术应用的场所。但是，人工智能技术的发展对用户的个人隐私、社会的道德伦理都产生了重要的影响。因此，人工智能传播伦理问题需要国家进行规制，国家能够监管技术应用带来的风险，也能够监管大数据技术与算法技术带来的风险。国家是人工智能传播伦理问题的最大责任者，主要有以下三点原因：国家能够监管技术自身带来的风险、国家能够规制数据伦理问题以及国家能够治理算法应用带来的伦理问题。因此，人工智能传播带来的伦理价值风险、法律价值风险、安全价值风险、公平伦理价值风险、人文价值风险、意识形态价值风险、异化价值风险以及公共价值风险均需要国家进行规制。国家应当负有最大的公共责任，同时国家也需要维护社会伦理正义。

1. 国家负有最大的公共责任

人工智能传播会对用户的个人隐私、社会伦理等方面产生影响，因此国家负有监管人工智能的最大公共责任，国家对人工智能技术发展的支持不仅应该表现在技术战略方面，更应该表现在对人工智能技术进行政策、法律的监管方面。2017年，国务院发布了《新一代人工智能发展规划》①，人工智能技术的发展迎来了国家层面的规范。人工智能被写入了政府的工作报告，这一规划同时也为人工智能传播的发展指明了方向。"新一代人工智能理论与技术体系初步建立，具有自主学习能力的人工智能取得突破，在多领域取得引领性研究成果。"② 因此，人工智能技术已经可以应用在许多不同的场景中，同时，在不同的场景中应用时也会存在不同的风险。

在金融行业，人工智能技术可以应用在身份认证、投资分析、智能支付以及智能监管等多个方面，而其风险则主要是系统风险、隐私保护风险以及金融风险等。在医疗行业，人工智能技术可以用于远程医疗、影像分析、智能诊疗以及健康管理等方面，在医疗行业的风险则主要为数据孤岛、隐私泄露、数据标准缺乏以及侵权责任认定不清等。在工业制造领域，人工智能技术可以用于自动驾驶等方面，而在安全等多个方

---

① 《新一代人工智能发展规划》提出了面向2030年我国新一代人工智能发展的指导思想、战略目标、重点任务和保障措施，部署构筑我国人工智能发展的先发优势，加快建设创新型国家和世界科技强国。
② 刘辰：《国务院印发〈新一代人工智能发展规划〉：构筑我国人工智能发展先发优势》，《中国科技产业》2017年第8期，第78~79页。

面又存在风险。在家庭服务方面,人工智能技术可以用于养老陪护、家务工作等,但在保护个人隐私、维系良好生态等方面同样存在风险。在安防领域,人工智能技术主要用于智能摄像、虹膜识别以及人脸识别;人工智能技术应用可能会形成"数据孤岛",对于场景的理解能力受限,在隐私保护和成像质量方面存在风险。因此,人工智能传播的伦理问题亟须国家规制。

2. 国家需要维护社会伦理正义

人工智能技术不断发展,在社会伦理方面造成了一定的影响。社会公众需要保护自身的隐私不受侵犯,但是大数据挖掘、算法应用等又会侵犯社会公众的隐私。例如,用户扫描二维码时,自身的隐私已经被商家所捕获,可能会造成财产方面的损失以及精神方面的伤害。技术是一把"双刃剑",人工智能技术在给用户带来便利的同时,也容易被不法分子所利用,进而损害用户的合法权益。"在数据收集的目的上,数据收集者均出于正义的目标和美好的愿景来收集数据,如发挥数据价值或提供更优质的个性化智能服务。"[①] 但结果往往不一定朝正向发展,因此,政府须出面来解决社会伦理争议,对于人工智能传播伦理问题应尽快予以法律层面的监管。

人工智能技术在诸多领域长足发展,对社会将产生深远的影响,例如在农业生产、医学研究以及工业制造等方面会带来效率的极大提高。然而,在人工智能伦理方面,国家的监管却面临巨大的挑战。数据偏见、算法偏见、算法歧视以及大数据"杀熟"等伦理问题,需要国家通过法律等手段来维护用户的合法权益。人工智能技术在不断发展,许多法律法规可能很快就过时了,法律法规的监管只有考虑到人工智能技术的迭代,人工智能传播伦理问题才能得到真正有效的解决。政府只有维护社会的伦理正义,才可能让整个社会都处于一种正能量的伦理系统之中。

(二)国家拥有整合治理人工智能传播伦理失范的社会力量

国家拥有一般人力或社会组织所不能企及的能力,当人工智能传播

---

① 孟小峰、王雷霞、刘俊旭:《人工智能时代的数据隐私、垄断与公平》,《大数据》2020年第6期,第35~46页。

出现伦理失范的现象时，国家能够整合社会力量，对人工智能传播伦理问题进行治理。国家能够制定法律规章，也可以要求相关协会（比如人工智能协会）制定人工智能伦理标准，对人工智能传播伦理问题进行规制。同时，政府可以对互联网平台进行监督与治理，通过约谈、罚款以及整改等方式解决互联网平台的人工智能伦理问题。政府也有权要求不符合规范的互联网平台进行整改。"对不法信息审查的内容范围……甚至涵盖对道德标准的审查。"① 针对不法信息，政府可以整合社会力量，审查出互联网中的有害信息并及时剔除。这让互联网平台在伦理规范下满足人工智能伦理标准进而顺利运营，要求人工智能技术的基础设施建设及其运营权力被政府牢牢掌控。

国家对人工智能传播伦理问题的规制包括三个层级。第一层级也是最高层级是立法，比如《个人信息保护法》《网络安全法》《数据安全法》等；第二层级是行政法规，如《互联网信息服务算法推荐管理规定》等；第三层级是通知、建议，比如《新一代人工智能伦理规范》等。在立法前，政府可以让互联网信息办公室等部门发布建议，或让国务院发布全国性的通知，也可以调动行业组织，比如人工智能道德委员会发布通知，以此协调多方力量促进对人工智能传播伦理失范的治理。

大数据技术与算法技术在发展的同时也会产生一系列伦理问题。因此，政府应该整合商业机构与公共部门等社会力量，对于大数据"杀熟"、数据偏见、算法偏见以及算法歧视等风险进行规制。技术发展和用户个性化推荐体系的不断完善是一种顺应时代潮流的发展趋势，科技与伦理规范之间的关系将在未来的智慧社会中成为研究的焦点。人工智能与良好的政府管理技术需求相匹配，有利于提高政府管理的效率和准确性。主流价值引领方向历来都是党和国家传媒事业发展的首要任务，媒体管理应该在遵循伦理本性的基础上，实现从市场化走向公益化、由粗放化走向集约化的体制迭代和价值转换。

（三）国家具有社会资源的统合能力

当人工智能传播出现伦理问题时，政府可以指定中国互联网协会成立

---

① 张凌寒：《风险防范下算法的监管路径研究》，《交大法学》2018年第4期，第49~62页。

人工智能道德原则委员会，也可以要求相关部门对当下已有的规章制度进行优化和修订。同时，政府可以指定高校召开研讨会来进行具体伦理问题的讨论，或指定政府部门进行社会调研，要求高校与行业联合起来完成调研并进行讨论分析。从实际来看，政府是具有社会资源统合能力的。

作为人类历史上第四次技术变革的中坚力量，人工智能技术正在重塑全媒体社会的传播生态和传播场域。与此同时，算法、大数据和自动化机制下技术的迭代更新倒逼了传统媒体的转型升级。社会文化资源的分配不均、知识鸿沟扩大导致贫富差距进一步拉大以及由之而来的诸多社会问题迫使媒体从业者提出顺应新形势的解决方案与革新手段。国家需要从算法机制、大数据机制和自动化机制几个维度对智能时代信息资源配置过程及方式进行检视。因为人工智能技术并不成熟、相关经验并不丰富，人工智能传播中的法律风险、伦理风险、人文风险、意识形态风险等需要得到政府的规制。大数据的出现使得人类社会经济效益、社会效益和知识效益等获得丰收，海量的数据为算法的发展提供了必要的支持与引导，也让内容可以被快速生成与改写。数据为王、算法为王的概念开始冲刷主流价值观，然而单一的数据主义容易加速价值观偏移等价值失范现象的产生，导致意识形态领域生态急剧恶化。为了避免这类现象的出现，无论是媒体组织机构还是用户大众都必须坚持数据人本主义和算法人文主义理论的价值引领，肯定"人"的第一性，克服数据主义思潮，倡导"技术向善"，利用人为干预规制算法程序，赋予冰冷机器人以温度。面对这种新型的信息交流方式所带来的种种潜在危险，国家首先要加强价值导向，辅以合适的人工手段，不断运用社会主义核心价值观强化理念认同，加强个人伦理道德素养，加强对人工智能技术的道德制约。同时，强化人工智能技术研发人员的责任感与道义精神，加速伦理规范改革进程，进一步推进人工智能技术知识普及，并提高使用者的算法素养与道德素质。"数字经济发展的过程，是平台逐步在数字社会生产中组织更多社会资源、加强数字基础设施建设与增强对生产要素控制力的过程。"[①] 国家具有社会资源的统合能力，更应该加强对信息服

---

① 张凌寒：《平台"穿透式监管"的理据及限度》，《法律科学（西北政法大学学报）》2022年第1期，第106~114页。

务工作的监督，履行应有的社会责任，统合社会资源以治理人工智能传播中的伦理风险。

对此，国家主要有三个方面的解决路径。一是从价值层面入手，通过第三方介入，遏制娱乐化、噱头化等趋势，驱使算法走向正途；二是在内容上，鼓励传播者提高文化素养、厘清价值边界，激励用户自主提升辨别能力，不轻信虚假消息与不实报道，使新闻回归本位；三是在制度上，有效利用法律武器捍卫用户基本权益，完善人工智能传播技术规制与监管机制。政府应在三个维度之上有针对性地提出初步构想：刚柔并济，法律伦理双向保障；完善隐私保障机制和问责机制；秉持共赢理念，为参与传播的所有个体打造有章可循的共享机制，以此规制人工智能传播伦理问题。

二 人工智能传播伦理问题的国家规制：溯源、内容、选择

当前，科学技术蓬勃发展，数字化、智能化以及网络化不断加速推进，各个行业和领域都开始向数字化、智能化转型，人工智能技术的飞速发展为政府和企业的数字化与智能化发展提供了技术支撑。在技术飞速发展的时代，国家需要对人工智能传播伦理问题进行规制，2021年全国人大常委会相继颁布了《数据安全法》与《个人信息保护法》，对人工智能传播伦理中的隐私伦理等问题进行规制。2022年3月1日，国家网信办等四部门联合颁布的《互联网信息服务算法推荐管理规定》正式施行，对算法推荐服务进行制度层面的管理，保障用户的合法权益。不同法律、法规、规定、通知以及建议等的出台，体现了国家对人工智能传播伦理的重视。在技术发展的同时，我们也不能忽略国家对人工智能伦理问题的规制与管控。

（一）国家规制溯源

2017年，国务院发布了《新一代人工智能发展规划》，人工智能技术的发展迎来了国家层面的规范。2021年6月10日，《数据安全法》在第十三届全国人民代表大会常务委员会第二十九次会议上被通过，用以维护个人、企业以及国家的数据安全。2021年8月20日，全国人大常务委员会颁

布《个人信息保护法》，用户个人的信息安全获得了法律保障。从2017年开始，国家陆续发布了许多保护用户个人信息、数据的规定和通知。国家在强化人工智能传播伦理道德规范的同时，对于大数据技术和算法技术的治理也从软法引领走向硬法规制的阶段。硬性的法律法规是保护用户个人、企业以及社会组织隐私最有效的工具，对于数据安全、算法透明度、算法可解释性等关键问题的治理是国家应该关注的重点。

不同的国家和地区也颁布了和人工智能技术有关的法律法规。欧盟在2018年5月25日颁布了《通用数据保护条例》[1]，对于违反规定的企业予以处罚，要求企业必须在用户知情的情况下获取用户的数据以及信息。企业在获取用户的许可时，不能使用模糊、冗长以及难以理解的语言，并且用户有权要求有关责任方删除自身的数据记录，用户拥有"被遗忘权"，企业对于用户信息的获取和保留都需要经过用户的同意。2018年6月28日，美国加利福尼亚州的州长公布了《加利福尼亚州消费者隐私保护法案》[2]，这则法案规定了企业对于数据处理的方式方法，包括谷歌、Facebook等公司要严格尊重、保护用户的信息，对于用户个人信息的收集、处理应该得到用户的许可。

基于自然语言处理、深度学习和大数据的算法推荐已经进入成熟阶段。在信息世界里，人的价值和精神是最重要的，有关方须对数据进行

---

[1] 2018年5月25日，欧洲联盟出台了《通用数据保护条例》。该条例规定，对违法企业的罚金最高可达2000万欧元或者其全球营业额的4%，以高者为准。网站经营者必须事先向客户说明网站会自动记录客户的搜索和购物信息，并获得用户的同意，否则按"未告知记录用户行为"作违法处理。企业不能再使用模糊、难以理解的语言，或冗长的隐私政策来从用户处获取数据使用许可。该条例规定了用户的"被遗忘权"（right to be forgotten），即用户个人可以要求责任方删除关于自己的数据记录。

[2] 法案要求企业披露其所收集的消费者个人信息的类别和具体要素、信息的来源类别，以及信息共享第三方的类别。法案要求企业披露信息及其使用目的。法案赋予消费者要求删除个人信息以及要求企业收到正当请求后依规定删除的权利。消费者有权要求出售或者为商业目的披露个人信息的企业披露其收集的信息类别以及出售或者披露的信息类别和所涉第三方身份。法案要求企业提供这些信息以回应消费者的正当性请求。法案明确消费者可以要求退出个人信息的企业销售，禁止企业因为消费者行使该权利而采取歧视措施，包括对要求退出的消费者适用不同的价格或者向其提供不同质量的产品或者服务，除非该差异与消费者数据的价值合理相关。法案授权企业为收集个人信息提供财务激励。法案禁止企业出售16岁以下消费者的个人信息，除非按规定有明确的授权，这就是所谓的"选择进入权"。法案规定接收、处理和满足消费者请求的各项要求……法案禁止上述规定限制企业遵守联邦、州或地方法律等规范的能力。

采集、解析和审查，过滤掉那些会对公众道德造成损害的内容。在设计算法时，算法设计者必须认识到人文的重要性。可以预见，将来的大数据技术、算法技术必然是在尊重用户个人隐私的基础上运行的，由数据分析师、具备高级智能知识素养的专业人员和技术人员交叉协作。人类的发展始终要有良好的、共同的人文价值观念来引导，人们所寻求的最高境界的人文关怀，也是推动整个人类社会向前发展的一个主要力量，而群体人文精神又能使公共舆论得到良性发展，成为一种"黏合剂"。国家对人工智能伦理问题进行规制也要有人文精神。人工智能传播活动的伦理问题如果不进行有效的规制可能造成用户隐私被侵犯、算法歧视以及违背公平伦理等问题。国家规制可以分为社会性规制和经济性规制，对于人工智能伦理问题的规制属于社会性规制。国家规制人工智能技术对维护国家秩序与社会稳定具有重要意义。

（二）国家规制内容

在人工智能技术飞速发展的时代，国家在助力技术发展的同时，也要对人工智能传播中的伦理问题进行规制。国家出台法律、规定、通知以及建议对人工智能技术加以规制，能够让人工智能技术健康、安全地发展，并协调用户与平台、商家之间的利益。国家规制文本内容主要涉及《个人信息保护法》《数据安全法》《电子商务法》《互联网信息服务算法推荐管理规定》《网络信息内容生态治理规定》等五个方面。

1.《个人信息保护法》

《个人信息保护法》旨在规范各行各业中的组织以及个人对用户的信息处理活动。用户个人信息中承载与蕴含了许多利益，这些利益与用户个人的隐私、尊严紧密相连，获取用户个人信息虽然能够让企业与组织了解用户的需求，提升生产效率，使利益最大化，但在获取或使用用户信息时，极有可能侵犯到用户的隐私权，伤害用户的民事权益。"个人信息保护法是个人信息保护领域的基本法律……旨在实现个人信息权益保护与个人信息合理利用之间的协调。"[①]《个人信息保护法》合理规制

---

① 程啸：《论我国个人信息保护法中的个人信息处理规则》，《清华法学》2021年第3期，第55~73页。

了各行各业对用户信息的利用,力求协调用户个人信息保护与利用。同时,此项法律不仅涉及用户个人的信息安全问题,还涉及伦理问题。

《个人信息保护法》中的许多条例都明确规制了商家和企业对于用户信息的处理方式。比如,《个人信息保护法》第一章第二条规定,任何组织或者个人,比如短视频类App、通信类企业等,包括所有需要个人实名制登录的网站,都不能泄露用户的个人信息。第一章第十条规定,所有团体和个人不能以不正当渠道采集、利用、修改、传播他人的个人信息,不能在以泄露他人个人信息为前提的条件下进行交易;不能做对国家、人民群众安全不利的活动。第一章第十一条体现出国家正在不断完善以保护个人信息为基础的核心政策,并且提前预防和制裁那些会危害到个人信息的行为,做好对信息安全的宣传,让用户意识到保护个人信息的重要性,降低用户个人信息泄露的可能性。《个人信息保护法》第二章第十四条规定,用户授权、同意商家或企业采集和处理自身信息后,商家和企业才能获取用户的信息,即对于数据的获取应当在用户个人完全知晓与了解的情况下才能继续进行。用户应该建立起保护自身数据的意识,对于某些App中的条款应当在充分阅读后再进行授权。同时,如果个别软件中的条款晦涩难懂,意图隐藏对于用户信息的收集,那么用户也应该懂得拿起法律武器来保护自身的合法权益,保护自身的隐私权益和信息权益。《个人信息保护法》第二章第十五条体现出,以个人授意为前提的个人信息,授意人如果不想继续授权,有权利选择撤销授意,数据采集者即商家或企业要给用户提供一个方便快捷的撤销通道。第二章第十六条规定,用户信息的处理者不能在用户撤销信息授权后,停止对用户提供服务,因为用户有权享受产品带来的服务。由此可见,《个人信息保护法》较为全面地对用户信息进行了保护,最大限度地协调了数据采集者与用户之间的权益。

《个人信息保护法》为用户的信息权益提供了保障,也为商家或企业对于用户信息的获取提供了指引,有效地促进了人工智能技术在法治轨道上的健康发展。"《个人信息保护法》是我国第一部系统、全面保护个人信息的专门性法律。"[①] 该项法律从四个方面对用户的个人信息保护

---

① 王利明、丁晓东:《论〈个人信息保护法〉的亮点、特色与适用》,《法学家》2021年第6期,第1~16+191页。

进行了规制。首先，从主体层面明确了个人信息处理者的责任，在立法上保障用户个人在信息传播中的主体地位；其次，从权力方面对用户的合法权益进行保护，用户有权同意和撤销商家或企业对于个人用户信息的获取；再次，从责任层面明确商家和企业应该对用户的信息安全负责；最后，从社会公共利益层面，主张社会公共利益平衡发展，既不能过度保护也不能无节制地滥用，力求实现保护与利用的均衡发展。"《个人信息保护法》在整个网络信息法律体系中占据最基础的位置。"[1] 只有用户的信息得到保护，国家才能进一步对隐私、安全以及公平等由人工智能技术引起的伦理问题进行规制与防范。

2. 《数据安全法》

《数据安全法》旨在规范商家或企业的数据处理活动，在保障用户数据安全的基础上，让用户的数据得到开发与利用。《数据安全法》将保障数据安全、保护公民和组织的合法权益作为主要目标。[2] 用户的数据安全应当得到法律的有效保障。"数据经济价值和战略地位的跃升令国家围绕其展开的竞争更为激烈。"[3] 在大数据时代，大数据成为新的生产资料，大数据的经济价值飞速提升，各个领域、组织对于大数据的需求日益旺盛，掌握了大数据才能更有效率地持续健康发展。用户的数据安全需要得到有效的保障，为此，各个国家相继构建数据法律体系，数据安全法律的构建正在成为一种新的博弈。在对大数据的规则进行激烈博弈的过程中，《数据安全法》在2021年6月10日正式颁布，此项法律不仅保障了用户的数据安全，更是对当前复杂数据形势的有效回应。

在《数据安全法》中，"数据开发利用""数据活动"以及"保障"等是高频词，可以看出国家对大数据开发利用、用户数据安全保障的重视程度。《数据安全法》第一章第八条规定，在商家或企业进行数据处理活动时，应该严格遵守法律法规，并尊重伦理道德与职业规范，不能

---

[1] 龙卫球：《〈个人信息保护法〉的基本法定位与保护功能——基于新法体系形成及其展开的分析》，《现代法学》2021年第5期，第84~104页。
[2] 马海群、张涛：《从〈数据安全法（草案）〉解读我国数据安全保护体系建设》，《数字图书馆论坛》2020年第10期，第44~51页。
[3] 朱雅妮：《数据主权及其在〈数据安全法〉的体现》，《浙江工业大学学报（社会科学版）》2021年第4期，第418~424页。

侵犯个人或组织的数据安全,损害用户的合法权益,应当履行保护用户数据安全的义务,承担起相应的社会责任。第三章第二十一条规定,对数据进行分类、分级保护,根据重要数据泄露造成的危害程度进行分类;数据关乎用户个人的隐私,也与国家安全、社会民生以及公共利益等息息相关。对于关乎经济命脉、公共利益的核心数据,应该实施严格管理,各个地区和部门也应该对数据进行分类、分级保护,对于重点数据实行严格的保护。第四章第二十七条规定,商家或企业在处理数据时,应该严格遵守法律法规,保障用户的数据安全,建立数据安全管理的制度,履行保护用户数据安全的义务,不能在用户不知情的情况下获取用户的数据;商家应加强数据安全培训,承担相应的数据安全保护责任。

3. 《电子商务法》

2018年8月31日,《电子商务法》在十三届全国人大常委会第五次会议上通过,该法规范了电子商务活动,为让电子商务活动健康发展;认为对于用户个人信息、企业或组织的商业数据,也应该予以保护。

《电子商务法》第一章第五条规定,从事电子商务的经营者,应该秉持平等、公平的原则,遵守商业道德,维护用户的网络信息安全。对于在网络上购买商品的用户,要平等对待,不能为了获取利益而区别对待。比如,大数据"杀熟"就是一种对老用户价格歧视的体现。同时各个商家和企业应该接受社会各界的监督,最大限度地保护用户的合法权益。

4. 《互联网信息服务算法推荐管理规定》

2022年3月1日,《互联网信息服务算法推荐管理规定》(以下简称《规定》)正式实施,该规定针对算法推荐技术进行了明确规范,"算法推荐"功能开启还是关闭由用户决定,用户不再是完全被动的一方。"《规定》明确了算法推荐服务提供者的用户权益保护要求,包括保障算法知情权,要求告知用户其提供算法推荐服务的情况。"[①] 用户享有算法知情权,在使用短视频类App、购物类App以及信息类App时,用户应被告知平台是否为其提供了"算法推荐"服务,以此实现各个组织、商家以及企业对用户合法权益的保障。

---

① 《四部门发布〈互联网信息服务算法推荐管理规定〉 "大数据杀熟"等算法推荐活动受监管》,《中国防伪报道》2022年第1期,第64~66页。

《互联网信息服务算法推荐管理规定》第三章第十六条规定，商家或企业应该以最显著的方式让用户知晓算法推荐服务的基本情况。第三章第十七条规定，算法推荐服务不应该被用来差异化对待用户，用户有权要求平台企业停止对其进行算法推荐服务。此外，用户还可以删除自身的标签，当商家或企业损害用户的合法权益时，应该承担相应的责任。第三章第十八条、第十九条体现出对未成年人和老年人的保护，规定商家或企业应该对未成年人进行特色服务，助力未成年人身心健康发展，坚决不能诱导未成年人进行不安全或违法的活动，也不能利用算法推荐技术让未成年人沉迷网络。同时，商家或企业也应该保护老年人的合法权益，让老年人加速融入数字社会，为老年人提供方便、快捷且智能化的服务，助力老年人安全使用算法推荐服务，防止电信诈骗等不法行为危害老年人的合法权益。第二十一条规定，商家或企业不能对用户实行差别对待，虽然用户的喜好与习惯各不相同，但算法推荐服务的提供者不能利用用户不同的购物习惯，让用户丧失公平交易的权利。

　　《互联网信息服务算法推荐管理规定》首次对用户标签、算法推荐服务进行了法律规制，规定用户有权选择删除自身在平台中的标签，也能够随时关闭算法推荐服务，这在一定程度上提高了用户的自主性，让用户与平台之间更加平等，用户与算法推荐服务的提供者之间的关系变得更加协调。用户在网络中购买商品、浏览信息会增加其所接触信息的多样性，用户的选择权也更加丰富，以此避免了"信息茧房"的产生，有效平衡了用户与平台之间的公共利益。

5.《网络信息内容生态治理规定》

　　由国家互联网信息办公室室务会议审议通过的《网络信息内容生态治理规定》，自2020年3月1日起正式施行。该规定旨在营造良好的网络生态，建立清朗的网络空间，弘扬正能量，惩治网络违法活动。《网络信息内容生态治理规定》"在强调政府、企业、社会、网民等主体共同治理网络信息内容的同时，也及时回应了算法推荐、深度伪造、流量造假、网络暴力等热点问题。"①

---

① 张钦坤、曹建峰：《从〈网络信息内容生态治理规定〉看互联网新技术的治理》，《信息安全与通信保密》2020年第2期，第12~18页。

《网络信息内容生态治理规定》第二章第四条规定，在网络中生产信息要严格遵守法律法规，不能生产损害国家、公众以及个人利益的信息，应该遵守职业道德与社会公德。第二章第七条规定，防范和抵制生产、传播使用夸张标题的不良信息，对于不当评论自然灾害、煽动地域歧视以及宣扬"三俗"内容等不良信息应当进行抵制与防范。内容生产者应该创作出弘扬正能量的信息，坚持主流价值导向，为构建清朗的网络空间贡献自身的一份力量。

（三）国家规制需要注意的问题

数字经济的发展处于不断提速的进程中，大数据、算法的地位与作用逐渐凸显，国家在对大数据技术和算法技术进行规制时应该建立起全面的、健全的、合理的监管体系，做到敏捷治理，最大限度地监管人工智能传播伦理问题。因此，国家在进行规制时，应当平衡发展与安全的基本要求，将风险作为算法规制依据，注重分级分类规制，建构协同互动的算法治理机制。

1. 遵循平衡发展与安全的基本要求

统筹发展和安全的平衡，是人工智能技术能够实现高质量人机互动的基础。人工智能技术在飞速发展的过程中，应该遵循平衡发展与安全的基本要求，实现人工智能技术与用户之间的良性互动，并让这种互动向高水平、高质量、高智能的目标不断进化。大数据技术与算法技术是推动数字经济发展的底层技术，因此，对于大数据技术与算法技术应该给予足够的发展空间。同时，也应该不断审视大数据技术和人工智能技术带来的伦理问题，对人工智能传播伦理问题进行有效治理，达到平衡发展与安全的要求。

2. 将风险作为算法规制依据

在规制人工智能技术时，不同国家立法的关键词均离不开"风险"，比如，欧盟统一数据保护条例（GDRP）推行了"基于风险的路径"。对于不同级别的风险，国家可以给予不同等级的关注度，对于高风险算法，应该优先立法对其进行规制。对风险进行判定，可以避免过度地让商家或企业承担法律责任，对于内容推送、个人信息保护的不同场景，可以进行不同的算法风险判定,将风险作为算法规制层级的依据。

3. 建构协同互动的算法治理机制

首先,应该注重第三方机构的监督作用,当第三方机构参与监督时,要明确参与权限和参与程序,对于如何监督数据访问等问题应该达成一致。其次,应该监督第三方机构的职业素养,确保其足够专业且不包含任何主观色彩,能够以中立的角度进行监督。同时,应该培养用户的算法素养,强化用户的风险教育和思维培养,让用户的算法素养与社会相匹配。强化用户的信息保护意识,让用户了解算法技术和大数据技术可能带来的风险。用户要能够辨别出算法技术与大数据技术引发的偏见、歧视等伦理问题,进而建构起协同互助的算法治理机制。

4. 动态化治理

国家在对人工智能伦理问题进行规制时,应该实施动态化治理。对于可能出现的风险应该进行及时治理,马上采取措施规制出现的伦理问题,这就要求国家对于大数据技术和算法技术的治理应当向更加动态化的方向发展。随着动态化的治理越来越常态化,国家规制的效率也能得以提高,人工智能传播伦理问题才能够得到有效防范。国家应该针对大数据技术与算法技术的特点,进行全流程动态监测治理,力求大数据技术与算法技术应用"向上"和"向善"发展。

三 人工智能传播伦理问题的国家规制价值

国家规制的价值主要涉及公平、高效、安全以及人文四个方面。人工智能传播伦理问题得到国家规制后,风险出现的概率变小,用户与商家或企业之间的关系变得更加公平,对于伦理问题的规制变得更加高效,个人安全、企业安全以及国家安全将会得到强有力的保障,充满人文气息的清朗网络空间将得以构建。

(一) 公平

《个人信息保护法》第一章第八条规定,企业在进行数据处理时,应该避免由于用户信息不完整对用户权益产生不良的影响。由此可见,国家对人工智能传播伦理问题进行规制,可以让用户享有更加公平的待遇。当大数据技术与算法技术的风险出现在人工智能传播中时,社会公平问题就随之产生。比如,社会中的少数群体在人数方面本身就不占据优势,所产生的数据也较少,这类群体的数据甚至会被当作"杂草"或者偏差而被忽略。所以在数据分析过程中,这些算法偏差会被放大,直接影响数据分析的可靠性。因此,国家对人工智能传播中的伦理问题进行规制可以有效解决该类问题,使所有用户都能享有数据与算法公平。

从《个人信息保护法》第一章第七条中我们可以看出,国家力求保护用户的数据公平,让商家或企业处理用户个人信息的整个过程变得更加公开、透明,保护用户的合法权益。不是所有的商家或组织都具有庞大的计算资源和丰富的数据资源,这些商家和组织缺少数据就无法高效使用大数据技术。所以,只有真正掌握大数据计算资源的商家、企业和组织才能成为大数据分析的参与者和受益者。因此,国家规制人工智能传播伦理问题能够让数据处理过程以及信息传播活动向更加公平的方向健康发展。

(二)高效

国家对人工智能伦理问题进行规制,能够让人工智能传播活动变得更加高效。随着人工智能技术的发展,人工智能技术的应用范围已经远远超越了计算机和数字科学领域,人文社会科学也处于人工智能技术的辐射范围。人工智能利用了由人类制造的一系列智能化装备和应用系统,在完全脱离人类的情况下依然具有智能性,并且可以主动地识别周围的环境,智能化地选择相应的行动来完成目标任务,主动参与整个人类社会的运转。当人工智能技术出现伦理风险时,国家对其进行规范处理要以更加高效的方式,更快速地规范人工智能传播活动。

《数据安全法》第一章第十二条规定,当用户或者组织对违反数据安全规定的行为进行举报时,接到投诉的相关部门应该及时处理,并且应当对提交举报的用户或者组织的信息进行保密处理。从政府层面而言,政府要设立数据伦理问题规范和审查机制,对随意发表言论的网络用户进行及时、高效的严肃处理,如对违反规定的用户进行警告、封号、罚款等处理,对不法商家和组织则及时进行查处。对数据的来源、内容以及处理过程应当进行仔细的检查,避免含有偏见性的信息,对算法技术的监测也应该实时、高效地进行。由此可见，政府对人工智能传播伦理问题进行规制，能够让社会运转变得更加高效安全，让需要帮助的用户或组织能够尽快通过法律保障自己的权益。

（三）安全

《数据安全法》第六章第四十四条规定，当数据具有较大的安全风险时，有关部门可以约谈相关的社会组织或相关主体。因此，政府规制人工智能传播伦理问题，能够让用户、组织以及国家的安全得到保障。一方面，安全指的是技术安全，即在一定条件下人工智能可以无障碍地实现功能，在违反伦理规制的数据输入时，人工智能可以尽快做出判断与处理，最大限度地防止有伦理风险的输出结果。技术本身具有自检测运算生产结果的能力，通过全方位的检验，人工智能技术能够实现算法追责，让算法的结果可以被解释。

另一方面，安全指的是保护个人信息安全，即隐私保护，人工智能需要大数据的持续投喂和自身的不断学习来提升其更加精细化的服务能力。"隐私自我披露和隐私风险意识存在显著矛盾，参与社交的过程也是个人隐私暴露的过程。"[1] 传播数据精准程度与隐私暴露程度相关，所以人工智能传播数据安全与信息安全的控制非常重要，用户的隐私安全保护问题亟待解决。此外，还需要加快研发新安全技术的脚步。比如应用区块链，针对智能传播中存在的隐私数据等问题，制定不同的属性认证策略；可以基于地区、年龄、时间以及平台等不同维度的属性对信息进行加密，并且此机制还可以满足用户匿名认证的需求。这样的新安全技术措施更有利于保护用户的隐私信息安全，不断完善网络技术保护模式。可见，建立技术保护模式可以有效保护用户的隐私安全，减少大数据隐私伦理问题的产生。

（四）人文

国家对人工智能传播伦理问题进行规制，能够让人工智能技术应用走向人文主义，实现人工智能技术应用的人文向度，让人工智能技术蕴

---

[1] 高申杨：《大数据时代隐私悖论的伦理困境》，《新媒体研究》2020年第20期，第12页。

含人文取向。如果人工智能传播伦理问题得不到有效规范，那么将会导致反人文的结果。机器只能为人类提供服务，用户才是人工智能技术服务的中心，大数据技术、算法技术等均不是主体，人类才是社会中的主体，对人工智能伦理问题进行规制能够让人工智能技术实现人文向度，使更加和谐、稳定、以人为本的人工智能传播体系得以构建。

数据主义是对人本主义和自由主义的挑战，数据主义的拥护者认为"以人为本"应被"以数据为本"替代。而在大数据时代，这些数据主义的拥护者视用户产生的数据为最重要之物，从而对用户数据进行大规模收集。然而，在数据收集的过程中，很多商家和企业未经用户允许，擅自对用户产生的信息进行收集，这就需要政府对这种不良行为进行规制。人类从对人机关系的探索中，依靠人工智能设备和机器呈现社会生产活动，并确立了它们的主体地位。人与自然和人工智能技术的主体地位具有明显的强弱关系，具体表现为，在人工智能环境下，人类的强主体性彰显。"人本主义数据伦理强调尊重用户的数据权和隐私权。"① 因此，国家对人工智能伦理问题进行规制能够实现具有人本主义的数据伦理，让用户的数据权和隐私权得到保护。总的来看，国家对人工智能传播伦理问题进行规制，可以形成一种具有人文色彩的人工智能传播系统，让人工智能传播活动比以往更加安全、规范、可靠。

四 人工智能传播伦理问题规制：国家与行业的互动

国家出台法律法规、政策文件、通知规定以及建议等之后，需要得到行业的反馈与回应，国家与行业的有机互动是人工智能传播伦理问题得以有效解决的保障。国家与行业的互动主要可以从三个方面进行阐述：国家制定法规，行业遵照执行；行业提出建议，国家吸收回应；国家与行业在规制上协同演进。

（一）国家制定法规，行业遵照执行

"智能治理"实际上是一种基于现代国家人工智能的综合治理理论

---

① 李伦、黄关：《数据主义与人本主义数据伦理》，《伦理学研究》2019年第2期，第102~107页。

体系,是由现代国家人工智能技术和后现代化国家综合治理两大部分共同发挥作用所综合构成的,其中综合治理的这种表达被媒体称为"人工智能+国家治理",它本身就是对当代中国民族特色史、社会主义中华民族史、国家政治思想史以及政治文明建设制度管理体系的基本建设工作进行的重大制度改革和体制创新,也是对我国传统社会治理体系的一种扬弃与创新。行业需要执行国家制定的法律法规,否则将会受到相应的处罚。

近年来,美国和英国等国家先后多次公布了对于发展人工智能的相关意见和技术指导,大力支持人工智能相关技术行业的健康发展。我国也高度重视人工智能和相关法律治理系统的基础技术研发和实际应用。2017年7月8日,国务院正式颁布《新一代人工智能发展规划》,把开展人工智能相关伦理实务法律学和治理的技术研究作为一个国家级的重点任务,要求在国内外组织开展多种类、跨部门学科的国际探索性课题研究,推动开展人工智能伦理法律学和伦理实务治理的基本技术理论和国际实践应用问题的深入研究。随后,国家相继出台《数据安全法》《电子商务法》《个人信息保护法》等法律法规,各个行业积极遵守法律法规,为人工智能技术的健康发展贡献力量。

《个人信息保护法》第五章第六十一条规定,保护用户个人信息的部门应该履行五个方面的职责。第一个方面,相关部门应该对用户进行信息保护教育,在必要的情况下应该指导并监督用户进行信息保护工作;第二个方面,相关部门应该积极接收和处理与用户信息安全保护有关的投诉和举报;第三个方面,相关组织对个人信息保护进行测试,并向用户公开测试结果;第四个方面,相关部门应该及时调查侵犯用户信息安全的活动,并对其进行处置;第五个方面,相关部门应该履行法律法规所规定的职责。由此可见,国家制定法律法规需要行业配合,从而最大限度地保护用户的合法权益。

(二)行业提出建议,国家吸收回应

国家对于行业的回应,体现在法律、规定、通知以及建议的颁布或发布之中,颁布或发布法律法规、通知以及意见也是吸纳行业意见并回应行业需求的表现。比如,当抖音平台的算法出现问题时,行业组织可

以进行上报，国家则收纳并回应。人工智能委员会在对某个企业进行调研后，将调研报告呈递给国家有关部门，提出相应的建议，国家有关部门也会给出回应。行业组织作为承担服务、沟通以及协调治理的主要社会团体，需要积极参与人工智能治理标准的制定。如我国智能产业发展联盟制定了《共享学习系统技术要求》，美国电子电气工程学会（IEEE）发布了《人工智能设计的伦理准则》等。在公共监督方面，各行各业要适当加入人工智能的监管过程，通过亲身体验为人工智能传播技术应用发展献策。

行业提出建议，国家从执法层面做出回应，可以培养适应大数据时代的高素质、专业化的信息安全执法队伍，增强网络执法力量，推动严格而高效的执法，实现网络违法犯罪预防和整治的结合。只有各行各业都有保护用户合法权益的意识，人工智能技术才能获得持续健康发展。从行业角度来看，任何商家、企业以及组织在进行数据挖掘、分析以及集成时，不能仅为获取商业利益而任意盗取用户隐私，对用户进行带有偏见的标签化和利用大数据进行"杀熟"等不道德操作。当前，擅自侵犯用户的各类权益，会使人工智能传播中的数据伦理问题愈发严重，用户的隐私权受到侵犯，进而引发用户对技术的不信任，造成用户恐慌，同时也会对大数据技术和算法技术的发展造成影响。商家或企业带有偏见地对用户进行分类和标签化，会使处于边缘地位的群体受到不公正和不平等的待遇。如处于优势地位的群体可以享受到个性化服务，可以选择更多的商品，相反，处于弱势地位的群体，其需求则会被忽视，久而久之会导致数字鸿沟的产生，对全社会的共同发展也产生一定的阻碍。因此，国家与行业的互动需要各领域、各行业共同行动，以保护用户合法权益为己任，助力人工智能技术应用健康发展。

（三）国家与行业在规制上协同演进

国家颁布的法律法规、政策文件等是宏观层面的规制，国家发布的临时性意见、建议也是宏观的，比如《个人信息保护法》《互联网信息服务算法推荐管理规定》等均是从较为宏观的角度对人工智能传播伦理问题进行规制。行业组织的相关文件具有一定的微观性，对于现实的实践行动来说更加具体、更加具有可操作性。行业组织发布的相关内容实际上主要就是参照国家发布的法律、部门规章、建议，秉承了国家的规制理念，有助于配合国家进行协同治理。比如，抖音、淘宝、百度以及今日头条等企业一般也会制定公司内部的人工智能规则。另外，只有把行业整合起来，让国家与行业规制协同演进，才能有效治理人工智能传播伦理问题。

目前，人工智能技术与经济、社会、政治、文化正处于整合重构阶段，人工智能技术在传播领域的技术性与复杂性使其在应用时容易产生诸多不确定因素。美国科幻小说家阿西莫夫在1950年提出，"'机器人学的三大法则'目的在于确保人在智能发展中的主体地位，并确保人的核心利益。这是最早出现的处理人机关系的法则。"[①] 所以，人工智能传播伦理风险控制的责任应该落在人类的肩膀上。"从生产、营销、流通等不同环节入手，人工智能传播的开发者、设计者、部署应用者都应该参与到新技术的治理中，尽管面临无法避免的正常事故，但系统设计者、程序员在设计、应用的各个不同阶段，都必须同步加强，堵住技术漏洞、维护信息安全。"[②] 同时政府、社会组织和公众也都应该肩负起一定的伦理责任，由政府发挥导向作用，控制潜在负面效应，社会组织和公众则关注自身利益，及时指出问题，给予建议，形成一种双向责任落实体系，助力国家与行业规制的协同演进。

五　人工智能传播伦理问题的行业应对

随着人工智能时代的到来，大数据技术与算法技术成为不可或缺的关键性技术，人工智能技术正在创造一场新的变革。因此，在面对人工智能传播伦理问题时，各行各业都应该遵循人工智能传播法律法规体系，积极认知和防范智能传播伦理风险，主动实施人工智能传播伦理风险的自我治理，形成一种敏捷治理范式以及构建一种人工智能传播伦理生态系统。

---

① 杜娟：《从"人机协同"看人工智能时代的新闻伦理构建》，《社会科学研究》2019年第4期，第201页。
② 杨爱华：《人工智能中的意识形态风险与应对》，《求索》2021年第1期，第72页。

（一）遵循人工智能传播法律法规体系

首先，行业组织应该遵循人工智能传播法律法规体系，遵循《个人信息保护法》《数据安全法》《互联网信息服务算法推荐管理规定》等法律法规。各个行业从数据的采集过程开始，就秉持尊重用户隐私的理念。就当下来看，作为数据生产者的用户，其实对自身所产生的数据流向及用处都是一无所知的，在数据采集、数据挖掘、数据清洗以及数据集成等各个环节，用户都无法知晓自己的数据在其中被如何利用。"个人数据在其整个生命周期都处于黑盒状态。"[①] 在人工智能传播过程中，人们对数据进行的每一步操作都不是公开透明的，数据隐私、数据垄断以及数据不公平等问题随之产生。因此，各行业遵循人工智能传播法律法规体系是至关重要的。

行业组织应该尽快让大数据技术和算法技术更加透明化，让数据收集、挖掘以及集成的过程透明化，这样"算法黑箱"就不复存在。基于大数据透明化，用户能知晓自身产生的数据在数据收集的整个过程是如何被挖掘、分析以及使用的。数据透明机制可以将数据在各个环节的流通进行适当的公开和记录，还可以搭配审计和问责策略，对数据处理中的数据垄断、数据偏见以及数据歧视等不当行为进行惩处。在政策方面，可以通过出台相关的法律法规来约束数据收集者的行为，并对用户自身数据的控制权进行明确的规定，保证用户数据在生命周期中的透明度，让用户能更好地控制自身数据的流向和使用。在技术方面，可以利用区块链技术实现数据的透明化，让"算法黑箱"问题得到有效解决。只有行业有了人工智能传播法律体系，用户的合法权益才能得到有效保障。

（二）积极认知和防范人工智能传播伦理风险

行业组织应当积极认知和防范智能传播伦理风险。人工智能技术在飞速发展的同时，会引发一系列的伦理风险，这些伦理风险包括隐私风险、法律风险、人文风险、意识形态风险、异化风险以及公共风险等。

[①] 孟小峰、王雷霞、刘俊旭：《人工智能时代的数据隐私、垄断与公平》，《大数据》2020年第6期，第35~46页。

因此，行业组织亟须积极认知各类风险，并对其采取有效的防范措施。"大数据技术保护模式是用户通过技术手段保护网络个人隐私，是降低隐私泄露风险的有效治理途径。"① 许多网络安全问题的产生都是源于黑客的非法入侵和木马病毒植入。随着大数据技术的不断发展，尽管网络安全技术也在不断进步，但网络安全问题仍然层出不穷，黑客让无数用户的隐私被泄露，因此加快研发新的网络安全技术迫在眉睫。比如，万维网联盟推出的 P3P 可以有效保护用户的隐私信息。网络安全技术只有不断地推陈出新，才能让用户的隐私得到强有力的保障。可见，积极认知和防范人工智能传播伦理风险可以有效保护用户的信息安全、数据安全。

由于用户个人在隐私保护问题中处于弱势，数据挖掘技术的不透明性让用户的隐私保护问题难以得到解决，所以不仅行业需要积极认知和防范智能传播伦理风险，用户本身也应积极解决隐私被侵犯的问题，提高自身防护意识，当合法权益受到侵犯时应懂得拿起法律的武器来制裁那些不良商家。行业组织也应该不断优化自身的知识体系，了解更多可能会产生的风险，让用户的合法权益得到保障。

（三）主动实施人工智能传播伦理风险的自我治理

行业自治是应对人工智能传播伦理风险不可或缺的方法，各行各业应该主动进行人工智能传播伦理风险的自我治理。比如，定期检查自身的算法是否存在风险，也可以要求算法工程师在技术编码中把握道德伦理规则。具体而言，算法工程师首先需要具有正向的价值观，并将其融合成为技术的设计原则，进而形成一种行业共识，而这些共识还应具有普适性。行业应当形成共同认可与遵守的道德原则，然后在此基础上进行有效的行业自治，行业通过自治可以有效检查出自身是否存在严重的伦理风险问题，并在监测风险的过程中进一步确保用户的隐私安全和数据安全。

行业需要实施人工智能传播伦理风险的自我治理。行业可以通过伦理性审查、群体自律、行业标准颁布等多种手段来支持、引导和促进各

---

① 吴莹莹：《大数据背景下隐私问题的伦理治理》，《文化学刊》2019 年第 6 期，第 23~25 页。

个产业的信息自律，避免把人为责任直接推脱到算法中去，以此来确保我国现代科学和信息技术的发展走在正确的道路上。鼓励各级政府部门在人工智能系统研制阶段启动相关风险自我检测机制，并在推广和使用系统之前对其进行相关风险的检测，尽力降低道德伦理风险发生的可能性，避免产生潜在的冲突。

（四）形成一种敏捷治理范式

行业在发现人工智能传播伦理问题时，应该迅速对其进行治理，形成一种敏捷治理范式，提高防范与治理伦理风险的效率。在人工智能的时代，国家治理走上了现代化的道路，使国家精细化治理、科学化治理、高效化管理以及透明化治理等成了可能。敏捷治理能够助力国家的高效化管理，让人工智能传播活动高效运转。

行业自身形成的一种敏捷治理范式能够加速智能社会的发展，智能社会有望在整个社会和经济等各个方面实现一种超智能化的生活服务，同时新一代的人工智能、物联网、云计算以及大数据等新兴的技术也为解决人类社会的复杂问题带来了无限可能，但我们仍要防范人工智能传播中涉及的安全、隐私以及信任等问题。毋庸置疑，智能社会是值得人们憧憬的，政府、社会和公众必须共同努力，才能实现美好的图景。因此，行业自身形成一种敏捷治理范式是至关重要的一环。

当下行业在治理途径方面的各种尝试都只是隔靴搔痒，尚未抓住重点进行精准治理。要想达到最终治理目标，首先需要基于智能平台算法的价值逻辑，分析平台算法技术运用的不合理之处，从而精准地提出相应的治理策略。这就要求我们从算法技术本身出发，针对智能平台算法出现的价值逆向问题，依托敏捷治理所强调的快速感知能力、灵活响应能力与持续协调能力，对智能平台算法进行及时、动态、全面的治理。

1. 敏捷治理：一种特殊性治理方式

20世纪90年代，敏捷治理思想诞生于制造业和软件工程行业。当时企业为了应对快速变化的市场，祛除传统瀑布式开发方法的弊病，提出了"敏捷开发"的理念。2001年《敏捷软件开发宣言》的出台将"敏捷"进一步延伸到了软件工程领域，强调软件开发过程中的人员交互以及客户合作，试图运用可开发的软件缩小软件开发的生命周期，实现对复杂、多变、动态的环境进行快速响应与调整。① 2018 年世界经济论坛上发布的《敏捷治理：第四次工业革命时代政策制定的重构》对敏捷治理问题进行了详细的阐述，提出了敏捷治理新概念，认为"敏捷治理能够促进灵活性、适用性、柔韧性和以人为本的决策过程"。② 2021 年 9 月，国家新一代人工智能治理专业委员会发布的《新一代人工智能伦理规范》吸纳了"敏捷治理"概念，明确提出"推动敏捷治理"，这为我国算法监管制度的完善提供了进一步的指导。

近年来，随着区块链、云计算、人工智能等新兴技术的深入发展，智能平台也受益并得以快速发展。但就目前来看，智能平台乱象丛生，对其的治理则逐渐显现出治理水平较低、治理工具匮乏、治理效率低下以及治理方式滞后等诸多问题。同时，新兴技术的快速发展致使传统的治理方式无法有效解决对应的新难题。面对这种情况，仅靠传统治理方式已无法达到治理目标，因此就需要新的治理方式来解决智能平台算法治理的难题，敏捷治理方式应运而生。敏捷治理作为一种新的治理方式，能帮助智能平台整治乱象，实现持续发展的长远目标。具体来看，敏捷治理具有如下特征：一是感知快速性，对内提升风险的预见性，对外察觉变化的趋势性；二是反应灵活性，算法在面对未知的各种变化时要灵活应对，在变化中实现自我的新生长，以此不断地提高平台算法灵活反应的程度；三是协调可持续性，敏捷治理通过建立高速迭代机制来持续提升算法技术的应用范围，又通过不断升级来实现平台算法与新兴技术的高效融合，以此确保治理的长期可持续性。

总而言之，敏捷治理是一种特殊性治理新方式，能够帮助平台算法解决价值逆向问题，最大限度地实现快捷的平台算法运作。值得一提的是，在中国敏捷治理还具有强烈的技术人文价值理念，强调价值理性与工具理性的统一，也就是强调可持续发展，从而达到敏捷治理的长远目标。③

---

① 任嵘嵘、齐佳丽、苏露阳：《敏捷治理：一个新的管理变革——研究述评与展望》，《技术经济》2021 年第 8 期，第 133~144 页。
② World Economic Forum, "Agile Governance Reimaging Policy-making in the Fourth Industrial Revolution", White Paper, 2018.
③ 谢小芹、任世辉：《数字经济时代敏捷治理驱动的超大城市治理——来自成都市智慧城市建设的经验证据》，《城市问题》2022 年第 2 期，第 86~95 页。

2. 快速感知的及时化治理

从敏捷治理的原则来看，敏捷治理通常强调治理节奏上的快速感知、尽早介入和及时处理，而智能平台算法最为基础的能力就是快速感知能力。在应对多变的内外部环境的基础上，只有快速感知到环境的变化，平台算法才能不断地进行自我调整与适应，从而实现及时高效的响应和治理。这也意味着，除了快速识别到内外环境出现的问题，平台算法对于自身的快速反馈、及时反应更为重要。提前发现问题并进行预防，也就能最大限度地避免在算法运作过程中可能出现的风险。因此，智能平台算法敏捷治理的快速感知能力可以分为外部环境的感知和内部环境的感知两个方面。

新兴技术层出不穷，它们大多拥有速度快、效率高并且不确定性多等特征。这意味着平台算法需要在新兴技术还未能成熟运用之时，快速感知风险并及时做出正确决策，这样才能保证智能平台的稳定运行。敏捷治理强调在这种动态变化的环境下，不断提高平台算法技术的快速感知能力，对内提升平台算法在风险方面的预见性，对外快速察觉变化的趋势性，及时调整算法技术以应对可能出现的具体问题。所以，重塑当下平台算法治理流程具有必要性，即有必要以智能平台算法为中心，整合和优化新兴技术在平台算法中的应用，形成一个快速、高效的治理体系；同时，通过平台算法与新兴技术的高效智能融合来提升算法自我管理能力与问题修复的能力，从而实现快速感知、高效及时的敏捷治理。

3. 灵活响应的动态化治理

回顾算法技术的发展历程，算法技术伴随着时间的流逝，不断地面对一次次新的风险与挑战。但是正是由于风险与挑战的出现，才使得算法技术能够发现自身的问题，通过解决这些风险与问题从而促使自身不断完善与发展。平台算法兼具技术属性与社会属性意味着除了社会手段外，技术手段也是智能平台算法治理的重要方式之一。相较于传统的算法治理方式而言，敏捷治理的重点在于其灵活响应的能力。灵活响应主要体现在算法技术的自我监控与自我治理上。技术本身比人工更快、更敏捷地发现问题并解决问题，因此在某些场景下治理平台算法的价值偏向性将有赖于"技术对技术"的动态化治理，从而达到灵活响应的积极状态。对于智能平台算法的动态化治理，要达到灵活响应目前主要依赖的相关技术有两类：价值嵌入的算法设计技术和价值偏离的算法矫正技术。[①]

价值嵌入的算法设计技术属于一种内在进路，即将"正向价值"的规范和标准嵌入算法，其本质是价值敏感设计在算法领域的应用，前摄性地对算法设计进行影响，使其在早期阶段可以针对可能出现的风险进行灵活响应，解决价值伦理问题，而不是仅仅在算法设计完成之后进行"事后反应"。价值偏离的算法矫正技术则是让平台算法确定可能存在的潜在价值偏离或已经出现的责任缺失，尽早在算法的监控下，通过识别出算法偏向，进行灵活响应，实施算法矫正技术。比如在平台算法自动化、动态化的操作中，可以采取灵活响应的算法审计路径，便于发现平台算法可能或已经出现的价值偏离和责任违背问题并纠偏。[②] 因此，在算法灵活反应的基础上对算法技术进行动态化的监控与治理是必要的。

4. 持续协调的全面化治理

除了及时化、动态化治理外，从智能平台的算法角度来看，走向敏捷治理需要的不仅仅是解决当下出现的问题，更加要重视未来的可持续发展，从全面的角度来思考如何平衡算法的利与弊，协调多方共同治理。有学者认为，"理想形式的敏捷治理不会因为速度而牺牲严谨性、有效性和代表性"。[③] 这也意味着，平台算法的治理不能仅着眼于解决当下出现的问题，而不顾未来能否可持续发展，鼠目寸光或将给未来埋下更大的隐患。只有面向未来致力于形成持续协调的全面化治理，才算是真正的敏捷治理。

未来算法技术可能带来更复杂的情况，而智能平台应当在场景多样化中建立适用不同场景领域、分层次、分类别的分级化算法机制，这样才能在面对不同的突发状况时有效解决问题。多方合作、多元共治也是

[①] 肖红军：《构建负责任的平台算法》，《西安交通大学学报（社会科学版）》2022年第1期，第120~130页。
[②] 张超：《资讯类推荐算法的算法审计路径、伦理与可审计机制》，《中国出版》2021年第7期，第31~35页。
[③] 薛澜、赵静：《走向敏捷治理：新兴产业发展与监管模式探究》，《中国行政管理》2019年第8期，第28~34页。

实现持续协调全面治理的重要路径之一，形成全局参与的协同治理，有助于最终达成动态治理的集约化方案。同时，开发恰如所需且兼具公共责任的平台算法自我优化机制，对算法在未来平台的应用场景以及规制技术进行综合统筹，才能实现可持续发展。① 平台算法的持续协调能力也是敏捷治理最核心的能力，算法自身与外部达成良好的协调关系时，能够有效降低算法技术本身的弊端所带来的风险问题；通过形成一个可持续的协调循环，让平台算法作为一个协调的整体去应对持续的挑战尤为必要。立足于持续协调的全面化发展，敏捷治理是当前和未来智能平台治理的新方向，将为平台算法的持续协调发展提供长期保障。

智能平台的崛起不是朝夕之间的事情。随着时间的变化，平台算法的弊端也会逐渐显露出来。由于商业至上与资本逻辑根深蒂固，平台算法产生的众多伦理风险问题已是社会治理的重中之重。但工具技术本身向来都是客观的存在，使用者运用得当方能造福社会。因此，面对智能化时代的新背景，我们需要更为包容审慎的态度来助力算法更新迭代，为社会创造更大的价值。同时，不能因为平台算法出现了风险问题，而"一刀切"地认为算法"弊大于利"，对其进行抵触与排斥。只有追根溯源，深度剖析算法出现风险问题的具体缘由，并对算法治理的成功经验进行提炼总结，将敏捷治理的具体方案进行结构化、系统化，才能真正打造出有价值的算法敏捷治理体系。总而言之，寻根治本、敏捷治理，如此方能有效解决智能平台算法的价值逆向问题。

（五）构建一种人工智能信息传播生态系统

构建一种人工智能信息传播生态系统，需要各行各业在大数据时代确立隐私保护伦理准则，明确一种道德共识，以便社会中的每个人都遵守。数据应用主体的隐私观是导致隐私问题的原因之一。② 用户之间应该形成共同的隐私观，明确数据收集者对用户的哪类信息进行收集是侵犯了用户的隐私权。遵守隐私保护伦理准则是一种自觉行为。尽管没有

---

① 张欣：《从算法危机到算法信任：算法治理的多元方案和本土化路径》，《华东政法大学学报》2019年第6期，第17~30页。
② 何思霖：《大数据技术的伦理问题研究》，硕士学位论文，成都理工大学，2017，第18页。

明确的法律法规规定何为隐私，但数据采集者自身应清楚地知道对哪些信息的收集会侵犯到用户的隐私。在商业利益和用户隐私发生冲突时，商家和组织应明确用户隐私高于商业利益。只有构建大众普遍认同的隐私保护伦理准则，才能让整个社会形成一种共识，从而合力构建人工智能信息传播伦理生态系统。

不同的用户对隐私数据的定义是不同的，正如不同的用户对隐私的定义不同一样。比如，支付宝对用户消费数据进行分析，把每位用户的收入和支出数据进行分类，同时对用户的消费偏好也进行了归纳总结，然而大部分人都认为支付宝这一行为没有对用户的隐私造成侵犯，甚至还会有部分用户在社交平台上分享自己的支付宝消费数据，和亲朋好友分享自己在哪一类商品上的消费最多。在这类用户眼中，支付宝对用户消费的归纳总结是一个可以被分享的信息。用户对于被披露的隐私问题具有截然不同的反应，这表明不同的人对隐私的定义是大不相同的。由于不同的人对隐私的评判标准相差很大，所以我们无法对隐私问题确定完全标准的评判。在人工智能伦理生态系统中，各个行业应该统一隐私标准，最大限度地满足所有用户的需求。只有构建一个健康的生态系统，我们才能有效应对人工智能传播中的各类伦理风险。

1. 人工智能信息传播生态建设的技术逻辑

人工智能技术涉及机器学习、深度学习、自然语言处理等技术以及任何其他能够满足特定任务的技术。技术发展也深刻改变了信息传播的方式。人工智能时代，以信息传播生态重构的技术逻辑为基础的研究，有助于提升人们对智能传播技术的理性认知水平。同时，深入分析人工智能传播生态建设的技术逻辑，也是探索人工智能信息传播生态的第一步。

（1）机器学习

机器学习不仅是人工智能研究的核心，也是具有智能功能的计算机的核心。那么什么叫作机器学习呢？不需要写任何与问题有关的特定代码，采用泛型算法（Generic Algorithms）就能输出一些关于数据的概念，叫作机器学习。机器通过学习，可以不需要人为的编码就能把数据输入泛型的算法中，在数据的基础上建立自己的逻辑。

今日头条是机器学习算法应用的范例。今日头条利用"机器学习+

人工筛选"的办法解决了信息过载的问题,对用户进行精准化的推荐,实现了品牌的目标。但是同时它也带来信息泛滥、高品质内容得不到推荐的尴尬局面。

综合机器学习算法和数据访问方法可用于各种场景,如数据分析和数据挖掘。例如,机器学习带来的统计分析和知识发现可以用来分析大量数据,而数据发现、分析机制可以用来实现数据的高效读写。机器学习在现实生活中的实际应用,会带来正面作用和负面作用。正面作用是机器学习可以帮助人们收集、分析数据,使之成为信息,并帮助人们做出判断。负面作用是机器学习容易引发相关数据伦理风险,造成一定的损害,同时也会导致算法技术产生更多的问题。

(2)深度学习

深度学习(Deep Learning)技术的开展主要是源于人类对人工神经网络的研究,深度学习技术在结构上是一种含多个隐藏层的多层感知器。[①] 通过在信息的传播与分发过程中引入深度学习技术,传播者可以更加高效地拉齐信息生产者与信息接收者之间的关系,让平台方的内容实现个性化分发,让用户实现自主地接收信息,以及让社会舆情监控的时效性增强。但是在信息传播生态中引入深度学习技术也不是百利而无一害的,它也会诱发信息茧房、算法偏见与算法歧视等负面问题。

(3)自然语言处理技术

自然语言处理(Natural Language Processing,NLP)技术是人工智能技术的一种,它在许多领域都有应用,其中被大众所熟知的主要有语音识别、文本/情感分析、聊天机器人、机器翻译、问答系统和文本聚类等领域。

自然语言处理技术在工作流中有以下三个步骤:一是文本预处理,二是文本表示,三是文本分析与建模。每一步都可以使用一系列技术,这些技术随着研究的深入而不断发展。

自然语言作为人类社会的一种信息媒介,在传媒、教育、金融、医学和法律等不同方面都储存了大量的文本信息。存储的文本信息越多,

---

① 谭辉煌、张金海:《人工智能时代广告内容生产与管理的变革》,《编辑之友》2019年第3期,第77~82页。

信息处理来源就越多,这就为信息处理能做得更加专业提供了机会。协同信息过滤机制是以自然语言处理技术为基石的,可以确定用户需求,并根据这些需求优化信息服务的质量,从而提高用户的信息消费体验水平和用户忠诚度。然而,过于依赖信息的用户偏好可能会导致"信息茧房"问题。

2. 人工智能信息传播生态的主要内容

信息传播生态的构成要素包括传播者、信息、媒介、受传者、效果、反馈等六大要素。人工智能技术不仅对单一构成要素带来了新的变革,更重要的是改变了整个信息传播生态。芒果 TV 不断开发新的业务线,以 IPTV、电脑电视客户端为流量入口,发展小芒电商 App,打造"内容—直播—电商"的生态闭环。米哈游以旗下的多款超高品质的游戏为抓手,赋能米游社官方游戏社区,形成游戏助推社区发展、社区反哺游戏的传播生态。

由此可见,人工智能技术的发展为信息传播生态的智能化带来了新的重构机遇,提高了信息的生产分发效率,精准满足了用户的信息消费需求,在信息传播过程中具体表现为信息生产环节智能化、信息内容智能化、信息分发过程智能化。

(1) 信息生产环节智能化

在信息的生产环节,人工智能技术能够采集更多、更精准的信息素材。在过去,信息的采集主要依靠人,但是未来的信息采集,传感器将发挥很大的作用。传感器可以帮助人们突破时间、空间的限制,从更多维度采集并解读信息。[①] 例如,2014 年,武汉理工大学开发了自己的传感器,并将其安装在武汉的几座著名的大桥上。这些传感器能够记录与桥梁受力和变形有关的数值,且不受时间的限制,然后通过光纤将这些数值传送给计算机。于是,工作人员不出家门就能检索到大量信息。飞机传感器同样也是一种传感器,无人机的多个组成部分都是传感器。无人机抓取到的数据上传到云端之后,再通过云计算技术进行数据处理,这样最后所得到的数据便是人们所需要的了。除此之外,在新闻传播领

---

① 彭兰:《万物皆媒——新一轮技术驱动的泛媒化趋势》,《编辑之友》2016 年第 3 期,第 5~10 页。

域，传感器新闻的出现也大大提升了人们的工作效率和质量，它在运用传感器的基础之上融合了人工智能技术，进而突破了以往的发展瓶颈。

不仅如此，人工智能技术在信息处理过程中的应用也使得人们眼前一亮。比如说新闻机器人的使用以及 AI 虚拟主播的运用都使得信息生产与传播的效率和质量得到了极大提升。新华社自主研发的"快笔小新"机器人写稿系统，在输入一组股票代码后，只花费 3 秒钟就可以完成一篇财经分析报告，大大压缩了新闻生产流程。[①] 稿件中不仅有标题、导语等文字，还配有图表等信息。2017 年底，在中国新媒体产业融合发展大会上，新华社向世界展示了中国首个媒体人工智能平台"媒体大脑"，该智能平台覆盖了信息传播生态的全过程，包括信息搜索、信息采集、信息编辑以及信息分发。2018 年底，新华社携手搜狗，在第五届全球互联网大会上发布了全球首个"AI 合成主播"。该"AI 合成主播"在新闻领域引入了人工智能对真实图像的非批判性合成。传统的信息生产过程非常耗费人力物力，而现在人工智能合成主播能够利用文本分析等技术进行信息生产和总结，这大大提高了广播电视新闻生产的效率，最重要的是降低了信息生产的成本，提高了信息生产的效率和产出的质量。新闻生产不必拘泥于传统"集群式"传递指令，而是通过计算机信息共享，有效避免信息失真，并能快速发出指令。[②]

（2）信息内容智能化

在信息内容的呈现方式上，"沉浸式传播"[③] 是学术界研究的一个热点。随着 AR、VR、3D、元宇宙等技术的发展，信息的呈现方式不再局限于简单的文字、图片和视频，而是开始转向更加生动活泼的三维立体化。信息的内容变得更加丰富，不再仅仅是主观的单一信息，而是包括了事件发生的全貌，这就促进了不在场传播细节的进一步还原。

从这个角度来说，"沉浸式传播"在客观现实和媒介世界之间架起了桥梁，使现实世界和虚拟世界相互联系，发送者和接受者都是一体的。

---

① 李淼：《3 秒！"机器人记者"瞬间成稿》，《中国新闻出版广电报》2015 年 11 月 17 日。
② 杨卓睿：《智能传播时代下新闻传播的重构与冷思》，《北方传媒研究》2020 年第 1 期，第 19~23 页。
③ 沉浸传播（immersive communication）是一种全新的信息传播方式，它是以人为中心、以连接了所有媒介形态的人类大环境为媒介而实现的无时不在、无处不在、无所不在的传播。

2021年生物多样性日,在昆明市东风广场大屏幕播放的COP15视频宣传片就利用裸眼3D技术将绿孔雀、亚洲象、金丝猴等云南特有的动物栩栩如生地展现在市民面前,给人们带来了全新的视觉体验。2021年,故宫推出的高科技互动展"清明上河图3.0"将数字技术应用到博物馆领域。相较于传统的博物馆,数字博物馆更注重感官上的交互性。数字延伸出来的虚拟空间,将信息内容与人的感知相融合,在这个空间里,每个博物馆展品都有一段剧情,剧情的走向由沉浸者决定。

(3)信息分发过程智能化

最传统的信息分发方式当属社交分发,即通过社交朋友圈进行线对线的信息分发。发展到现在,有了算法分发技术,通过机器分类、标注,将对信息具有相似需求的移动端归为一类,互联网所有终端连成一张巨大的网,此时的信息分发才是低成本、高效率的。

随着社交媒体、资讯聚合平台成为人们获取信息的主要通道,基于用户行为大数据而进行运算、推送的算法推荐,成为信息分发的重要方式。[①] 在当下的信息流通中,不再是用户在报纸上寻找信息了,而是信息寻找合适的用户。平台利用算法从用户数据中提取用户信息,如在线存储的社会人口特征、浏览路径、消费趋势和内容偏好,然后利用智能推荐将用户引向最相关的内容,从而为用户提供精确的内容匹配,使用户能够准确地消费平台的内容。

发展至现阶段,智能算法大致可以分为三类。第一,内容推荐算法。该算法运行的底层逻辑是给用户推荐其自己喜欢的或者是与其曾经浏览过的内容相似的内容,比如用户观看了《爱情公寓》第一部,基于内容的推荐算法就会将《爱情公寓》第二部和第三部都推荐给用户。第二,协同过滤算法。该算法主要是根据用户填写的基本信息,给用户贴标签,从而达到过滤内容的目的。以主打灵魂社交的应用软件Soul为例,用户在注册初期会被要求选择感兴趣的品类,以及完成性格、三观测试,根据收集来的用户信息,平台会给用户推送他最有可能感兴趣的信息,让用户产生一种找到心灵共鸣的灵魂默契的感觉。第三,叠加推荐算法。

---

① 蔡之国、孔令淑:《算法推荐对价值引领的挑战与对策》,《青年记者》2021年第16期,第30~31页。

该算法会根据信息在流量池里的点赞量、互动水平、完播率等数据表现结果进行推荐，数据表现越好的信息，就会被分发给更多的人看。比如抖音短视频推荐逻辑，新发布的视频进到初始流量池，大概只有500人能看到，再由这个池子中用户的反馈数据决定要不要把该视频推向拥有更多流量的池子里。

3. 人工智能信息传播生态的建设问题及优化对策

人工智能技术的发展为信息传播生态的智能化带来重构机遇的同时，其所诱发的信息茧房、隐私泄露、算法偏见等问题也不容小觑。人工智能时代的信息传播具有扁平化、去中心化和交互化的特征，仅依靠国家出台相关法律法规来进行治理是远远不够的，因此将生态治理的理念引入智能传播，利用社交媒体平台的力量和社会大众自下而上的监管，构建一个多元协同、互惠共生的良性信息传播生态就显得尤为必要。

（1）人工智能信息传播生态建设问题

第一，信息茧房问题。美国学者桑斯坦（Cass R. Sunstein）在《信息乌托邦》一书中提出："信息传播中，众人自身的信息需求并非全方位的，公众只注意自己选择的东西和使自己愉悦的领域，久而久之就会将自身桎梏于像蚕茧一般的'茧房'内。"① 这就是"信息茧房"（information cocoons）概念的来源。在他看来，人们之所以会陷入"信息茧房"，是因为对信息进行了选择与"过滤"。人工智能算法根据用户的特点、优势，将用户分层，让用户掉进具有很强局限性的同质文本信息中走不出来。用户由于这个因素自然而然地只关注某种或者是某类信息，长此以往，自身就会与外界产生一定的区隔，所以慢慢地就会远离其他信息，进而也会变得越来越孤独、怪异。发展到最后的结果就是，用户被"信息茧房"所束缚，对外界的其他信息不再关心也不再知道。

"信息茧房"不仅会对个人认知层面产生不良影响，还会引发群体极化和社会分裂问题。② 互联网上有一些人，他们聚集在小团体中，把虚假的东西奉为圭臬，他们只愿意相信和他们有同样观点与行为的群体。

---

① 〔美〕凯斯·R. 桑斯坦：《信息乌托邦——众人如何生产知识》，毕竞悦译，法律出版社，2018，第36页。
② 喻国明：《"信息茧房"禁锢了我们的双眼》，《领导科学》2016年第24期，第20页。

"在群体分化程度足够高的时候,群体分裂是不可避免的,至此,社会对个人的黏性则会逐渐被剥离,因而难以构建起一个用于理性讨论的公共空间。"① 如果这个时候仍然对其进行算法推荐的话,可能会起到相反的效果,也有可能会在一定程度上对于用户造成伤害。

信息的个性化推送服务把用户困在了"自己喜欢的世界",而非真实的世界。裹挟在"信息茧房"里的信息接收者容易产生思维固化、知识面狭窄等问题。

第二,隐私问题。人工智能技术影响下的信息传播生态,让用户的信息被永久保存在"云端"、数据中台,也让合法的隐私权难以被保障。智能算法的力量非常强大,只要用户在网上有浏览记录,它就会顺藤摸瓜知晓一个人的"前世今生",算法根据它所掌握的用户信息让它的权力日益增强。但是权力如果大到"关不住"就会带来许多的问题。

在信息不对称的情况下,当各类平台滥用个人数据时,用户是无从知晓自己的哪些信息被收集的,更别提个人数据被使用了多少,到了什么程度。算法的黑匣子造成的专业壁垒形成了一个智能鸿沟,用户的知情权和选择权在以商业机密为由滥用的平台之上,没有办法得到合理保护,用户也没有办法有效评估数据的风险②。算法推荐机制是建立在互联网这张大网之上,它的运作需要大量的用户信息作为支撑,那么就出现了一个现象:算法推荐机制越精准,所需要的用户信息就越多,那么用户暴露的隐私就越多。

大数据算法收集的信息包含了大量的个人数据,这些数据经过收集、整理、分类、重新组合,给侵犯隐私者带去了好处,产生了重大的隐私风险。在人工智能影响下的信息传播生态中,侵犯隐私的行为正越来越普遍。一方面,普通用户隐私权让渡不可避免,许多应用软件只有点击同意服务条款才能使用;另一方面,不规范的公司随意使用用户数据进行在线欺诈和骚扰。显然,隐私正在受到不同程度的侵犯。隐私从一项个人独处的安宁的权利,变成了具有商业价值、政治价值、社会价值的

---

① 陈昌凤、霍婕:《权力迁移与人本精神:算法式新闻分发的技术伦理》,《新闻与写作》2018年第1期,第63~66页。
② 陈麟、李函笑:《短视频平台算法的法律规制研究》,《中国广播电视学刊》2020年第4期,第61~63页。

资产。①

智能技术在信息传播方面的使用不当，可能无意，比如数据保管不当、安全措施不够完善；可能有意，比如平台为了赢利，造成个人隐私泄露，会给人造成惶恐、焦躁的情绪，不利于建造良性的智能信息传播生态，甚至不利于社会的安定。

第三，算法偏见问题。随着人工智能技术的不断发展，算法正在逐步进入信息生产和传播过程。然而，算法并不是完全中立和绝对理性的技术。偏见自古以来就一直存在，算法偏见是社会偏见在人工智能时代下发展的自然结果。因为算法是算法设计者的主观设计和选择，继承了人类的种种偏见。

算法偏见问题引起了国内外学者的广泛关注，有学者提出，算法偏见是"算法程序在信息生产与分发过程中失去客观中立的立场，造成片面或者与客观实际不符的信息、观念的生产与传播，影响公众对信息的客观全面认知"。② 比如2021年，有网友投诉在Facebook观看一段主角是黑人的视频后，算法推送询问是否"愿意继续观看灵长类动物视频"。图像识别技术把黑人识别为灵长类动物，存在种族歧视的嫌疑。再比如，在2018年3月臭名昭著的"剑桥分析"案件中，人工智能研究员默克尔博士、特朗普的主要佐助人员斯蒂芬-班农等人使用Python技术来分析Facebook的用户数据和选民资料，在进行分析比对后，使用机器学习技术为每个用户创建一个特定的"档案"，然后在推特上发布有针对性的信息，击中受众的"共鸣点"，最终影响了美国总统选举的结果。

综上所述，算法偏见问题影响了人们对客观世界的正确认识，加剧了"知识沟"和"信息沟"的进一步扩大。

（2）人工智能信息传播生态建设的优化对策

第一，设计者和平台为用户提高算法透明度。"黑箱"是《控制论》中的概念。"黑箱"比喻不能打开的系统，其内部状态不能从外部直接

---

① 张虹、熊澄宇：《用户数据：作为隐私与作为资产？——个人数据保护的法律与伦理考量》，《编辑之友》2019年第10期，第74~79页。
② 郭小平、秦艺轩：《解构智能传播的数据神话：算法偏见的成因与风险治理路径》，《现代传播》2019年第9期，第19~24页。

监测到。信息传播过程中的信息获取、信息生产以及信息分发，对于算法设计者来说是已知的知识，对于用户来说却是未知的，这就形成了算法"黑箱"。对于专业人士以外的普通用户而言，算法分发信息的过程就好像一个"黑箱"，难以理解，更难以讨论评判和监督。

由于算法设计者和平台缺乏来自外界的监督，对于如何解决人工智能技术带来的"信息茧房"、算法偏见等问题，只能寄希望于他们的道德水平，这显然是不科学的。因此，只有为用户提高算法透明度才能够有效地减小平台和用户之间的信息差距，从而构建平台与用户相互制约、相互平衡的关系。

算法设计者和平台应该如何提高算法透明度呢？有人提倡采用"逆向工程"的方法，即根据专业知识进行严谨的观察、推断，用人工的方法去推断"黑箱"的算法规律，并且介绍这个系统的运作机制。[1] 这一方法从人类共同利益出发，有一定的建设性，并理性地将这个过程中的每一个细节为我们剖析出来，但是这项技术并不是我们每个人都能够熟练掌握的，所以对于普通大众来说其意义不大。

另有学者持相反的观点，认为不应该简单和天真地争取一个完全开放和透明的算法，而应该争取"可理解的透明度"。不应该通过"洞察"来寻找算法中可能存在的偏见的原因，而应该以节制的方式来对待所有算法中的透明度要求，从整体、跨学科和系统的角度出发，力争在整体上实现公民可理解和可核查的算法透明[2]。

但无论是哪种观点，学术界普遍认为，提升算法透明度有助于消除人工智能技术带给信息传播生态的负面影响。总之，提升算法透明度意味着算法设计者和平台让渡一部分权利，在运用算法技术进行操作的时候，将整个过程呈现给公众，以便让受众知晓并进行监督，并且传播过程也一定是公开透明的。也就是说，程序从开发阶段到传播阶段都必须是在受众的监督之下进行的，只有这样的算法才是我们真正所需要的算法，因而，我们"倡导公平公开和包容的算法机制，构建双向互动的反

---

[1] Diakopoulos, N., "Algorithmic Accountability: Jour-nalistic Investigation of Computational Power Structures", *Digital Journalism*, 3 (3), 2015, 398-415.

[2] 仇筠茜、陈昌凤：《基于人工智能与算法新闻透明度的"黑箱"打开方式选择》，《郑州大学学报（哲学社会科学版）》2018年第5期，第84~88页。

馈机制"。①

第二,国家法规制定与平台伦理规制相互配合。目前的新媒体环境存在虚假信息、垃圾信息等违规信息的传播行为,国家应该承担起立法、执法的责任,把对新媒体网络环境的管理工作纳入常规任务。② 新媒体传播生态中存在的问题在智能传播时代仍然存在,那么前者的解决措施也有一定的借鉴意义。

针对人工智能技术影响下信息传播生态建设过程中遇到的问题,国家应加快制定或起草关于数据开发和算法软件的规范,以及推进关于人工智能监管框架的立法,以加强对公民隐私和信息安全的保护。除了完善立法外,还应加快相关行业监管的标准化。在信息传播过程中,科学、人文、艺术、宗教、政治等不同内容的比重需要配置协调,把握人工智能设计系统与人类社会的道德要求协调统一的关系。

建设和谐良好的人工智能信息传播生态,光靠政府法律法规的制约显然是不够的,还需要平台伦理的规制。对于平台来说,"需要加强算法设计者道德责任的建设,提高道德想象力的构建能力"③。

在算法开发的时候,必须预测算法的潜在风险,在风险评估的基础上准备不同的方案,将伦理观念贯穿整个算法开发过程,并在算法的价值主张和价值冲突点之间找到有机的平衡。在算法的实施阶段,"要尊重基本的伦理规范,整合安全、实用、多元的原则,明确责任"。不在非法或不道德的情况下使用人工智能技术,明确主体在人工智能设计、研发、运营、生产和服务各方面的权利和责任,明确人工智能系统在出现伦理风险时必须承担的责任。

政府和平台需要各自明确责任,相互配合、相互补充,共同构建和谐、良性的人工智能信息传播生态。

第三,平台的推送服务与用户协同过滤机制。为了避免"信息茧房"效应,桑斯坦提出了"人行道"模式,强调报纸、广播和电视等大

---

① 闫坤如:《人工智能的道德风险及其规避路径》,《上海师范大学学报(哲学社会科学版)》2018年第2期,第40~47页。
② 张雁影:《"微内容"环境下谣言生成的社会原因及其治理》,《陕西学前师范学院学报》2014年第6期,第29~32页。
③ 段伟文:《面向人工智能时代的伦理策略》,《当代美国评论》2019年第1期,第24~38页。

众传播媒介，就像公园和人行道一样，都是可以公开访问的。这样的公共空间面临"非计划"和"非预期"的情景，让不同的人群进行体验和辩论，引发思想的碰撞。媒体应该扮演网络世界"公共论坛"的角色，通过向用户提供多样的信息，为不同的人群提供争辩交流的公共空间，使人们更多地了解不同圈子的各具特色的信息内容。①"人行道"模式适用于网络信息传播生态，对如今的人工智能信息传播生态也有一定的借鉴意义。

平台除了进行个性化推送服务外，还应该为用户提供更多"公共空间"，接收来自社会各个群体的信息，让不同的思维进行碰撞，破除"信息茧房"的负面影响。比如"抖音热榜"和"微博热搜"的推送，都是在加强公共空间议程设置，让用户及时关注外界热点动态，参与对公共事件的讨论。除此之外，平台还应该偶尔推荐一些与用户相左的热门信息。平台进行个性化服务优化，才能避免用户陷入"信息茧房"，真正满足用户多样化、异质化的需求。

除了客观的外在条件阻碍用户获取信息之外，还有用户缺乏主观能动性，疲于去获取不感兴趣的内容。技术本身是中立的，技术会产生什么样的效果取决于人们怎么去使用它。为了摆脱"信息茧房"，除了优化平台推送服务等外部作用外，用户还需要提高自己的信息素养，学会在海量的信息面前掌握信息甄别、评价与传播的能力。"用户需要学会接收来自不同媒介渠道的声音，在面对不同于自身价值观的声音时，避免偏激的言论，学会用理性来进行思考讨论，培养自己开放的意识。"② 平台也应该改善个性化的推荐策略，完善算法设计，同时用户需要加强自身信息素养，提高信息甄别能力，拓宽信息获取渠道。在平台与用户双边协同过滤的机制下，良好的信息传播生态才可能建立起来。

人工智能技术嵌入信息传播的生态正在发生日新月异的变化，通过对症下药和多管齐下，创新信息传播生态机制，推进智能信息新生态建

---

① 甘梦珍：《新媒体环境下的"信息茧房"现象反思——以"今日头条"为例》，《新媒体研究》2018年第3期，第19页。
② 孙士生、孙青：《大数据时代新媒体的"信息茧房"效应与对策分析》，《新媒体研究》2018年第22期，第7~10页。

设，不仅能营造出健康的信息环境，也能助力创造社会新环境，满足人民对美好生活的需求。因此，准确地把握未来信息智能传播生态重构的新方向，提升治理水平，优化治理意识，对推进人工智能信息传播生态建构来说意义重大。

第七章　人工智能传播伦理问题的生态治理

人工智能传播中的数据收集、清洗和加工过程，算法程序设计过程以及信息接收过程中所诱发的伦理风险已经成为当下热议的话题。人工智能传播伦理风险问题亟待解决。在政府主体、技术专家以及用户等不具备全局性治理效能的背景下，本章引入生态治理的理念，旨在响应人本主义、多元平衡和互惠共生等理念的倡议，借助算法设计者、国家、主流媒体、平台以及用户等多元主体力量，通过规定治理原则、政府多层级立法、平台保障用户数据可见性以及提升算法透明度等对策实现国家、科学技术共同体以及社会大众之间的协同治理，最终构建人机融合的智能传播生态。

一　人工智能传播伦理风险溯源

人工智能传播伦理风险的来源主要可以从三个层面进行追溯：第一是在数据收集、清洗以及加工的过程中，由于数据样本来源的复杂性和社会结构性偏见的复制，主流意识中隐含的社会偏见和歧视的数据进一步被应用于算法之中；第二是在算法程序设计的过程中，程序设计者的主体价值偏好、算法本身的不确定性以及算法对有机世界的简单量化等也会导致伦理风险；第三是在人工智能技术应用和信息传播的过程中，人机交互过程中的偏见习得、数据应用市场失衡以及缺乏法律的有力规制等会造成伦理风险。

（一）数据收集、清洗及加工过程

在程序设计者对数据进行收集、清洗以及加工的过程中，数据来源的复杂性以及人类在社会交往中形成的社会结构性偏见都会导致缺乏客观性的信息被应用于算法之中，从而造成伦理风险。

1. 数据样本来源的复杂性

数据是对网络用户浏览和使用痕迹的记录，用户作为行走的数据源，在网络上留下的数据脚印都会被技术解构并重组为可识别的信息图谱，这些信息在一定程度上带有数据消费者和收集者的主观偏见；当它们作为训练数据输入算法程序时，就会对数据输出的价值导向产生影响。

哈佛大学社会学教授拉塔亚·斯威尼的研究表明，在"被逮捕记录"的查询中大数据算法会更倾向于指向黑人群体，谷歌的搜索算法甚至将黑人标记为大猩猩。这些带有社会主流意识的偏见数据并不能客观地反映数据的本质，但是会被反复应用于算法程序作为训练数据，造成"偏见进，偏见出"①。正如《偏见的本质》一书中提到的，"一旦社会对某一群体存在偏见和歧视，这些偏差信息也必然会反映到数据上面，而当带有这些偏差数据的算法应用于现实，那么现实社会在发展中就会产生更多带有偏差的主流数据。"②

2. 社会结构性偏见的复制

社会结构性偏见的内涵主要是：现实社会中人类处理和感知信息带有明显的主观情感和态度认知的一种行为偏向。它处于事先预判和主观臆断之列，例如"女司机上路车技差"和"商人重利轻别离"等。

究其本质，偏见实际上是一种缺乏客观判断标准的观点集合。而社会结构性偏见则是对于社会的判断认知偏见已经固化而形成的，它会形成刻板印象，社会成员以此刻板印象作为判断和评价人的依据。人们不仅对接触过的人群和事物产生刻板印象，对已经产生印象的人或事物也会产生刻板认知，比如，法国人是浪漫的、中国人是呆板的、北方人是冲动易怒的以及老人是顽固不化的等刻板印象。实际社会主流意识形态的数据信息充满着复杂性，大数据技术收集相关信息时并不能对信息背后的伦理问题进行仔细的探究和甄别，只能进行简单的清洗和梳理。久而久之，大量隐含结构性偏见的数据信息就会被视为一般的社会共识应用到算法程序之中。

---

① 王东、张振：《人工智能伦理风险的镜像、透视及其规避》，《伦理学研究》2021年第1期，第109~115页。
② 〔美〕戈登·奥尔波特：《偏见的本质》，凌晨译，九州出版社，2020，第53~55页。

2015年7月，卡耐基梅隆大学对谷歌广告系统的性别歧视问题进行研究，统计了由谷歌推送的"二十万以上年薪的岗位"的广告数据信息，进行大量的抽样调查、反复论证后发现女性组和男性组接收到就业岗位信息的比例为1∶6。也就是说，大数据算法的基础是"分类"，这符合人类对认知处理的简单化和范畴化的倾向。大数据的运作是从历史数据中获得的，而数据来自个体，个体深植于文化内涵之中，文化意识本身带有主观性，一旦整个社会对某个少数群体存在结构性偏见，这些偏见也必然会反映在数据上。

（二）算法程序设计过程

算法程序设计过程中，设计者自身的意识形态认知和价值倾向会影响到最终的算法决策；同时，算法本身作为一种有风险的技术，存在诸多不确定因素，对于其输出的信息而言，算法更多的是对有机世界的简单量化，算法构建的拟态环境并不能等价于现实世界。在这些因素的影响之下，人工智能的伦理风险随时可能被触发。

1. 程序开发者的主体价值偏好

作为解决特定问题的一种方法或工具，算法本身是中性的，并不存在价值观的偏好问题。但是，算法程序的设计者、算法的使用者以及为算法提供基础数据养料的用户等每个鲜活的个体都持有各自的价值观，因此，作为技术工具的算法也很难不被沾染。

程序开发者受到原有的社会结构性偏见的影响，出于对所属资本和政治立场的偏向，往往会利用用户对技术客观性的信任，创造"伪公平"的假象。郭小平在《智能传播的算法风险及其治理路径》中提到一则典型案例。2018年，某企业为庆祝旗下游戏战队获胜，在微博平台进行了一次抽奖活动。新浪微博平台设置的中奖权限中，有意提升了年轻女性用户和热衷于发送原创微博的年轻用户的中奖概率，他们作为微博平台的黏性用户拥有较高的市场价值。微博在看似实现了机会公平的抽奖活动中，进一步增强了核心用户对平台的忠诚度和黏度，无形中将不符合其利益期待的用户拒之公平之门外。[①]

---

① 郭小平：《智能传播的算法风险及其治理路径》，《国家治理》2020年第22期，第40~45页。

2. 算法技术本身的不确定性

机器学习算法可以通过合适的算法和足够的数据训练进行自主代码的编写，利用数据产生新的模式和知识，基于大数据系统对决策的规则进行有效的修改、延伸以及调整。不同数据之间的规模、质量以及来源各不相同，它们也在影响着算法程序的复杂性，因此算法衍生出的部分风险存在着不可预测性。① 德国前总统 Christian Wulff 的爱人 Bettina Wulff 就曾控诉 Google 平台通过自动补全算法对其本人进行了恶意言语攻击。输入她的名字，自动补全系统会出现指向妓女及陪侍行业的搜索项。而 Google 平台则认为对于此次自动补全算法给 Bettina Wulff 带来的困扰，平台方是无须担责的，原因是数据信息并非平台算法自发生成，而是基于用户的人为搜索记录进行的信息汇编和完善。② 在这个案例中，信息"偶遇"也成了预谋已久的信息"碰瓷"，程序开发平台对于最终呈现的信息也无法进行有效的控制。

类似的案例还有，2019 年 Facebook 公司曾经通过人工智能视觉识别技术和算法技术鉴别和遏制平台上含有裸体展示的信息。技术应用期间，反战摄影作品《战火中的女孩》以及大量哺乳期妇女的照片也因此被算法确定为不良信息而被查封和禁用，这让 Facebook 公司受到了巨大舆论压力，平台在算法程序的自主调节和引发的伦理风险之间难以平衡，陷入困境。

3. 算法对有机世界的简单量化

算法的设计原理正如宇宙钟摆论伦理学派的理论阐释：世界的确定性是可以通过精密的物理仪器和数学方程进行推导和量化的，只要确定一个原始数据参考值，就可以计算、推导和预测未来的信息流。不过，正如学者 David Chalmers 所言，"人类用数学科目来阐释物理学科，以物理学科分析生物学科，借助生物学科观察心理学科，但是如何以各种学科去解释人类自身的意识呢？"③ 实际上，算法是一种选择，选择就意味着舍弃。信息

---

① 王天恩：《人工智能算法的伦理维度》，《武汉科技大学学报（社会科学版）》2020 年第 6 期，第 645~653 页。
② 陈昌凤：《数据主义之于新闻传播：影响、解构与利用》，《新闻界》2021 年第 11 期，第 4~13 页。
③ Chalmers David J. *The Conscious Mind: In Search of a Fundamental Theory*, New York, Oxford University Press, 1996, p. 36.

内容的个性化推送实质上是信息主动呈现和挑选用户,而非用户选择信息。

算法中的人只是一个个数据点的集合,因此不会被当作一个个体来被理解和对待。但是,人类复杂的情感态度和意识并非量化数据的代码可以替代。算法作为嵌入代码中的一种观点,终极任务是消解复杂性,它只是对现实世界进行最大限度的压缩和有选择性的呈现,甚至在量化用户的消费痕迹时还会出现信息热度的伪造现象。① 如微博、微信以及豆瓣等网络平台上存在着伪造热度、人为购买阅读量和"赞转评"数的营销公司和水军,而智能技术在抓取信息时,根据量化的信息指标并不能对伪造的数据进行有效的筛查,这些伪造的热点信息又会进一步进入推荐的信息流中,作为热点发布至用户终端,但并不能代表现实世界用户真情实感的流露。

(三) 人工智能技术应用和信息传播过程

数据信息通过算法程序正式投放于市场后,人机交互过程中社会的固有偏见可能会又一次循环至训练数据中,数据应用市场的垄断问题也会在数据收集过程中带来干扰,同时,缺乏与时俱进的伦理法治约束使得风险治理更加棘手。②

1. 人机交互中的人为偏见

算法决策在更多时候是算法代码式的意见输出,它以历史数据信息预测未来走势,算法程序的模型设计以及导入的训练数据的比重都会影响最终输出的信息。对于程序设计者而言,训练数据筛选标准、程序设计等因素都隐含着个人的主观态度,设计者可能会将自己的主观意志嵌入到算法系统;同时用户在使用智能设备时可以根据自己的客观需求自主设置参数,他们对于信息的偏好程度也会影响算法设计者的决策。

《算法之美》的作者布莱恩·克里斯汀曾经在撰文时提到一个由于个人主观价值偏好导致数据分析有误且过度拟合的例子。③ 他通过详细

---

① 葛思坤:《算法视域下媒介伦理失范的表现与规制》,《青年记者》2020年第26期,第21~22页。
② 林曦、郭苏建:《算法不正义与大数据伦理》,《社会科学文摘》2020年第9期,第17~19页。
③ 〔美〕布莱恩·克里斯汀、〔美〕汤姆·格里菲思:《算法之美》,万慧、胡小锐译,中信出版集团,2018,第57页。

的参数指标建立了一个夫妻生活满意度的调查问卷,采用单因素、多因素模型的问卷可以更好地预测样本对象的数据,但是选用详细的参数指标的问卷却因为错过了采样数据点而起不到预测的效果,最后不仅没有提高数据准确度,反而导致分析失误。算法程序的设计亦是如此,过度受到设计者和用户主观价值偏好的影响也会引起不必要的风险。

2. 数据应用市场失衡

网络平台积聚的用户数据具体可以分为两类:一类是用户主动留存的数据,比如社交平台上为了赚取更多的社交货币而进行的自我形象和态度认知的展示,通过智能搜索引擎进行的信息查询和订阅等;另一类是用户在进行信息消费时附加的一些条件而产生的被动型数据,比如用户登录手机 App 时被平台要求获取位置、通讯录等信息的访问权限,这些附加条件在一定程度上是为了规避用户的知情同意权,降低数据获取的门槛而设置的,实际上是平台和应用主体之间缺乏伦理规范的界定和约束的表现。

比如,信息化和大数据技术为疫情防控工作带来了便利,但是如果信息收集平台不加约束滥用用户个人信息,就很容易引发新的"网络次生灾害",使不必要的社会矛盾又一次被激化。2020 年春节疫情防控期间,新华社就曾披露过某信息收集平台未经用户许可非法倒卖用户个人信息的事件,该平台将个人信息的报告多次转卖,而后相关信息在某地的微信业主群中被多次转发扩散,造成了多人信息安全受到威胁。

此外,数据垄断问题也会影响数据应用市场的平衡。就数据的开发者而言,开发者对数据的垄断会导致权益分配不均和数据侵权行为。国外的 Facebook、Google 和微软,国内的腾讯、百度、阿里巴巴等商业巨头掌握着广泛的信息源和技术优势,正如阿里巴巴原副总裁涂子沛所言,"互联网数据的产权,应该属于个人。互联网公司在收集数据的同时,应该征求用户的同意,他们在分析使用这些数据的时候,应该经过我们的授权"[1]。数据寡头等问题的产生将会极大地影响数据市场的正常秩序,进一步制约大数据领域一部分科技创新、创业公司的发展。如京东和天

---

[1] 涂子沛:《数文明:大数据如何重塑人类文明、商业形态和个人世界》,中信出版集团,2018,第 66 页。

猫"二选一"消费模式自2017年开始就愈演愈烈,从"6·18"再到"双十一",购物狂欢的背后是没有硝烟的商业垄断竞争。在"二选一"的斗争之中,平台的商家、消费者都对合理公平的市场竞争表示期待,同时也对用户的合法权益被互联网市场巨头利用市场优势进行支配的情况表示担忧。

3. 缺乏法律的有力规制

一方面,算法可以自主调节程序和参数,这也给算法程序增加了不确定性;另一方面,人们对于算法程序直接的责任主体和可控机制尚缺乏进一步的探讨和研究。此前以施密特和霍金为代表的多位科学家都曾公开表达对强人工智能和超人工智能技术伦理风险的担忧。人们针对人工智能可能存在的伦理安全问题议论不断,但是对于能够结合当前算法程序发展的实际情况,对主体责任机制进行有针对性探讨的理论还并不多。

实际上,互联网平台的算法伦理规范的制定存在着问责困境,判定不直接生产和编辑内容的平台伦理失范的难度很大,例如平台广泛运用的"避风港原则"就被用于伦理监管不力的抗辩中。如2019年以来以线上直播带货平台和人脸识别为代表的新型互联网服务风靡一时,以往并未对此类新兴业务进行严格法律责任界定,算法自动化决策可能会造成相关法律治理的缺位。在内容处理方面出现失误,作为算法开发和应用的平台主体,如果缺乏完善的伦理约束机制,将会影响整个互联网生态环境的良性循环,诱发更严重的算法伦理风险。

二 人工智能传播伦理生态治理必要性分析

人工智能技术去中心化和扁平化的特征促使信息智能传播技术发生颠覆式变革,智能传播存在的隐私泄露、信息安全、圈层极化、算法歧视以及智能鸿沟等风险亟待解决,而现有的治理主体不具备全局性治理的效能,无论是政府、技术专家抑或用户都存在着参与治理的局限性,而本章引入的生态治理观,正是倡导多元主体协同治理的动态平衡治理理念,可以为当前的智能技术传播伦理风险治理注入新的能量。

（一）智能传播伦理风险亟待治理

伴随着人工智能技术的高速发展，信息传播和内容生产愈加呈现出海量、高效和全天候的特征。在大数据技术的加持下，过去通过信息传播垄断对社会大众实施定向"投喂"的信息传播模式或将不复存在，用户通过社交平台留下更广泛的数据，媒体能够以精准的数据信息定位用户的喜好需求，最终达到内容精准对接的目的。机器人技术迅速解放人力，在突发性的新闻报道中一马当先；自然语言处理技术不断推进金融、法律、医疗、教育等领域的海量文本信息处理的专业化；视觉识别更是成为面部及指纹识别、卫星云图识别、临床医疗诊断以及移动支付等领域的翘楚，可以说人们生活中处处应用着智能技术，但是科技的双刃剑也使得智能传播的风险日渐凸显。

Facebook 向 Cambridge 公司泄露用户数据并干预美国总统选举的事件警醒民众，技术福利的背后暗藏隐私泄露的风险；深度伪造技术在某些利益集团的操纵下甚至会给国家安全带来隐患；大数据杀熟和搜索平台存在的算法歧视问题令用户怅怅不乐；风靡一时的换脸软件让不法分子有机可乘，给用户的名誉权和肖像权带来损害；智能化的信息推送实质上是对用户认知偏好的纵容，网络舆论场上的过滤气泡进一步窄化社群信息，极易导致圈层极化。智能化的信息传播使边缘社区与资源充足的社区存在数据、算法和硬件不平等接入的现象，从而引发智能鸿沟。凡此种种，智能技术引发的伦理风险不容忽视。

（二）现有的治理主体不具有全局性治理效能

从人工智能伦理风险治理主体来看，人工智能技术风险的不确定性限制了政府主体资源优势的发挥；而智能技术风险的不可预测性限制了技术专家的风险治理实践；风险建构性使得缺乏知识优势的用户无法进行平等的话语表达。风险挑战也日益加剧，结合上述伦理风险的列举我们发现，传统治理主体的能力缺陷与目前传播风险的广泛性形成了矛盾。

一方面，算法在不同专业领域的应用范围已经超越技术本身，因此局部的、单一的治理对策已经无法彻底治理人工智能技术应用所诱发的伦理风险。加之科技信息在全球范围内不断被分享、传播，人工智能技术的公共性或共享性也在一定程度上决定了伦理风险治理需要走出一条集约化、系统性的路径。另外，个别的、孤立的人工智能传播伦理风险治理手段之间仍存在着伦理规则互相冲突的地方，可能会带来人力物力方面的滥用问题，因而单一的治理手段具有明显的局限性。如每个部门都设定有一套适用于自身特点的议程规则，对于智能技术伦理风险自然会根据不同的原则进行治理，针对不同的问题见解不一，应对策略也迥然不同，甚至 A 部门已经解决的问题可能 B 部门还在为找寻治理方案而绞尽脑汁。故此单一主体视野恐难顾及全局，设计人工智能编码方面的问题更是颇具争议，其应用规范并不适用于各个领域。

另一方面，人工智能技术的创新与应用常常跨越各国地界，其技术特征具有复杂性，地缘属性的模糊客观上要求各个行为体之间协同合作，驱动统一的国际伦理规则的制定。譬如欧洲地区，资金、技术、劳动力之间流动自由，人工智能技术产品在其领域内的流动性也随之增强。此时针对智能技术伦理风险引入生态治理的集中化和全局化的治理理念，就能够有效地通过统一的规则因时制宜，提升生产效率，从而增强欧盟成员国间的智能产业合作。《通用数据保护条例》完善了人工智能领域的数据应用规范，旨在确保以尊重个人隐私权的方式处理个人数据，该条例对个人敏感数据、VSD 隐私设计、数据主体知情同意权、数据信息处理限制权、个人信息处理自主决策权限等几个层面进行阐述，在约束和规制智能技术发展方面发挥了长效机制的作用。

（三）生态治理具有全局统领的特征

从生态学的观点来看，传播也是一种生态系统，传播生态的各要素构成了动态平衡的系统。英国科学家坦斯利对生态系统的概念进行了解读，认为生物体群落及其所生存的环境一起构成了平衡的、动态的系统[①]。不同的生物种群间、生物种群及其赖以生存的环境之间处于彼此影响、共同作用的动态稳定和平衡中，它们之间正连续不断地进行着能量流动与物质交换。

---

① 涂长晟：《中国大百科全书（第二版）》，社会科学文献出版社，2007，第 20~21 页。

而回到技术本身，人工智能并不是一种孤立的信息生产与传播技术，它融合了自然语言处理技术、机器视觉技术、深度学习与自动化技术、机器学习技术、数据智能技术等领域。依据系统论的观点，当构成系统的某一个核心要素发生变化时，整个生态系统就要进行大规模的调整和变革才能适应局部变化带来的整体性影响，从而达到系统的新平衡。因此将生态治理的系统理念引入智能技术的传播伦理风险治理就显得尤为必要。

三 人工智能传播伦理生态治理的理论基础

将生态治理的思想引入到人工智能传播伦理风险治理之前，需要厘清生态治理的内涵，了解传播生态系统的具体表现，根据传播生态系统的组成结构了解传播者、传播媒介、用户以及传播环境之间的相互关系。

（一）生态治理的内涵

1. 生态思想

英文中生态一词是由 eco+logs 两部分组成，起源于古希腊文，前者"eco"有生存环境和家之意，后缀"logs"多为论述和学科之意。生态多用于表示生物的生存状态，既指代生物在自然环境下的生活习性与生理特征，也涵盖生物生存与发展的生理状态。生态的含义兼具广义与狭义之分：狭义的生态主要指人类社会在内的自然生态系统的动态稳定，它涵盖了具有自然属性的人，包括人与自然环境系统之间的和谐；"广义的生态指的是自然环境与人类群体之间长期保持的一种稳定和谐的状态"[①]。本书使用的生态一词是广义的。思想属于理性认识的范畴，"生态思想主要包含了生态学的相关理论及其价值观、技术观和世界观，隶属生态学中的科学思想"[②]。

从哲学领域来看，人的活动领域一般可划分为自然、社会以及精神三个层面。追溯生态思想的起源，人类对人与自然、社会以及自身的理

[①] 靳利华：《中外生态思想与生态治理新论》，天津人民出版社，2020，第45~47页。
[②] 白才儒：《道教生态思想的现代解读》，社会科学文献出版社，2007，第20页。

性思考，正是产生于人类社会活动引起的自然环境恶化、变质以及失衡等一系列的负面效应之后。因此，生态思想在哲理层面上包括自然生态、社会生态以及精神生态等三个方面，其中自然生态属于人的基本属性，社会生态和精神生态是人的自我属性。

2. 生态治理

生态治理指应用生态学原理，对受损或失衡的生态系统进行重建、改良、修补和更新的活动，主要包括自然生态治理、社会生态治理以及人的自我生态治理三个领域。

自然生态从狭义上说是人与自然界所形成的和谐关系，这是一种健康、平衡的生命系统结构；从广义上说，就是自然界的生物之间所形成的一种稳定、健康、均衡的生态平衡系统。自然生态是人类生态的自然属性，也就是人与自然的关系，是人的最基本属性。

社会生态也就是人与社会所形成的一种和谐均衡的关系，是作为个体的人与他人交互关系中所形成的一种和谐而稳定的社会结构。社会生态是人类生态的社会属性，主要包括社会中人与人之间的民主、自由、正义、贫富、教育公平以及机会均等。社会生态是人类追求的一种高级的社会状态，是人类社会生存的和谐状态。

精神生态是人的自我生态，是指人的身心实现有机的统一，即形成人的身体健康和心灵健康的有机整体。精神生态是人类生态的精神属性，表现为人与自身的和谐关系。在生态思想谱系中，人的精神生态是自然生态、社会生态的高级阶段，人的精神生态有助于自然生态和社会生态的形成。自由全面发展的人是马克思追求的社会解放和社会发展的最高目标，是社会所实现的理想状态。

（二）传播生态系统的具体表现

1. 生态系统及其特征

生态学家 A. G. Tansley 指出，生态系统的结构主要分为生物和环境两部分，其中的各结构相互影响、相互作用。[①] 生态系统具有整体系统

[①] A. G. Tansley, "The Use and Abuse of Vegetational Concepts and Terms", *Ecology*, 1935 (3), pp. 284-307.

性、动态稳定性、反馈服务性、开放性、循环性、多样性以及调试负荷性的特征。

整体系统性是生态系统最突出、最基本的特性。生态系统的各个组成部分与系统整体之间是一个不可分割的有机整体，系统不仅仅是组合，系统内部也是一个完整的统一体。"生态系统并不能简单地被指代为细胞或者是物种的集合，它的本质是兼具独特性、自我组织和自我调节能力的系统。"[①] 动态稳定性突出了生命的有机体系，系统内部的任何一个生命系统都有一个从开始、发展、壮大、达到顶峰再到衰落、死亡的过程。不同生命系统都是经过长期的历史发展形成的，这是一个不可间断的过程。每一个生命系统在演变的过程中都是稳定的，只有这种稳定才能确保系统的长期发展。

反馈服务性强调生命系统与周围的环境是相互联系、彼此作用的。每个生态系统作为一个功能单元，其存在既能为其他生命系统提供服务，同时也能受到其他生命系统的影响并做出相应的反应，这实际上也体现了它的发展开放性。一个合纵连横的生态网络遵循物质能量守恒定律，通过能量间的不断循环延续、增长和演化，同时在外界的干扰下能够启动应急机制，在一定的阈值内承载负荷，抗击干扰。

2. 传播生态理论概述

传播生态学起源于20世纪的北美地区，它创新性地将媒介作为环境进行考察，从而探索人类信息传播与政治、经济、文化、技术之间的关联。

传播生态学的发展离不开多伦多和纽约两个学派阵地，前者以马歇尔·麦克卢汉（Marshall Mcluhan）和哈罗德·伊尼斯（Harold lnnis）为代表，后者以尼尔·波兹曼（Neil Postman）和刘易斯·芒福德（Lewis Mumford）为代表。尼尔·波兹曼在1968年将媒介生态学定义为"将媒介作为环境来研究"，强调传播生态系统是一种动态的、有机的和具有整体特征的运行机制，建立在群体参与的基础之上，会将经济效益、社会效益和生态效益结合于一体综合考量，最终实现人自由而全面的发展。这与本章人工智能传播伦理生态治理中强调的生态治理理念不谋而合。

尼尔·波兹曼的学生林文刚在《媒介环境学》一书中进一步提出，

---

① 〔丹〕约恩森：《系统生态学导论》，陆健健译，高等教育出版社，2013，第237页。

传播生态学以人为本,具有强烈的人文主义色彩,它着重探讨传播媒介对于传播主体的影响,包括此前波兹曼提出的四个层面的参考指标①。大卫·阿什德在《传播生态学——控制的文化范式》一书中指出传播范式依赖媒介的技术特性,客观存在的环境需要通过传播媒介被用户认识和熟知,用户又再一次通过传播媒介反馈信息影响客观环境,也正是他在书中正式提出了传播生态(ecology of communication)这一名词。② 与大卫·阿什德局限于传播媒介的研究范畴不同,国内学者邵培仁指出传播生态是将传播系统作为一个统一的整体,将生态思维应用到自然、社会和人类自身发展的复合型生态系统,传播生态系统具有系统性、反馈性、循环性、开放性和调试负荷性的特征。通过对生态系统的特征进行深层次的分析,我们可以进一步建构传播者与受众之间互惠共生和交往互动的生态关系,促进二者能量和信息的良性交换和循环。作为一种系统性的和谐结构,传播生态强调内环境的平衡和共生机制,旨在建构传播结构中各要素互惠共生的序列。③ 其后,国内学者支庭荣在《大众传播生态学》中将传播生态细分为原生态、内生态和外生态三个层次,分别包括移动互联网的技术支持、受众需求、文化供给以及国情政策。

"生态"一词体现了动态的发展和进化过程。传播生态属于生态系统的一种,其适用范围也不应只局限于媒介领域,因此我们在邵培仁研究的基础上对传播生态进一步概述:传播生态是指这样一个系统,它以信息作为传播纽带,其中一个要素的变化就可以引起其他结构成分的变化,传播生态与内部环境与外部环境之间存在着动态平衡、相互制约、不断变化的关系。

四 人工智能传播伦理生态治理的理念与价值取向

人工智能技术的伦理风险治理需要注重社会效益、以人为本、数据

---

① 指标包括:第一,传播媒介促进理性思维进步发展的程度;第二,传播媒介使人类获取有益信息的程度;第三,传播媒介促进或者削减人类善性和道德律的程度;第四,传播媒介推进民主进程的作用大小。
② 〔美〕大卫·阿什德:《传播生态学——控制的文化范式》,邵志择译,华夏出版社,2003,第128页。
③ 邵培仁:《传播生态规律与媒介生存策略》,《新闻界》2001年第5期,第20页。

人本主义、促进人的全面发展，秉持动态平衡且互惠共生的系统观念，科技与自由、治理共同体、公正、自由和透明等理念。人工智能传播伦理生态的价值取向，重视政府、媒体、平台以及用户之间治理主体的多元协同和治理手段的协调性。

（一）生态治理的重要思想内容

生态治理的重要思想内容主要分为三个层面：一是生态与民生发展相结合的人本主义思想，强调的是注重人的全面发展；二是和谐共生、系统循环的绿色发展理念，强调人工智能传播伦理治理须动态和谐，注重社会效益；三是人类命运共同体与全球治理观，全球治理体系的关键在于多元平衡、公平正义。

1. 生态与民生发展相结合的人本主义思想

人工智能传播技术伦理风险的生态治理理念强调人本主义思想，即注重人的全面发展。道家思想中的"天人一体"是对人本生态的鲜明主张。"道法自然"就是表明我们人类来自自然，已然成为自然不可分割的一部分，且处于自然中的主体地位。人与自然一直保持着动态平衡的状态，和谐共生，人并非为万物主宰，但人具有主动的一面。正是这种人本生态思想道出了人与自然的差异，即人具有主观能动性和自反性，可以灵活地适应自然，将人工之物融入自然生态。古代哲学家从人的核心利益出发阐述了生态伦理思想，展现了当时人类生态观念的不断萌发，人独立于自然界中。这是一种人本主义思想。

马克思将社会生态的最终目标阐述为：实现人的自由全面发展。[①]马克思认为人类社会发展目标在于实现两个提升：一是将人类群体从动物群体中提升出来；二是将人类主体从复杂社会关系中进一步提升出来，使人成为自由人。[②] 人是社会活动的主体和自然界的智力种群，马克思强调"人自由而全面的发展"是整个社会的发展目标，最终实现社会生态动态和谐与稳定。

---

① 《马克思恩格斯选集》（第三卷），人民出版社，1995，第379页。
② 刘洪春：《马克思恩格斯生态观及现实意义》，北京交通大学硕士学位论文，2008，第60~61页。

党的十九大报告强调："人民的利益要始终居于最重要的位置，最终改革发展的最大成果也是始终惠及全民的。"① 此前学界尊崇阿西莫夫机器人三定律中的"不伤害"原则，即将尊重人的主体地位作为核心要旨。2018 年，麻省理工学院建立的人本人工智能技术研究集群（Human-Centered AI Collection）奉行的原则为：人工智能技术必须以人类为中心进行技术产品研发。上述例子无一不在强调人的主观能动性在社会发展中的重要价值，提倡"以人为本"和"技术为民"的人文关怀，进一步佐证了生态与民生相结合的人本主义思想在生态治理全局中的主体地位。

2. 和谐共生、系统循环的绿色发展理念

人工智能传播技术伦理风险的生态治理理念以"技术为民"谋福祉为根本任务，强调动态和谐，注重社会效益的治理原则。中国古代传统的生态治理理念主张对人与自然应兼具仁爱之情，认为天地合一，人与自然应形成一个和谐的共生体，人与自然系出同源。如儒学将宇宙本源称作太极；道家则将其称作"自然"或者太极，认为和谐就是美。老子和庄子便是中国历史上最早主张人与自然和谐共生的思想家。庄子云："夫明白于天地为德者，此之谓大本大宗，与天和者也；所以均调天下，与人和者也。与人和者，谓之人乐；与天和者，谓之天乐。"②

孟子将孔子"仁者爱人"的主张进一步延伸至"爱物"，认为"君子之于物也，爱之而弗仁；于民也，仁之而弗亲；亲亲而仁民，仁民而爱物"③。这一观点更是鲜明地表达了人与万物和谐共生的理念。北宋理学家张载提出"民胞物与"的主张进一步将天人合一的理念进行深化，他认为人与自然万物是相傍相依的有机整体，应该和睦有序地共处。自然万物又为天地哺育，无形中就构建了环境、其他生物与人相互统一的整体系统，"道法自然"的实质是人与自然相互统一，和谐共生，同时中国古代的生态治理理念还强调人对自然资源的开发应该取之有度，规

---

① 《决胜全面建成小康社会　夺取新时代中国特色社会主义伟大胜利——在中国共产党第十九次全国代表大会上的报告》，http://news.Sina.com.cn/o/2017-10-18/dociyyw31546html。
② 余谋昌：《古典道家的生态文化思想》，《烟台大学学报（哲学社会科学版）》2006 年第 4 期，第 361~370 页。
③ 阮元校：《十三经注疏》，中华书局，1980，第 2771 页。

范节制。

我们回溯了古代经典的生态治理理念,将视野延伸至人工智能时代需要重视的是:现代社会的生态治理不仅涉及人与自然的环境生态,还包括政治生态、经济生态以及全球人类与全球环境等诸多人文生态的范畴,人工智能传播技术的伦理风险的治理也要将和谐共生、系统循环的绿色发展理念贯穿于全过程。

3. 人类命运共同体与全球治理观

全球治理观强调了多元平衡、公平正义的系统理念。党的十八大以来,习近平从全国、全球以及人类整体的高度进一步发展生态思想,并从整体上形成生态思想的主体内涵,提出了"人类命运共同体"的生态理念,将人与自然关系和谐的生态范畴扩展到全人类与整个地球,使得生态思想具有普遍价值。

习近平生态文明思想是一个体系思想、整体思想的体现。从人的维度看,它体现在整个人类层面,是人类社会作为一个整体的基本生态要求,是人的完整意义上的生态理念;从空间范畴上看,它体现在全球层面,这是生态所涵盖的区域范围,是人的生存空间的生态范畴。因此,生态思想本质上体现在人类社会与其所处的空间环境关系上,它深刻地体现了马克思主义生态思想中人与自然关系的和谐本质。习近平提出的人类命运共同体和全球治理的理念正是基于对生态思想的深刻思考,具有深刻的时代意义。习近平在第70届联合国大会上强调,当今世界,各国相互依存、休戚与共。我们要继承和弘扬联合国宪章的宗旨和原则,构建以合作共赢为核心的新型国际关系,打造人类命运共同体。①。

人类命运共同体的实现并非易事,它需要将生态思想的系统观和整体观纳入人类社会的整体发展过程,这实际上与人工智能伦理风险治理体系中强调的系统、全局的治理要义是不谋而合的。从人类命运共同体的视角出发,实现人工智能伦理风险的全球善治与全球合治将是大势所趋。

(二) 人工智能传播伦理生态治理的价值取向

生态治理具有系统性和全局性等特征,将其理念引入智能技术引发

---

① 《习近平出席第70届联合国大会》,中央政府门户网站,www.gov.cn,2015-09-29。

的伦理风险治理过程正是对当前治理手段的有效弥合。伦理风险涉及政治、经济、文化、社会等各个领域，因此单一的治理主体并不能有效地对存在的问题进行解决，多元治理主体的存在显得尤为必要，需要从智能传播生态系统的开发者、平台建设者再到外部环境的政府和用户等各个环节出发，进行协同治理。

1. 治理主体的多元性

首先，政府管理对于科技发展的影响至关重要。政府应该从管理层面加强人工智能对社会影响的研究，努力实现人工智能时代社会的公平正义。英国发布的《人工智能与机器人》报告指出：尽管智能系统的能力有限，主要集中于一些特定的领域，但是它确实对我们人类的生活带来了革命性的改变，因此从政府层面就应该前瞻性地对智能技术发展进行管控。

其次，从技术层面出发，程序设计者和技术开发平台应该从技术的安全性、可控性和稳健性几个要素出发开发程序，斯图尔特·罗素（Stuart Russell）等学者强调的"人工智能的服务宗旨要始终以人为本，服务过程应该是具备人文关怀的"，实际上这是在强调人工智能技术的安全性对于人类社会至关重要[①]。霍金曾在2015年联名7000多位科学家、企业家一起签署了关于人工智能技术有益性的公开信，可见人工智能技术引发的相关风险也引起了科学界的关注。除了坚持有益性的原则，程序设计还应该充分保障算法的公正性与透明性，如英国政府在2019年发起的算法歧视调查，主要目的就是提升算法透明度与公平性。

再次，应该充分提高公众的媒介素养。在阿尔法狗与棋手李世石的围棋比赛结束后，人工智能学者对首尔的一些公众展开对人工智能印象的调查，其中大部分人都表达了对智能技术引发的失业问题以及智能技术失控风险的担忧。目前公众对人工智能技术风险的担忧一方面源于智能技术的未知风险，另一方面源于对已经存在的隐私、就业、算法歧视等一系列问题的关切。因此除了要加强对智能技术的接受研究，还应该让智能技术走出实验室，提供更多智能产品与公众面对面接触的机会，

---

① Russell, Stuart, Dewey Daniel and Tegmark Max, "Research Priorities for Robust and Beneficial Artificial Intelligence," *AI Magazine*, 2015, 36 (4), pp. 105-114.

引导公众正确认识智能技术，最终使智能技术祛魅，并走向常态化的智能技术基本原理普及。

最后，针对整个技术环境，伦理与法律是处理人类关系的基本手段，因此伦理观念的发展与法律法规的完善都应该做到与时俱进，比如现在的智能技术产品的版权问题、智能机器法律资格民事主体问题、智能技术引发的隐私风险的管控问题、无人驾驶系统的安全责任问题等。

2. 治理手段的协调性

人工智能技术引发的伦理风险需要多元主体的参与，同时也要形成协调有序的治理体系。首先应该推动形成人工智能风险的共识，这既需要社会形成智能技术的普及、教育宣传、探究讨论的氛围，更需要社会形成人类命运共同体所强调的义利观，确立全球共治的风险责任意识。人工智能技术不能被政治资源和资本竞争所绑架而陷入盲目开发的境地，这需要科研共同体的自我约束，人工智能专家的高度警醒，也离不开社会学科专业学者的敏锐洞察力。他们也在为智能技术有序发展和进步贡献心力，尽力推动其安全风险教育和警示。

其次，推进全世界的科研共同体从自反性和能动性维度出发，建立人工智能自反性治理体系，并使其与全球各领域的人工智能相关的伦理法规相辅相成。如我们对人工智能武器化的谴责和监督、对脑接口等智能技术产品与人体结合的谨慎审核，以及对人形机器人的开发和制约，等等。学者李伦等主张开发者要坚持基本的伦理规范，将安全性、有益性、包容多元性等原则贯穿设计始终，明确人工智能技术的开发责任[1]。也就是说，人工智能技术的开发、应用、运营、推广与产品服务的各个环节都需要明晰相应主体的权利与义务，需要明确伦理风险发生时道德主体应该承担的责任。同时也提倡相关组织和企业在人工智能传播技术发展的伦理规范下有序推进，以此来稀释人工智能产业可能存在的负面影响。

伦理机制需要在目前的技术发展阶段被谨慎制定、协调运行。比如我们可以通过成立全球人工智能科研伦理委员会来约束基本的伦理边界，

---

[1] 李伦、孙保学、李波：《大数据信息价值开发的伦理约束：机制框架与中国聚焦》，《湖南师范大学社会科学学报》2018年第1期，第1~8页。

同时应该避免全球协调治理的伦理组织成为国际政治角逐的筹码,而应该保持自身独立性。

五　人工智能传播伦理生态治理的路径及对策

人工智能传播伦理生态治理的路径主要分为五种。第一,发挥算法程序设计者的道德想象力;第二,政府和媒体重视主流价值的引导;第三,科学技术共同体应遵循自身的技术责任;第四,完善行业内部的伦理法规;第五,用户需要提升信息素养,实现信息接触的多元性和数据权利的自主性。对于传播伦理生态的治理对策则须坚持治理协同性和全局性,树立友好人工智能的治理理念,坚持安全与发展兼顾的目标,综合应用伦理引导、技术应对和规范立法手段的治理对策;保障用户数据安全的同时提升算法透明度;打造政府、科学共同体、市场与公众多方协同治理的模式。

(一) 人工智能传播伦理生态治理路径

传播伦理生态的治理路径应注重治理主体的多元性,政府层面应该强化主流价值引导;平台的程序开发者应该提升自身道德想象力;人工智能技术行业需要不断完善伦理法规;用户应该强化良好的媒介信息素养。

1. 政府强化主流价值观引导

政府强化主流价值观引导主要体现在国家目前的科技规划、资金技术投入以及政策倡导等方面。国家已经将人工智能传播伦理风险治理的体系规范纳入国家治理现代化的重点范畴。随着人工智能技术产业的崛起和不断发展,人类社会未来由人工智能技术诱发的伦理问题的治理也被提上议程,这将有助于解决伦理风险问题带来的负面效应,推进人工智能行业健康发展和良性循环。

为了进一步强化人工智能技术在关键领域的应用,《中共中央关于制定国民经济和社会发展第十四个五年规划和二〇三五年远景目标的建议》中强调,瞄准人工智能、量子信息、集成电路、生命健康、脑科学、生物育种、空天科技、深地深海等前沿领域,实施一批具有前瞻性、战略性的国家重大科技项目。①。2021年3月，全国两会召开期间，多位科技界的委员就人工智能数据安全问题建言献策，引起了社会的广泛关注。小米科技董事长围绕疫情期间的"数字贫民"风险提出，应该引导和鼓励社会共同促进智能技术适老化发展。对于数据共享可能引发的信息问题，百度首席执行官李彦宏建议对各个平台的信息开放共享和服务质量进行评估；360创始人周鸿祎就智能驾驶汽车数据安全问题提出建议：数据采集范围应禁止超出满足智能汽车功能的地理环境数据，并细化智能网联汽车的数据安全要求。②

2. 发挥算法程序设计主体的道德想象力

就算法程序的设计者和开发者而言，需要加强算法设计者道德责任的建设，提高道德想象力的构建能力。在算法的开发阶段要能够通过对各种既定情景的设想，对其可能带来的后果进行风险评估，最后通过这些评估做出有效的决策。需要将道德观念嵌入整个算法体系的开发和应用的全过程，采用价值敏感设计（Value-sensitive Design）对技术进行设计，从定量和定性分析的角度找到价值算法和价值冲突的平衡点。

在这个过程中，算法程序设计者应该注重以下两个方面。第一，设计者要以主流价值为导向，引领智能算法推荐技术的创新。虽然资本逻辑的原生动力导致智能算法程序具有逐利性，但是主流价值观的强势介入可以有效规制智能算法推荐的价值导向，将主流价值观嵌入智能算法程序的整体技术研发过程，保持主流价值观赋值在算法优先级中的优势权重。比如，平台要做到智能算法的数据收集不得侵犯用户隐私，智能算法的信息分发不得为了追求流量和热度而损害社会公共文化价值生态等，以此来保证算法在主流意识形态主导下服务用户。第二，基于主流价值观对智能算法推荐的信息分发等技术进行把关。再好的传播渠道都不能没有把关人。在弱人工智能时代，算法推荐的智能化水平还较低，机器算法的信息分发一刻也不能离开主流价值观的约束和纠偏。必须超越"先分发后删除"的事后把关模式，加强对智能算法推荐的前置把

---

① 《中共中央关于制定国民经济和社会发展第十四个五年规划和二〇三五年远景目标的建议》，（2021-02-03）[2020-11-03]. http://www.gov.cn/zhengce/2020-11/03/content_5556991.html.

② 《平台企业应该秉持科技向善的理念》，《华西都市报》2021年3月12日。

关。要将人工审核和算法审核结合起来，既发挥机器智能的技术优势，又发挥人工编辑的价值纠偏能力，在实现人机协同和人机互补的基础上，更好地净化算法推荐的内容生态。

3. 制定行业内部伦理法规

对于推广算法程序的平台方来说，首先要对嵌入算法系统的规范价值实施位阶的排序，其次对已经完善的伦理规范体系进行评估，既要重视消费者的使用体验，又不能忽略行业组织可信赖的标准界定，最终实现人工智能与人类社会的伦理规范的价值对齐，以及平台的数据公正性和算法的透明。近年来，政府机构和国际组织都正在积极组织和构建人工智能传播伦理治理规范，以保证智能技术始终遵循"以人为本"的理念向"善"发展。

例如欧洲《通用数据保护条例》将隐私保护设计作为基本要求，"隐私保护设计属于价值敏感设计，价值敏感设计（Value-sentiment Design，VSD）通过概念阶段、经验阶段和技术阶段实现对人类的保护"。[①]《通用数据保护条例》第25条所规定的数据设计保护和默认保护原则，正是从技术角度强调了对个人数据主体权益的保障，然而这条规定本身存在一定的模糊性，因此要将人类的价值理念嵌入算法设计程序，防止数据滥用造成泄露用户隐私的现象。

表1 人工智能技术伦理行业标准

发布时间	发布主体	相关内容
2017年10月	国际标准化组织（ISO）	成立人工智能委员会，负责算法偏见、隐私保护等领域的标准研制工作
2016年8月	联合国教科文组织（UNESCO）和世界知识与技术委员会（COMEST）	发布《机器人伦理报告》
2017年12月	电子工程师协会（IEEE）	提出"人权、福祉、问责、透明、慎用"的五项原则
2017年7月	中国政府	《新一代人工智能发展规划》

---

① 李伦、黄关：《数据主义与人本主义数据伦理》，《伦理学研究》2019年第2期，第102~107页。

续表

发布时间	发布主体	相关内容
2018年2月	剑桥大学、麻省理工学院以及Open AI公司等组织机构	发布《人工智能的恶意使用：预测与治理建议》报告
2019年8月	微软、谷歌、IBM等科技企业	制定人工智能开发的伦理原则
2019年3月	Facebook和慕尼黑工业大学	共建AI伦理研究所
2019年6月	美国政府	制定《国家人工智能研究与发展战略计划》，发布包括伦理风险法律机制、系统安全等内容的八项人工智能战略
2019年2月	中国国家新一代人工智能技术风险治理专业委员会	发布《新一代人工智能治理原则——发展负责任的人工智能》，以确保风险治理与协调发展，促进社会生态可持续发展
2019年4月	国家人工智能标准化总体组	发布《人工智能伦理风险分析报告》，强调"以人为本"与"责任原则"
2019年5月	经济合作与发展组织（OECD）	联合42国签订《人工智能原则》
2019年5月	北京智源人工智能研究院人工智能伦理与安全研究中心	联合百度、阿里巴巴、腾讯、华为、清华大学、中科院、新一代人工智能产业技术创新战略联盟等共同发布《人工智能北京共识》，发布智能技术"有益于人类命运共同体的构建"等16项内容。
2019年8月	深圳人工智能行业协会、科大讯飞等数十家企业	联合制定《新一代人工智能行业自律公约》
2019年10月	百度、阿里巴巴、旷视科技等主要科技企业	成立人工智能道德委员会，以"负责任、可持续、有价值的智能生态"为发展目标
2020年2月	欧盟	发布《人工智能白皮书》，把伦理监管纳入重要治理政策内容
2020年10月	欧洲议会	发布四项监管智能技术的立法倡议，以平衡技术创新和社会治理关系为要旨
2020年10月	联合国教科文组织	完成AI伦理建议书草案

4. 用户提升信息素养

用户信息素养是指用户在面对信息产品时所表现出来的态度、知识、技巧以及能力的总和。可以充分利用各种渠道和平台大力推行信息素养教育，全面提升用户群体在人工智能时代的数据加工和识别素养、价值分析素养、价值判断素养以及信息流通整合素养。培养用户对算法推荐的理性认知和批判意识，使其能够知晓智能算法推荐的技术逻辑和运行机理，能够合理地运用算法而又不被算法所操纵，进而真正做到以人的价值理性驾驭算法推荐的工具理性，让智能算法推荐真正成为服务于人全面发展的助推之器。

用户对自己消费产生的数据信息拥有实时追踪的权利，同时重视信息接触的多元性和数据权利的自主性，捍卫自己的数据权利。数据的收集、使用以及二次传播须经过用户的同意和许可，如果权利受到损害，用户应该及时站出来表达自己的意见和态度。

苹果商店正式推出用户信息保护功能，也就是说，算法设计者在进行应用更新时，须向苹果商店提交一份详细的数据透明化清单，清单内容包括：用户信息的使用权限、用途、使用的具体地理位置和范围。对应的用户也可以在平台端实时查看自己的数据信息被应用于何处。数据信息的收集和应用将实现前所未有的公开化与透明化，最大限度地量化用户App下载的必要性和需求度，更好地服务于移动终端市场。

（二）人工智能传播伦理生态治理对策

传播伦理生态具体治理对策需强调治理的协同性、全局性，也要强调治理的动态过程，具体对策涉及以下四个方面：一是遵循智能技术造福于民、安全与发展兼顾的原则；二是伦理引导、技术手段和科学立法三管齐下；三是保障用户数据公平和提升算法透明度；四是打造政府、科学技术共同体、市场和公民多方协同治理的模式。

1. 遵循智能技术造福于民、安全与发展兼顾的原则

一是树立友好人工智能的治理理念。电商平台Groupon创始人尤德克弗斯基（Eliezer Yudkowsky）较早提出友好人工智能理念，他认为友好人工智能主要是指对人类能够产生积极效应的通用人工智能，既包括

技术本身，同时也指技术产品①。而后美国计算机科学家鲍姆提出有益的人工智能的观点，有益的人工智能即对社会有益且又安全的人工智能技术。高奇琦从"善智"的角度出发，提出智能技术发展的根本目标是提高社会生产力，实现社会公平②。实际上，上述几个智能技术的畅想都是迈向造福人类的发展方向，通过利益相关方各司其职、各尽其责，将友好人工智能技术的理念贯彻于智能技术的研发、规划和应用等不同的阶段和各个方面。

二是坚持安全与发展兼顾的治理导向。既要充分释放人工智能带来的技术红利，也要做好安全防范，及时有效应对人工智能可能引发的风险。也就是说治理的关键在于找准技术发展与伦理规制之间的平衡③。对于智能技术传播伦理风险的治理，既不能任由其泛滥，也不能因过度严苛的法律法规的施行而抑制其应用活力。应给予市场适当的试错空间，同时严守治理原则以确保人工智能产业有序发展。

2. 伦理引导、技术手段与科学立法三管齐下

一是伦理引导。剑桥大学教授马丁·里斯（Martin Rees）在对《人类未来》提到的人工智能焦虑进行"解码"时提出"要解决全球各种各样的危机，免不了技术的加持，但是技术需在规范的伦理道德约束下发挥作用"。人工智能技术应该在人工智能传播伦理风险规制的约束下实现"科技向善"、健康发展。相较于立法的滞后性，伦理引导颇具先行预设的优势，可以及时灵活地映射社会各个领域的关系变动。全球各个与人工智能技术相关的国际组织正在积极探究智能技术的规制之策。如国际网络安全保护联盟（ICSPA）倡导"确保人工智能系统程序公开透明化、禁止 AI 军备竞赛、搭建全球智能技术伦理风险管理机制"等十项伦理原则；麻省理工学院、清华大学等高校人工智能学者基于学术视角探讨了人工智能伦理风险治理等。

二是技术手段。相关数字技术以其精准、高效的特征被应用于人工

---

① D. Eliezer Yudkowsky, "Artificial Intelligence as a Positive and Negative Factor in Global Risk," in Bostrom Nick and Cirkovic Milan edited, *Global Catastrophic Risks*, Oxford: Oxford University Press, 2008, p. 317.
② 高奇琦：《人工智能：驯服赛维坦》，上海交通大学出版社，2018年3月。
③ 杜严勇：《人工智能引论》，上海交通大学出版社，2020，第307~308页。

智能技术伦理风险的治理之中。

数据处理前，应明晰当前数据处理状态，引入社会责任领域的数据道德风控模型，基于全生命周期的数据使用情况制定数据道德规范，对现有训练数据是否符合合规性驱动因素、数据道德标准进行审核。

数据处理中，应遵循数据道德原则，考虑风险与实践因素，进行数据清洗以降低数据信息滥用风险，如明确用户基本信息的隐私权访问权限、对用户信息系统访问权限进行审查等。总之，要将"尊重人、善意和正义"的数据道德原则贯穿技术处理过程。

算法程序设计时，实现算法的道德化，建构道德算法。正如李伦和孙保学所言，"道德算法是指那些道德上合乎伦理的算法，这样的算法设计可以提高自主决策系统的安全性和可靠性"。实现道德算法的路径主要可以分为"自上而下"、"自下而上"和"混合式"三种。"自上而下"路径的核心思想是："如果道德原则或规范可以清晰地陈述出来，那么有道德的行动就转变为遵守规范的问题，人工道德行动者需要做的就是去计算其行为是否由规则所允许。"① "自下而上"路径强调人工智能的自主性，通过机器学习以及自适应系统的演进在具体的伦理情境中生成一套具有高度适应性的伦理原则。相比"自上而下"的路径，它强调通过对数据集的后天训练生成精准的推理机制。"混合式"路径是将前者的规则驱动和后者的技术驱动相结合的综合方式。三种实现道德算法的路径都需要算法设计者敏锐的道德感受力和广阔的伦理视野。

实际上，通过技术实现智能技术风险防控已经有理可循：微软利用被称为"单词嵌入"的自然语言处理工具，可以解决文本搜索中的性别偏见和性别歧视等问题；谷歌"Explainable AI"工具可以对算法的决策依据、训练数据的信息阈值进行可视化分析处理，使人工智能算法更加科学、透明和可解释；华为通过平台"数据过滤"的技术手段规范算法程序的数据清洗过程，最终确保安全可控的人工智能技术应用于生产和生活。

---

① 李伦、孙保学：《给人工智能一颗"良芯（良心）"——人工智能伦理研究的四个维度》，《教学与研究》2018年第8期，第72~79页。

三是科学立法。伦理和法律是协调人类社会各类关系的有效途径。解决人工智能引发的一系列伦理问题，既需要对人工智能进行伦理设计，又需要用户转变使用理念。

需要完善相关伦理法规，从法律的角度对人工智能的研发进行规制。如 Matthew Scherer 倡议在立法层面通过《人工智能发展前景目标》；中国信息通信研究院发布的《全球人工智能治理体系报告（2020）》就曾指出：需要明确每个阶段的治理战略部署，不断优化治理环境和深化伦理风险治理规则研究，有效增强治理能力，最终完善人工智能技术伦理风险治理路径。

从近期看，要依靠"数据治理"协调人工智能产品行业标准的制定。从中远期看，要不断调整法律机制，重视智能技术对现行责任主体带来的影响，明晰智能产品的研发、生产运营等各个环节的义务，分析产品的研发、运营过程中置入新技术理念的可行性，不断提升算法的透明度。

3. 保障用户数据公平和提升算法透明度

在此过程中平台需要保证数据主体的可见性、自主性，程序设计者对算法程序关联阈值和用户标签生成要素公开，最终使用户知情同意权得到有效保障。

一是保证数据公平。非正义的原始数据如作为算法运行的开端参与运算，那么算法偏见就会恶性循环，周而复始。Heeks 等认为，数据的所有权、获取权和代表权事关数据的公平性。Taylor 将数据代表权和信息隐私权的可见性、共享数据福利和技术决策自主权的参与性、识别和质疑偏见以及预防数据歧视的能力，作为数据公正的评判参数。在信息技术采集与数据收集全球化的背景下，将数据权利共享的理念纳入人工智能传播伦理风险治理体系集中讨论，以此避免不公正的数据信息收集可能引发的伦理风险，这也是建构公平正义的算法框架、实现技术正义的起点。

在数据采集阶段，应该按照行业标准对输入的数据集做好数据筛查、数据清洗以及数据格式化的工作，避免数据偏见带来的算法决策的不公平问题。

在数据的开发阶段，应该摒弃攫取数据的数据霸权观念，依照市场机制和行业标准采之有度。数据开发平台借助技术上的先发优势应主动履行伦理风险治理的主体责任，严格自律。[①] 互联网平台应坚守广告开发与数据信息使用的职业伦理与道德规范，切实遵守广告主、用户个人数据信息存储、管理与开发的信息传输规范，完善技术保护。做到将自身的经济利益与平台用户个人利益兼顾，为维护国家与社会的信息安全边界与长久利益夯实基础。

二是提升算法透明度。Mittelstadt 等（2016）提出，透明度主要包括信息的可访问性和可理解性。陈昌凤和张梦（2020）指出，算法透明度是责任平台对用户履行信息数据公开和尊重用户知悉权的一种形式。Natali Helberger（2016）倡导一种"公平媒介实践"（Fair Media Practices）：推崇平台与用户之间形成良性的合作和信息共享关系。而提升算法透明度正是能够解决技术平台和用户之间的信息不对称问题的最佳路径，提高算法设计阶段的透明性，以技术支持降低个人信息泄露的风险，倡导公平公开和包容的算法机制，构建双向互动的反馈机制，以便平台实时收集用户的信息诉求，形成双向互利、可持续、良性循环的信息生态。[②]

三是保障用户的知情同意权。平台的信息推送与用户协同过滤机制双轨并行，主流媒体加强公民对智能风险的感知与化解能力的教育；平台加强智能技术知识的普及；用户以此提升信息素养，参与风险治理。

平台保证数据主体的可见性、自主性，设计者需对算法程序关联阈值和用户标签生成要素进行及时公开。首先，平台在收集信息时应该获得用户的同意；其次，平台需向用户公开用户画像和标签的生成标准，使用户可以通过数据标签知悉信息与个人的密度，这样可保证用户对一些偏见和歧视信息进行纠正，及时处理。

4. 打造国家、科学技术共同体、市场和公众多方协同治理的模式

科学技术共同体帮助国家科学立法，政府监督平台应用智能技术，平台增强技术投入实现智能技术伦理风险的反治理，治理成果惠及用户，用户数据进一步为科学技术共同体的风险治理研究提供参考。

---

① 李伦、李波：《大数据时代信息价值开发的伦理问题》，《伦理学研究》2017 年第 5 期，第 100~104 页。
② 闫坤如：《人工智能的道德风险及其规避路径》，《上海师范大学学报（哲学社会科学版）》2018 年第 2 期，第 40~47 页。

国家依靠设立专门机构、制定战略和发布法律法规进行伦理风险治理实践，在治理过程中发挥引领功能。如 2020 年，在 G20 数字经济部长会议上，各个国家达成一致意愿落实和进一步践行《G20 人工智能原则》，共同推动全球人工智能健康发展，以此推进国家人工智能伦理风险治理进程。

行业组织和科学技术共同体通过制定技术标准、倡导行业自律等方式成为人工智能伦理风险治理的有效推动者，助推人工智能技术规范良性发展。如 2018 年至 2020 年期间，日本人工智能技术研究与治理学会发布的《人工智能技术人员应该遵守的伦理条例以及指标草案》、国际电气与电子工程师协会（IEEE）发布的《人工智能设计伦理准则》、国际标准化组织（ISO）和国际电工委员会（IEC）等标准化组织机构制定的有关新一代人工智能技术及产品的标准等，都在倡导通过技术路径解决问题，对症下药，治理风险。

科技企业及其程序设计者是保证人工智能技术行业自律自制的中坚力量，他们通过规范企业伦理法规和开发技术智力工具带动伦理风险治理实践落地。用户是人工智能伦理风险治理过程的重要监督者和合作者，通过合法正规渠道介入人工智能技术落实环节，不断加强对智能技术的了解，更好维护自身的权利。如 2020 年第四季度，我国全国人大常委会法工委在中国人大网公开征集关于《中华人民共和国个人信息保护法（草案）》的社会各界的意见，保障公众对信息保护和治理相关立法工作的知情同意权、监督权和建议权，等等。

六 人工智能传播伦理生态的构建

消极的伦理观念放大了数据和算法对个人隐私安全的冲击，使个人囿于数据化带来的潜在伦理风险，忽略了人的主观能动性，过度强调了超人工智能条件下的"弗兰肯斯坦因"的悲剧。实际上，算法的目标是人类进行设计的，算法本身并不具备毁灭人类的主观意志。应该关注的问题是，如何让数据和算法程序开发在合乎伦理规范的设计者手中为人类谋福祉。

(一) 人工智能传播伦理生态构建的目标

人工智能传播伦理生态建构的目标主要有三个：保护个人数据安全，实现其自由而全面的发展；更好地发挥大数据技术和算法程序的积极作用，把握信息安全的边界；最终引导信息价值伦理观念的重塑，推进全球善治，发展全球合智。

1. 保护个人数据安全，实现其自由而全面的发展

"从个人层面来看，人工智能时代的信息安全包含自由、尊严以及伦理价值。"① 在智能时代，信息安全所保护的用户个人信息在很大程度上就是构成用户隐私的数据信息。而这些数据信息，又是和个人的自由和权利密切相关的。自由、尊严等个人权利是人们公认的伦理价值，因此，智能时代个人的信息安全保护具有重要的伦理价值。

"小数据时代的伦理观念、法律法规对于当今人工智能开发的伦理风险的制约不具有普适性，这也启示我们要树立公平正义、开放多元、互助共享的新型伦理观念。"② 一方面，数据与算法的开发者要重视对正在完善的相关法律法规和行业规范的遵守；另一方面，数据的主体应该提升自己的数据能力和信息素养，通过"以人为本"的数据权利追求新的信息自由，实现互利共赢。通过有效的数据伦理和算法伦理约束机制，引导用户对多元的信息形成有选择的接触和理解，防止出现信息偏食对人的全面发展产生影响。

2. 更好地发挥大数据技术和算法程序的积极作用，把握社会信息安全的边界

实际上，这些伦理风险与人工智能带来的技术红利是相伴而生的，针对数据伦理的信息安全、数据权利和数字鸿沟，人工智能技术算法伦理中涉及的算法歧视和偏见问题以及"信息茧房"等问题，可以通过完善相关法律法规、伦理约束机制，创新技术等举措进行解决。人类在正视这些伦理风险的同时，又进一步推动了人工智能技术"向善""向上"

---

① 吕耀怀：《大数据时代信息安全的伦理考量》，《道德与文明》2019年第4期，第84~92页。
② 袁雪：《大数据技术的伦理"七宗罪"》，《科技传播》2016年第4期，第89~90页。

发展。

从社会层面来看，人工智能的信息安全对于实现文明、和谐等伦理价值有着积极意义。文明与和谐是社会存在和发展的应有之义，是获得道德的正当性辩护的有效价值目标。比如，拥有海量数据的现代社会组织极易成为黑客攻击的对象；数据泄露会对企业的声誉和社会稳定产生不良影响。应该把信息安全的边界界定得更为明晰。

3. 引导信息价值伦理观念的重塑，推进全球善治，发展全球合智

"善智"即良善的人工智能技术，需要在全球层面实现智能技术正义、开放和公平的目标。人工智能学者 Luciano Floridi 曾经提出了"伦理全球化"的治理理念①。他认为，人工智能技术的伦理风险是全球普遍存在的问题，因而需要全球各个国家协同合作、系统化、全局性的跨文化治理②。

人工智能传播伦理风险治理的关键在于实现全球范围内技术的公平正义，因此它应该致力于推动全球问题的解决而不是带来更多的隐患。Kareem Ayoub 和 Kenneth Payneb 认为，当前无论是人工智能还是人类智能所面临的伦理困境，都需要全球各个国家在全球智能技术伦理风险治理议题上达成共识③。为了实现"善智"的目标，全球各个国家以及相关的人工智能传播伦理风险治理的组织和学者，就要在通用人工智能的发展问题上达成共识。基于所达成的共识，各个国家应该建立起应对人工智能技术风险的全球协商机制，比如失业问题同样需要提前进行全球协调。在传统的人文信息社会尽量保存一些传统岗位，或者向被人工智能技术取代的下岗工人补偿失业金，并向人工智能技术岗征收系统税。这些措施能够减缓人工智能技术给人类社会带来的伦理冲击，推动友好型人工智能更好融入人类社会。

最终，要在全球治理与国家治理之间实现动态平衡。一方面需要在全球层面建立人工智能技术相关的协调机制，形成与各个国家相适应的

---

① 高奇琦：《全球善智与全球合智：人工智能全球治理的未来》，《世界经济与政治》2019年第7期，第24~48页。
② 〔意〕卢恰诺·弗洛里迪：《信息伦理学》，薛平译，上海译文出版社，2018，第429页。
③ Kareem Ayoub and Kenneth Payneb, "Strategy in the Age of Artificial Intelligence," *Journal of Strategic Studies*, 2016, 39 (5-6), p.811.

治理举措。另一方面,目前人工智能传播伦理风险治理的主导权仍然集中于西方主权国家以及由他们主导的国际组织手中,因此伦理风险治理不具有灵活性和针对性,甚至出现了管理缺位的问题。

在国际社会中,国家是最重要的治理行为体,因此人工智能传播伦理风险的治理框架需要各个国家的参与,无论是发达国家还是发展中国家都需要参与其中,对全人类的信息安全保障、福利政策等方面的问题集思广益,建言献策,以期达到最佳的治理效果。

(二) 人工智能传播伦理生态的未来展望

"人机合智"的传播伦理生态是未来人工智能技术发展的方向,而人机交互协同是智能传播伦理生态构建的关键。在人机交互过程中,人类主体会对以往的行为经验进行积累,对即将完成的工作能动思考;而机器在不断的指令接收和执行中会分析决策中数据占比和权重,机器与人之间会逐渐形成双向的交互关系,被动与主动立场混同,单向的输出最终转为双向交互的局面。

1. "人机合智"的传播伦理生态

西方世界对待人工智能技术的未来发展弥漫着一种极度悲观的氛围,如纪录片监制者巴拉特(James Barrat)就曾经发表这样的观点:智能机器逐渐获得了深不可测、令人意想不到的神秘力量,而这些力量是不能与人类和平共处的,甚至会挑战我们一直以来的主体地位。① 美国科学家雷·库兹韦尔(Ray Kurzweil)更是提出了"奇点临近"的观点,他大胆预测了人工智能主体时代的到来和人类智能时代的终结。② 还有2015年著名物理学家史蒂芬·霍金和企业家埃隆·马斯克向生命未来研究所发表的一封有关人工智能技术的公开信,科学家们认为如果没有有效的制约手段,人工智能将会严重威胁人类的生存③。

与西方社会对人工智能技术一片怅然的态度不同,中国传统文化一直蕴含着一种主体与附庸的辩证思维智慧,如孟子的民贵君轻的思想,

---

① 〔美〕詹姆斯·巴拉特:《我们最后的发明:人工智能与人类时代的终结》,闾佳译,电子工业出版社,2016,第6页。
② 〔德〕黑格尔:《精神现象学》,先刚译,人民出版社,2013,第122页。
③ 〔德〕黑格尔:《精神现象学》,先刚译,人民出版社,2013,第122页。

他认为人民的地位是高于君主的；马克思则认为公职人员的本职是为普通百姓服务的，公职人员是普通百姓的公仆。上述观念实质都是动态的、灵活的辩证思维的集中体现。

实际上，坚持人类主体地位和智能技术服务于民、造福人类的思想就是科学的辩证思维的重要应用，这种思想也能扬长避短、最大限度地发挥人工智能技术的社会效益。

人类智能和人工智能可以相辅相成，人工智能技术具有可复制、可推广的优势，具有可复制推广、储存和回溯完整信息的能力，而且对抗非理性因素干扰的能力较强。同时，人工智能技术的成本和收益皆属于技术密集型产业评定范畴，技术本身存在不可预测的风险，而通用智能下的人工智能技术可以更高效地解决复杂情境中存在的问题。不过，人类智能只有平衡好劳动和休息的关系，人类的能量才能不断循环延续，短期内大规模的集约化生产亦受到情感因素和模糊记忆的制约。所以在实践生产中，人工智能与人类智能可以互相补充、取长补短。

2. 人机交互协同是智能传播伦理生态构建的关键

李平和杨政银认为，人工智能技术产业本质为技术密集型的方向，因此它为市场带来的收益和投入的初试成本都要细细评定，而且智能技术领域的深度学习本质是一种算法，产生的指令和信息具有不可预测性和风险性，也就是我们说的算法黑箱问题。与此相对，人类的通用智能可以更高效地解决复杂情境中存在的问题。不过，人类智能的局限性在于人类需要通过不断的休息来延续能量循环，只有在工作和休息间保持动态平衡才能取得良好的效果①。目前比起机器简单的替代人工智能技术，我们努力的方向在于人机融合。因为人机融合可以产生双重智能的效用，以此提升智能系统的全面性，具有空前的发展前景和实践意义，因此人机协同的智能技术也是目前科学界正在探索的方向。

麻省理工学院的物理学教授马克斯·泰哥马克所著的《生命3.0：作为人工智能时代的人类》一书详实地畅想了人类智能到人工智能进化

---

① 李平、杨政银：《人机融合智能：人工智能3.0》，《清华管理评论》2018年第2期，第73~82页。

的种种景象，并且将生命进化的过程划分为三个阶段。① 生命3.0即人机协同，在人机协同过程中，图像、文字、声音、视频相结合的多媒体信息可以有效实现多方协作，未来的人机协同智能的核心在于集人类智能和人工智能之优长，关键点是逻辑与非逻辑的碰撞融合、知与行的动态平衡统一与多元发展。

也就是说，未来的人机融合智能会将人类智能处理和感知复杂信息的能力注入智能技术的算法推理过程，而人工智能技术高效处理信息的能力又可以协助人类完成许多复杂的事务性问题，最大限度地发挥各自优势，形成友好人工智能的循环生态系统。

3. 人机融合的智能畅想

人机融合智能与人类智能有所区别，人机融合智能并不单单只依赖感性的人类情感认知或是理性的算法推理，它需要将两者有机融合，借助人类智能的先验经验。在信息的加工阶段，将人类主体的情感认知与机器智能的计算优势结合起来，最终在智能输出端将人类智能和人工智能迭加的优势相互匹配，不断优化到最佳阈值。

针对人工智能领域数据伦理和算法伦理隐含的风险，我们应该在生态与民生相结合的人本主义思想引导下，在和谐共生、系统循环的绿色发展理念以及人类命运共同体等思想要义的指导下，秉持"以人为本"的价值理念以推进政府、平台和用户等多元主体对人工智能伦理风险进行协同治理。对于人工智能技术存在的数据伦理风险和算法伦理风险，我们可以通过制定治理原则，加强伦理引导和技术支持、政府多层级立法、平台保障用户数据可见性和提升算法透明度等对策进行精准治理，增强智能技术的数据合规和算法透明度，修正原始数据库基于社会偏见的循环复制，促进智能传播伦理生态系统的良性循环，以此建构一种良性的传播伦理生态结构。

---

① 生命1.0阶段主要指硬件和软件只能演化而不能设计的生命阶段，比如草履虫；生命2.0阶段主要指硬件只可以演化，但是软件可以进行设计的生命阶段，比如现在的人类可以通过设计软件和编程技术来不断延伸技能，帮助自己克服硬件方面的局限性，提升工作、学习效率；生命3.0阶段就是硬件和软件都可以进行演化和设计的生命阶段，这也是我们人类智能所追求的终极阶段。Tegmard M., *Life 3.0: Being Human in the Age of Artificial Intelligence*, New York: Knopf, 2017.

在人机协同的友好智能系统中，用户能够自主进行情感和价值判断，人工智能产品可以通过深度学习对数据信息进行精准的量化和计算，这使得二者从单向输出转向双向互动，取长补短、相互协调。

最终，人工智能伦理风险的治理要旨在于保障个人数据安全，尊重人的权利，实现其自由而全面的发展，最大限度地发挥人工智能技术的优势，把握社会信息安全的边界，从而引导信息价值伦理观念的重塑，推进全球善治，发展全球合智，实现"人机合智"的传播伦理生态。

中国传统文化强调一种生态和谐的价值理念，儒道两家都不约而同地强调人性善论，例如，道家强调人和人之间要避免争夺，"夫唯不争，故天下莫能与之争"；儒家也强调"君子无所争"；即使是兵家的思想精粹《孙子兵法》也表达了"不战而屈人之兵"的观点，即社会最终应该达到和谐的状态。

这些观点在当下来说无不彰显了人类保持和谐积极的态度开发人工智能技术的重要性。正如高奇琦在《人机合智：机器智能和人类智能的未来相处之道》一文中表达的观点："人类的自由意志和独特性不会随着时间消磨而淡化，反而会在与智能技术的互动中形成动态平衡的和谐状态。"[①] 人工智能技术的应用是注重人文关怀的，人类和人工智能技术友好相处，发挥各自的独特优势，才能以善意和友好的姿态达成精诚合作，促进人工智能传播伦理生态的良好互动与循环。

---

① 高奇琦：《人机合智：机器智能和人类智能的未来相处之道》，《广东社会科学》2019年第5期，第5~13页。

第八章　人工智能传播伦理治理的路径选择

人工智能传播是将模仿人类行为意识的数字电子计算机技术集群应用于传播过程中，整个传播过程需要基于多种技术集群与伦理道德的双重制约才能完成，其伦理治理主要涉及法律、责任主体以及技术三大方面。具体而言，现阶段人工智能处于弱人工智能向强人工智能进化的阶段，其处理信息的机制与人脑有很大不同，但随着算法与大数据的更新迭代，人工智能变强的同时也面临着道德编码、社会价值以及隐私保护等问题。本章分别从总体治理体系建构、法律参与伦理治理、主体责任、技术的数据干预以及算法规训等五个方面，探究基于工具理性与价值理性平衡的人工智能传播伦理治理的路径选择。

一　人工智能传播伦理治理体系构建

人工智能传播伦理体系需要根据人的需求建立合理的运作体系，也需要形成正确的价值导向。首先需要强调的是，信息安全是具有极强目标价值的，即信息安全通过对权利、公平、规则、道德等方面做出规范从而实现其价值目标，确定以人为本的科学理念，全面辅助人的发展。其次要注意信息安全具有工具性价值，即信息安全在政治、经济、社会、文化等具体方面具有重要的价值。人工智能技术在某些方面虽然超过人类，但整个人工智能体系还是建立在人类中心主义的基础上的，需要工具理性和价值理性的调和，关注人与自然，关注人与社会，进行系统化的治理与全局性把控，坚持主体的自我治理，达成机器与人协同发展和共同进化，把握治理的能动性，提前防范风险。

（一）建立人工智能传播伦理治理的核心评价体系

学者陈小平于 2019 年提出了"公义创新模式"[①]，这是一种伦理性

[①] 陈小平：《人工智能伦理体系：基础架构与关键问题》，《智能系统学报》2019 年第 4 期，第 80 页。

的创新模式，以经济效益的现行商业机制和社会效益的现有社会机制相结合，建立经济效益与社会效益的协调统一，对商业原则①和公益原则②中的有益理念进行提炼，整合升级成公义原则。人工智能传播的伦理治理体系架构可以基于该原则，建构出有利于人与社会全面发展的"公义"评价体系。在人工智能传播活动中，社会效益与经济效益的权衡，应建立在人类全面发展的基础之上，秉持社会效益优先的原则。"人类中心"理论是目前世界认可度较高的人工智能伦理基本原则。其中实现人类福祉也是人工智能的核心目标，由于人工智能最终使用权在人类的受众，具有被动性。所以人工智能伦理的建设必须通过人类范式的引导，去努力建立双重目标。根据学者陈小平提出的双重目标下伦理治理体系建构逻辑③，我们重新建构了人工智能伦理体系的基础架构（如图1所示）。由此架构可以看出，AI伦理有三层：第一层是伦理使命；第二层是伦理准则；第三层是实施细则。建立统一的评价体系，针对多元主体建立伦理准则，并且针对不同场景建立不同的细则。将人工智能伦理与社会经济发展紧密结合，进而促使人工智能技术更好地展示社会价值，服务于人，解决社会问题。

1. 坚持人类中心主义

人工智能追求对人类活动以及心智思想的模仿，但究其本源，人工智能还是以人类为中心去建设的一种"类人"的服务。在技术哲学家芒福德看来，"技术只是人类千年进化浩瀚文化中的一个元素，它影响的好坏，是由个体或集团对其进行利用的初衷的好坏决定的。对于机器自身是直接参与到利害关系中的，也不可以要求其保证其安全性和稳定性。但事实上，提出要求和保障人类利益是生存的重要精神任务"④。关于坚持人类中心原则，众多学者都在伦理治理研究领域指出了相关路径。学

---

① 商业的基本原则是：强化商事组织、维护交易公平、促进交易迅捷、维护交易安全。
② 公益原则包括四个方面：自愿性原则、公益活动中的公益唯一性原则、公益活动的非牺牲性原则和量力而行原则。
③ 陈小平：《人工智能伦理建设的目标、任务与路径：六个议题及其依据》，《哲学研究》2020年第9期，第79~87页。
④ 〔美〕刘易斯·芒福德：《技术与文明》，陈允明、王克仁、李华山译，中国建筑工业出版社，2009，第9页。

图 1　人工智能伦理体系架构

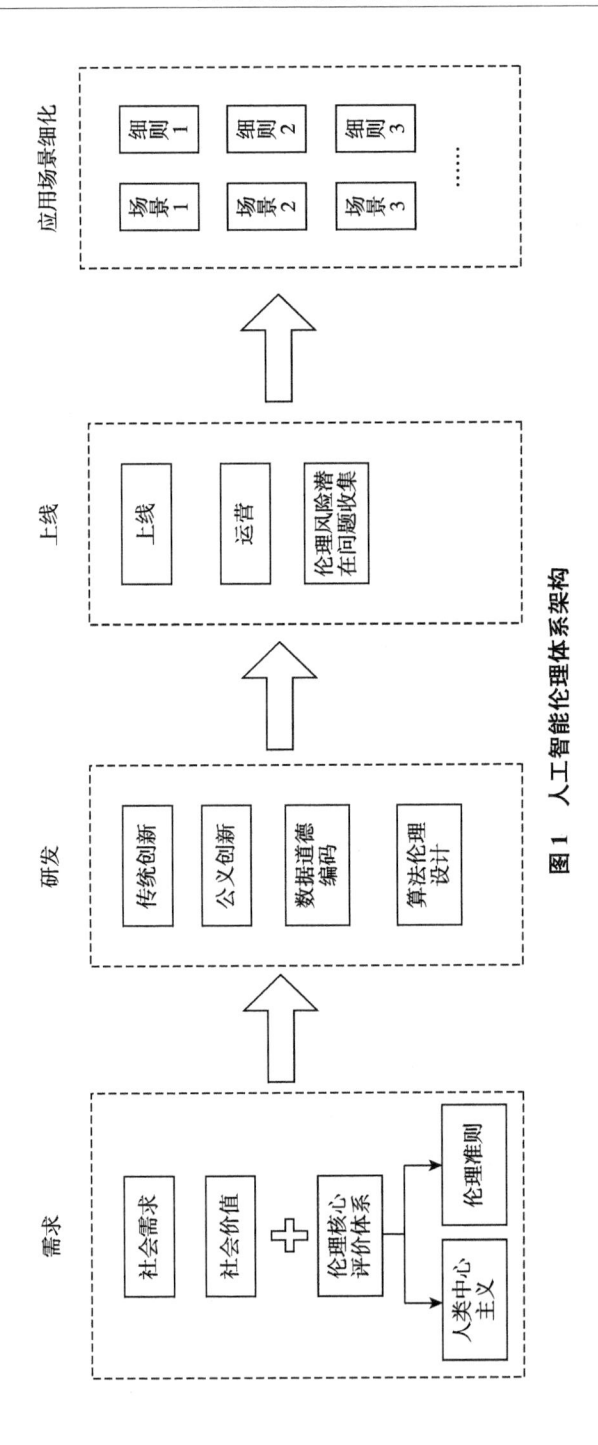

者孙伟平提出，立足于人的立场，建立人本原则、公正原则、责任原则。①

同时，学者陈林也强调"以人民为中心"的人工智能传播理念，坚持以核心价值观为导向，为人民而实现优质生活，必须以人类幸福为中心，保障人民的需求供给，提升群众的满意度。这是建设人工智能伦理准则的起点和归宿，以此来体现出人工智能保障和改善民生方面的能力与技术实力。学者陈仕伟则对人工智能的现实问题提出要求："现实的状况往往是过于注重科学而忽视人文，但是要让科学技术充分发挥出它的社会价值，就不能不突出其人文精神。所以大数据技术在透明社会中的改革与发展也是一样，不能缺少人文精神。要求在大数据技术运行中坚持以人文精神为核心，弘扬人文主义，使其发挥出最大的效果，这样才能保证社会的良好运行。"② 三位学者都确立了同样的目标，即人工智能运用必须以人类中心主义为前提，同样，在人工智能传播产品上，也必须凸显"以人为本"的价值导向，从产品的立场、产品理念、产品目标、产品核心技术以及产品价值取向等多重方面进行价值渗透，才可以立足社会，依托技术，并更好地服务于人。人工智能技术需要在模仿、服务与超越人类之间进行调和，在满足人类需求及信任的原则下，去完成人工智能技术的演进。目前利用超越人类的视觉技术去帮助视力障碍的人士，利用超越人类的体能去探索未知的海域等，都是基于用户接受与需求而建立的。

在政府方面，坚持以"人为中心"的产品价值导向，亦是一种未雨绸缪，建设好"人工智能+政务服务"，为高效政务服务带来更高层次的技术革新，构建智慧政府与智慧城市。人工智能传播技术广泛应用与快速发展的同时，我们必须高度警惕伦理问题、法律问题以及社会公共安全问题等，特别需要注意防范个人隐私被侵犯和大数据被泄露等问题，严格禁止"大数据"杀熟并且防止技术反制人类。所以人工智能传播产品应该最终服务于人，在此前提下形成共建共治共享的人工智能传播技术的发展格局。要从多元化角度切入，辐射多个领域，争取全方位地利用好人工智能传播技术，以公共利益为核心，确保能够有多种主体共同

---

① 孙伟平：《关于人工智能的价值反思》，《哲学研究》2017年第10期，第120~126页。
② 陈仕伟：《大数据时代透明社会的伦理治理》，《自然辩证法研究》2019年第6期，第71页。

参与人工智能技术的伦理治理，面对社会化和政治化风险，坚持共商、共建、共治、共享的理念。"以人民为中心"的发展理念应该融入人工智能技术的发展战略，促进技术向善，满足人民的现实生活需求，为进一步完善社会保障系统，增强公众的参与感与参与度奠定基础。面对人工智能技术可能会取代传统行业造成失业问题，需要优化救济和再分配政策，将经济建设与社会政策建设纳入人工智能伦理风险治理体系，保障社会良好运行。

机器取代"人"不是人工智能发展的重点，重构人工智能的发展理念，努力实现人机协作，释放人类的生产力和创造力，最终让技术更好地服务于人类才是人工智能发展的重点。从企业角度看，人工智能技术应尽快找到正确的定位，提升技术创新，实现多元化发展。在讨论道德问题时，我们应坚持以人类为中心的原则，承担保护数据隐私和安全的社会责任，并防止技术滥用威胁到国家和公众的安全。此外，企业相关员工的培训也需要更专业化、系统化，以确保人工智能技术使用的准确性和安全性，同时更好地帮助人工智能服务于社会。同样，在规则制定环节，公众也应积极参与人工智能传播技术规范的制定，充分表达自己的观点，敦促政府和企业在技术进步的过程中切实履行其责任和权利。人工智能知识应该被纳入基础教育环节，在全国中小学广泛教授计算机、大数据以及人工智能等科学理论知识，培养学生的兴趣，为人才培养打下坚实的基础，以便于未来的人工智能可以在传播领域得到广泛的应用。高校教育也要更契合社会发展需求，与实际接轨，推进理论与实践相结合，将最新的人工智能实战经验与案例引入课堂，在确立正确的人工智能伦理价值观之后，给予学生广阔自由的创作空间，注重多层次、多领域的技能素质培养。

2. 维护公共利益

人工智能技术的应用不仅应该提升传播的效率与规模，更应该与公共利益相关，即与人的利益相关。学者陈小平认为，在追求经济效益与维护公共利益之间人工智能的核心应该放在维护公共利益上。首先，创新社会利益优先与经济利益协同的原则，转换传统创新以经济效益为主的思想，对人工智能进行优化；其次，创新的目标是建立在满足社会发展和人民需要的基础之上的，只顾满足经济目标是不能做好创新的；最后，创新应该是更具有包容性的文明发展路径，强调以人为中心的文明而不是传统的工业文明。① 事实上，产品在互联网时代被赋予了更广阔多元的概念，各大传播主体也都趋于把高社会价值的概念嵌入产品，但仅仅嵌入概念不进行落实是很难促进人工智能产品价值提升的。维护公共利益首先需要的就是把公共需求放在产品生产的首位，其次追求经济效益协同，扩大影响力。在确立产品价值观之后通过大数据分析确定用户需求，但也不能单纯依靠大数据，而忽略了人的自主性，应该把产品的选择权与内容的接收权更多下放至用户，以体现产品真正的服务特性——服务不是包办而是辅助。

维护公共利益需要关注数字权益使用情况，确保每一位公民都能享受数字传播带来的便捷生活，尽量消除由数字付费能力、数智技能与科技认知程度差异、地理差异等问题带来的数字鸿沟。学者胡泳强调，人工智能时代需要数字包容，"它指的是人们可以在自己方便的时间和地点访问价格合理且可进入的数字设备和服务，以及拥有足够的动力、技能和信任，可以使用互联网追求并实现有意义的社会和经济成果。"② 在全社会推广数智化服务的同时，更要加强对包容性的关注。全社会应该加强对弱势群体的数字反哺，平台、技术公司、公益性组织等都应该推动多样化、易实施的技能教学，并将其融入数智化进程。

3. 增进人类福祉

人工智能传播应该有利于人的解放，并为人服务，其功能贴近群众，落到实处，从而实现人的自由全面发展。罗尔斯强调，"只有当我们站在公平和公正的一方使幸福最大化时，我们才能增加普遍的幸福。"③ 所以增进人类福祉是人工智能传播伦理体系的核心规则。显然，幸福不是限制出来的，而是努力适应社会发展与社会运行机制调和出来的。人工智能技术具有复杂性的特征，其在传播领域的应用更加需要人类的努力，并且人工智能传播伦理规制应该积极引导这种努力。学者于雪指出，"技术

---

① 陈小平：《人工智能：技术条件、风险分析和创新模式升级》，《科学与社会》2021年第11期，第1~14页。

② 胡泳：《为什么今天我们应该关注"数字弃民"？》，"remix 计划"微信公众号，2021年3月2日。

③ 龚群、陈真：《当代西方伦理思想研究》，北京大学出版社，2013，第133页。

的本质是让人类做自己，人类的精神和愿望的本质是自由，做自己的自由，表达个人信念的自由以及实现人们能成为的最好的自己的自由。"①

人工智能传播现有技术特性会诱发伦理问题，即人工智能服务于人但也利用人类生产信息进行增值发展从而将人工具化的问题，正如琼斯所言，"智能技术让日常生活的各个方面向媒介化和商品化方向发展"。此时强调增加人类福祉，就是要解决人工智能现行的产业管理及技术伦理标准体系所面临的问题，在适当的条件下，将人工智能传播引入管理流程可以更有效地实施AI通信的道德治理，从而为履行人工智能传播的治理责任提供了一条极具社会意义的可行途径。一个较长期的挑战是人工智能传播主体状况的变迁。从自媒体兴起以来，社交媒体、短视频等模式不断改变着传播主体的可能性，为了将传播权利与责任泛化，这很有可能导致非人非物、亦人亦物。从技术到人机关系再到人工智能规制的制定是一个面向社会各界的重大问题。除了解决个体责任和权利的问题之外，还要调节宏观社会环境中的经济和社会利益，使其维持平衡。在人类"福祉"原则的指导下，我们需要广泛地使用人工智能技术，设计和制造人工智能系统，优化产品设计，实施技术升级，为人工智能传播伦理系统构建正确的价值导向、目标以及原则。

人类福祉这类抽象化的价值概念如何应用于人工智能产品具象开发的过程，学者于雪总结："具体看来，以人类福祉为核心，以人工智能的创新和发展为要旨，人工智能伦理价值的设定可以总结为三个方面，分别是：观念化价值、经验化价值以及技术化价值。"② 人工智能可以通过数据溯源、规避算法内生性偏见、信息审查等技术去追求平等、和谐、多元、责任等价值观。

（二）确立人工智能传播伦理的多元治理模式

1. 多层次定位的伦理治理举措

从道德伦理层面进行植入，人工智能技术应用过程中掺杂着各种价

---

① 〔瑞士〕卡洛斯·莫雷拉、〔加〕戴维·弗格森：《超人类密码》，张羿译，中信出版社，2021，第68页。
② 于雪、段伟文：《人工智能的伦理建构》，《理论探索》2019年第6期，第45页。

值歧视和内生性偏见问题。所以多层次治理不能仅仅停留在技术对传播领域的影响层面，要深刻、全面地考虑人工智能对整个社会发展的影响，考虑其发展是否符合社会需求和是否发挥社会效益，主动转向伦理风险管控和伦理规制。在人工智能通信领域，我们必须建立"以人为本"的技术伦理和通信伦理，关注人类的本体论价值，重建人类机器社区。人对人工智能技术的依赖，容易减弱人在信息传播中的主体性，消除人类个性特征和丰富情感表达，消解信息多样化，产生严重的信息茧房，使得媒体内容单一化。有研究者指出，"对人工智能技术全过程的伦理嵌入，是将人类的道德原则以程序化的指令输入到机器中，使人工智能技术……成为真善美倾向的机器。同时这种全过程的伦理嵌入，也发生在技术的应用阶段，通过人工智能技术去规范与限制技术的使用者，避免人工智能技术的恶意使用和不当使用。"①

从法律层面进行辅助治理，法律治理是人工智能治理活动的重要手段。因此，对于人工智能传播过程中可能产生的伦理问题进行规范立法是极其重要的，比如对于人工智能责任归属问题、人工智能伦理风险问题以及人工智能传播用户隐私保护问题等都需要立法进行规范②。

正如哈贝马斯所说的那样，技术系统逐渐侵占了生活世界，当然会产生"算法"主导力量的博弈，培育价值理性和主体间性的公共领域就显得十分重要。以工具理性为导向的算法绑架了人类的自由意志。如果工具理性被置于至高无上的地位，技术就会不断地胁迫着人们的自由意志。马尔库塞强调，"技术的合理性与政治的合理性已经不可分割，'技术拜物教'造成技术环境危机四伏，技术的解放力量使事物工具化，转而成为解放的桎梏，使人也工具化了"。③ 可见技术并不是中立的，技术的本质是工具理性，工具理性只追求效率，不顾伦理和法律，具有反人

---

① 邢晓男：《人工智能技术的风险问题及对策研究》，硕士学位论文，渤海大学，2019，第26页。

② 2019年4月8日，欧盟发布人工智能伦理准则，列出了"可信赖人工智能"的7个关键条件：人的能动性和监督能力、安全性、隐私数据管理、透明度、包容性、社会福祉以及问责机制，迈出了在理性规制框架下促进发展的步伐。人工智能传播行业也能尽快提出适合自身特点的立法规范以及伦理审核机制，规制高风险的研究项目，促进健康的、万物和谐共生的技术进步。

③ 〔美〕马尔库塞：《单向度的人》，刘继译，上海译文出版社，1989，第18页。

性的特点。诚如西尔弗斯通对于"各种新技术都会成为人类的驯化之物"的发言,在人工智能传播的应用与发展过程中,技术驯化应在价值理性的引领下,对人工智能技术发展思潮中的架构思路进行清晰规划,为人工智能传播的长期发展进行铺垫。①

2. 多主体参与的伦理治理管理模式

应该打造多元主体参与的管理框架。一是政府方面,政府应在人工智能传播技术的应用中起到领导作用,公共机关需要引导研发团队搭建正确的治理框架,并且肩负公共权力机关的责任,为广大人民服务。比如英国议院颁布了《人工智能伦理准则》,日本 AI 战略技术会议建议由国家级 AI 综合管理组织负责政府和应用程序的监督。二是企业方面,企业在推动人工智能标准发展与落地方面具有直接且积极的作用,比如,"谷歌"设立了 AI 伦理委员会对其 AI 产品进行伦理审查,我国"腾讯"提出了"科技向善"的理念。三是行业组织方面,作为提供服务、沟通以及协调治理的主要社会团体,行业组织需要积极参与人工智能治理标准的制定。② 四是科研方面,需要大量的学者、专家在理论与实践的互动中不断完善治理体系。③ 五是公共监督方面,公共部门要适当加入人工智能的监管过程,通过亲身体验为人工智能传播技术献策。

主流媒体要正确引导人工智能传播活动。习近平总书记强调,要促进媒体融合发展,使主流媒体占据舆论阵地。因此,主流媒体作为党和人民政府的喉舌,必须积极融入互联网信息传播活动,积极适应当前的智能化传播环境,充分利用政府的社会公信力,维系话语权。促进人工智能算法机制的正向革新,利用议程设置适合当地指导社会公共话题的讨论,牢固占据舆论、思想的指导地位,坚持人类中心主义的社会文化底蕴。以公共利益为主,塑造以用户为中心的人工智能传播产业链,提升用户的价值认同,帮助其树立正确的智能传播价值观。

---

① 聂智、孙雅:《智能传播:工具理性与价值理性的关系重构》,《青年记者》2020 年第 23 期,第 11 页。
② 如我国智能产业发展联盟制定《共享学习系统技术要求》,美国电子电气工程学会(IEEE)发布了《人工智能设计的伦理准则》等。
③ 比如加拿大蒙特利尔大学发布了《可靠的人工智能草案蒙特利尔宣言》,全球网络联盟提出了《人工智能伦理的十大原则》。

3. 多场景的伦理治理分配

随着人工智能传播中社会参与传播模式的升级，人工智能技术应用于多种传播场景，从社会参与传播的方式来看主要分为三种：工作、公益以及娱乐。在熊彼特模式下它们是互斥的，是工作就不是公益或娱乐。而在陈小平提出的在"公义创新"模式下，社会参与传播场景之间的绝对界限被打破，一项活动既可以是工作，又可以是公益和娱乐，从而多维度扩展、激发用户的兴趣，所以在人工智能治理环节也需要注意场景的定位与组合，对不同场景进行细化治理。

目前人工智能在传播领域应用较为成熟的技术主要有人脸识别、语音识别、机器写作以及偏好推荐，它们被应用于登录密码、金融支付、虚拟内容生产以及新媒体信息传播等多种场景中。学者苏骏等人提出，进行人工智能社会实验的基本研究路径，是对不同的社会应用场景，通过科学的数据，建立合理的伦理政策规制，得到的数据反馈可以让不同主体更好地使用人工智能，促进人工智能技术的良性发展并参与到现代化社会治理进程中。[①] 由此得出三个步骤：（1）组织应用；（2）测量评估；（3）综合反馈（如图2所示）。

（三）升级人工智能传播伦理的风险管控系统

升级人工智能传播伦理的风险管控系统，首先要确定风险管理活动的范围、背景以及标准，设立前置性的风险管理措施，对风险管理的预判和可能发生的潜在风险问题提前做出准备，明确防止伦理"灰犀牛"问题的出现。学者潘建红曾指出，现代科技伦理的风险预见机制是通过构建科技预警管理体系，解释科技生产活动中的问题现象，监控可能形成的失误或伦理道德问题，以此机制来预防伦理问题的发生，保证科学技术在符合伦理道德规范的安全路径上持续发展。其次要进行风险评估。风险分析涉及对风险源、可能造成的后果、发生概率、发生过的案例事件以及发生的情景进行整理，并且将风险评估的责任分配给每一个环节的参与者。不论是个人、企业、政府抑或研究机构，其中各环节的参与

---

① 苏竣、魏钰明、黄萃：《社会实验：人工智能社会影响研究的新路径》，《中国软科学》2020年第9期，第138页。

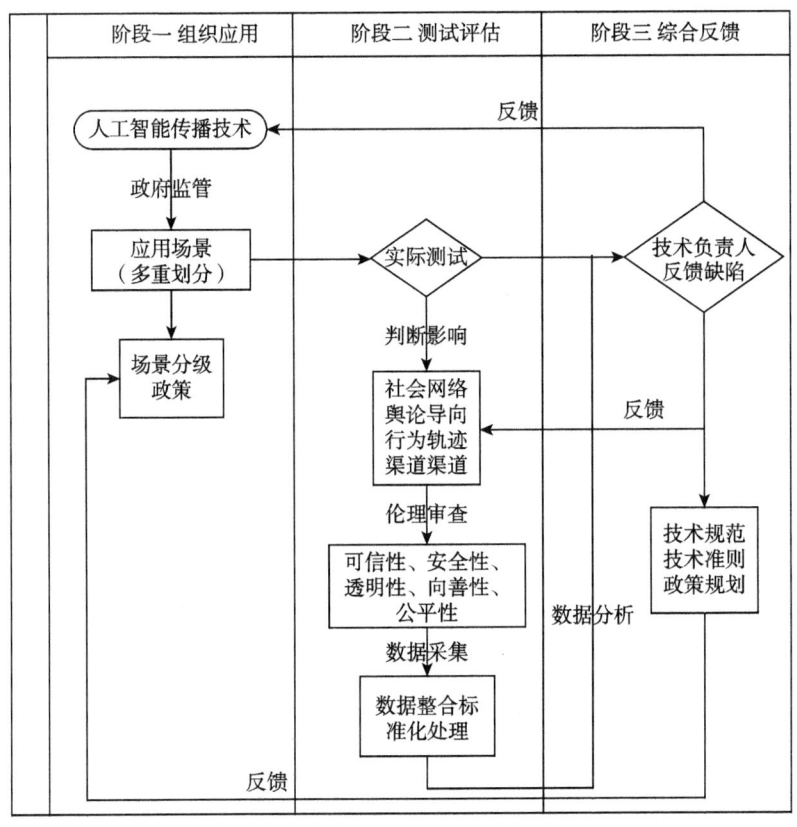

图 2　人工智能传播技术测试的基本研究路径

者都应承担相应的风险管理责任。控制风险不等于消除风险，而是应当根据风险性质和严重程度的不同进行区分，有针对性地采取应对措施。再次要建立风险管理框架。针对具体人工智能传播过程中可能出现的伦理风险，设定相对应的六项措施①。除了以上六项措施之外，还需要建立实时的监控审查制度，对风险管理的全流程进行管控，掌握人工智能传播在研发、生产、流通以及销售等各阶段的伦理治理。内容不能单独被算法决定，"人机结合"是人工智能时代进行把关人重塑的有效途径之一。② 深化人机结合的形式，及时通过管理者记录，掌握人工智能传播的动向。如人工智能伦理风险分析报告中指出的风险管理路径：第一

---

① 六项措施：（1）安全性提升措施；（2）透明度保障措施；（3）隐私防护措施；（4）可解释性措施；（5）数据使用权限与应用布局措施；（6）系统可控性优化措施。
② 《不能让算法决定内容》，《人民日报》2017年10月5日。

步，确定风险管理活动的范围；第二步，风险评估（识别、分析、评价）；第三步，风险应对；第四步，持续监控及审查；第五步，进行记录及汇报。①

二 基于法律保障的人工智能传播伦理治理

人工智能技术发展迅速，从原来的信息产业 IT，向着智能产业"新"IT 迈进，并应用于多个领域。偏好推荐、语音识别、物联网、二维码以及传感器等在传播领域的应用带来了算法偏见、算法歧视、数据盲点、数据难民等问题，政治哲学家和经济学者弗里德里希·哈耶克（Friedrich Hayek）曾说："科学走过了头，自由将无容身之地。"② 要保证人类与技术关系的良性循环，并促进技术与人类协同发展，人工智能技术与操控人工智能技术的人需要受到约束，在自律的基础上借助他律的力量，以法律的强制性和行业规范的标准去约束在智能传播过程中伦理失范的相关行为主体，通过实质性的惩罚减少失范行为。

（一）构建人工智能传播伦理的法律体系

智能技术与传播技术的融合将产生多重伦理问题，如用户隐私泄露、人肉搜索技术加剧网络暴力、算法偏见增加、数据难民边缘化程度加深、算法偏好推荐助长回音室效应使人类陷入"信息茧房"，以及算法"黑箱"加大算法风险不可预测性，等等。法律可以对此现状进行有效的域外管理，在开展人工智能的研发和应用时，应强调为人类生活服务带来价值增益，考虑人的良知和情感，并建立坚实的维护制度。

1. 建立"以人为中心"的法律体系

确立人的中心地位、人工智能的工具性以及算法的服务性，是确立法律体系的第一步。欧盟《通用数据保护条例》是一部权威的个人数据保护法案，欧盟也是通过推进立法促进人工智能发展，避免出现安全失控、法

---

① 国家人工智能标准化总体组：《人工智能伦理风险分析报告》，2019 年 4 月。
② 〔英〕弗里德里希·哈耶克：《科学的反革命》，冯克利译，译林出版社，2003，第 18 页。

律滞后以及伦理失调等问题。对于明确人的主体性问题,新华社 AI 研究小组提出建议:"我们必须确保人类在媒体行业 AI 系统运行中的主导地位。传统媒体组织和新兴媒体都应将人工智能技术作为辅助手段,而不一味追求人工智能技术主导一切。"[1] 编辑和新闻工作者应保持充分有效的独立决策能力,在运用 AI 技术时,不仅要发挥"动能",还要重视"智能",并有效地监督整个过程。学者 Henry Brooke 指出,法律给予个体受保护的权利有利于提升公共价值,实现公共意志。法律体系的建构需要多重主体进行维护,坚持人的主体性和技术的客体性,最终为公共利益服务。

2. 规范人工智能算法责任与权利

强调权利与义务相统一,是人工智能法律主体建设的核心内涵。当前我国已经出台了与人工智能传播相关的法律法规。学者蒋博文指出:"各管理部门与平台的网络治理正在形成合力,共同守卫网络传播平台传播行为的底线,也将对不法分子窃取、滥用以及泄露用户隐私的行为产生强制、震慑作用。"[2] 明确责任权限,明确各主体在法律体系中的定位,构建起智能社会责任关系网,有利于人工智能时代的法制社会建构。

3. 从法律法规层面制定智能传播伦理和道德标准

传媒业普遍应用的"弱人工智能"技术目前可以得到较好的控制,但随着科技的发展,人工智能的能力将不断增强,法制与伦理道德观念的结合升级有利于防范技术错位、隐私泄露以及技术"黑箱"等问题,确保人工智能的可解释性和可访问性,确保人工智能"向善"发展。比如人类"面部"信息的收集利用大多是通过部门规章来进行规制,国家没有出台相关的法律予以规范和约束。《信息安全技术 个人信息安全规范》明确了敏感信息的定义,并将它和一般信息区分开来,要求在收集个人的敏感信息时必须获得主体同意。[3] 积极推进法律治理,明确伦理道德基准,是人工智能高速发展阶段国家治理的重点。2021 年两会期

---

[1] 新华社"人工智能时代媒体变革与发展"课题组、毛伟:《人工智能时代新闻媒体创新发展的对策建议》,《中国记者》2020 年第 2 期,第 16~18 页。

[2] 蒋博文:《网络传播时代数据伦理失范行为及调适路径》,《观察与批评》2020 年第 12 期,第 24 页。

[3] 余圣琪:《人脸识别技术的风险与法律规制》,《上海法学研究》集刊 2020 年第 15 卷,总第 39 卷,第 150 页。

间,以蔡晓红为代表的六位委员就提高人脸识别的安全性提出建议。①法律以其强制性来规范社会行为,保障道德效力。但是,由于社会的快速变化和立法的程序要求,立法出现了滞后,人工智能传播伦理问题加剧,针对隐私泄露、版权侵权、数据泄露等问题政策规范不到位,维权成本加大。因此,应健全相关法律体系,以适应快速发展的信息社会的需要,让人们的数字化生存能够有法可依。

(二) 重构人工智能传播法律的多元治理机制

人工智能传播法律中的多元主体和多元定义充分显示出了法律的灵活性。数字技术搭建了一个信息社会,对信息的掌控力决定了主体的权力,信息权力由此产生,实际上改变了政府权力的运作形式和人们对权力的理解。学者郑智航分析,多元治理机制首先需要确立从二元结构到三元结构的转化,实现多元主体治理结构,"除了政府需要改变过去单向度的'命令加控制'的管控方式外,还需要构建算法规制的合作治理路径"②。技术重构了我们对于权力的认知,并逐渐形成了一个由法律法规、平台规制、用户守则等主体共同组成的多元化结构体系,公权力、社会权力以及私权利的关系在法律中得以明确。人工智能传播相关的平台企业、开发设计者、研究人员与政府之间是相互监督、共同管理的关系,他们作为技术研发者也应主动参与相关法律的制定,这种多元主体的立法结构有利于提升法律治理效率。

在传统的社会治理中,由于政府垂直分层的行政结构,信息呈现出高度集中、垄断化的特点,这也为政府管控提供了便利和合法性。然而,人工智能技术打破了这个结构,通过节点化、低门槛的技术属性消除了知识垄断,实现了信息资源的共享,向传统政府管控手段的合法性提出了挑战。同时,人工智能技术中的算法问题可能涉及高度不确定的未知项目,我们不但需要从"社会现实"到"法律责任"进行推理,而且需要借助复杂的模型和统计数据在纯技术性"事实"之间进行推论。事实

---

① 建立人脸识别网络信息安全监管体系,加快人脸识别应用技术标准体系的开发,明确人脸识别软件和硬件应用的安全技术要求。
② 郑智航:《人工智能算法的伦理危机与法律规制》,《法律科学(西北政法大学学报)》2021年第1期,第14~26页。

上，法律和技术的交织给法院带来了技术审查的难题。面对人工智能技术专业性的挑战，国家需要建立多元治理体系，进行权力的相互牵制。

维持"智能人"与"自然人"的平衡。当人工智能不再仅仅作为人的工具出现的时候，那么"智能人"的概念可能会进入民法的范畴。[①]若按照此发展路径去考虑，即使我们将智能机器作为客体对待，将来或许也会出现"智能机器不是物"之类的规定。如何善待机器，这将成为建立法治空间的过程中必须考虑的一个融合性问题。从社会效益从伦理性质到工具性质演变的角度来看，每个主体之间的责任划分是不同的，那么未来人工智能是否有可能在人类中成为"人"？这需要等到工具理性与价值理性得到调和后再确定。

（三）强化人工智能传播主体的法律意识

从执法角度出发，要培养一支高素质、专业化的信息安全执法队伍，来适应大数据时代人工智能技术的飞速发展。在执法过程中，要坚持伦理风险防范和伦理风险执法共同进行，提升法律的执法效力。还要借助相关技术减少伦理失范行为，比如借助算法程序对网络内容进行抓取分析，及时过滤掉不良信息，净化网络空间。另外，从人工智能技术自身的优化升级出发，通过技术进步提高其认知判断能力。[②]

法律责任的落实，要以强制性的手段防止非法行为发生，并以激励性的手段为人工智能工作者提供保障，进行激励，以此体现出法律的人性化，增强执行效力。在当前状况下，由于人工智能技术不具备自主行动能力，所以在民事责任方面不能作为主体，在相关的法律处理过程中应通过溯源技术找到生产者和设计者，由他们作为责任主体，并促使他们对技术进行优化改良。同时，与人工智能技术相关的主体也需要了解传播基础技术与大数据范式的使用内容，确保正确性和标准化的操作，并要求各个生产责任主体明确自己应该承担的风险与责任。并且，技术研发者应不断改进技术，提高人工智能在社会实践中的匹配度，评估技术可能带来的社会风险。为了避免恶劣事件和不良影响，在人工智能系

---

① 刘颖：《人工智能的法律与伦理》，《科技与金融》2018年第12期，第19~21页。
② 冯静：《大数据时代人工智能的法律风险及其防范》，《法制与社会》2020年第13期，第217页。

统中，有必要将与人工智能有关的犯罪事件的责任分配给人们，并对人造物的经营者和设计者进行讯问，采取有效措施避免人工智能犯罪事件的发生。我们需要从技术自身出发，在实践中不断优化改进，增强技术的自我控制行为，降低外部风险入侵的可能。

要注重法律意识的强化。随着数字时代的不断推进，人脸识别技术也广泛地应用于人们的日常生活之中，在带来便利的同时也带来了隐私泄露的风险。在智能传播时代，技术对于人权的侵犯议题受到人们的关注，由此引发了数字鸿沟、算法黑箱等问题。因此，各个主体必须健全数字人权意识和反算法歧视意识等。建议将"数字人权"给予法律意义上的规定，深化基于人工智能技术的人权观念建设，使人工智能传播进程中的社会各方都意识到数字人权的意义与重要性。

面对人工智能技术的应用，我们需要重点进行法律素质的培养，所有人都需要遵守智能社会秩序，学习共有的伦理准则与使用规范，以形成防范大数据隐私伦理问题的措施。在信息伦理领域，不同的道德评价标准导致人们很难准确地对数据进行归类和处理。例如，对同一物品的使用感受，用户在淘宝的评价与在小红书的评价会多有不同，大多数用户为了减少麻烦一般会直接点击好评，如果提交"差评"很容易招来店家电话质问，甚至遭遇威胁。并且大多数电商平台都具有语音识别功能，在用户说出某些关键词后平台便给用户推荐相应的产品，用户处于这样的信息传播环境中，如何在不影响体验的情况下保护好隐私，这是一个值得探讨的问题。不同的评价标准是客观存在的，为保证各大平台信息传播的真实性以及影响的统一性，加强用户自身使用平台的体验，同时为了确保应用主体在伦理道德上达成共识，有必要建立共同的伦理道德标准和规则，以减少涉及个人数据侵权与隐私泄露问题时利益多元化的冲突。

学者颜世健指出："基于算法的数据管理的技术属性，人们会更加注重从技术层面来讨论人工智能传播的伦理问题，但是所有技术问题最终都会回归关注人性化的问题。技术并非无法解决人性化问题，答案很明确，那就是通过解决数据管理中的价值问题，达到人性化标准。"[1] 用户

---

[1] 颜世健：《数据伦理视角下的数据隐私与数据管理》，《新闻爱好者》2019年第8期，第37页。

在人工智能的使用过程中，树立正确的价值观需要用户首先了解数据隐私概念，再合理应用算法技术，加强对个人信息安全的保护。随着互联网时代带来的巨大信息冲击，人们对于个人信息的管理时时刻刻都在发生变化，用户作为消费者为平台积聚数据做出无报酬贡献，这已经成为互联网空间的常态。关于个人数据的获取权与使用权，用户应该仔细阅读平台的规定，当发现平台与自己建立不平等契约时及时举报。新契约应当建立在用户与平台合作共赢的基础之上。平台应该能够为用户提供用户认为有价值的内容，在此基础之上，用户应当对个人信息的权利进行适当的交付，平台在获取用户信息后，应该给用户提供真实准确的信息服务，用户也应该知道信息的获取需要平台授权，并且在面对可疑获取手段或者强制信息获取时，及时拒绝平台授权。用户在保护个人信息的同时也要尊重他人信息权益，禁止因为发生网络意见表达冲突就利用计算机技术人肉搜索他人信息，禁止利用他人隐私进行交易。在人工智能传播中，伦理道德规制的应用是双向的，所以用户在享受技术红利的同时也需要遵守技术规则，更需要学会如何利用技术保护自己。

三 以伦理为导向的人工智能传播主体责任落实

目前，人工智能技术与经济、政治、社会、文化正处于整合重构阶段，人工智能技术在传播领域的技术化与复杂性使其在应用时容易产生诸多不确定因素。美国科幻小说家阿西莫夫在1950年提出，"'机器人学的三大法则'目的在于确保人在智能发展中的主体地位，并确保人的核心利益。这是最早出现的处理人机关系的法则。"[①] 所以，人工智能传播伦理风险控制的责任主体应该落在人类的肩膀上。"人工智能传播在开发、设计、部署以及应用等各个阶段都需要切入治理，并且每个责任主体也应参与新技术的治理。尽管面临不可避免的突发事故，但系统设计人员和程序员必须加强专业知识，在设计和应用的所有阶段，都要防御技术漏洞并维护信息安全。"[②] 同时政府和公众也应该肩负起伦理责任，

---

① 杜娟：《从"人机协同"看人工智能时代的新闻伦理构建》，《社会科学研究》2019年第4期，第201页。
② 杨爱华：《人工智能中的意识形态风险与应对》，《求索》2021年第1期，第72页。

政府发挥导向作用，控制潜在风险，公众应关注自身利益，及时指出问题，给予建议，形成一种双向责任落实体系。

（一）明确人工智能传播主体的重要性

每个责任主体都需要遵守伦理道德底线。用卡尔·米切姆的理论来说，在当代的社会生活中，责任已成为西方对确定艺术、政治、经济、商业、宗教以及科学技术等领域伦理问题的试金石。所以在人工智能传播技术飞速发展的今日，伦理问题不断突破既定的边界，我们不仅需要确定每个责任主体的行为规范，也需要每个责任主体参与其中，重新修订边界与规则，从而适应发展。

人工智能传播伦理强调"以人为中心"，而随着媒介融合、社交媒体以及大数据分析的兴起，社会也一定程度上被新媒介所塑造。学者克利福德·G. 克里斯琴斯（Clifford G Christians）在一次采访中提到，要用发展的眼光从多元化角度对"媒介生态"和"风险社会"这些概念进行分析与迭代；从历史和科学的角度理解新技术，识别新媒体的优点和缺点；明确新媒体技术在社会中应用的利与弊、危害和风险。提倡文化相对主义实际上是在提倡道德相对主义，如果没有伦理道德原则，历史只是一场专制权力之间的较量。人们很难实现绝对的责任归属，所以需要道德相对主义来应对，促进责任主体意识的多元化。划分不同责任主体也是在通过细化责任加强责任主体意识的归属感，健全整个人工智能传播体系的伦理关系。

这是人工智能传播技术高速发展的时代，也是"人人都有麦克风"的时代，我们如何找到可以统一执行的有意义的道德标准或法律？如何进行相关的道德检查、重塑信息传播监管制度呢？科技发展的不确定性带来的伦理危机又该如何定义呢？这都是这个时代责任主体需要去面对的问题。如约翰·罗尔斯（John Rawls）与尤尔根·哈贝马斯（Jürgen Habermas）所做的研究，他们的理论研究基于民族国家，而不仅限于个人。当一种理论具有世界性的思维并从整个人类的角度出发时，它就是优越的。[1] 所以

---

[1] 宁丽丽：《新媒体时代的媒介伦理倡导与道德干预：对克利福德·G. 克里斯琴斯的访谈》，《国际新闻界》2017年第10期，第50页。

人们需要的是统一化的规制，而不是绝对化的标准，要确定科研人员、企业管理者、监管部门以及用户的伦理责任，并且促进各个主体在伦理责任框架中进行及时有效的沟通，从而发现更多问题、解决更多问题。当然伦理责任主体最重要的身份是作为使用人工智能工具的人，在多种责任主体中形成工具理性与价值理性的调和，保障价值理性处于优先集，才能坚持以"人"为核心的理念。

（二）人工智能传播责任主体的层次划分

从伦理分工的角度出发，人工智能传播的责任落实在科研人员、政府、企业以及社会公众当中。从现代智能产品的运作逻辑即生产、营销以及消费的角度来划分，责任主体可划分为开发者（包括科研人员、企业研发人员等）、设计者、应用部署者以及监管者（包括政府和行业组织监管部门）。从这四者入手，我们可涵盖人工智能传播的各个阶段，从而能够有效地对风险进行精细化控制。

首先，开发者有责任保障人工智能传播产品的运行安全。开发者不仅需要借助人工智能进行高效生产，更需要注重所开发产品的价值，即产品对用户的意义，开发者通过对人工智能应用的实验、人工智能技术组成的研究以及人工智能应用方式的创新来建立起人工智能传播的应用框架。但这是远远不够的。因为人工智能传播需要立足于人，只有满足人的需求，提升使用者应用技术的价值，才能发挥人工智能传播的作用，所以开发者是人工智能传播伦理价值植入的必要责任人，伦理问题的治理需要开发者承担相应的社会责任，并对社会公众进行人工智能知识的普及。

其次，人工智能的设计者需要有科学应用资源的能力，并且通过设计者对技术直接或间接的控制，更好地在风险防控与技术合理性方面起到重要作用。算法强驱动的大数据技术在提高社会运行效率、激发科学创新的同时，也带来了诸多挑战，如过于追求数据建模而削弱人类的判断、算法偏见和算法歧视带来的社会不平等以及信任危机等。学者李翔飞指出，道德想象力促使设计主体对算法可能造成的社会后果事先进行相应的评估与预警，不断反思某种算法是否真的有利于社会公共福祉的实现，从而提醒人们追求商业与伦理、技术发展与人文关怀兼顾的良好局面，从而避免陷入"技术中心主义"和"利益中心主义"等极端异化的思想泥淖中无法自拔。① 所以，设计者需要确定算法的边界，从伦理的角度采取措施，对人工智能行为进行约束，减少算法带来的伦理风险，同时对违背人性甚至威胁人生命安全的技术活动进行遏制，维护人工智能传播环境安全。

再次，人工智能传播的应用部署者需要疏通传播路径，进行资源整合，通过对人工智能传播战略的谋划、智能信息生产价值的挖掘以及人工智能传播创作团队的部署等，有效地对人工智能实施伦理的植入，在推动人工智能传播内容创新的同时确保人工智能的可控管理。人工智能技术的本质是为人服务，所以权衡经济效益与社会效益需要最接近市场的应用部署者的直接参与，满足用户的物质需求与精神需求，明确人工智能使用的价值方向，实现人工智能的协调发展。

最后，监管者即政府相关部门需要发挥主导作用。学者潘建红指出："政府的道德责任必须放在监督建设中，这限制了制定和实施政策的权力。这意味着政府应该为公共利益负责去组织计划，促进技术发展，并且参与到技术科学的传播中。"② 建立相关责任机制，也有利于开发者、设计者、应用部署者以及用户之间相互监督、共担责任，并且政府与监督机构也可以更好地对以上责任主体进行管制。

（三）人工智能传播主体的责任落实

1. 人工智能传播的开发者责任

开发者要确保人工智能传播安全运作。一方面，开发者需要将伦理责任与利益进行权衡，在"以人为本"的前提下建立联合责任体系，以防伦理道德风险的发生；另一方面，开发者应注重交流，各行业开发者应该共同探讨并制定科技规范，并与用户沟通解决问题的经验。胡元聪提出，在人工智能研发过程中首先需要明确开发者的责任，通过使用ESG评级结果来指导投资，提升投资者的期望和价值判断，进而提升企

---

① 李飞翔：《"大数据杀熟"背后的伦理审思、治理与启示》，《东北大学学报（社会科学版）》2020年第1期，第13页。
② 潘建红：《现代科技与伦理互动》，人民出版社，2015，第178页。

业绩效。具体而言，责任主体方面要以实际控制作为认定标准；要构建"联合责任"体系，避免研发生产过程中产生的伦理道德风险。① 潘建红也指出，由于责任主体悬置，难以进行合作，各方责任意识也有差异，需要进行商议，建立统一的价值伦理体系，并且督促主体承担必要的社会责任，将这一体系运用于科技的普及中。刘大椿也指出，科学共同体公认的认识规范和社会活动准则是科研人员必须遵守的，同时科研人员也要服从外部社会活动规范。② 三位学者从不同维度指出，开发主体应该确立统一的伦理价值体系，并将其应用到实践中。从开发者入手完善人工智能传播伦理价值体系，有利于现代科技在传播领域的应用和长远发展。

必须建立严格的人工智能传播产品研发风险防控规范。产品的生产应满足人们的合法需求，并且产品本身不能危害人的生命财产安全。人工智能产品还可能给人们带来精神损害风险，人们容易对其产生依赖从而被产品奴役。人工智能产品为契合人类需求不断使人们寻求精神愉悦，并能满足人类寻求刺激的心理，使社会逐渐走向娱乐化，并且人在这一过程中会逐渐丧失独立思考和判断能力。③ 例如，Knightscope 平台推出了一款防御犯罪的机器人，因为识别错误，在硅谷的一家商场里误伤了 16 岁的少年；IBM Watson 的人工智能医疗保健应用程序对癌症治疗提出了错误的建议，导致了严重的后果，若未被及时发现甚至会威胁生命。这些情况影响了人的正常生活，也提高了人类信息使用的安全成本，甚至威胁人类的生命安全。所以，人工智能传播的研发风险防控应该从产品质量入手，确立安全义务的责任范围，防范人工智能产品导致的安全隐患。

人工智能传播的研发者还需加强自身教育。对自身可持续性的研发生产建立约束机制的同时，还应该对产品传播效力进行积极引导，通过施加责任的方式，防范过度索取用户信息的行为，避免产生故意引导消费的风险。在研发和生产阶段，我们应该合理适度地开发用户需求。为了更好地满足用户需求，人工智能需要大量数据进行准确的分析和输入，

---

① 胡元聪、李雨益：《企业社会责任视域下人工智能产品风险防范研究》，《当代经济管理》2020 年第 4 期，第 23 页。
② 刘大椿：《科技与伦理何以内在统一》，《社会科学文摘》2023 年第 6 期，第 21~23 页。
③ 毕金杰：《马克思主义生产理论对生态环境的构建解析——基于生产正义视角》，《黄冈职业技术学院学报》2017 年第 2 期，第 39~42 页。

以激发用户的消费欲望。人工智能研发和生产必须考虑用户现有的消费需求,并保护用户信息,避免因用户信息泄露导致的隐私安全问题,同时对用户的消费观念进行合理的引导和教育,避免宣扬物质至上而忽略用户的精神需求,也避免产生超额消费或不合理的社会心理需求。研发者正确引导用户的行为是企业应当承担的社会责任,在研发阶段增加对用户善用科技的引导,提高用户对产品的辨识能力,加强用户对自身负责的认知,有利于增强人工智能传播产品的抗风险能力。胡沅聪曾指出,在生产阶段人工智能企业可加入可持续产品标识,标出产品信息及其可带来的可持续性价值。对标识的传播与普及可以让用户更直接了解可持续性消费所带来的价值,防止消费成瘾、超前消费以及过度消费。

国家应该对有缺陷的传播产品进行防范,建立中断机制、传播标准体系与免责规范体系,平衡强势群体与弱势群体之间的利益,避免出现歧视问题。所以,人工智能产品研发者不仅有跟踪产品后续使用情况并进行反馈的义务,还有主动防范的义务。不仅要追踪消费者获取产品的可靠度、周期、风险等信息,还要积极采取可靠性强的技术措施,以监测人工智能产品的运用状况是否良好,消费者使用情况是否良好,并及时对风险进行预警。提醒消费者维护他们的利益不被损害,这是一种有效手段,人们必须开始调查现有的产品责任系统是否能减少生产者和消费者之间产生利益冲突。①

2. 人工智能传播设计者的责任

随着人工智能传播技术的不断发展,信息生产从专业组织生产向全面社会化生产转变,以字节跳动为首的诸多互联网企业成功研发出多款具有影响力的产品。从内容与技术结合的角度出发,设计者注意新技术的使用固然重要,但更重要的是提高传播内容的质量,向社会传递更优质的信息。设计者需要对人工智能技术进行优化,平衡信息传播的价值与收益。从伦理与个人理念结合的角度来看,需要防止设计者在产品设计过程中加入个人的刻板印象。刻板印象包括自我价值体系偏差和对数据量化的执迷可能造成的伦理风险。学者杨爱华指出,在设计阶段,应

---

① 司晓、曹建峰:《论人工智能的民事责任:以自动驾驶汽车和智能机器人为切入点》,《法律科学(西北政法大学学报)》2017年第5期,第166~173页。

努力规避技术被误用或滥用的可能性，增强技术自身的"人类可控"性。① 加强与头部科技公司的技术合作，也是有利于设计者合理开发前沿技术的渠道。无论是技术自主研发或者技术引进，设计者都应该秉持在智能化进程中以"人"为中心的服务理念。对科学的追求不是"追求真理"的过程，而是"追求善"的过程。对卓越的追求是表达科学的精神、科学的灵魂，科学技术发展的最终目的是促进人类的生存和解放。同样，人工智能传播技术本身的应用是造福人类社会的，可以提升人类的幸福感，而实现这一切的基础是坚持责任和道德标准。

3. 人工智能传播部署应用者的责任

从伦理治理出发，应用部署者需要推进道德伦理、信息价值以及技术红利的融合。新华社"人工智能时代媒体变革与发展"课题组和毛伟针对人工智能时代新媒体发展的问题提出了八条建议②。美联社在2017年也推出了人工智能治理条例——《人工智能工作手册》，学者通过对手册内容的分析，总结出五条伦理规范建议③。可以看出，对人工智能技术进行伦理道德约束，辅助传播行业进行良性发展，需要应用部署者从战略、体制改革、创新、价值挖掘以及探索约束等维度对各生产环节的工作者进行要求，提升工作者整合市场资源与挖掘数据价值的能力，将技术建立在人性化调节的基础上，以协同创新的方式提高职业素养。

---

① 杨爱华：《人工智能中的意识形态风险与应对》，《求索》2021年第1期，第72页。
② 第一条建议是谋划智能化发展战略，探索技术发展的新路径；第二条建议是转变传统思维观念，顺应智能化发展的新趋势；第三条建议是变革新闻生产体制机制，切实发挥技术引领作用；第四条建议是推动内容智能化创新建设，增强舆论引导力；第五条建议是全面整合市场资源，推动媒体融合纵深发展；第六条建议是重视挖掘数据价值，重塑传媒业核心竞争力；第七条建议是打造新型智能媒体团队，培育全媒体人才队伍；第八条建议是探索法律伦理规约，确保人工智能可管可控。新华社"人工智能时代媒体变革与发展"课题组、毛伟：《人工智能时代新闻媒体创新发展的对策建议》，《中国记者》2020年第2期，第16~18页。
③ 第一，明确新闻生产和传播中技术的边界问题，倡导积极的算法透明原则。比如，公开源代码、程序设置流程、决策过程以及受众反馈等信息。第二，提高数据应用的管理与保护，主要包括对数据的甄选和利用，以及对爆料人和受众的隐私保护。第三，积极引导第三方评估进入传播技术领域，对媒体公信力、技术人员的职业能力以及新闻推送方式等进行评估，定期发布评估报告。第四，培养规范新闻从业人员和技术人员的职业素养，加强人工智能时代的新型新闻技术人才的培养，负责消息传播的人员与技术人员都需要定期考试，持证上岗，规范自身的生产行为。第五，建立完善的心理辅导和评估体系，针对技术型人员的心理健康评估尤为重要。

防止技术缺陷带来的潜在风险也是应用部署者需要注意的问题。学者杨爱华指出，在应用阶段，加密技术、匿名化技术和屏蔽技术等可以建立系统内部的纠错系统，防止危害扩散。除技术防范外，售后阶段还存在问题，快速解决问题非常重要，部署人员需要分析数据，快速解决现有的技术问题。目前，业界正在开发新兴的算法偏差纠正工具，以消除算法歧视并实现更公平的人工智能为核心，这对算法精准度的提升应该有很大的帮助。

除此之外，人工智能传播监管者要确立其责任，因此需要政府、监管部门建立起监督措施，侧重人工智能技术的善用，防止技术带来负面效应，发挥监管部门对人工智能传播事业发展的导向作用。所以人工智能传播的伦理治理需要多方责任主体协同参与，制定规则，各司其职，避免决策者和从业者脱节，从生产、流通、消费以及监督等不同环节对人工智能的价值确立进行规范与创新。

四　人工智能传播技术中的数据干预

人工智能传播的基础技术主要包含三种：自然语言处理（语音识别）技术、机器学习技术以及大数据技术。其中大数据技术于2013年兴起，智能手机在互联网上留下大量痕迹，这些痕迹被收集起来，形成大数据。大数据可以在不同维度对用户进行分析，用户的娱乐爱好、政治倾向、购物水平、科技玩法以及游戏品质等都可以通过大数据进行统计，但在用户享受大数据服务的同时也存在着数据泄露、数据侵犯以及数据盗用等安全隐患。人工智能可以通过算法程序对大数据进行分析计算，PC互联网时代产出的小数据，移动互联网时代为人工智能带来了海量的数据，与此同时，人工智能的伦理问题也不断凸显。从数据用量、数据盲点以及数据应用等方面对人工智能传播的数据进行干预，是保障传播数据安全和防止伦理风险的有效办法。

（一）精减人工智能传播数据用量

当前，数据就是移动互联网时代的石油，人工智能应用大数据分析，知道用户的既定需求，便可以进行合理的生产，提升产业效率，即生产、营销以及消费效率。在拥有大数据之前，数据生产效率低造成了极大的数据浪费，但在数据存量爆发的今天，大数据透明也带来了大数据泄露，大量用户的隐私数据被不断收集。正如法学教授迈克尔·鲁姆金（Micheal Roomkin）所说，"人根本没隐私，隐私已经在这个时代消亡"[①]。所以对数据做减法，是这个时代需要面对的课题。徐英瑾教授曾提出，将节俭理性应用于人工智能中，建立绿色人工智能，花费较少的信息资源，达到精准的分析效果。当情况紧急时需要对问题进行降维，并从降维的选项中做出选择，选择普遍性的问题进行处理。一方面需要通过技术的不断演进来抓住普适性，另一方面需要加入伦理道德管制。什么数据该用，什么数据不该用需要有一个界定标准，涉及用户隐私的数据、涉及反人类言论的数据、涉及传播不良思想的数据以及涉及盗用他人版权的数据都应该受到限制。只有始终坚持道德底线，确保大数据的合规应用，才能使人工智能成为提升人类社会效率和人们生活质量的工具，负责任的人工智能传播技术发展才能始终在正确的道路上前进。这是大数据时代开发者和使用者都必须坚持的社会责任。

数据用量过大，也会导致人们过度依赖数据，过度相信大数据给出的结果。当一切都可以被量化时，同质化的信息世界便形成了，人们丧失了自我判断能力，导致数据独裁的出现。对此，学者陈仕伟提出："数据独裁的到来已经影响了实现量化一切的目标，这与数据技术的最初目标相违背。所有量化的目标为人们提供了前所未有的现实认识，从而可以达成认识和重塑世界的目标。"[②] 人们对数据的观察与应用不能只停留在数据本身，应该更多地挖掘数据背后的价值，认识数据的多面性，多维度地对数据进行分析，通过深挖数据内容，对重组数据进行分析，可以极大地节省数据的用量。政府、企业以及行业组织也应该看到数据的本质，而不是盲目倡导海量大数据。通过精准化、精细化的数据处理实现数据应用才是降低大数据伦理道德风险的出路。

（二）干预人工智能传播的数据盲点

用户使用人工智能进行信息传播有时会留下痕迹，有时则不会留下

[①] Micheal Froomkin, "The Death of Privacy?", *Stanford Law Review*, 2000 (5), p. 52.
[②] 陈仕伟：《大数据技术变革的伦理问题何以产生》，《创新》2019 年第 4 期，第 96 页。

痕迹。同时，浏览痕迹还会存在偏差，比如用户花 800 个小时看甜宠剧，花 80 个小时看综艺，人工智能直接通过浏览数据进行判断，总结出用户喜欢观看甜宠剧。但事实上，这一数据对比是缺乏用户自身的主观性的，喜欢与否有时与观看时长不一定成正比。所以人工智能对用户的偏好分析存在误差，这就是数据盲点。学者林曦指出："由于人们使用数字设备和技术的方式与行为不同，直接通过大数据基于人类行为收集大数据会产生各种结果，并且所收集的数据在现实世界中被不断复制或使用，数据中本身带有的偏差极可能造成不同程度的数据歧视现象。"[①] 对于数据盲点带来的偏好判断偏差、刻板印象以及社会歧视等问题，需要人类对数据盲点进行干预和治理。

进行数据盲点干预事实上有两个维度。一个维度是加强各方责任主体在传播过程中的数据干预。学者徐倩对现阶段数据干预的方式进行总结。首先，需要培养应用型人才即对数据具有分析能力的人才，需要以高标准和严要求对从业者进行个人素质培养，在数据分析挖掘时，找到数据背后的价值，在数据呈现时，以接近现实生活的方式处理数据并减少机器的数据应用。其次，参与人工智能传播的工作者必须坚持新闻职业道德，注意个人隐私保护与数据保密工作，并防止由于数据偏差带来的新闻失真。同样，媒体应具有自己的数据库或专业化的数据生产团队。只有通过大数据的透明度和生产线的可视化来确保信息源的专业性和真实性，才能将准确、安全的数据新闻呈现给大众。拥有了属于自己的信源渠道才能更好地保证内容的原创性与价值性并存，减少第三方数据的不确定性，避免给传播带来伦理危机和价值损失。最后，政府开放相应数据获取途径。促进数据共享可以从本质上减轻数据单一性导致的数据盲点危机，并且政府信息的公开透明有助于帮助百姓建立信任。对此，政府应将相关数据及时公布，消解社会疑虑，使数据新闻更好地为公众服务。

另一个维度是，数据盲点由数据的复杂性导致，所以对数据盲点进行干预实际上就是对数据进行归类整合。学者王常柱从网络伦理的角度提出三种解决大数据复杂性的办法，具体来说，第一种方法要从"道德自律教育"和"程序员打造脚镣手铐"两方面下功夫，规范网络行为，

---

① 林曦、郭苏建：《算法不正义与大数据伦理》，《社会科学》2020 年第 8 期，第 18 页。

净化网络空间，让亿万网民在尊重对方享有平等权利的同时，履行好自己的责任和义务；第二种方法是要强化策略性的伦理研究，积极应对技术基础的现代转型，约束资本逻辑及其普遍化，拒斥各种扭曲的价值观，构建网络命运共同体，达到"伦理—道德"和谐平衡的理想之境；第三种方法是让信息文明通过"共享"的形式实现物的有用性最大化，并进一步引申对信息关系的深刻理解，从而建立信任。① 其实大数据的复杂性也表现在信息互动的复杂性上，达文波特（T. H. Davenport）指出："对于任何好的政治家来说，必须关注信息使用人性的一面。而对于信息生态学者来说，则相当于亲吻婴儿。"② 和王常柱学者总结的核心一样，面对数据复杂性带来的盲点，我们要从道德规范、责任义务以及共享信任等多重角度建立数据的多面性，知道大数据背后的人是具有多面性的，并且积极发掘大数据的多面性。

（三）管理人工智能传播的大数据收集

人工智能应用用户的大数据产出产品，带来了隐私保护的问题，从数据收集阶段就应该进行伦理植入，确定用户隐私边界。学者李兵指出，在大数据时代，可以查看、收集、传输和处理公开可用的信息，对如何获取这些信息进行控制，并了解其用途，这是对隐私重新定义的全新界限。③ 对于隐私保护来说，首先需要做的就是确定隐私边界，即制定原则、树立伦理价值观念以及建立可靠的伦理价值体系有利于传播中的各主体遵守与防护。吴莹莹等学者认为，基于大数据应用程序的隐私观伴随着网络的出现，建立了准确的隐私视图并指示了每个人的独立行为。应用程序需要阐明大数据的隐私权保护条款，使用者和组织者需要强化对大数据应用的道德教育，使人们意识到隐私道德的重要性，并形成行业系统化自制。学者杨子飞认为，隐私保护应该基于情境不同而建立不同的体系。首先，情境需要具有完备性，情境中的各个人、事、物等要

---

① 王常柱、武杰、张守凤：《大数据时代网络伦理规制的复杂性研究》，《科学技术哲学研究》2020年第2期，第107~113页。

② Davenportth, *Information Ecology: Mastering the in Formation and Knowledge Environment*, New York: Oxford University Press, 1997, p. 81.

③ 李兵、展江：《英语学界社交媒体"隐私悖论"研究》，《新闻与传播研究》2017年第4期，第98页。

素都需要给出恰当的行为约束准则；其次，情境中被约束的主体应该具有统一性，并根据情境的不同转化细节规定；再次，情境中的隐私代码需要遵循核心原则，基于情境完整性的新隐私伦理是从权利所属者的角度来判断特定情境中的隐私代码；最后，顺从自然性原则，回归现实隐私问题，尊重用户意愿，用户愿意表达的信息即非隐私，除此之外窥探非自愿表达的隐私问题需要受到严厉的惩罚。基于两位学者的观点，对于用户大数据隐私的收集需要严格的伦理道德规制，建立观念、树立标准以及尊重用户的主体性是管理用户大数据收集的最重要的三项手段。至于用户的自然选择权方面，不可以过于放纵，因为部分人工智能传播应用主体不具有自主判断能力的，并且人们对智能技术的信任不是顺其自然地产生的，而是需要人与机器通过沟通交流共同铸就信任。

除了侵犯用户的"信息隐私"外，大数据"杀熟"还涉及对用户"空间隐私"的干扰与侵犯，而这就需要从数据的来源出发去考虑问题。用户的智能手机及其相关联的可穿戴设备就是一个个全天候、可移动的信息储存器与发射器，移动互联网具有"连接一切"和"即时反馈"的特性，LBS（位置服务）在若干传感器的支撑下，将每个人的运动轨迹、行为生活习惯（很多行为的发生需要借助手机去完成）以及个性爱好等随时随地被标记下来，然后上传到云端。大数据就好比人类社会的"第三只眼"一般，时刻关注或监视着用户的一举一动，这也在一定程度上让用户逃无可逃，用户的生活进入了"超级全景监狱"[①]的困境，个人的空间隐私在一定程度上被压缩和侵犯，长期居于如此场域中的人们也更容易感到压抑和焦虑。除此以外，大数据所蕴含的数据挖掘、推荐以及预测能力会在一定程度上替用户做决定，或者暗示和诱导用户应该如何抉择，以期提升效率、达致用户想要的结果。长此以往，大数据技术就会导致个体失去自主选择与决定的能力，而用户本身所蕴含的贪图安逸、追求舒适与效率的特性也容易将更多的决定交由大数据，进而弱化用户的反思批判

[①] 全景监狱全称为"中央监控式全景监狱"，由法国哲学家米歇尔·福柯在《规训与惩罚》一书中提出，是从英国哲学家边沁提出的"圆形监狱"设想而来的。新媒体时代，伴随着数字化生存，用户的数据体量急剧膨胀，相应隐私泄露的风险也大幅增加，福柯所言的全景监狱似乎已经成为现实。随着数字化时代的推进，"全景监狱"成为互联网的一种隐喻，并演变出超级全景监狱乃至共景监狱。

能力。大数据"杀熟"其实就是技术在一定程度上奴役人们的异化行为，而这在本质上也是对用户的尊严以及终极存在价值的挑战和伤害。

（四）规范人工智能传播的数据应用

数据的高度充裕相当于没有数据，在战争中一旦存在大量反向信息就会造成正向信息被淹没，人们需要的正向信息会受到反向信息的影响，从而使人们怀疑正向信息的真实性。有人会将正向与反向信息定义为信息真假的过失，比如豆瓣评分是通过量化数据对影视作品的好坏进行评定，实则要根据影片的商业价值与艺术价值对影片进行评分，如果单方面根据艺术价值进行评分，那么某些电影的可看性是不高的，所以豆瓣评分仅具有参考性。人在没有接触这些作品的时候是无法判断作品的质量究竟如何，这大大降低了数据应用的效果。目前，数据应用问题受到国家的高度重视。2021年1月19日，我国已从货架上删除那些侵犯了用户权益的应用，并发布了公告。同时有关应用商店应在公告发布后立即组织力量对所列应用进行删除。这一举措有利于使数据结构化，并使娱乐信息、服务信息、生活信息以及生产信息等数据的应用得到管制。

1. 通过人工判断辅助干预

学者蒋博文从平台的角度出发，指出了人工干预的举措："社交平台和新闻客户端等也要构建专门的平台伦理，从维护公共利益的角度出发，完善数据发布者、审核者、使用者以及二次传播者的机制，制定维护平台健康运行的伦理公约，并将其作为一种具体的、可实施的传播政策加以运用，使得数据可以溯源并进行交互验证，及时调适数据传播、使用的失范行为。"[1] 学者吕耀怀提到，数据应用中的分析者与使用者需要进行数据应用的伦理道德控制，数据分析者有义务避免因数据集成造成的隐私泄露，也要具有对隐私信息予以可靠屏蔽的道德责任意识，要在统计分析时严格排除用户的隐私信息，对于数据使用者，在数据挖掘中需要尊重用户的个人选择，避开用户非自愿公开的信息[2]。除以上主动干

---

[1] 蒋博文：《网络传播时代数据伦理失范行为及调适路径》，《青年记者》2020年第35期，第23~24页。

[2] 吕耀怀：《大数据时代信息安全的伦理考量》，《道德与文明》2019年第4期，第84~92页。

预的做法外，如果发生隐私数据泄露和数据歧视等问题，也需要人工及时的判断并对相关内容或产品进行下架。

2. 建立内在权威认证机制

平台对用户进行定位，就需要对用户数据进行挖掘。保证用户数据被应用于有利于社会发展的方面，就需要建立认证机制与应用规则。除法律保护外，权威规则的制定也是道德的重要保障。学者赵敏指出，"要引入有效性评估，从源头上防范伦理道德风险问题的出现。"① 在大数据时代的信息技术应用层面，我国信息规制的滞后和执法的不到位加剧了信息伦理问题的发生。因此，相关部门要加强各个组织的人工智能专业知识普及，并且对信息伦理的认证机制进行商议，完善信息活动中的规制，使信息行为规范化、标准化以及多样化。尤其在用户隐私、信息收集和管控、敏感数据保障以及数据质量提升等方面要建立权威认证机制，这一方面有利于加强数据应用的信任，另一方面有利于解决非专业人士应用知识滞后的问题，有效降低因信息不平衡而带来的伦理风险。从应用执行层面来讲，制定权威规制细则也有利于培养人工智能传播应用的高素质人才和专业化的信息安全团队，增强对伦理风险的控制效力，促进更高效和高质量的传播，实现有利于社会伦理规范的整合与创新。

3. 专注数据应用素质教育

首先，数据使用者应该具有以"人"为中心的服务意识，数据不仅具有商业效益，更应该具有社会价值。因为信息数据无法普及到农村群体，无法普及到老年人等弱势群体，所以应提升人工智能传播数据对弱势群体的辐射力，为弱势群体发声。现在数据评选的并不是人们真正的实力，而是推广能力和人际交往能力的强弱。其次，学者梁宇指出，从事信息活动的主体可以利用网络社会的虚拟性和匿名性将自己的信息行为进行隐藏，这可能造成网络社会处于"无政府状态"，所以信息行为主体受到个人道德的制约来遵守信息伦理道德规制的可能性有多大？我们对此是存疑的。加强个人网络道德教育，培养具有道德和社会责任感

---

① 赵敏：《公共视频监控的大数据伦理问题——以个人信息安全为中心》，《中国人民公安大学学报（社会科学版）》2020年第1期，第101页。

的信息人才，是维护信息活动的正常秩序的关键所在。① 基础的数据应用教育可以从中小学开始发起，并且定时组织社会公共教育，提倡信息的多元化教育导向，结合线上线下进行普及教育。教育提升公众应用素质的同时，也提升了公众自我防护意识。当今社会，个人数据事实上可以作为个人的资产使用。学者赵发珍指出，个人数字资源是重要的数据资产，需要进行管理和保护。与此同时，在管理和使用数据资产的过程中可能存在法律和政策上的架空问题，所以我们需要对数据应用者进行管控与教育，避免数据伦理风险。② 所以数据应用素质教育重在双向引导：一方面是数据正确使用的问题，另一方面是数据使用期间的保护问题。这两种教育形式应该同时存在。

五 人工智能传播中的数据伦理治理路径选择

经过对上述伦理问题的探讨我们发现，上述伦理问题产生的根本原因是人们对数据进行处理时不够透明。因此对人工智能传播中的数据伦理治理的对策分析主要分为以下四个方面：形成数据透明机制、建立数据技术保护模式、实施数据技术的道德编码以及构建大数据时代隐私保护伦理准则。

（一）形成数据透明机制

从数据的采集过程开始，数据生产者即用户对自身产生的数据流向及用处都是一无所知的。数据采集、数据挖掘、数据清洗以及数据集成等各个环节，用户都无法知晓自己的数据在其中被如何利用。"个人数据在其整个生命周期都处于黑盒状态"③ 在人工智能传播过程中，对数据进行的每一步操作都不是公开的，这无疑会使数据隐私、数据垄断以及数据不公平等问题随之产生。因此，建立数据透明机制刻不

---

① 梁宇、郑易平：《大数据时代信息伦理问题与治理研究》，《图书馆》2020年第5期，第68页。
② 赵发珍、黄国彬：《信息、数据与伦理的交融——第九届"信息资本、产权与伦理国际学术交流研讨会"综述》，《图书馆论坛》2019年第10期，第54页。
③ 孟小峰、王雷霞、刘俊旭：《人工智能时代的数据隐私、垄断与公平》，《大数据》2020年第1期，第35~46页。

容缓。

大数据透明即让数据收集、挖掘以及集成的过程透明化，让"算法黑箱"不复存在。通过大数据透明化，用户能知晓自身产生的数据在数据收集等各个过程是如何被挖掘、分析以及使用的。数据透明机制可以对数据在各个环节的流通进行适当的公开和记录，还可以搭配审计和问责策略，对数据处理中的数据垄断、数据偏见以及数据歧视等不当行为进行惩处。

在政策方面，可以通过出台相关的法律法规来约束数据收集者的行为，并对用户自身数据的控制权进行明确的规定，保证用户数据在生命周期中的透明度，让用户能更好地控制自身数据的流向和使用。在技术方面，可以利用区块链技术实现数据的透明化，让"算法黑箱"问题得到有效解决。

（二）建立数据技术保护模式

"大数据技术保护模式是用户通过技术手段保护网络个人隐私，是降低隐私泄露风险的有效治理途径。"[①] 许多网络安全问题都是产生于黑客的非法入侵和木马病毒的植入等。随着大数据技术的不断发展，尽管网络安全技术也在不断进步，但网络安全问题仍然层出不穷，黑客的猖狂让无数用户的隐私被泄露，因此加快研发新的网络安全技术迫在眉睫。比如，万维网联盟推出的 P3P 可以有效保护用户的隐私信息。网络安全技术只有不断推陈出新，才能让用户的隐私得到更加强有力的保障。可见，建立技术保护模式可以有效保护用户的隐私安全，控制大数据的隐私伦理问题。

（三）实施数据技术的道德编码

实施数据技术的道德编码，即把道德原则和伦理要求植入工程师头脑中，把道德伦理要求植入程序设计人员和管理者设计者的头脑中。把道德伦理要求作为一种设计原则，让设计人员在进行编码时，时刻谨记

---

① 吴莹莹：《大数据背景下隐私问题的伦理治理》，《文化学刊》2019 年第 6 期，第 23~25 页。

规范自身的行为，以保护用户合法权益为己任。工程师在设计程序时应秉持一种设计原则，这些设计原则即一些基本的道德共识，这些共识应具有普适性。对于隐私的定义，应有一个共同的标准，不同国家和地区的人们，也应有一个共同的价值体系。在国家层面，道德原则框架要渗透到软件设计人员的头脑中，最后形成数据技术道德原则。同时，这些道德原则应具备道德共识，使不同公司和组织共同遵守相同的道德规范。尽管不同国家的道德共识很难做到一致，但各个国家可以相互借鉴，取长补短，共同为解决数据伦理问题而努力。

（四）构建大数据时代隐私保护伦理准则

构建大数据时代隐私保护伦理准则，首先要明确一种道德共识，要让社会中的每个人都遵守。"数据应用主体的隐私观是导致隐私问题的原因之一。"[①] 用户之间应该形成一个共同的隐私观，明确数据收集者对用户的哪类信息进行收集是侵犯了用户的隐私权。遵守隐私保护伦理原则是一种自觉行为，尽管没有明确的法律法规规定何为隐私，但数据采集者自身应清醒地知道对哪些信息的收集会侵犯到用户的隐私。在商业利益和用户隐私发生冲突时，商家和组织应明确用户隐私高于商业利益。只有构建大家普遍认同的隐私保护伦理准则，才能让整个社会形成一种共识。

不同的用户对"隐私数据"的定义是不同的，正如不同的用户对"隐私"的定义不同一样。比如，支付宝对用户消费数据进行分析，把每个用户的收入和支出数据进行分类，同时对用户的消费偏好进行了归纳总结，然而大部分人认为支付宝这一行为没有对用户的隐私造成侵犯，甚至还会有部分用户在社交平台上分享自己的支付宝消费数据，和亲朋好友分享自己在哪一类商品上的消费最多。在这类用户眼中，支付宝对用户消费的归纳总结是一个可以被分享的信息。用户对于隐私被披露的问题截然不同的反应表明，不同的人对隐私的定义是大不相同的。

由于个人在隐私保护问题上处于弱势，数据技术的不透明性让用户

---

① 何思霖：《大数据技术的伦理问题研究》，硕士学位论文，成都理工大学，2017年，第33页。

的隐私问题难以得到保障，所以用户本身也应积极解决隐私被侵犯的问题，提高自身防护意识，当合法权益受到侵犯时应懂得用法律武器制裁那些不良商家。构建隐私保护伦理准则是一个长期的过程，因为这种保护机制不是硬性的，而是柔性的，是需要靠大家自觉遵守的。只有将法律和道德结合起来共同对数据伦理问题进行治理，隐私保护伦理准则才能发挥出应有的效果。

六　人工智能传播技术中的算法规训

现阶段，智能的信息处理机制与人脑处理信息的机制是有很大不同的，而随着技术的发展，人工智能在技术革新与伦理塑造的双向控制下，会处于不断超越人类认知的过程中，并且这一过程具有不可预测性。人工智能和新闻业结合的三大领域是机器化写作（新闻写作）、算法推荐（新闻分发）以及沉浸式新闻（新闻体验）。[①] 在这些应用中，人工智能将对信息传播的表现形式、路径等产生重大影响，所以对人工智能传播中出现的伦理问题进行治理是降低风险最直接有效的路径。

（一）人工智能传播算法的伦理植入

人工智能算法的运行具有强逻辑框架，而在单纯的计算路径框架中，极易发生触碰人类伦理的问题。所以学者迈克尔·D. 伯恩（Michael D. Byrne）提出从技术植入的角度直接对人工智能进行伦理框架重塑。ACT-R 是一种认知架构，[②] 这是用于仿真并理解人的认知的理论。ACT-R 试图理解人类如何组织知识和产生智能行为。ACT-R 的目标是使系统能够执行人类的各种认知任务，如捕获人的感知、思想以及行为。模型分为意图模块、目标模块、感知模块以及陈述模块，研究者认为感知模块是使人类在世界上占有一席之地的重要模块，目标模块则确立了人在处理问题时所处的位置，陈述模块是人们生活轨迹的再现。虽然目前 ACT-

---

[①] 邵国松：《媒体智能化发展的伦理与法律问题初窥》，《现代传播（中国传媒大学学报）》2018 年第 11 期，第 87 页。

[②] Anderson, John R., Bothell, Daniel, Byrne, Michael D., et al., "An Integrated Theory of the Mind", *Psychological Review*, 2004, 111 (4), pp. 1036-1060.

R 技术尚未成熟，但它发展的最终方向是更好地理解思想，有望在算法设计开始就加入伦理认知，并且持续关注人的认知，这是算法伦理植入的最终目标。

算法应当遵从伦理道德规范，通过外部指导进行算法语言嵌入是一种直观的方式。学者魏强指出，通过将人工智能道德伦理价值算法纳入编程语言，在编程语言中纳入道德规范，建立人工智能技术研发的道德标准以及为开发人员和制造商开发的机器人制定道德标准。在人工智能技术研发规则确立的基础上，建立符合社会道德和伦理标准的人工智能系统。① 让算法在未知环境中确定解决方案的最优选择，最大限度地减少极端情况的发生，做出相对理性的决策。

算法应当尊重人的主体性，正如学者李伦所说："自我在某些情况下也可以延展于外部载体。"② 所以算法应当成为人类主体的外部载体，而不是技术化事物的手段。互相尊重就需要了解人的需求，并且尊重人的选择，例如信息共享，传播者需要尊重用户的选择自主，这虽然在一定程度上延迟了信息选择的时间，但同时也拓展了人们信息选择的广度，同时找回了被算法强制推送下用户丧失的自我判断与筛选能力，体现了用户的主体地位。反观现如今的媒体算法面对用户的选择偏差，通过使用自愿提供信息的模型，它可以方便地从观众那里接收信息，同时减少他们的自我探索行为，这将降低他们识别和选择信息的能力。不是用户无法避免媒体算法缺陷，而是用户应当创建合理化的信息共享平台，通过强调主体性的存在，加强人工智能传播算法的伦理价值应用。重视算法技术的信誉建设并了解媒体算法技术是服务于新闻生产者和受众的，是设计者与公司需要做的。媒体算法应承担信息共享的重任，注重开发信息的公共性，而不是一味推崇个性化信息独享，只有这样，才能把握媒体算法的未来。③

此外，加强人工智能传播伦理建设，是自然科学领域与社会科学领

---

① Leben, D. et al., "Algorithm for Autonmous Vehicles", *Ethics and Information Technology*, 2017, 19 (2), pp. 107-115.
② 李伦:《人工智能与大数据伦理》，科学出版社，2018，第 94 页。
③ 刘海明:《媒体算法的价值纠缠与伦理误区》，《湖南师范大学社会科学学报》2019 年第 1 期，第 40~41 页。

域的专家需要共同研究与讨论的。专家们需围绕算法的开发与应用形成具有约束力的伦理指导原则。算法应用当前还处于发展阶段,在针对人工智能传播伦理的具体政策架构还未完善的情形下,算法应用不免会引发治理挑战。算法伦理的引导有助于人们在不限制技术发展可能性的同时缓和并控制相关风险。尽管在一些伦理原则的指导下,建立算法审查制度或算法正当程序制度的政策提案尚未获得共识,但伦理原则的形成与宣传仍然有助于促进相关研究者重视人工智能研究开发及传播应用过程中的潜在风险,并共同探索相应的治理措施。

(二) 人工智能传播算法的道德编码

人工智能传播以可信性、透明性、安全性、向善以及公平性作为其基本准则,构建算法的道德编码,并与人工智能治理主体的道德准则相结合,建立双重道德体系,实现人工智能传播伦理治理。

1. 可信性

欧盟鼓励各个人工智能参与方执行《伦理指南》,提升其约束力,促进人工智能伦理形成国际共识。[①] 指南指出,建立人工智能伦理治理框架需要建立可信的伦理指南。根据《伦理指南》,建立人工智能的可信任性需要满足以下三个特征:合法化、符合道德规范、稳定性。特别是信任 AI 的道德结构包括三个方面:首先,它是可以信任的 AI 基础;其次,符合实现信任规律;最后,对 AI 进行信任评估。学者闫宏秀对欧盟的"可信任人工智能的伦理框架"的理解从以下三个方面入手:(1) 基于有效监督的可信任;(2) 基于动态视角的可信任;(3) 基于批判视角的可信任。闫宏秀指出,可信任的人机关系建立在人对技术的使用之上,依据概念阐述、路径解析以及判别依据界定三者之间的递进层级关系,让人工智能可以被信任。

可以看出,虽然提升人工智能的信任度需要从技术维度确立透明性与可解释性,但信任才是人类的有效监督,是人工智能规范的根源所在。从人的本质出发,可信任度是人类的价值标准。无论是基于技术可信度

---

① 曹建峰、方龄曼:《欧盟人工智能伦理与治理的路径及启示》,《人工智能》2019 年第 4 期,第 41~43 页。

的社会价值审度，还是基于人类本身的批判态度与适应调节，都不可否认可信任本身就包含着期望、焦虑、承诺以及风险。

2. 透明性

确保算法的透明性就是增强算法的可解释性与升级算法的可访问性。应确保人工智能传播行为数据集过程和结果的可追溯性，避免"算法黑箱"，保证人工智能传播算法的决策结果可被人类理解和追踪。可解释性是指算法所有者或使用者应尽可能地对算法的过程和特定的决策提供解释，维护消费者的知情权，避免算法决策出现的歧视性错误。可解释性要求算法本身具备解释产生某结果或某现象的原因的能力。[①] 当人工智能系统的传播效果对个体产生重大影响时，算法系统应当及时解释，提升用户对人工智能运作目的与模式的理解，明白用户会与系统发生哪些交互活动，如实告知用户人工智能传播系统的数据信息索取需求，以及人工智能系统在内容传播方面的局限。由于人工智能的技术特性，人工智能本身不能作为承担责任的主体，但是如果伦理规范足够具体化，人们就可以利用人工智能的现有技术自主地执行某些规范，从内部完成部分伦理治理的任务。但对于开发化的应用场景，伦理规范不能成为封闭性条件，不能完全依靠人工智能技术的自主性，必须坚持人的管理和介入。学者刘培指出，"由于算法的复杂性和不透明性，算法系统仿真中未出现的情况可能会在特定的应用程序中出现，因此必须限制算法的应用程序。"[②] 总体上，人作为人工智能传播的责任主体，必须坚守自己的责任。在伦理法规与规范机制上，实现半自主的 AI 功能，以人机结合的方式，是一种有效的责任落实方式。数据主体对算法自动运算决策违反伦理道德规制时，可以采取人工干预，要求对相关数据进行解释。Upol Ehsan，Brent Harrison 等人据此提出了一种技术方案："合理化人工智能"（AI rationalization），该方法可以生成对自动系统行为的解释。[③]

[①] 国家人工智能标准化总体组：《人工智能伦理风险分析报告》，2019 年 4 月。
[②] 刘培、池忠军：《算法的伦理问题及其解决进路》，《东北大学学报（社会科学版）》2019 年第 2 期，第 123 页。
[③] U. Ehsan, B. Harrison, L. Chan, et al., "Rationalization: A Neural Machine Translation Approach to Generating Natural Language Explanations Artificial Intelligence", *Ethics and Society*, 12, 2017, pp. 1–11.

3. 安全性

安全性一方面指的是技术安全性，即人工智能在一定条件下可以无障碍地实现功能，在违反伦理规制的数据输入时，人工智能可以尽快做出判断与处理，在一定程度上防止有伦理风险的输出结果。技术本身具有自检测运算生产结果的能力，可以进行特定的检验，有助于算法追责，让算法的结果可以被解释。

安全性另一方面指的是保护个人信息安全，即隐私保护。人工智能需要大数据的持续支持来不断提供精细化的服务。"矛盾主要存在于隐私的自我披露与隐私风险意识之间，因为参与社会关系的过程就是暴露个人隐私的过程，人们虽然会具有一定隐私保护意识，但是却参与其中，无法避免隐私在互换过程中泄露。"① 传播数据精准程度与隐私暴露程度相关，所以人工智能传播数据安全与信息安全的把控非常重要。用户的隐私安全问题亟待解决，对于隐私保护的底线，学者施娟萍提出共识原则与技术规制，"知情同意和收集必要性已成为收集数据必须遵循的共识性原则，但仍需通过具体化的场景对技术和算法的应用进行规制。比如，在数据收集阶段设立隐私协议和审查制度；在数据利用阶段加强对'杀熟'程度较高的数据管制等"②。基于人工智能伦理底线，人工智能传播用户保护的路径主要从以下三个方面入手。第一，用户大数据源头的收集权限管理；第二，人工智能传播技术对用户隐私的直接保护；第三，用户算法素养提升的间接保护。例如，应用区块链，针对智能传播中隐私保护与数据存储的安全问题，结合密码学中的属性进行加密，将零知识证明和同态加密等原理用于加密货币的匿名交易、数据的隐私保护以及合约的隐私安全等区块链数据保护机制中。用户可以基于自己的需求，建立不同的属性认证策略，可以基于对地区、年龄、时间以及平台等不同维度的属性为信息进行加密，并且此机制可以满足用户匿名认证的需求。这些新技术措施有利于保护用户的隐私信息安全，并且不断更新互联网技术保护模型。由此可见，建立人工智能传播技术保护模型可以有

---

① 高申杨：《大数据时代隐私悖论的伦理困境》，《新媒体研究》2020年第20期，第12页。
② 施娟萍：《人工智能治理框架及实施路径、方法研究》，《上海人大月刊》2021年第1期，第50页。

效地减少用户的隐私泄露和信息侵权等问题,并削弱道德伦理风险。

事实上,人们不能一味依靠技术,也不能一味将伦理道德风险的责任都归于技术,以技术治理技术,只是一种防护手段。如何利用好这一防护手段达到真正意义上的隐私保护技术升级,还需要技术在伦理规制的架构中进行创新。学者张夏明认为,"……进行全面的训练分析将学习模型分为三类:横向联邦学习、纵向联邦学习以及联邦迁移学习。"[①] 机器基于这三大类别框架进行学习,就是伦理框架下的技术升级,通过联邦学习学习特征和类型分布。[②] 从用户特征重叠信息区分相同特征用户的不同点,对不同用户的不同特征进行横向和纵向的联合分析,帮助用户解决不同情况下发生的隐私泄露问题。

4. 向善

"向善"是人工智能以增进人类福祉为目标、以促进人类发展为目的、不违背伦理道德底线的基本发展方向,不能传播反社会的内容,更不能引导公众做出伤害性事件。如利用人工智能及相关技术,避免误导性内容传播、避免同质化内容升级以及避免社会冲突等;同时人工智能传播也需要考察应用数据是否侵犯了个人隐私、损害了社会利益。在我国,传媒是党和人民政府的喉舌,传媒的目标是宣传贯彻党的路线方针,为国家和人民服务,必须遵守社会效益优先于经济效益、经济效益必须服从于社会效益的原则。因此,在当代中国,新闻传播业的价值追求应当以满足社会效益为取向,把价值理性作为信条,这是不可动摇的信念。[③] 比如遵从哈贝马斯交往理性,允许人工智能技术赋能优质内容的传播,但要严格禁止把人工智能用于发动战争、反社会以及反人类等活动。并且对伦理边界较为模糊的技术进行限制,通过技术规制与社会伦理规制的结合,人与机器的协调治理,给人类和社会带来"向善"的结果,促进人工智能技术与人类的友好相处。

5. 公平性

公平性即无偏性,指的是人工智能的算法不能具有某些偏见或者偏向,

---

① 张夏明、张艳:《人工智能应用中数据隐私保护策略研究》,《人工智能》2020年第4期,第82页。
② 华为:《睿思于前:AI的安全和隐私保护》(白皮书),2019年。
③ 《不能让算法决定内容》,人民网,2017年9月18日。

这既可能和算法的设计相关，也可能和训练模型使用到的数据相关。无偏性要求使用到的数据具有无偏性（使用到的数据应该保持相对的中立与客观）和完备性（数据应该具有整体的代表性，并且数据应该尽量全面地描述所要解决的问题）。公平性事实上就是主张多元化发展。学者杨毅指出，提升行业水平必须通过商业模式的转变，从本源解决人工智能技术操纵观念的问题，实现技术、概念、产品和应用的完美结合。同时，商业条件的多样性和公共性也必须加强。① 例如，谷歌系统研发了一种"硬性纠错"②，如果认为不合适的人数超过50%，那么就判断需要纠错的成分。

（三）人工智能传播"机体算法"的创建

针对人工智能传播带来的不确定的伦理风险，要以人机结合的方式来降低风险发生的可能，这也是"机体算法"的基础运行机制。但机体算法的创建不仅需要确立控制者与机器的关系，也需要转变算法对使用者的认识观念。学者强调了算法逻辑与算法内涵的一体性，事实上就是进行算法内部改良，从而使算法更加契合外部环境。美国学者瓦拉赫和艾伦认为，人工智能系统将独立于人类监督，并将做出自己的决定。他们将允许道德选择作为人工智能道德主体能力，该人工智能系统称为人工道德行为体（Artificial Moral Agents，简称 AMA）。③ 瓦拉赫和艾伦在机器人运行程序中嵌入了人工智能伦理和机器行为道德规则，并相信有可能将其作为人工智能的核心运作方向，他们设计了三种人工智能伦理道德选择模型实现方法，分别是"自上而下的路径"、"自下而上的路径"和"混合路径"。"自上而下的路径"是一种道德规范，可以转化为算法，是一种机器行为的指导原则；"自下而上的路径"与人类道德发展的模式相似。但是这两种方法都有局限性，无法完全给机器赋予明确的规则，并且相同的原理可能导致在不同情况下做出相互矛盾的决策。④

---

① 杨毅、向辉、张琳：《人工智能赋能文化产业融合创新：技术实践与优化进路》，《福建论坛（人文社会科学版）》2018年第12期，第72页。
② 就是创建一个论坛平台，通过互动讨论对系统与技术发布进行把关与改进。如果认为不合适的人数超过50%，那么就判断需要纠错的成分。
③ 如果能像人类那样遵守某些公认的道德规范，我们即称之为"人工道德行为体"。
④ Wendell Wailach & Colin Allen, *Moral Machine: Teaching Robots Right form Wrong*, Oxford University Press, 2009, p. 97.

从"机体算法"参与伦理治理的效用来看，这是一种算法的把控机制。设计者和用户都在使用算法的过程中不断完善机制，算法推荐为用户提供信息，浏览信息又被算法回收进行二次利用，这是"机体算法"的最终目标。学者何江新总结，与智能机器人的设计者有关的人工智能主体的初始设置，促使机体初始设置客观化。[①] 从对"机体算法"评估标准进行设计与监督，事实上就是将把关人的理念重新融入人工智能传播的设计中。但值得注意的是，在设计者的设计中，算法也容易代入主观思想。人工智能是通过吸收人类行为数据构建的，所以从研发到设计的审查监督过程不仅要着眼于算法，也要着眼于算法的建构者。如何提高人工智能传播工作者的职业素养、如何完善监督机制和管理制度也是"机体算法"需要重视的问题。

（四）人工智能传播算法的自我约束

当以算法生产为技术基础的传播造成数据泄露、隐私侵犯、大数据鸿沟、信息茧房甚至反制人类等问题时，选择治理路径显得尤为重要。当前，人类很难理解人工智能的决策行为，如果现在不对算法黑箱加以控制，后果将非常严重。所以人工智能应该遵守生物衰老系统。谷歌旗下的 DeepMind 公司在 2016 年曾推出"切断开关"（kill switch）功能。[②] 这一功能可以控制机器人的不端行为，防止不可逆后果的发生，相当于在其内部强制加入某种自我终结机制。如果内部基础系统发生错乱或外部监管失效，自我终结机制依旧可以被触发，以此加强监管的效力。发展人工智能传播算法的可解释性也是打破人工智能黑箱的有效方式。

算法的自我约束需要配合精准的数据分析，加入数据分析的尺度应该以"人"的需求为基准，尊重"人"的选择，一方面需要社会伦理道德研究的支持，另一方面也需要数据分析的功能来辅助人工智能的成长。苏竣认为，应将社会实验与数据分析相结合，提升算法的可约束性。在研究因果关系的效应与机制两个维度上社会实验研究具有独特的优势，

---

① 何江新、张萍萍：《从"算法信任"到"人机信任"路径研究》，《自然辩证法研究》2020 年第 11 期，第 81~85 页。
② 魏强、陆平：《人工智能算法面临伦理困境》，《互联网经济》2018 年第 5 期，第 26~31 页。

但也存在随机偏误、成本高企以及伦理风险等缺陷,人工智能社会实验研究既要关注人工智能等技术的社会影响,也要充分利用密集数据与智能算法的融合,弥补研究方法上的不足。①

事实上,基于"大数据集"的算法通过自我训练和自我学习形成"规则集"的过程,本质上是对过往的人类社会模式发展、变革、创新等方面总结的过程。将这一算法用于对未来社会的感知与决策,这在提高人类社会运行效率的同时,也不可避免地复制并延续当前社会既有的格局与特征,从而不利于变革与创新。这也容易陷入算法的"自我强化困境"。现今大多数新媒体人都不会规避算法,反而接受并努力迎合算法。因为在算法体系下,适者才能生存。算法极大地节约了一个人了解一个事物的时间,我们只要创作出符合算法认知的用户偏好的内容,就有更大的概率被了解和喜爱。人类行为对算法的贴合度越大,便会越加剧集体创作迎合算法的活动,这样一来会导致同质化严重,不利于内容质量的提升。所以算法应该被赋予底线,同时拥有多元化标准,防止根据数据分析导致的"自我强化困境"。

(五)人工智能传播算法的伦理纠偏

人工智能认识社会的方式主要是计算,算法给社会上的所有人和事物赋值,因为数值是对人的需求的精确表达。但这种计算结果有极大的主观成分,容易造成"计算主义"情结,并带来伦理危机,比如算法对年龄的偏见、对阶级的偏见、对学历的偏见以及对人种的偏见等,容易形成多重伦理问题。算法需要及时进行伦理纠偏,尤其应该注重价值理性。其实一个人的习惯性审美偏向就是价值的本质。换言之,符合人类审美需求与习性规律的东西才被认为是值得的。但功利性会成为审美偏向被利用的矛盾点。② 为防止伦理问题带来的严重社会影响,算法必须从伦理价值本身进行整改与规范。首先要建立价值取向,媒体算法的内容推荐标准必须考虑新闻价值,然后考虑观众的审美习惯,新闻价值的

---

① 苏竣、魏钰明、黄萃:《社会实验:人工智能社会影响研究的新路径》,《中国软科学》2020年第9期,第137页。
② 刘海明:《媒体算法的价值纠缠与伦理误区》,《湖南师范大学社会科学学报》2019年第1期,第40页。

要素是多种多样的，受众的审美习惯也是千差万别的。人的不确定性也会导致算法的不确定性。所以确定算法的价值向度有利于媒体算法形成应急转变的程序代码。

纠正算法歧视，也就纠正了算法应用中可能由人为编写偏差导致的社会歧视、性别歧视以及种族歧视等问题。人工智能传播领域算法的"价值纠缠"，就运用了这种程序的媒体组织的价值取向。在某种层面上，媒体算法取决于媒体组织的定位，一旦媒体组织价值取向发生转变，它们的算法（程序）也必然会受到影响甚至发生改变。算法一般可以通过技术进行调试，但如果无法适应媒体伦理取向的变化需求，就需要人工介入来弥补算法的不足。当然在价值纠偏中需要注意，算法编写者自身的价值取向要正确，对以人为本的人工智能理念的理解足够到位，并且尽量不代入个人情感。当今，对人工智能进行人工审核的案例有很多。例如，"今日头条"在算法推荐出现严重问题后，推出了强制性主编责任制，现有的6000人运营审查团队将扩大到10000人，以加强人工审查。

人工智能传播伦理问题治理的路径选择是一种宏观的选择，并且有多重选择方向。以上内容从总体治理体系构建、法律参与伦理治理、主体责任、人工智能技术中的数据干预以及算法规训等五个方面，对其进行路径选择研究，从整体的架构上打造以"人类为中心"的人工智能传播伦理多元治理结构，并建立相应的防御体系。要健全法律体系，并以伦理导向落实责任主体；从技术角度控制数据挖掘、清洗以及应用的过程；对算法进行控制，建立人机共治伦理风险的机制；实现从伦理道德、法律、责任、技术、政治以及经济等多层面的融合治理体系。

七 人工智能传播中算法伦理治理的区块链路径

区块链被称为新科技革命中的一项"颠覆性"技术。麦肯锡公司认为，区块链是"继蒸汽机、电力、信息和互联网科技之后，目前最具有触发第五轮颠覆性科技革命潜能的核心技术"[①]。这一技术的应用将有效

[①] 高芳：《美英两国区块链发展现状及对我国的启示》，《情报工程》2017年第2期，第12页。

地降低算法伦理存在的风险。以下将从区块链技术的特征及其对算法伦理治理的意义、区块链治理的理论框架以及区块链治理的新路径等三个方面，探究区块链在人工智能传播中的算法伦理治理方式。

（一）区块链的技术特征及其对算法伦理治理的意义

当前，学界对于区块链的相关研究非常丰富，尽管学者对区块链技术的定义具有差异，但殊途同归。我们可以将其概括为：区块链是一种通过加密链式区块结构来验证与存储数据，利用共识算法和分布式节点来生成和更新数据，并嵌入自动化脚本代码来编程和操作数据的一种分布式计算模式。其自身具有如下四个特点。

1. 多中心化

区块链技术具有开源多中心的高容错分布式结构特点，其可以通过不同节点统一进行数据备份，并且无中央协调，同时可以确保每个节点的成员都能参与集体数据的管理，采用多中心协调管理的方式对输入的数据进行记录、验证、储存、传输及更新。[①] 多中心协调管理的方式使得每个节点被分割成独立个体，某一部分出现异常的情况不会影响整体，因而区块链技术具有较强的可靠性和安全性。

2. 数字信任

区块链技术下每个节点之间依据固定算法进行数据变更，因此参与者无须向其他节点的参与者提供信任信息。并且，区块链下系统整体安全性系数会随着参与节点的增加而提升。

3. 防篡改机制

一般来说，区块链中的数据经过加密后，可形成较为完善的存储机制。如此一来，就建构了基于大数据和不可篡改技术的非关系型数据库，可降低数据受非法攻击的可能性，从而保证了数据的稳定性和真实性。[②]

4. 时序回溯

区块链技术具备时序性的特点，在时序性的影响下，区块链技术的

[①] 高奇琦：《人工智能治理与区块链革命》，上海人民出版社，2020，第188页。
[②] 吕小刚、王彩云、程立丽：《区块链技术视角下政府数据治理创新路径》，《辽宁行政学院学报》2019年第5期，第13页。

数据也就具有了可回溯性。其一，采用区块链技术处理的所有数据都具备时间维度的信息，所以数据的回溯定位就变得十分精准。其二，时间戳所具备的不可篡改性和无法伪造的特性也可进一步确保数据的真实性。因此，这一特点能够在确保数据的高透明的同时，有效地保护用户的个人隐私。①

目前，算法技术不断发展，已经深入人们的生活，其带来的伦理风险不容忽视。算法技术的主要缺陷是不透明性、不可解释性以及黑箱作业。区块链技术的多中心化特点可以改善算法技术的不透明性；数字信任和防篡改机制可以改善算法技术的不可解释性，而时序回溯的特点可以促进光明作业的形成。区块链作为一种底层技术加入算法治理，已经成为国内外学者关注的重点。

（二）区块链与算法伦理治理的新框架

1. 区块链治理算法伦理问题的必要性

随着代码和算法技术的广泛应用，算法即权利也逐渐成为可能。不可否认的是，算法技术的应用极大地提升了作业效率，而算法技术存在不透明性、不可解释性以及黑箱操作等缺乏信任性的特点，使得算法技术在应用的过程中存在大量的伦理风险。在算法治理的道路上，人们做了大量的努力，姜野指出，在算法投入应用之前应给予相应的审查，依据不同等级的风险确定透明度的边界，改善算法的透明度边界和算法分级制度以及完善算法监督机制等治理方法都是很有必要的。② 詹好总结认为，算法歧视的治理方案按照方法维度可以分为三条不同的路径：律法路径、技术路径以及"以人为本"的路径。③ 但其治理效果依旧不明显，因此，采用区块链这一新技术，重构算法信任是十分有必要的。

2. 区块链治理算法伦理问题的可行性

作为足以颠覆认知的新技术之一，算法技术展示了传统技术难以实

---

① Francesco Restuccia, "Blockchain for the Internet of Things: Present and Future", *IEEE Internet of Things Journal*, 1 (01), 2008, pp.6-7.
② 姜野：《算法的法律规制研究》，博士学位论文，吉林大学，2020，第78~82页。
③ 詹好：《大数据时代下数据挖掘中的算法歧视研究》，硕士学位论文，湖南师范大学，2020，第4页。

现的对"相关性"的表达，但算法技术难以被赋予信任。然而，区块链技术的一大特点就是解决信任问题，实现信任体系从中介化到去中介化的演变。因此，"区块链+算法"技术融合发展有可能解决算法技术现在面临的伦理问题，从而对经济运行、社会生活方式以及国家治理能力产生重要影响。

（三）区块链与算法伦理治理的新路径

上文中提到，学者们对于算法伦理治理的探索一直在进行，尝试了解锁 ITO 三阶段、逆向工程学、可理解的透明度、法律路径以及"以人为本"等路径，但效果并不明显。结合算法缺乏信任的弊端以及区块链技术构建信任体系的功能，我们有理由相信基于区块链的算法伦理治理路径是值得尝试的。算法伦理存在的算法隐私暴露、算法安全、算法歧视以及黑箱作业等问题有可能得到解决。

1. 应用区块链分布式数据存储模式，提升算法数据质量

区块链以 PTP 模式在各数据拥有者之间搭建分布式数据存储模型，主体以"时间戳"的形式访问数据库，当有主体认为某数据存在误差时，将触发区块链系统对该节点相关事件的拒绝，这一机制有效地维护了系统内部数据的真实性和完整性。

另外，这种广泛覆盖网络的广播模式能够让特定指令更快、更直接地开放和共享到各个层面。由于"时间戳"具有不可逆转记录的特性，数据的来源可以追溯，极大地保障了数据的稳定性和真实性。

2. 应用区块链非对称加密技术，有效保障算法安全

算法安全主要包括算法的完整性和隐私性两个维度。然而，区块链的非对称加密算法能够解决数据来源可靠性的问题。同时，可以将区块链引入全国信用信息系统数据库以保护用户数据隐私，尤其是个人信息和企业信息。

非对称加密技术包含"加密"和"解密"两个过程，其间需要通过公钥和私钥完成身份验证以及信息的加密和解密，通过信息所有权的签名和认证，保障数据的安全。

3. 利用区块链建立算法信任机制

"区块链的核心是多方信任机制。从一定意义上说，区块链是一个信任的机器,是在不同节点之间建立信任机制的技术"。① 区块链技术可以用于搭建网民信任机制,从而进一步完善信息传播机制。网民具有数量庞大、彼此之间陌生且难以沟通的特性,区块链技术可以通过智能算法有效搭建智能合约,以改善网民之间沟通、信任难的问题。

在这一机制的作用下,区块链上所有节点的参与者相互平等,共同参与节点的信息管理和维护。这就使得每一条信息要通过智能合约的检验,被多节点认同后才能在区块链系统中流通,保证了所传播的信息为用户的共识。

八 人工智能传播算法伦理治理与算法正义

随着数字化进程的持续深入以及大数据和人工智能算法等技术的日益演进,算法伦理问题日益凸显。算法的良性发展不仅需要创新,更需要正确的伦理植入与智能化转型。学者张宏江认为,在产学研各方加速推进人工智能技术创新的同时,也必须要考虑一些基本原则,比如团队产出的技术要有助于社会的可持续发展——他希望这些原则未来不只是原则,还能给决策者、创新者乃至用户的思维方式带来一些变化。② 以下从算法伦理治理形成伦理生态、算法伦理生态维护伦理秩序以及算法秩序建构算法正义等三个方面递进讨论,对算法正义进行研究,探究算法伦理治理中从辅助流程、支持决策到智能运作的合理性,坚持"人类中心主义"思想,确立合理的算法治理体系,完善算法伦理生态建设。

(一) 人工智能传播算法伦理治理形成算法伦理生态

在探讨算法治理问题之前,需要注意的一个前提条件是:在人工智能时代背景下,算法技术已经被应用在社会的各个方面,许多领域都或多或少应用了算法技术,算法的应用也相应地助推了行业领域的发展,因此算法的应用是人类社会的必然趋势。在此前提条件下,我们再来探

---

① 王佳航:《"区块链+"如何重构内容产业生态》,《新闻与写作》2020年第1期,第14页。
② 张亚勤、张宏江:《人工智能的未来是什么?》,"人工智能学家"微信公众号,2021年4月2日。

讨如何治理算法技术出现的各类伦理风险问题，主要是先针对算法技术本身，保持正确的价值观，纠正技术层面的价值偏差，建构出良好的算法伦理生态。算法伦理生态应当更加安全透明，这样我们才能尽早预防和杜绝算法伦理问题，对其进行更为有效的治理。

算法的透明性尤为重要，"算法黑箱"就是由于算法的非透明化问题造成的。算法技术造成社会风险时被人们诟病。只有将算法放置在透明的盒子中，才能在社会出现伦理风险问题时，尽快发现这些风险是何种算法造成的，具体问题出现在哪里，这样才能更好地避免算法对社会造成恶劣的影响。① 比如针对算法透明性以及相关责任界定与治理问题，《算法责任与透明治理框架》研究报告在2019年正式发布，该报告来自欧洲议会未来科学和技术小组（STOA），报告提出：当AI系统决策结果对个体产生重大影响时，应就AI系统的决策过程进行适当且及时的解释。②

构建算法伦理要构建算法信任机制。算法技术是人工智能等重要技术的运行基础和关键，各个领域都将持续加深对算法技术的合理应用。算法设计的特殊性使得算法规则的认知与用户之间割裂开来，在这样的情况下，算法的监管具有一定的难度，夹杂了多方利益的对弈，因此，要想治理算法，构建出更好的算法伦理生态，需要更多的力量团结起来。

（二）人工智能传播算法伦理生态维护算法秩序

算法技术应该具有安全性、透明性、可描述性以及光明作业等特点，这是建立算法信任、形成良好的算法伦理生态、维护算法秩序的前提。

维护算法安全性，对维护算法秩序具有重要意义。算法安全性问题包括算法漏洞带来的安全风险、算法的可信赖风险以及可能造成人身伤害的风险等。消除算法安全性风险，有利于使算法的运行使用更加可靠，确保算法参数不被轻易泄露。解决可信赖性风险，可以最大限度地发现算法中因数据或参数误差引发的错误结果。人工智能在算法秩序的维护方面，需要做到的是既要保证算法的正常运作，又要针对算法异常的情

---

① 李倩：《算法分发时代传媒内容生态的变革》，《新媒体研究》2020年第21期，第15页。
② 曹建峰、方龄曼：《欧盟人工智能伦理与治理的路径及启示》，《人工智能》2019年第4期，第45页。

况进行及时处理和有效应对。构建算法秩序，可以有效解决算法运行中可能造成的人身伤害风险，这样算法技术才能更加广泛地应用在医疗等攸关人身安全的领域。构建算法安全秩序，还有利于推动国家科技发展。例如，中国核能电力股份有限公司正在使用设备可靠性管理系统，其亮点之一是将大数据算法技术用于设备寿命预测，即通过大数据算法科学准确地预测设备的劣化趋势，作为及时进行设备维护的依据。①

算法解释按照解释的内容可以划分成决策解释和过程解释两类。②从解释的路径角度来看，也可以分为两类：一类是主体中心解释；另一类是模型中心解释。模型中心解释主要注重全局的可解释性，也就是对数据、逻辑推演以及算法模型的解释。相反，主体中心解释更注重进行局部方面的解释，而对于"算法黑箱"的内在运行机制不会深究，主要是针对算法主体与算法决策，试图在这二者之间建立起相关联系。③ 消除算法可解释性风险，可以有效提升算法的透明度以及可理解性，从而提升人类对算法的安全感、信赖感以及认同度，保障算法应用下的"人类知情利益"。届时，算法给社会带来的伦理难题都可能得到进一步化解。

（三）人工智能传播算法秩序构建算法正义

算法技术是人工智能依赖的重要技术之一，而人工智能又是未来经济的重要组成部分。探究在发挥数据的经济价值和推进人工智能技术的同时，确保用户个人权益，实现算法正义，这是数字时代的重要课题。

我国《信息安全技术 个人信息安全规范》第 7 条和第 10 条"约束信息系统自动决策"赋予了个人提出申请的程序性权利，并不存在实质性的约束。除此之外，《人工智能标准化白皮书》虽然提到了人工智能技术可能会带来隐私及伦理问题，但也只是一笔带过。相比之下，《统一数据保护条例》不仅列举了系统的法律规则，更在"数据效率"的基础

---

① 郝强、童朴：《人工智能助核科技安全高效》，《经济日报》2019 年 10 月 17 日。
② 美国计算机协会、美国公共政策委员会 2017 年初发布的《算法透明性和可问责性声明》提出要对算法的过程和特定的决策提供解释。
③ Lilian Edwards & Michael Veale, "Slave to the Algorithm? Why a 'Right to an Explanation' is Probably not the Remedy You Are Looking for", *Duke Law and Technology Review*, 2017 (16), p.18.

上提出"数据正义"的理念。

科学并不是一个固定的概念，科学的范围非常的广泛，其内容也会随着时代与社会的变化不断地更新迭代。如科学可以通过经验观察和新的实验为其补充内容。① 算法从广义上来说也属于科学的一种，算法设计者根据相关规则设定算法程序，再由算法应用者对算法进行应用测试后投入正式应用，而算法实际上以大数据为基础，是一种具有高速计算能力的高效计算机程序。新兴技术层出不穷，人们的生活也因此发生了翻天覆地的变化，在当下算法技术已经渗入人们生活的方方面面，人工智能技术也在一定程度上改变了社会面貌。

"反算法歧视"和"算法透明"无疑是"算法正义"的应有之义，在大数据技术加持下的互联网生活中，不论是经济人还是社会人，都是"数字人"。数字化生存下的我们在互联网上以数字的形式被记录、分析、表达，现实空间的歧视也是如此。因此，建构算法正义对于当今社会来说尤为重要。

综上，对于人工智能传播中的算法伦理与治理研究，是算法中的伦理生成逻辑与治理方式的双向研究。首先从算法伦理的生成逻辑，细化隐私伦理、安全伦理、算法歧视以及算法偏见等四个算法伦理的问题；其次对其治理路径进行探究，以区块链治理为核心，重新建构出适用于人工智能背景的治理新框架，最后基于人工智能传播中的算法技术，聚焦对算法伦理治理的现实意义。从算法伦理的理论逻辑到问题类别，再到解决方式，最后到现实意义，从多个角度深入挖掘算法伦理问题，实现理论与实践、技术与伦理道德以及责任主体与社会的多重融合。

---

① 〔英〕李约瑟：《文明的滴定：东西方的科学与社会》，张卜天译，商务印书馆，2016，第262~263页。

第九章　人工智能传播伦理治理的价值审度

人工智能的快速发展离不开大数据技术的加持、算法技术的突飞猛进以及机器学习能力的提升，现阶段人工智能也在社会各个生产领域发挥重要作用，"智力"取代"人力"的过程，是人工智能一次次赶超的映射。但不可否认，与人工智能技术的传播活动伴生的伦理问题也愈加突出，故人工智能传播伦理治理的价值审度也逐渐成为学界所聚焦的重要问题。本章将对人工智能伦理治理价值的七大问题进行阐述和探讨。

一　人工智能传播伦理治理价值审度的基本问题

随着人工智能技术的发展，人工智能技术的应用范围已经远远超越了计算机和数字科学等领域，人文科学与社会科学也处于人工智能技术的辐射范围内。人工智能利用了由人类制造的一系列智能化装备等智能化产品，使人工智能即使离开了人类，也仍然具备高效、精准的智能，并且可以主动地识别周围的环境，模仿人脑进行智能化决策和行动以达到预设的目标。当人工智能摒弃前几章谈到的伦理问题时，它就能高度整合到社会的各个层面。

（一）人工智能与人类社会协同发展

1. 人类的智慧与思维呈现出层次结构式的递进

人类的大脑功能分配和生物学机理决定了人类的思维进化呈现出层次和结构上的递进。在人类的发展历史中，诸如火力的综合利用、电的发明、计算机的诞生以及信息网络的扩散和覆盖等重大科学技术的改变，没有哪一代人能够真正准确地预见这些技术究竟能够给人类和社会的整体发展带来怎样的影响？随着现代科技的发展和进步，人类的生产、消费、思维方式以及整个社会的发展模式都在发生变化,人类社会甚至可能会得以再造。所以当人类社会财富积累到一定的程度后,人类就有机会注意到自己对精神品质的追求,思维也将更加活跃和"超常",从而有机会发展出目前很难被人所认识的各种心理行为和现象。未来几十年内,人类的知识储备、教学模式以及头脑思考等在人工智能的帮助下将逐渐向更高阶段转变。人类智力最重要的基本特征之一,是人类能够发现自己的潜能,自觉地学习和适应,独立地改进和提高,其功能是相互联系的、有机的、协调的和系统的。任何形式的科技手段都只是人类智慧的载体。经过每一次重大的社会技术革命,人类的思想、智慧、能力以及知识水平在经过精炼、积累和提高之后,将取得显著的突破甚至飞跃。与世界其他类型的活动相比,我国人工智能等相关研究对高新技术应用的发展与产业化进行了追赶,甚至成为领导者,百度、阿里巴巴、腾讯、字节跳动以及华为等互联网巨头掀起了人工智能技术应用的狂潮,这是人工智能逐步发展的生动例证。

2. 为人工智能赋予灵魂

人工智能以人的大脑和智慧行为作为设计模板,而并非一个超人类智慧的遗传基因,这样也能更好地服务于人类。人类智能机器在实现创造性运用时,就应该尽量给人工智能技术的创造性注入正能量,这样才会更好地挖掘和充分利用人工智能技术的优点,促使人机在一个更高的层次上共同进行交融(即通过大脑-机器相互衔接的融合)。为了顺应未来人工智能发展趋势,培养人们引领我国经济社会进步和发展的积极性和创造力,需要将以人工智能为基础的教学设施核心与人类生存和发展进行统一紧密的结合,从本源上改变传统的理论分析概念和研究方法。人工智能已在我国经济学和社会科学等多个专业领域取得了进步,并且也预示了未来发展的方向。人工智能与人类的教育发展只有更好地结合,才能给人工智能赋予灵魂,人类才能够准确地把握到人工智能的存在和发展方向,才能够更好地发挥人工智能教育的功效,促进人类社会更加美好和健康持续地发展。

3. 构划未来:设计—掌控—预见—引领

人工智能的提高、转型升级以及技术进步,绝不能只被认为是单纯的和孤立的，也不能仅仅被看作是一种在技术维度上的拓展和扩充，最终决定性的因素是取决于现代社会中的人类和大自然之间的交互及其他现代社会中的人类自我认知的升华和飞跃。虽然未来的人工智能与未来几年人类的社会发展轨迹及其趋势必然沿着不同的方向推动前进，并由各自内在的规律和驱动力所驱使，但与此同时，二者也将互为依存、彼此启迪、相互促进。

教育与信息科技作为推动整个社会进步的两个轮子，它们具有两股巨大的驱动力，都具备了各自发展的轨道，还都具备了紧密联系在一起的共性和目标。它们在推动社会经济发展和进步的历史长河中起到了巨大的作用，传承并弘扬了现代人类的聪明才智，同时还孕育并充分激发了现代人类的创造力，和现代科学技术的探索相辅相成。而且人工智能已经被认为是当今信息时代技术进步的最为典型的代表，与教育和生活以及人类的发展都保持紧密的天然关系。一方面，人工智能等新兴信息技术和应用正在不断创新；另一方面，人类对于设计、创造以及使用人工智能思考的智慧和实施行动能力的认知水平，也将在自我调控的演进过程中得到相应的创新和提升。人工智能的转型与进步，若是偏离了整个人类社会全面健康可持续发展的整体轨道，就很有可能使人类在实践中迷失方向，削弱其内在的动力。

（二）人工智能传播伦理治理的经济价值

人工智能的发展，催生了一系列新的经济形态和经济增长点，大数据技术、机器智能生产、人机协作以及更多经济领域的智能融合都在培育新时代的生产模式。在网络化、数字化、信息化和智能化的新时代，新的发展理念也应运而生，人工智能助力新时代下的经济发展，其所创造的经济价值、释放的经济效能是无法估量的。

1. 人工智能优化产业结构

人工智能的融入，加快实现了数字化生产、智能化生产，最直接地使生产效率大幅度提升，生产要素的配置和投入变得更加精准和高效，产业的运营成本也随之减少，这无疑是在推动产业的供给侧改革进程，更快更好地优化产业结构，实现产业新升级。

以我国农业为例，过去的传统农业早已变换了面貌，人工智能技术被慢慢应用于农业的生产、管理等多个方面,智能农业逐渐形成。过往的传统农业往往需要大量的劳动力,生产主要是经验导向型,而这种方式的经验主观性较强,故标准化生产程度就较低,并且生产和销售的结合并不是很紧密。传统农业实际上具有非常多的问题存在,人工智能技术能有效地帮助农业实现产业结构化升级,解决以前传统农业中存在的不足。尤其是国家已经进入了改革深水区,各个领域的发展趋于稳健,近年又提出乡村振兴的发展规划,在"三农"的发展中融入科技力量是势在必行的。在科技人员和新农人的带领下,实现农民职业化,并向专业型、技术型的新农民转化,无论在生产端还是在农产品销售端,都逐步迈入智能化。如无人机浇水撒药,感应器检测大棚温度、实时监测农作物生产周期和成长状态,让农作物在每个阶段的生产都有迹可循。智能化生产的背后不仅仅是生产效率的提高,更是为未来的农业生产、新作物培育提供科学依据。

2. 人工智能升级投资方式

基础设施是衡量一个国家发展程度的重要指标,对基础设施的投资也会提升国家经济增长的稳定性。传统基础设施投资倾向于物理性质的投资,在一定程度上会导致环境保护压力与政府财政维持压力的增大,同时物理性质基础设施投资的空间局限性使其在当今作用趋于式微。[①]在新的发展阶段,我国经济的发展由追求快速发展转化为高质量发展,其发展理念的本质变化反映了经济发展不能一味地追求速度,还要注重质量的平衡发展。实现这一目标,创新是第一推动力,而科学技术应用于创新更是重中之重,将科技与传统生产相结合,不仅可以弥补地域生产本身存在的资源不足、设施落后,更有助于大大提高回报率,投资与产出之比实现了乘数效果。智能化、数字化生产的底层首先就是投资方式的转化升级,无论是一个产业的发展,还是社会的进步恰恰探索的就是高投资效率带来的高效能生产,这一发展红利的实现也正是在人工智能时代下创新驱动的必然结果。因此,在未来的发展进程中,应当持续加大对人工智能技术创新应用的投入。

---

① 张晋铭、徐艳玲:《人工智能助推中国特色社会主义国家治理的价值》,《甘肃社会科学》2020年第5期,第61~68页。

3. 人工智能更新消费理念

在人工智能的背景下，人们的新型消费理念正在逐步转化。在人们日常生活中最常见的人工智能，即是智能产品的应用，智能家居就是一款智能产品，智能化产品的生产实现了人们智能化体验的升级。可以看出，越来越多更加智能化、个性化、人文化的产品融合到人们的日常生活中，新习惯的培养也正在促成新消费理念的产生。当然，这些智能化的消费品离不开互联网、物联网、大数据、传感器以及云计算等技术的推动，从而赋予了智能化产品更多的价值消费增长点，同时也满足人们对相关商品的高品质需求。具体体现为：智能化产品确实可以为消费者提供更加美好的使用体验，产品功能的升级直接作用于价格，也提高了产品的竞争力，刺激产业间形成良好的竞争机制和氛围；消费者对智能产品的使用，无疑可以节省不必要的简单劳动时间，如扫地机器人节省了人们打扫卫生的时间，简单劳动行为被智能机器取代，使得人们拥有更多的可支配时间，也在一定程度上有利于社会财富的加速积累。

从新发展理念中，我们也可以感受到，绿色消费理念也正在普遍形成。首先，消费产品正在绿色升级，人工智能通过大数据技术对消费者的消费特征进行捕捉，在消费者与产品之间建立连接，并利用智能化决策和深度学习的能力，不断地对产品进行优化升级，生产出更多的可以为消费者提供个性化服务的新型产品。其次，绿色消费模式也不断发展升级，智能化生产和消费背后衍生出的绿色消费也在不断提升消费者的绿色消费意识，这样一来，消费者在生产生活中保持一定的社会关系，绿色消费和绿色消费意识之间的良性互动也在不断实现社会关系向绿色化转变。

（三）人工智能传播伦理治理的文化价值

人工智能技术的高速发展影响了社会文化产业，在此背景下，文化产业的发展生态也出现了新的变化。与以往传统的文化产业发展路径有所不同，新时代下的文化产业依托信息化、智能化的时代背景，创造出更多发展空间。因此，文化产业与人工智能是具有密切联系的两个主体，对其关系的探究自然成为当下研究的焦点。如今，人工智能已经深入多个行业领域，与新闻出版、现代演艺、影视产业以及广告营销等融合发展。

1. 新闻出版+人工智能

在新闻出版行业，人工智能已经渗透到新闻出版的各个环节。首先，在新闻出版的信息内容生产阶段，人工智能开始发挥作用，智能化机器进入新闻行业，如人工智能写作机器人已经出现在了大部分新闻平台上，智能化写作代替人工编辑成为未来主流趋势；其次，在新闻出版的信息内容传输阶段，新闻出版技术与算法技术融合，促进算法更新迭代，实现新闻信息与用户之间的智能化精准匹配。另外，人工智能技术中的VR、AR等虚拟现实技术也被应用在新闻出版当中，如芒果TV就曾推出过AI虚拟主持人"YAOYAO"，给用户带来了沉浸式体验。未来AI新闻或将代替传统新闻形式。

2. 现代演艺+人工智能

人工智能与现代演艺产业之间也具有密切的联系。现代演艺实际上包括两个部分：一是传统演艺产业的数字化；二是新催生的数字化演艺产业。虚拟歌手"初音未来"就属于现代演艺产业中依托虚拟数字技术而生成的一种新形式数字化演艺产品。而"初音未来"衍生品完整产业链的形成也创造出了惊人的价值。[①] 在世界人工智能大会上，WAIC主持人——虚拟主播小冰进行了Rap首秀，这也正体现了人工智能技术为现代演艺产业中创造出的新价值。在现代演艺产业中，人工智能还可以极大地减少行业资源要素错配的问题[②]，促进现代演艺产业的结构优化、高效发展。

3. 影视产业+人工智能

影视产业也是人工智能技术涉及的重要领域，影视作品中所应用的人工智能技术就能够使影视作品在一定程度上突破其创作瓶颈，实现飞一般的技术跨越。例如，在2016年的伦敦科幻电影节中，一部由人工智能Benjamin创作的剧本《Sun-spring》经拍摄制作后入围十强。[③] 该作品

[①] 王光文：《人工智能影响下的艺术管理：效能、问题及系统》，《艺术管理》2019年第4期，第19~28页。

[②] 郭晗：《人工智能培育中国经济发展新动能的理论逻辑与实践路径》，《西北大学学报（哲学社会科学版）》2019年第5期，第21~27页。

[③] 柴艳霞：《人工智能为影视行业带来的机遇与挑战》，《现代电影技术》2020年第10期，第51~55页。

使用人工智能 Benjamin 的智能化算法，对过往科幻片的数据进行了高效分析与处理，随后创作出一个完整的作品。尽管这样的作品并不是完美的，但是也开拓了影视产业创作的新视野。在影视产业发展的全链式过程中，人工智能可以快速生成新的场景，制作科幻特效，节约时间成本和材料成本；在后期剪辑中，人工智能则可以代替人工的低效率操作，高效、精准地完成剪辑任务；在影视宣传阶段，人工智能可以根据数据分析实现宣传效果最大化。

4. 广告营销+人工智能

人工智能背景下，广告营销也与传统广告业的营销手段大相径庭，技术驱动下，智能化、数据化、个性化、精准化逐渐成为现代广告营销的显著特征，基于大量的基础数据分析，智能化算法根据广告内容与用户需求进行精准匹配，实现广告营销的目的，达到广告效益最大化的结果。在广告营销初始阶段，人工智能技术采集消费者的各项数据，进行综合分析，为广告提供最优设计方案。在广告投放中做到更加智能、有效的个性化推荐，最大限度地激发消费者的购买力。另外，人工智能中的深度神经网络感知技术也被应用于广告营销之中，可以使得广告企业实时进行消费者管理，也就是通过实时收集、处理以及传输消费者的现实表情、个性化动作等数据信息，将其应用于对广告进行精准的投放及提升互动体验效果。[①]

（四）人工智能传播伦理治理的社会价值

社会价值观就是泛指每个人都要通过自己及其他的自我实际活动来满足自然界中的社会或其他人的物质、精神需求而所做的贡献及承担的责任。人工智能在经历了长期的发展之后，必将成为聪明的个体。那么在当前的人工智能领域中，也许更多地应该表现为个人能够给社会带来的自我价值。整个人类、个体或者团队的主要目标就是通过处理社会问题、参与公共事业以及找到社会法则三个途径来发挥自己所存在的价值。人工智能在这三个领域的各个方面确立自己生存于此的社会价值，就是

---

① 毕秋灵：《文化产业价值链的技术赋能与社会风险》，《中国传媒科技》2019 年第 6 期，第 39~41 页。

正面评价人工智能传播伦理治理的主要视角。

1. 解决社会实际问题

社会问题本身也相当于直接关乎一个区域、一个国家乃至整个世界的社会问题，其主要包括自然环境的问题、人口存在的问题、自然资源存在的问题以及人类发展问题等。随着国际国内发展形势的不断演变，在面对一些急难险重、波及范围广的社会性问题时，人类自身能力就显得尤为弱小，问题也无法得以有效解决。但随着人工智能的融入，社会进程中产生的一系列问题也迎刃而解。例如，通过人脸识别技术和语音识别技术等针对不同国家和地区的人员做出了统计和甄别，这样就能够有效地减少恐怖分子入境事件。这些项目往往费时费力，正常人工难以完成。人工智能机器能够在极端的环境下工作，主要是利用人工智能具有的高精度、高科学性以及低风险的功能，来代替人类去做一些人工无法完成的事情。

2. 提升公共事业效率

公共事业本身就是一种关系到民生、国家安全稳定与发展以及社会绩效提升的基本事业。工作和事业主要指的是对于广大人民而言的服务性行业，运用人工智能技术可以高效、精准并且人性化地推动公共事业。人工智能在社会中具有承担公共事业的价值。一是对于人口的统计与处理。巨大的人口数量仍然是现阶段较为显著的问题，在中国14亿人口中年轻人所占的比重仍然很大，但是因为很多的法律限制和条件，并非每一个年轻人都能够享受到国家的保护和照顾。而在人工智能的识别领域进行研究，正是一种解决这类问题的有效路径。比如人脸识别、掌纹识别以及视网膜辨认等方式可以有效地解决识别丢弃物和失踪者身份验证等大量复杂的问题。二是信息处理。21世纪是一个大数据时代，可以说掌握了资料和数据处理的方法，便掌握了21世纪发展的趋势。三是和他人相处方面，人工智能已经可以彻底避免各个种族、民族以及国家之间的各种语言和文化上的差别，促进人与人之间的交流，并且能够消解误会。

3. 提升社会效用的透明度

一些实验性研究结果表明，人类大脑开发水平普遍只在5%以内，而且当前人类智能的进步速度仍然非常缓慢，人工智能作为一个多学科交叉的研究领域，也在近几年中逐渐形成了较为成熟的理论体系和研究方法。日本研究团队就曾开发出用于参加高校考试的专业性智能化考试机器人。尽管人工智能机器人尚未完全具备对计算机语言和图像处理的能力——此项技术上仍然达不到人们对于考试机器人的期望，但是智能化考试机器人的产生和进步，说明运用人工智能研究世界中的宇宙定律，发现世界中的社会规律，是一个具有乐观前景的科学技术研究领域。在这些方面我们可以清楚地认识到当今世界人工智能所蕴藏的巨大社会价值，如果人们真的能够有效地对其进行使用、控制并推动整个人工智能科学技术的研究、应用与发展，那么人工智能也就一定能够成为整个世界乃至人类的必备利剑。当人们在普遍关注人工智能所带来的正面效益时，也不可忽视人工智能对社会、文化、道德等层面带来的冲击和衍生的系列问题，这也是人工智能在未来是否能够行稳致远的关键所在。

二　人工智能传播与国家治理现代化建构

马克思指出，在人类的历史进程中，科学发展理论研究具有重要学术意义，它将助推人类社会不断进化和持续发展，无论在任何时候都是有价值和意义的。同时它也是一股科学革命创新势力。[①] 人工智能技术是一项伟大的科学技术，已经给当今人类社会乃至世界科学发展历史带来了重大影响，它所带来的巨大冲击将进一步革新社会面貌，改变人们的生活方式。施瓦布在其《第四次工业革命》中曾多次公开表示，"无论是规模、广度还是复杂程度，第四次工业革命都与人类过去经历的变革截然不同。"[②] 而且如今的人工智能技术愈发成熟，能够更加智能化地自动处理各个流程，并且通过模仿人脑，已经进一步达到与人脑处理更为接近的智能思维。这意味着，科学与技术之间的壁垒正在逐渐被消解，这对于国家的政治、经济以及文化等各个方面而言都具有重要意义。

[①] 《马克思恩格斯全集》第 25 卷，人民出版社，2001，第 597 页。
[②] 〔德〕克劳斯·施瓦布：《第四次工业革命》，李菁译，中信出版社，2016，第 1~6 页。

(一) 人工智能传播助力国家治理现代化建构的内在逻辑

科技整合国家治理体系是探讨人工智能与国家治理融合的逻辑出发点。从实用主义的角度看，人工智能技术作为一项新的科学技术，不仅是国家进行现代化治理的有力工具，也是国家在治理道路上的未来方向，为国家治理现代化提供了新的可能与路径。

"国家治理"是由"国家"与"治理"两个子概念共同构成的。"国家"说明了治理的主体、内容以及范围；"治理"说明了方式和手段。"治理（Governance）"是从希腊语"Kybernetes"（政府的艺术）引入的，后被译为拉丁语"Gubernare"（掌舵）。① 2019年全国两会上，政府工作报告首次提出"智能+"②，第一次明确要求要高度重视和深入实施国家人工智能和各大经济行业主管部门之间的全面的、多维度的经济协同合作发展，以此项目为合作基础，加快推进国家经济治理。"智能治理"实际上也就是一种基于现代国家人工智能的综合治理理论体系，是由国家人工智能和后来现代化的国家综合治理两大部分共同发挥作用综合构成的，其中综合治理的这种表达被媒体称为"人工智能+国家治理"。它本身就对当代中国民族特色史、社会主义中华民族史、国家政治思想史以及政治文明建设制度管理体系的基本建设工作进行了一个重大的制度改革和体制创新，也是对于我国传统社会治理体系的一种扬弃与创新。

(二) 人工智能传播与国家治理现代化的关系

人工智能的治理逻辑与经济文化治理逻辑之间存在相互冲突，也存在交叉联系。在未来，人工智能与国家治理之间也会具有千丝万缕的联系。人工智能技术不仅被纳入国家治理体系的范围之内，更是成为国家政府同国际中的众多专业研究机构合作的一项重点内容。在这样的社会发展历史进程中，人工智能对整个国家和社会治理的长期影响便愈发

---

① 高世楫、廖毅敏：《数字时代国家治理现代化和行政体制改革研究》，《行政管理改革》2018年第1期，第4~10页。
② 贾开：《从"互联网+"到"智能+"变革：意义、内涵与治理创新》，《电子政务》2019年第5期，第57~64页。

明显。

人工智能实际上并不仅仅是一门技术，更是一种科学理论。在这样的基础上，对人工智能进行定义才是更为准确的。因此，人工智能指的是基于模仿人脑智慧，通过研究设计和开发应用人的智能而创造的智能化客体，是技术工具与科学理论的结合体。这个概念主要将人工智能聚焦于科学理论观与技术观的统一。弱人工智能正朝强人工智能的目标不断前进，新型人工智能的重要特点是人工智能不仅属于电子与信息计算机系统的科学，它也是包括电子信息论、医疗以及社会哲学等几十个学科的一种人工智能。人工智能不能仅从某一学科观点来看，这样容易以偏概全，而是要融合多种学科角度来分析其价值意义。国家一直为人工智能的发展助力，因为对国家而言，人工智能有助于推动国家现代化治理的进程。如人工智能传播的高效、精准，就有助于将国家治理理念深刻嵌入国民意识之中，这就在一定程度上体现了人工智能技术与国家治理现代化之间的紧密联系，人工智能传播可以为国家治理现代化科学赋能。

（三）人工智能为国家治理现代化开辟了新的阶段

人工智能的时代已经帮助国家治理走上了现代化发展的道路，国家治理现代化转型升级不断实现治理高效化、科学化、精细化，其治理透明度也得到了空前的提升。人工智能推进国家治理能力和治理体系现代化的分析可以从以下四个维度展开。

1. 治理体系架构向"生态网络"治理系统方向拓宽

地方各级政府作为治理监管的重要主体，把基层治理者的行为限制在了一个脱离时代发展的框架中，治理行为结构由此出现了严重的僵化。① 主要的形成原因也正是我国地方各级政府无法真正做到与时俱进地对其治理结构进行调整，而由此带来了一种逻辑性的治理断裂。一方面，传统的行政科层制度在其职能和区域的划分上总是沿袭老旧体系，关键性职能的缺乏造成了治理体系结构的破坏和断裂，政府行政科层制

---

① 陈鹏：《人工智能时代的政府治理：适应与转变》，《电子政务》2019年第3期，第27~34页。

度的建立和设置也已经满足了时代发展所提出的新要求；另一方面，技术的发展与进步和对社会评价的标准都呈现出了飞跃式的变化，传统治理的结构也与新的标准和新技术的发展相异。生态网络体系转型有利于构建"行政资源与人工智能"系统，通过资源配置实现结构"生态化"转型。

人工智能信息化使新时代"政府生态"可以健康发展与正常运行，不是简单地对现代科学治理技术和其他治理手段之间的相互关系作用进行的相互叠加，而是将现代政府治理生态作为治理的一个系统纳入运行管理过程，作为"生态"对其资源进行有效、合理配置的一个全新治理过程，进而实现了治理的良好效果。在对中国大数据、移动互联网、物联网、云计算等技术的自主创新和产业发展大力融入的强大合力之下，人工智能的各种技术精细化和标准化的应用已经被广泛融入推进政府关系治理所涉及的各个领域和人的方方面面，逐步发展达到了相当高的公众参与度。将多种政府治理关系数据和信息资源整合进行了高度集成，有助于逐步突破其进入原有政府治理关系领域的固有范畴，逐步拓宽政府治理关系体制制度结构建设中的"生态网络"。用人工智能助推政府管理，能够解决"规模与效果"冲突。随着我国人工智能的快速发展，此类的治理问题有了一个有效的根本解决方案。利用人工智能机器人深度自动学习和精准分析算法，能够对我国政府在治理执行过程中需要考虑到的各种复杂政策数据以及信息资源进行高度科学地处理和整合，优化目前我国政府治理信息服务系统管理中政府数据分析等各个环节，最大限度地提升我国政府治理的后期数据处置工作效率，将治理工作重点集中在执行上，打破目前广泛使用的海量复杂政策资源的壁垒，促进当前我国政府治理规模向适度有效的开拓方向发展。[①]

2. 从治理结构体制到"生态交互"信息化的转变

地方政府的治理内容主要包括制度和机构的合理性、法律和规章的设定以及专项服务模式的引入和推广。我国政府资源治理在最后阶段已经完全成为未来衡量政府人工智能在某个地方上的政绩、企业内部是否

---

① 胡洪彬：《人工智能时代政府治理模式的变革与创新》，《学术界》2018年第4期，第75~87页。

积极参与以及政府固定成本行政管理事项中效果优劣等各种因素的一个重要标准，与其相互适应，这就很有可能会直接导致未来出现大量小规模的政府数据资源造假、大规模的政府数据资源孤岛等社会现象。另外，由于"治理体制机制的故步自封"和"政府作为主体施策的单一定位"，各级政府行政环境管理体制部门间失调协作的巨大难题出现[①]，这直接决定了当前我国行政环境管理体系在深入推进生态环境治理过程中的重要性进展及实现的趋势。政府的各级部门治理一直停留在总体规划履行的基础上，部门治理需要履行的最后一个总体行政末端任务已经偏离了地方政府预期的总体规划和执行的轨道，引发了总体规划在制定和执行上的跑偏、支持力度不够、社会舆论和政府公众反馈的关系断裂，使地方政府的各级部门治理进一步在我国经济发展中陷入了缓慢、停滞乃至濒临崩溃的尴尬境地。随着我国移动互联网和现代人工智能的广泛使用和普及，公众提高了在社会和其他公共经济生活中的参与性，其他社会实现方式也因此在信息技术上得以进一步丰富。当前我国已经进入信息互联网化的全媒体传播时代，信息受众即使仅仅作为信息的直接发出与信息传递的两种双向传播载体，也已经成为利用大数据的主要用户信息输入来源之一。由此可见，"政府生态"的企业治理逐渐迈向"平民治理"，逐渐成为当下我国人工智能生态治理新时代的一个重要文化特征。只有真正听到了更多来自基层的关切声音，突破"命令+任务"型政府治理任务体制的根本障碍，提出"个性化定制"的新型区域政府治理体系建设解决方案，"政府生态"区域治理的最终目标和根本落脚点才有机会重新获得回归。

3. 治理工作模式逐渐走向"生态智能"精细化的治理过程日趋透明化

中国特色国家经济治理长效机制建设破除了老旧的低速经济发展治理模式，利用信息时代的发展红利不断进行改造和变革。由于传统的政府机构都是由专职人员组成的科级机构来设置，这样一来就使得政府机构很难适应信息数据爆炸式地向市场经济发展。此外，现代社会生活内

---

① 张旺：《智能化与生态化：网络综合治理体系发展方向与建构路径》，《情报理论与实践》2019年第1期，第53~57页。

容涵盖范围广泛，"国家治理"本身就不应该仅仅是政府的一家之事，必须要在互联网和大数据的背景之下，去构建一个政府、社会、企业以及公众等多方人员共同参与的"生态"治理体系。在这个"国家治理"的运行治理监督结构控制体系中，依托先进现代化的人工智能技术，运行管理监督工作走向了治理标准化和精细化，监督治理运行方式走向多元化。人工智能与新时代"政府生态"治理改革过程的绩效透明化已经逐渐成为全面深化改革的主要绩效评估衡量指标。当前，我国正在大力加快推进政府行政机关审批事务制度的治理改革，利用现代科学管理技术的创新进步手段来有效推行对各级政府部门权力管理清单的"减负"，在如何最大限度地加快缩短政府行政事务审批工作流程时间上下了功夫，提升了各级政府利用行政事务审批制度办事的管理成效与制度治理工作绩效，将政府制度治理粗放式的"一刀切"治理模式及其发展态势作为全面推进深化政府制度治理改革的工作重点，完全透明地实现了对行政部门的审批流程，从而下放了与行政审批有关事项的职权，改善了以前因为资料不够畅通、审批手段和服务环节烦琐等原因造成的行政审批办事效率低下和服务流程滞后等诸多方面的问题。①

4. 从治理成本转移到"生态节约"云端化

通过建立以政府为主导的智能化的生态治理体系，在"云端"进行管理，能够遏制技术不达标、治理不科学以及数据混乱等造成的资源浪费，将其注意力集中在解决实践中出现的问题上，大大提升了治理效果。政府由此当好了数据的"支配者"。虽然政府掌握大量数据信息资源，但是传统上政府仅仅是这些数据的"拥有者"。虽然数据被采集，政府却无法对其进行合理处置，更不可能将数据资源转化为实现国家有效治理的有力工具，这些数据也仅仅是停留在报告层面的静态呈现。即便是对各个区域之间进行合作的一份试探式协议，往往还是可能因为各个环节的落实不到位而直接产生连通网络节点之间的虚线断裂。人工智能已经与修复这个断裂的互联网挂钩，让"政府生态"寻求真正可以实现的出发点和落脚点。另外，在我国传统的政府治理中，权责困难和缺乏明

---

① 石亚军、王琴：《完善清单制：科学规范中的技术治理》，《上海行政学院学报》2018年第6期，第55~63页。

确、零成本、零负担的职责划分，造成了政府治理的"东一榔头西一棒槌"，政府的资源和权力在这样混乱的局面中被分散，国家在治理过程中所投入的人力、物力、财力等资源成本和时间成本无疑也产生极大的损耗。在"政府生态"模式下，治理的各个环节与移动互联网和人工智能在云计算和信息化治理这两个领域深度结合，实现了治理水平和绩效的提高。

三 人工智能传播伦理治理：以人为本

技术是由人类智慧创造出来的、以帮助人类提高工作效率为目的的工具。技术的发展在一定程度上也是助推社会进步的重要力量。现今，人工智能技术作为一项新兴技术，与国家、社会、人都具有密切联系，该技术就是以人类社会的稳定为前提，"以人为本"是人工智能发展的基本伦理要求。

（一）人工智能时代人的新异化

异化是指主体在实践过程中产生剥离于主体意志的客体，"是主体分离出异己"的过程。在人工智能时代，异化现象也存在，并且受到人工智能技术的影响，这种异化还会呈现出新内涵与新形态。一方面，随着人工智能技术的快速发展，其应用领域也在不断扩大，人类社会以及人们生活的方方面面都因此产生了新的变化，人工智能技术有助于形成新一代科技与社会形态及新的文明形态，即现代智能化社会与新一代智能文明。另一方面，人工智能技术还尚未发展成熟，亟待解锁的神秘未知领域还很广阔，同时作为一种具有强大的解构性的科学技术，它的发展和使用也同时使人类生活在未知的阴霾下。它以强大的应用范式，重新构筑人类社会的经济基础配套设施、塑造出人类社会新的生活方式和意识形态。在人工智能技术不断发展的过程中，人类可能会出现一种类似于"分裂"的异化对立面，甚至逐渐演化为一种内外联合新异化趋势。

人工智能时代，人的各种生物学和精神特性的变化及其本身属性的变化，引起了各种心理和思维能力的变化，而这些属性又可以分为三个不同的类型,即基因改变、非基因改变以及综合性改变。① 基因工程已被广泛应用于社会个体的身上,人的基因和信息结构都是通过一种自我基因编辑的技术手段形成和发展的。涉人细胞基因工程技术主要操作大致可以分为两种,即体内生殖细胞分子基因组工程操作和体外生殖细胞受体基因组工程操作。涉人理智基因检测技术分析项目工程彻底改变了每一个现代人的心理,与此同时,它也直接改变了每一个现代人理智心态及其他理智基因检测技术的分析能力。由于人工智能设备的介入已经改变了每一个人的身份和生物学属性,现代人在最简单的意义上来看已经不再仅仅是完全自然的,而是成为一个人工的复合体。部分人工设备会直接影响甚至改变一个人的精神和心理状况,而其他诸如脑起搏器②等人工设备可以直接地影响甚至改变一个人的理智和情绪。

(二) 人工智能时代人的强主体性

在人工智能时代,关于人机关系的探讨数不胜数。人类创造人工智能技术,制造人工智能设备,都是学习了人脑,进而将机器变得更加智能化,尽管人工智能的应用最大限度地减少了人类的参与,但人始终是一切技术的主体。换言之,没有人类也就不可能会出现人工智能技术。人、自然和智慧技术的主体地位却具有明显的强弱关系,具体地表现为在人工智能环境下,人具有了强主体性的特性,而这种主体性主要可以从四个方面进行探讨。

第一,人的主动性不断提高。社会的技术进步与经济发展增强了人类认识世界和改造世界的能力,使人类进一步追求新的理想和愿景,将减轻自身的体力劳动负担、提升自身的脑力劳动效率作为新的目标。早期的人工智能技术的智能化程度较低,模仿人脑设计出的人工智能机器远远不能达到与人脑相同的水平。人类也意识到这种低人工智能技术并

---

① 韩水法:《人工智能时代的人文主义》,《中国社会科学》2019年第6期,第192~193页。
② 脑起搏器又叫脑深部电刺激器,包括脉冲发生器、延长导线和电极三个部件,电极植入脑内,脉冲发生器植于胸前皮下,延长导线在皮下连接脉冲发生器和电极。脑起搏器产生的电刺激脉冲,通过电极触点作用于脑内靶点核团,抑制因多巴胺能神经元减少而过度兴奋的神经元的电冲动,降低其过度兴奋的状态,从而缓解震颤、僵直和运动迟缓等症状。

不能实现所期望的目标，因而人类在不断改善人工智能技术，一步步尝试提升智能化水平，这一过程正是人类提升自身主体性的体现。模仿人脑的人工智能是人类技术工具的跨越式发展，人类意识到智能化的重要性，并将其逐步设计、制造成一项新兴技术，是人类社会的一大进步。

第二，人一直占据主导地位。在人类社会，人作为主体进行一切社会实践活动，相应的也存在客体，客体可以是各种各样的存在，有形的和无形的、现实的和虚拟的都可以作为客体。作为主体的人与其他主体进行的实践活动一般是具有差异的。人类大多是以自己为主体，以其主观意识为行为导向，面对客体所做出的行为往往是为了自身的生存与发展。目前，人类一直主导着人工智能技术的发展方向，人工智能技术的广泛应用也使得人类可以驾驭自己的客体。

第三，人的能动性不断迸发。能动性是人类主体性的直接表征，具有能动性的人类才会不断推动社会的进步与发展。在人工智能时代，人创造出了新的人工智能技术，改变了社会的面貌与人们的生活方式，而这种新技术的出现正是由于人的主观能动性。人类的主观意识将模仿人脑创造智能化机器与设备的想法付诸行动并加以实现，从而对客观世界产生反作用，创造出新的技术。在此过程中，人的能动性不断迸发，这是一个循环往复的螺旋式上升过程。

第四，人凭借创造力巩固主体地位。人类在社会生产中具有强大的创造力，其中制造人工智能机器人就是其创造力最直接的体现。科学技术的进步和发展大大提升了人类制造工具的能力，从而使人类清晰地意识到认识世界和改造世界的重要性。在认识世界和改造世界中，创造工具是人类思维与行动飞跃的基础。人类正是由于具有独特的创造力，才能不断巩固自身在智能社会中的主体地位。人体工学和智能信息技术能够作为一种主动改造现代人类社会主体世界和重新认识一个现代人类社会主体世界的思维手段和思考工具，其本身也是因为利用了人工智能作为主体思维的主体，来主动行使其新的主体思维地位的必然结果，而且这种人工智能的强大性之所以真实存在，就是因为它打破了传统主体思维的思想根基，构建了一种全新的主体思维表达方法和思考模式，扩展了一个新的主体主义思维的思想空间，用全新的主体思维表达方法和思考形式来引领一个新的主体思维去积极开展自己的实践性思维活动。

人工智能的发展，使得人类在过去不敢尝试的各种实践活动都具有了新的可能性，在现代人工智能的大力支持和帮助下，主体性实践的方式和手段也在不断丰富。实践中所指的对象也在不断地扩展和细化，客观世界的各种限制也在不断地被突破，并且这些都有利于促进人类作为主体更好地认识并参与实践活动，进而推动这个世界的科学知识范围不断扩大，理论也越来越完善，一个关于文化知识与人工智能等领域的系统性科学与技术框架逐渐建立起来，整个世界的创造力大大增强。

（三）人工智能传播促进人的解放

人的解放是多层次、多维度的，是分阶段实现的，是在人类的生产和生活实践中逐步完成的。随着生产力的发展，自觉、丰富而全面的各种社会联系被认为是实现个体和群体的解放所必需的条件，也被认为是未来建设理想社会时应该具有的状态。在这个过程中，人工智能技术扮演了重要的角色，正是因为它的存在，我们个体解放的进程才得到了加快。

1. 人工智能促进生产力的发展

随着数字经济的快速发展，人们的物质生活与精神生活变得更加多姿多彩，从而促进了个体的解放。技术的进步带来的也是生产力的发展，从最早的工业革命发展至今，我国的生产力一直在稳步提高。尤其是在当下，科技与生产力是直接挂钩的，谁掌握了科技，谁便拥有了话语权。马克思认为，现代自然科学通过现代工业日益进入人类的生活，改造着每一个人的精神生活和物质生活，并且为人类的解放做好准备。科学技术的进步不仅实现了生产模式的变革，对于劳动者来说也意义重大，精密的机器和系统代替了劳动力，使得人们能够从纷繁复杂的劳动中解脱出来，同时科技的发展也促进了新兴行业的发展，带来了更多的劳动岗位。从总体上来看，科技的发展使整个社会焕然一新。除此之外，新技术的发展也加快了我国产业结构变革的进程，越来越多的传统行业转换了其驱动能力。因而，我们需要充分利用新兴技术，充分将技术与产业发展进行深度融合。人工智能技术逐渐成为产业发展的核心引擎，我们的产业受到该技术的影响，我们日常的生活也受到了该技术的极大影响。所以，我们也可以认为，人工智能技术是人类文明的另外一个伟大的发明和创新。

2. 人从异化劳动中解放出来

劳动是人类的本质活动。对于大多数人来说，劳动是辛苦的。我们很少能够在劳动过程中获得身心愉悦；在资本主义社会，劳动成果归资本家所有。随着工业革命以及信息革命的发展，在劳动生产的过程中，人类不必再从事一些危险或是简单的生产活动，而是可以使用机器。但是同样的，我们在从这些工作中解放出来的同时，也被技术深深地囚于牢笼之中，个人的多样化发展受到了一定的限制，甚至某些人已经沦为机械的操作者。随着科技的发展以及机械化程度的提高，生产效率提升了，但是和之前相比劳动者并没有轻松很多，并且由于这些技术是掌握在资本家手中的，所以经过他们的运作，劳动者的权益比之前受损更为严重。所以，马克思就曾批评机器大生产，认为其具有一定的危害性。在我国现代化社会中，由于工厂劳动条件的改善，工人的福利和基本社会保障也比过去有了很大的提升。除此之外，对于劳动者的保护在新时期也被提升到了新的高度，相关的法律规章制度也在不断地出台与完善，当下的劳动者已经与以前的机器化和工业大生产时代不同。科技的发展使得人们不再被困于过去的身体劳动，人的劳动演变为一种脑力劳动和简单的机械操作。并且那些危险的工作以及复杂的工作也可以通过技术来进行操作，比如统计调查、图书管理、交通系统等有了人工智能技术的加入也变得更加便捷，这在很大程度上提高了人们生产的效率与生活的质量。

在我们的日常生活中，各种智能设备早已随处可见，因而，也有不少人觉得智能化的发展可能会使得一些行业的劳动力不再被需要，这些失业的劳动力没有什么事情可做，所以，这也在某种程度上推动劳动者进入创造性的行业生产当中。而且人工智能让人类的身体和心理都得以获取充分的劳动和时间，让人类获得了更多的自由和闲暇。在必须劳动期以外的自由时间就是人们实现自由而全面的发展和生命意义的根本保证。新技术让人类获得了把他们所处的生活时光从私营资本化增值的运动中释放出来的机会。人们将会有更多的闲暇时间投入到各种活动中，人们也将不用把自己的目标设置在某种劳动范围内，从而有机会自由参与活动。

3. 社会关系的解放

马克思认为："人的本质不是单个人所固有的抽象物，在其现实性上，它是一切社会关系的总和。"① 所以，要想实现人类解放，前提便是人类在经济上已经达到了一定的程度，并且不必再受到外界的影响。生产力、生产方式对于社会关系的持续发展具有重要而深远的影响，随着新型社会生产力的逐步提高，人们将逐渐调整和改变生产方式，随即带来的就是以人为中心的社会关系的变化。

人工智能的普及和发展可以促进我国社会生产力的发展，以及我国社会生产模式的转变，生产模式的变革也必然带动生产关系的变化。总的来看，技术的出现使人类社会总体朝好的方向发展。以人工智能技术为基础和支撑的科学技术在制造业领域扮演着重要的角色，它不仅帮助人们完成了一些复杂的脑力劳动，同时也很好地平衡了人与技术之间的关系。在这个过程中，人的自主性变得更大了，我们不再简单是生产过程中必不可少的一部分，不论在任何时间任何地点，我们都能很好地融入生产过程，并且也让人类的互动变得更为多元化。

4. 人的需要的满足

在《德意志意识形态》中，马克思指出，全部的人类文化和历史的第一个基本前提无疑就是所有拥护生命的个体和个人。② 有自己生命的单位或者个人的生活需要衣、食、住等，因此必须进行工业生产，这又会带来新的兴趣。人的需求具有普遍性、永久性和能动性，它们都是属于人的自身本质。"人的本质力量得到新的证明，人的本质得到新的充实。"③ 对于一个人的自我丰富性所需要的重新认识和自我满足，并非仅仅是对于人的占有，而是"人以一种全面的方式，也就是说，作为一个完整的人，占有自己的全面的本质"。新技术的发展将来也会直接使得人类对于自身财富的管理拥有更大的自主权，特别是大数据技术的发展也会变得越来越成熟，同时也将会全面渗透到人类的生产与生活之中，进而更好地推动人类的发展。通过智能技术的使用，人们各种各样的需求

---

① 《马克思恩格斯文集（第一卷）》，人民出版社，2009，第36~42页。
② 《马克思恩格斯文集（第一卷）》，人民出版社，2009，第23~27页。
③ 《资本论（第一卷）》，人民出版社，2004，第124~125页。

都得到了一定程度的满足，不仅是物质需求，还包括精神需求。总的来看，人工智能技术使人们的生理和心理都朝更好的方向发展。在我们日常生活中，对于家务劳动者来说，做家务可能是令人头痛的一件事情，但是随着智能技术的发展，各种智能设备开始出现在千家万户之中，例如智能电饭煲、智能洗衣机以及家庭服务管理控制优化系统等都可以把女性从日常家务劳动中解放出来，从而使她们释放更多的活力。智能化的天猫精灵①能够帮助老人们度过无聊的时间，智能化的机器人也能够帮助顾客有效地在商场里找到店铺位置。在当下的生产与消费关系之中，无论消费者有什么需求都可以得到更好的满足，并且随着人工智能技术的进步，厂商还可以对用户的潜在需求进行挖掘，为用户精准推送他们所需要的信息，进而实现自身产品的销售，以此实现收益最大化。人工智能是一种可以实现按需生产和按需分配的新技术。在服务业领域，人工智能技术可以充分满足现代人对于个性化服务的需要。随着人工智能技术的应用越来越成熟和普及，人们的需求也会在更高层面上得到满足。

四 人工智能传播伦理治理价值：科技向善

人工智能时代，人类社会和世界中心所依靠的各类机器已经开始智能化，但是它们却由隐藏的大量数据和计算机驱动，正在引起诸多无法预测的社会、法律、道德伦理等风险问题。本研究秉持"科技向善"的理念，促使先进人工智能技术伦理化，构建面向隐秘的大量数据和算法的人工智能新规则，摒弃技术暗面，使其最大限度地造福于人类。

（一）人工智能传播伦理治理的"向善"底色分析

随着现代化的人工智能和其他人们自主研发的智能系统逐渐嵌入人类社会日常生活的方方面面，人类和人工机器之间的关系也必然会变得愈加复杂，由此而引发的道德和伦理上的问题也必然会变得愈加突出。随着这类人工智能所依托的复杂技术结构和应用水平的提升，更多的人

---

① 天猫精灵（TmallGenie）是阿里巴巴集团阿里云智能事业群于2017年7月5日发布的AI智能终端品牌。它让用户以自然语言对话的交互方式，实现影音娱乐、购物、信息查询、生活服务等功能操作，成为消费者的家庭助手。

工智能开始相对具备了"人性",那么"恐怖谷"①的人类现象又是否还有机会发生?雷-库兹韦尔曾预言的"奇点"②究竟是否真的如此临近?它是否直接损害到人类的社会福利?人工智能如何发展才能真正造福整个人类社会,避免被居心叵测的人所操控?如何指导人类创造一个新型的现代化人工智能社会?这些都将成为人们深入关注和探索的问题。这类对于人工智能问题的伦理学探索并不直接着眼于如何重新建构社会,也不能只停留在未来学、科幻小说等作品式的思维想象和哲学的思维实验,而是应该通过开展特殊的定量分析来进行研究,完善对技术的风险评价体系的建设,权衡各种自然灾害发生的概率,并为此做好积极有效的预防措施。

事实上,善用和阻止滥用人工智能是人工智能传播伦理治理的"向善"底色。这个新课题的出发点要求人们更好地优化人机协同合作关系,建立一种有效的机制,能够促进人类和智能型机器之间相互适应、相互信赖,让人工智能能够建设性地帮助人们改善生产、提高人们的工作效率。在这些话题上,当前被讨论得最多的也最为实际的问题就是,人工智能技术是否有可能彻底替换人们的日常生活工作,进而产生大规模的技术性失业现象。每一场科学技术的革命都有可能造成大众的失业,许多的工作岗位、产品的种类以及技能已经在现代社会中被淘汰。而且在这个时候,技术革命还为人们创造了许多新职业和工作机会。不过,这次的智能化革命具有颠覆性,它甚至更加有可能重新界定人们对于生产和劳务的思想。如果现代人工智能最终必然会导致巨大的失业浪潮,如何充分满足人们基本生活所需的劳务和保障其应有的权利?如何维护社会的稳定?社会保障体系又如何承受和负担起失业者的日常生活?

近年来,美国和英国等国家先后公布了发展人工智能的相关战略和技术指导,大力支持人工智能及其他相关技术行业的健康发展。我国也高度重视对人工智能和相关基础技术的研发和实践应用,以及相应的法律体系建设。2017年7月8日,《新一代人工智能发展规划》(以下简称《规划》)正式颁布,将对人工智能相关伦理法律学和治理技术的研究作为一个国家级的重点研究任务,要求组织开展多种类型跨部门跨学科

---

① 恐怖谷是一个关于人类对机器人和非人类物体的感觉的假设,它在1970年由日本机器人专家森昌弘提出。
② 此处奇点指"人工智能超越人类智能的点"。

的探索性课题研究，推动开展人工智能伦理法律学和伦理实务治理的基本技术理论和国际实践应用问题的深入研究。《规划》针对我国人工智能产业伦理和其他相关道德法规问题分别制定了三步向前走的产业国家发展战略：到2020年，部分重要行业和重点地区的相关人工智能产业伦理道德规范和其他相关政策法规基本形成；到2025年，初步形成我国人工智能产业相关的伦理法律、道德规范及其他相关政策法规框架；到2030年，建成更加健全完善的我国人工智能产业相关伦理法律、道德规范及其他相关政策法规体系。《规划》明确指出，人工智能技术的迅速发展将深刻地改变整个人类的政治、经济、文化生活，甚至改变整个人类世界，但是各类人工智能应用的迅速发展将带来诸多复杂问题，要求人们在发展各类人工智能相关技术的同时，高度重视这些智能技术未来可能带来的安全和经济风险，加强具有前瞻性的安全预防和风险制约，最大限度地降低技术风险，确保我国人工智能的安全、可靠、可持续发展。

（二）"科技向善"作为人工智能传播伦理治理的目标

2018年1月20日，腾讯科技研究院在中国北京隆重召开首届t-meet科技人才中国引进启动大会，正式公告宣布实施Tech for Social Good（鼓励中国腾讯科技人才崇德向善）引进计划。"科技向善"理念的通俗理解是：科学技术的研究与应用理应让使用者的生活更美好。这是崇高的使命，也是研究者和企业的追求和必然选择。在此基础上，"科技向善"将作为人工智能传播伦理治理的目标。

包括人工智能等信息技术在内的各种新兴科学技术的创新、研发和推广应用，会带来许多难以解决的伦理问题，而这些道德伦理问题并没有超过传统的科技伦理治理的范围，因此必须把传统的科技伦理治理提升为现代的科技道德伦理。实现现代科技伦理，首先需要思考的一个问题就是，对在新兴领域的科技创新、研究开发以及推广应用过程中，所采取的措施、做出的决策以及制定的政策等都要衡量其是否有错误的标准和目的。①

1. 关乎人类福利（Human Well-being）

将"关乎人类福利"道德伦理学的基本原则放在首位，就需要特别

---

① 雷瑞鹏、邱仁宗：《新兴技术的伦理和治理问题》，《山东科技大学学报（社会科学版）》2019年第4期，第56页。

指出，发展智能技术的根本目标是增进个体和群体的利益，福祉的原意其实就是个体和群体都处于良好的生活状态。简言之，就是个体和群体在身体上、精神上、智力上、情绪上、社会上、经济上、环境上都处于良好的状态。开发智能产品的根本目的就是帮助人们在一切领域都能够达到良好的状态。以人的福祉为第一原则与我国所倡导的"以人民为中心"的发展理念在本质上完全吻合。提升个体的福祉就必须把科技创新过程中可能导致的对人类及其环境造成的危害性风险降低。由于科学技术创新的各种干预性措施中受益和风险并存，"人的福祉"这一原则必然要求人们对人工智能计划进行认真、细致的伦理性审查，对风险的受益率和损失性比例做出评价，审查其是否能够体现科学家对人的尊敬。"人的福利"这一伦理学基本原则中的每一个人，既包含现在世代的每一个人，也包含未来世代的每一个人，同时还包含代际公正[①]的问题；生活福利要求每个人在自己的社会、环境方面都应该处于一种良好的状态之中，因此还应当包含保护环境，促进自然界的发展。

2. 尊重人（Respect for Person）

"尊重人"的伦理原则主要指的是尊重人的自主权利，坚持以知情同意为基础的伦理准则，并且必须将其进一步发展成为法制中的规范。知情同意的方式可以随着科研活动的实际情况及其导致的风险程度而变，与科学技术发展需求保持平衡。尊重别人也包含了尊重别人的威权，将别人当作自己，而不是把别人当作一种手段或者工具。尊重别人更体现在对人内在价值的尊重和肯定上，反对把别人当作只有外在的价值或者是只有工具的价值，即对别人或者整个社会"有用"。尊重人也应该保护自己的个人资料，包括被原始记录下来的、个人最近所提供的信息或者干预的过程中所产生的信息。

3. 公正（Justice）

公正包含了所有社会资源的公平分配、过程上的公正、所有投资回报上的公正以及所有修补上的公正。"公正"（Justice）实际上是一个比较宽泛而宏观的社会政治哲学概念。"公平"（Fairness）一般应用于各种

---

① 代际公正是指人类在世代更替过程中对利益的享有也应保持公平，当代人在满足自己利益的同时，还要考虑到后代人的生存和发展需求，对后代人负责。

具体的微观经济学方面的研究领域，例如教学科研、教育、市场或者体育运动等宏观方面的"公平竞争"或"机会公平"。

4. 负责（Responsibility）

"负责"可以指人类应该更加负责地去支持和发展高新技术的事业。其一，在进行自主创新和开发时必须始终坚持自己的科学研究诚信，反对不端的行为；同时在涉及人的情况下，还需要充分保护自己及后人世世代代的权益，发展过程中若可能对利益攸关方的生物产生影响，同样也需要充分考量它们的生存和发展所需要的客观环境与福祉，保护生物多样性，即是对人类发展的负责。我国新的发展理念强调人要与大自然和谐共生。"负责"还可以指针对损害个体或者破坏自然环境的事件，要依照相应的法律条文去追究责任人的法律责任。

5. 透明度（Transparency）

让人们秉持"透明度"原则是为了防止一些科研工作者严重地违背自己的伦理与科学实践诚信，损害消费者的身心健康或社会利益，也是为了预防其他可能违背伦理准则的行为。因此，一些专家学者在报告中提议，要求各级政府部门设立一个独立的全国登记处，将在很多时候可能出现的严重违背伦理规范和法律的科研工程项目或其他课题进行登记，以便政府治理者或其他监管人员进行治理规划。

（三）人工智能传播伦理治理的"向善"内容探析

人工智能的商业伦理和行为规范将被作为未来推动人类人工智能经济社会发展进步的基石。应积极倡导"科技向善"的理念，加快构建现代计算机的新职业规则，防范各种新信息技术潜在的风险，加强对相关科技职业伦理的宣传教育，强化相关专业和技术行业的社会自律，让人工智能被安全和可靠地控制。

1. 制定与人工智能有关的伦理原则

最近几年，国际社会在研究制定关于人工智能、自动驾驶等相关行业伦理原则及政策指引方面做出了许多有益的探索。面对新时代技术发展巨大的不确定性，我们可以充分借鉴国际经验，进一步提高对新时代科技伦理的认识水平，更好地认识和探索新时代技术中可能发生的风险和威胁，尽快建立起新时代人工智能研究的技术开发与推广应用伦理共识的基本框架，规范新一代技术的开发与推广，维护、促进对智能化的认同与信任，让互联网+大数据、互联网+人工智能等这些数字技术尽量做到为全人类谋幸福。①

2. 充分利用科技管理道德伦理中的行业自律功能

科技型企业对于新兴产品和人工智能等产品内部运作机制的了解比较深刻，对于它们所需要应用到的市场环境和潜在伦理规范问题更加明确。要通过伦理性审查、行业标准约束、技术指导书指导等多种手段来支持和引导各个产业的信息自律，避免把人为责任推脱给算法，以此来确保我国现代科学和信息技术的发展及其应用走在正确的道路上。鼓励各级政府部门在人工智能系统研制阶段启动相关风险自检验，并在推广之前对其进行相关风险检查，尽力降低道德伦理风险或者潜在的冲突。

3. 继续完善人工智能技术自律法规

鼓励针对自动智能驾驶、无人机、医学影像诊断、自主研发智能化和机器人等关键技术领域的创新，建立合理的行业准则，构建新的行业监督管理体系。要努力促进网络信息共享资源的分类利用，在保障安全利用的同时，建立网络信息共享资源分类收集机制，加强对网络信息共享资源的利用和保护，提升算法透明度，防范和严厉打击各类网络信息共享资源收集和滥用的违法行为。

4. 积极开展针对新一代技术的跨领域、多学科研发

人工智能技术对我国社会的影响是深刻而且全方位的，这种数字技术带来巨大的风险与挑战，其应对措施不能局限于依靠技术手段。各个学科联系紧密，人工智能治理更应该鼓励相关研究的展开，在理论层面为解决人工智能应用遇到的各种问题提供支撑和指导；同时还可以从道德伦理、社会规范、法律法规等不同层面提出切实可行的应对之策。

5. 加强科学技术伦理宣传教育，激励广大人民群众践行"科技向善"

科技创新发展迅速，在发展进程中，配套机制必不可少，搭建人民

---

① 雷瑞鹏、翟晓梅、朱伟、邱仁宗：《人类基因组编辑：科学、伦理学与治理》，中国协和医科大学出版社，2019，第46~48页。

群众与科技产业间的沟通平台尤为重要,可有效实现产业创新,缓解科技给公众带来的行业焦虑。此外,以高等院校为依托,建立相关的教育培训体系,更有助于落实国家关于全民基础知识素养及数字伦理教学的培训方案,鼓励广大人民群众认真践行"科技向善"的理念,严守科技道德伦理的底线,充分挖掘新一代信息技术巨大的"向善"潜能,促进我国国民经济和社会的可持续发展。

五 发展人工智能传播生态经济

中国的经济已经从一味地追求发展速度阶段转向追求发展质量阶段。要改变过去的生产状况,实现高质量发展,就需要深刻变革社会生产链条,以更好地满足人民群众对美好生活的需要。在如今的数字经济时代,数据要素、产业协同以及人机互动等都与人工智能技术产生了密切关联,人工智能逐渐成为数字经济的核心构成,并有力地驱动新一轮的技术革命和产业革命的到来。人工智能将在实践中坚持创新型发展,深化资源共享型发展思路和理念,使资源分配效率得以提高,在协调发展和开放发展理念的指引下积极改革资源的生产和流通模式,引导消费升级,从而成为推动国民经济快速增长的新引擎和新动能。

(一) 人工智能革新生产模式

生产作为社会经济活动的起点,它的模式与水平在一定程度上影响经济活动后续的环节和效率。最关键的是,生产水平的高低决定了市场上的产品能否满足广大人民群众的日常消费需要,进而直接关系每个个体的全面健康发展以及经济发展的质量。当前,在国家政策和市场环境的驱动下,我国经济正在步入高质量发展阶段。人工智能算法与数字信息技术的相互作用,带来了一批数据新生产要素,这类数据要素积极作用于产业的生产、营销和消费等环节,在与原有的产业组织结构的不断碰撞和融合中推动新模式的出现和普及,进一步提升整个行业的生产效率和产品质量。

1. 促进创新和技术外溢

一方面,人工智能技术作为一种全新的高科技产物,是目前处于研究前沿的计算机科学、社会学和认知科学等学科的融合，在多元化的学科背景下发展起来的人工智能在推广应用过程中，势必会给人类社会带来颠覆性的变革。而且人工智能将驱动我国企业转型升级，推动我国企业加强技术要素的融入和创新。技术要素会大幅降低企业生产成本，提高企业创新的发生频率与成功概率。另一方面，人工智能的引入可能有助于"干中学"在国内的发展。Arrow 基于"干中学"的理论视角，发现生产性投资领域的知识和经验具有非线性知识积累的特征，固定资产和投资所形成的各种资本能够推动知识和经验的积累。① 知识经验的积累和应用能够提高生产效率，而技术的外溢效应又意味着效率的提升不能局限于微观，效率的提升会在中观和宏观维度上推动传统生产要素的边际报酬的递增，帮助企业进一步提升经济效益。人工智能技术属于人类现代科学实物实验形式的革命性创新，形式的不同意味着人工智能技术能够在社会各个行业得到快速的嵌入和使用。此外，人工智能技术已经广泛应用到我国实体市场经济的各个领域。由于人工智能兼具了企业智能化、科技化和企业信息交易金融化等三大特性，因此它会在不断试错与模仿中提高学习能力，其效果也将明显优于企业普遍性的固定资产管理投入和企业研究性的项目融资投入。

2. 人工智能的技术外溢效应

目前人工智能采用的是通用型的基础科学知识技术，该通用型科学技术对于同类产品在不同行业、区域的应用局限性相对较小，辐射性和扩散的应用范围也就更加广泛。② 人工智能的主要特征之一是通过云计算、大数据与机器学习的紧密融合，为其他行业和产业提供创新决策，在与产业、行业的不断融合过程中，技术的共性逐渐显现，适配度不断提高，以此推动全行业技术环境的协调性和统一性。然而，这种技术的外溢特性仍然依赖于创新，中国作为全球第二大经济体，拥有巨大的市场规模和发展潜力。

---

① Arrow, K. J., "The Economic Implications of Learning by Doing", Review of Economic Study, 29 (3), 1962, pp. 155–173.
② Cockburn I. M., Henderson, R., "The Impact of Artificial Intelligence on Innovation", NBER Working Paper, 2018.

3. 培养高端专业技能人才

人工智能技术将不断提高复杂企业整体生产力和推动经营管理活动的智能化发展。以往的简单工作都被机器取代，这也意味着技术的嵌入会极大地降低企业对于劳动力的依赖，智能机器逐渐替代了人类劳动。然而，这种取代并不是整体性的，数字技术与产业的深度交融，会使技术替代简单的日常工作。但对于复杂的、难度级别较高的任务而言，技术的替代作用就不太明显，反而会扩大企业对于高端劳动力的需求。即技术对简单劳动发挥替代作用，对于复杂劳动则产生互补作用。因此，企业内部高质量人才规模的不断壮大，从根本上优化了其生产要素结构，促进了生产质量和效率的提升。技术的应用降低了企业在批量生产以及经营管理过程中所需要的劳动力的数量。一方面，任何一项技术的研发和维护都需要专业研究员的人力资本投入，人工智能技术也不例外；另一方面，企业引入先进技术和设备的同时，对于操作、维护人员也提出了更高的要求。这两类人才往往都具备低端劳动力所没有的专业技能和工作经验，能够为企业的发展带来更多的价值。综上，虽然技术会带来一部分工作岗位的消失，但同时它也提高了产业对于劳动力素质和服务品位的要求。

4. 提高生产效率

人工智能技术赋能产业发展，推动产业随着技术的不断创新优化生产模式，提高生产效率。在产品研发阶段，人们通过搜集散落在网络空间中的巨大量级的数字痕迹，依靠人工智能、自然语言识别、大数据等技术进行目标市场情况的研判和评估。同时，企业能够基于现有的数字化平台所搜集到的海量客户数据，运用信息处理技术对其进行实时捕捉、处理和管理等，来把握用户群体的特征，刻画用户画像，引导用户需求，以此实现供给与需求的对接和匹配，提高资源的利用效率，推动柔性生产的持续发展。企业在利用人工智能技术充分了解市场和客户的前提下，科学规划产品版图，改进全产业链环节的生产安排，促使自身在进行有针对性的内容生产时严格控制各环节的生产成本，甚至保持"零库存"。[1] 在产品的具体生产过程中，数字车间、在线生产将取代过去的线下生产模式，极大地

---

[1] 高煜：《我国经济高质量发展中人工智能与制造业深度融合的智能化模式选择》，《西北大学学报（哲学社会科学版）》2019年第5期，第28~35页。

降低了场地、人力成本。同时，时空界限的突破也让实时工作成为可能，24小时不间断的自动内容产出，降低了产业对于人力资本的依赖程度。在营销环节，智能技术延展了产业对于产品的监控时空，全方位的实时监控能够帮助企业扩展用户反馈的更多维度与细节，提升企业对产品质量的管理能力。

（二）人工智能提高分配效率

分配方式对包括生产资源和劳务者在内的所有可以认为是生产成果的商业性生产物质进行分配，也就是说它包含了收入的分配和对生产要素的分配。当前国内外学术界在谈论人工智能技术与经济的互动议题时都将目光转向了该技术对以上两种分配方式的变革上。

1. 人工智能影响分配结构的短期效应

在数字时代，企业对劳动力的选择标准中加入了新的技术因素，难以适应技术环境和没有技术操作能力的简单劳动力就会被市场淘汰。这类人群如果不能及时更新自己的能力结构和自身素质以适应市场的快速发展，就很难找到一份合适的工作。由于人工智能带来的短时间替代效果，在一定程度上会导致劳动力薪酬所占的份额逐步减小。值得注意的是，现实中企业所有者的财富和对资本的分配对劳动力而言变得更加不均衡，资本的集中度也越来越高，人工智能将使企业大幅度增加生产经营活动中所有者和其他资本要素的份额，而且资本报酬则有机会随着时间增加讯速攀升，在短期内直接影响到企业的利润率。[①] 有一些学者分析认为，相较于出卖体力的"蓝领岗位"，证券、银行、金融等这些传统的"白领岗位"更容易遭受到人工智能的冲击。

2. 人工智能影响分配结构的长期效应

新的劳动力选择标准改进了产业的人员结构，也间接地影响了分配机制。人工智能对企业就业的直接影响具有一种结构化的特点，即它可能会使传统任务下的企业就业率大大降低，导致简单的机器和设备被企业所取代，但是它也可能直接为企业创造一些新的任务，并且间接地增

---

① 曹静、周亚林：《人工智能对经济的影响研究进展》，《经济学动态》2018年第1期，第103~115页。

加企业的成本支出。高技术人才与低端劳动力的薪酬天然存在差距,会直接造成社会的收入分配不均。但是,如果摆脱短期目光的局限性,我们就会发现技术的深度融入所带来的巨大经济效益会以税收的形式流向政府和公共组织,并通过转移性支付方式实现人才培养和教育等项目的推进,进而实现劳动力的知识和技能水平与人工智能之间的匹配,以此实现产业转型升级。一些研究发现,通过引入自动化技术,新型技术型任务在极短的时间内所制造的机会可能加剧中低收入阶层分配的不平等;但从长期来看,由于这些任务会随着时间而变得简单,因此也变得越来越容易标准化,低收入技术人员的劳动生产率将更有可能大幅度提高,并有效缓解不平等的社会经济问题。① 从面向长远发展的战略角度来分析,未来几年,人工智能的发展将推动我国中小型企业整体生产模式的革新,从而带来巨大的经济价值和社会价值,让人们充分共享现代经济社会增长的丰硕成果,这与现代人类社会共享经济发展的价值理念相适应。

3. 人工智能提升分配效率

人工智能系统通过运用大数据、区块链等技术,对企业和个人产生的信息和大数据进行搜索、获取以及分析。同时,"干中学"将更好地推动人工智能的技术水平和能力得到提升,更好地完成对于海量数据的快速归纳与管理。在数据、信息、知识的闭环循环下,企业采用人工智能技术对海量数据进行挖掘和利用,以源源不断的新知识作为企业科学决策的基础,并提高其问题解决能力,创新推动市场经济增长的新途径。利用大数据技术,企业可以将传统分配机制中存在较多的信息黑箱问题进行更加科学化的解决,在以后的生产要素分配中更加精准科学,也逐步实现了各种生产要素之间收入份额的合理化,提升生产效能。

社会再生产过程中所产生的大量非结构化数据在经过人工智能技术的加工处理后能够为市场主体提供可靠的、有价值的信息,以此改善信息不完全的问题,降低未知风险。同时,在海量信息的支撑下,机器能够不断地积累经验为企业的生产经营提供实时建议,赋能产业管理层,

---

① Acemoglu, D., Restrepo, P., "The Race Between Man and Machine: Implications of Technology for Growth", *American Economic Review*, 108 (6), 2018, pp. 1488-1542.

解决现有的资源浪费、产品同质化、重复劳动等现实问题，引导行业可持续发展，实现全社会资源利用率的提升。因此，人工智能利用其技术要素解决了现有市场的诸多问题，完成了对分配领域的彻底变革。从短期来看，虽然人工智能的应用会造成大量失业以及贫富差距拉大等社会问题，但是，技术的融入给各行各业所带来的巨大经济效益将会推动整个社会的进步，带来教育资源的合理分配和全社会劳动成果的共享。

（三）人工智能优化交换模式

通常认为，交换包括两个方面：一是内部的生产资料交换，二是外部的生产产品交换。企业生产的产品只有通过交换才能实现其自身的价值，交换作为现代经济的核心环节，是企业持续发展的关键。只有进行交换才能够维持社会经济的稳定发展，满足人民群众的生活需要。人工智能是一种基于数字化、信息化的新型平台，能够优化交换模式，促进产业高质量发展。

在数字技术环境下，由新技术所引发的数字经济正逐渐成为推动新时代社会发展的重要角色。其中，产业的组织形态发生了彻底的变革，数字化平台的出现改变了以往失衡的主客体关系，网络的低门槛与节点化让产业组织与受众群体相互链接，并在网络这一虚拟空间中进行信息的交互。数字平台的搭建实现了前所未有的资源聚集，为发展共享经济提供了可能。

在社会微观经济层面，社会的主要矛盾具体表现在网络信息不健全带来的供需矛盾、资源浪费等问题上。数字化信息平台能够直接有效地实现企业信息流的物化集中和物流的分散，大量信息的不断生产和利用能够将企业的产品信息和消费者的需求快速进行精准匹配。在匹配结束后，大数据对分散于各地的物流公司进行统计分析，实现资源的迅速配置与需求的快速满足。数字平台底层的数字技术基础支持了海量的网络经营活动，并对传统的经济活动产生了革命性的影响。同时，人工智能在不断地改进技术以适应新的生产经营方式，减少运输失误，并精确控制城市核心区域的快递运输成本，缩短配送期限，使物流供给与消费者需求呈现出动态平衡的状态。

数字平台经济的底层逻辑主要基于大数据计算，在共享这一理念的指导下，新型经济形态的赢利目标得以实现，公众的服务需求得以满足。一些学者认为，"可以从交易成本理论、协同消费理论以及多变平台理论三个角度入手，来解决如何充分利用互联网推动互联网时代的发展的问题"。① 交易成本控制理论首次提出，在数字化交易平台上，由信息的实时快速传输所带来的共享经济能够最大限度地实现资源的合理配置，买主与卖主的对接省去了中间方这一环节，极大地提高了商品的流通效率，并且也有效避免了永久性产品的所有权可能会给广大消费者带来的法律风险和经济代价，有效增进了经济互动性。多变平台的一个基本理论观点是，数字平台可以为商品的生产者和消费者提供一个平台规则，该平台规则能够吸引更多的生产者和消费者入驻平台，以此增强平台的市场活力和竞争力，促进市场产业创新，并为消费者提供多元化的市场选择。② 当一个数字平台所拥有的买方和卖方数量逐渐增多，产品市场就更加多元化和长尾化，促成交易的可能性就更大，平台的价值就更高，对于用户的效益也就更强，互联网的外部性就体现于此。

共享经济可以通过以下几种方式实现商品或服务模式的优化升级。一是尽可能多地促进供需的精准匹配，实现资源利用的最大化，减少资源浪费。二是交易过程透明化、可记录化，完善买方与卖方的评价机制，改善交易成效和提高后续的交易量。三是降低用户门槛，扩大平台规模，建立一个多元专业的网络交易市场。四是减少交易所需成本，促成更多交易。五是利用技术倒逼企业转型升级，推动供给侧结构性改革，给予用户更多选择。

（四）人工智能驱动消费升级

用户的消费需求与消费行为共同推动企业产品的生产与革新，人工智能技术将催生并加速绿色消费和智能消费产业的转型升级，提高教育和健康消费服务质量，使企业的人力资源得以储备，增加企业的人力资本储备，同时也为向高端制造业的转型创造有利条件，在供给侧和消费

---

① 许荻迪：《共享经济与泛共享经济比较：基于双边市场视角》，《改革》2019年第8期，第48~60页。
② 刘奕、夏杰长：《共享经济理论与政策研究动态》，《经济学动态》2016年第4期，第116~125页。

侧两端同时发力，促进经济持续稳固发展。

首先，人工智能的发展极大地促进了受众消费观念的转变，绿色消费观念的形成也可以反作用于绿色制造业的发展。在传统的工业社会，由于技术水平的限制，人们的消费行为造成了难以估量的环境破坏。而在数字时代，技术连接了供给与需求，智能匹配减小了资源损耗，资源节约型、环境友好型社会逐渐形成。同时，在数字化平台的不断发展中，以公共价值为导向的蚂蚁森林类碳账户逐渐出现。进而，"互联网+全民义务植树"活动和鼓励线下消费者使用环保包装袋等宣传教育活动，激励了公众的"绿色消费"行为。[①]

其次，人工智能推动了消费升级。以人工智能技术为依托的商品是对传统产品形态和功能的全方位改造和创新，当它们进入市场进行流通时，会使买方获得更强的满足感和体验感。一方面，智能产品，诸如扫地机器人等能够完成一些简单的家务劳动，让人们拥有更多的时间去进行个人能力的提升和财富的积累。除此之外，智能音响系统还能够提供语音问答互动、信息咨询等便捷服务，这在一定程度上增加了公众的可支配时间，为社会财富的积累提供了支持，从而有利于社会公众将自己的更多精力投入到创造性的工作之中。另一方面，智能设备创新了内容的表现，增强了用户与网络的链接。诸如智能手表，作为一种传感器，能够实时收集用户信息，并具备运动记录、睡眠管理等多种功能。

人工智能技术的深度应用革新了消费领域，进一步推动了绿色消费和智能消费。而智能产品的普及和推广在满足人们的日常生活需求的同时，也缩小了城乡间的发展差距，推动了全社会共同发展。

六 构建人工智能传播生态文化

人工智能传播影响的范围不断扩大，从理论研究阶段进入使用阶段的进程也逐渐加快。社会正朝智能化转型，文化产业中策划、创作、生产、销售等环节的升级也都体现了技术元素的融入，生产效率得以提高，

---

① 师博：《人工智能促进新时代中国经济结构转型升级的路径选择》，《西北大学学报（哲学社会科学版）》2019年第5期，第14~20页。

经营方式得以转变。从宏观角度分析，解学芳认为，人工智能、大数据、云计算以及互联网等技术与文化产业崛起的必备条件高度契合，带来文化产业链、技术链和创新链加速融合，实现智能化创新与数字化重塑。①从中观角度分析，Hansen 提出运用 K-means 聚类算法等技术，能够为文化企业与消费者创设神经网络，基于需求分析、创意生成、机器学习以及文化传播等独特优势，促进文化创新生产、精确传播以及消费升级，但也存在创意流失、灵韵枯竭以及价值销蚀等缺憾。② 从微观角度分析，刘灏提出，借助智能动画辅助等技术可以有效提高现代动画动漫制作效率与水平；Shahzad 认为智能电视、智能手机、智能手表以及 AR、VR 等技术能够更好地洞察用户心理，带来文化服务的体验式消费。③ 学界对人工智能促进文化生态构建的研究贯穿于整个文化产业链，研究成果十分丰富。

（一）人工智能传播技术助力文化产品策划制作

人工智能时代的显著特质，是把人工智能自身纳入社会生产要素的前端，其中包括文化产品的策划和创作。文化产品的策划和创作环节自始至终都是由人类独立思考并完成的，也是最能体现人文关怀、反映和抒发人的意识感受的环节，曾经被认为是人工智能等非人力因素无法介入的领域。实际上，随着算法和大数据等人工智能传播技术的发展，人工智能已经开始介入文化产品的策划和创意环节，为文化产品的选题确定、制作完成提供了技术加持。

1. 人工智能预测为文化产品选题策划提供方向

选题策划对文化作品而言至关重要，被大众接受的文化产品才能保证投入成本的回笼。与传统实体图书和报刊等文化产品相比，影视产品的投入不仅成本高，而且市场一直在快速扩张，影视作品相关企业更加

---

① 解学芳：《人工智能时代的文化创意产业智能化创新：范式与边界》，《同济大学学报》（社会科学版）2019 年第 1 期，第 42~51 页。
② 刘灏：《二维动画自动生成系统的设计与实现》，硕士学位论文，北京工业大学，2015，第 38~42 页。
③ 〔美〕沙赫扎德、秀吉、沙赫巴兹：《巴基斯坦软件产业的组织文化与创新绩效》，《社会技术》2017 年第 51 期，第 66~73 页。

希望能够准确把握市场,制作和推出社会大众喜爱的优质影视产品。当下,人工智能为选题策划提供了方向,人工智能已经广泛应用于影视产业领域。

最早在网络上应用人工智能技术指导文化创意产品策划环节的是美国Netflix(网飞)公司,该网络公司凭借原创电视剧抢走了大量美国传统网络电视台的观众,其于2013年制作了一部广受好评的电视剧《纸牌屋》,这是一部虽然间隔20年重新翻拍却再次成功的电视剧,而它的成功也离不开剧集市场的人工智能预测。[1] 其最初版发行年代太过久远,无法满足当下的受众需求,美国电视台目前无法准确地预测受众对市场的接受度,导致传统电视台拒绝对《纸牌屋》进行投资。而Netflix公司利用人工智能技术对海量观众收视、评论内容以及搜索痕迹等数据进行了综合分析,成功地预测出《纸牌屋》相当大的市场容量,因此决定斥巨资购买《纸牌屋》的电影版权并再次聘请David Finch执导、Kevin Spacey主演该剧。

2. 人工智能供给素材为制作铺路

人工智能元素融入文化产品制作还集中表现在制作者的构思过程中,人工智能能够提供相关素材。以往,制作者是在内容框架基本形成之后着手制作,在搜索相关素材时,往往需要参考书本等文本资料或者进行二次调查,才能让产品有血有肉。而在人工智能时代,制作者不需要自己查找文本资料,也不需要主动在互联网上搜索,只要通过算法和大数据技术以及语义理解技术,需要的素材和资料就能够呈现在制作者面前。人工智能技术更像是制作者思维的延伸,能够对产品进行增色,提供制作源泉,制作者可以在智能呈现的材料中获得更多的灵感,维持良好的制作状态。2018年,中国电信声谷、科大讯飞以及金山软件等17家人工智能写作技术应用领域的重点产业基地和技术公司已经成为中国智能写作产业联盟的首批正式委员和正式理事单位,其中金山软件公司依托声谷WPS写作平台已经正式开始设计建设自己的推荐案例和文章知识库。该应用通过对素材关键词的实时抓取和自动搜索,使智能文章素材自动

---

[1] 樊树璇:《浅析大数据背景下电视节目的革新——以〈女神的新衣〉为例》,《今传媒》2015年第11期,第67~68页。

模板成为现实，在未来相关企业还将继续以智能文章素材模板推荐为业务核心，推出人工智能素材文章推荐模板和成语写作等功能。

3. 人工智能自主创作内容

目前，人工智能能够将人类自主研发创作的作品自动转换内容变成虚拟现实，这种 MGC（机器生成内容）形式已广泛应用于社交网络和新闻稿件的撰写，美国《洛杉矶时报》于 2014 年将自己的新闻写稿管理机器人 Quakebot 广泛应用到新闻撰稿和编辑中。此后包括美联社、《泰晤士报》等 20 多家国际著名的新闻媒体也相继引进了人工智能新闻编写与审稿技术，这些人工智能"记者"能够保持 24 小时不间断工作，在新闻事件发生后一分钟甚至更短的时间内撰写新闻稿并发布，既保证新闻的时效性，也提升了信息准确度。除了撰写新闻稿，人工智能作曲和叙事类写作等功能也在陆续推出，其表现令人惊喜。

（二）人工智能传播技术提升文化产品生产制作效率及品质

文化产品制作环节是文化创意的物态化过程，决定了文化产品的质量。在我国现代艺术文化创作过程中，文字、图片、音频、视频等各种形式的产品越来越多地依靠技术创新，人工智能可以在这一层面上对文化产业的发展赋能，实现文化产业中生产方法和技术的革新，解放了文化产品生产力。

1. 语音输入等功能辅助文本写作

基于人工智能的自然语言处理、语音信号分析处理等技术不断优化内容的呈现方式。语音输入是指把自然语言变成文本输入。一般而言，话语的速度远远超过用键盘打字的速度，如果写作者把所有文本的内容都通过讲述的形式传递给电脑，那么文本书写的质量和效率将会得到很大的提高。速写神器在日常生活也很常见，为了解决打字慢、易出错、视力损耗大等问题，语音识别技术推动下的语音录入应用受到了各个行业尤其是文化产业的青睐，以科大讯飞为代表的语音录入系统还具有自动检测功能，能够提升录入的准确度，字幕编辑者也从简单重复的工作中解放出来，只需负责最后的编辑审核把关工作。

智能文本纠错也已经成为用户保证文本正确性的一项全新的重要功

能。百度、搜狗等输入法的文字输入纠错处理功能已经被大众广泛了解，这种功能可以纠正用户在文字输入过程中可能出现的错别字词，提升文字输入的便利度。百度旗下的百家云账号基于自身新媒体网站内容的综合创造力优势推出了更高级的网站文本语义智能标点纠错处理功能，该功能可以准确快速地找出整个网站中文章的文本语病、错别字以及不准确的标点，并及时进行修正纠偏。[①] 百家号还为商业用户量身提供了文章标题的智能修改和智能编辑排版等优化功能，缩短了文章整理编辑的时间，同时也使文章更加规范，迎合了广大读者的阅读习惯。而且目前人工智能在用户的书写翻译方面已经做了很多功能性技术尝试。2018年12月美国密歇根大学和负责谷歌公司"大脑"的美国科学家们合作研发了一种关于语言文本处理的翻译程序，该程序能在完全保留语句初始表达意思的基础上，彻底改变翻译语言文本句子的表达时态、情感以及复杂性，甚至改变其表达态度。

2. 图像处理技术得到升级

当前，人工智能技术已经完全可以满足各种图像专业技术领域对于图像信息处理的更高要求。2016年，Adobe公司在我国大陆市场发布了平台产品Adobe Sensei。在现代人工智能技术的支撑下，图像相关技术，如识别、匹配、分割、边沿检测等得到了提升，一些重复的简单操作机器可以帮助甚至代替制图者完成。[②] 过去，制图者需要在屏幕上用鼠标一点一点地画出物体的形状以及细节，会花费很长时间，如今人工智能技术能够自动识别出主体目标，如人体轮廓、背景以及头发、五官等细节，之后制图者可以一键选中，也可以根据需求对边缘细节处进行编辑，瞬间就可以处理成千上万根发丝。人工智能技术大大提高了制图的效率和图片的质量，能够很好地满足广告商、媒体公司以及出版社等文化企业对于影像处理的更高的技术要求。另外，Adobe Sensei还为Photoshop系统推出一款语音助手，用户可以通过语音系统下达指令，缩短了在键盘上操作的时间，也最大限度地解放了设计师的双手，使设计师能够将精力集中到创造性的工作上去。

[①] 苏露露、苏峰：《人工智能艺术刍议》，《大众文艺》2018年第5期，第104~105页。
[②] 张苗：《人工智能带来艺术创作新时代》，《中国社会科学报》2018年第6期，第5页。

3. 语音技术提高音频制作水平

歌曲、影视作品等在后期制作时都需要针对音频文件进行适当的音频调整和声音润色，随着大数据分析和网络存储数据能力的不断提高，语汇和声音语料库的规模也得以快速扩大，语音音频识别和语音音频合成等各类技术也已经得到了广泛应用，音频后期制作的技术水平得到了很大的提高。如今，人工智能为人类声音图像仿真技术带来了重大的功能飞跃和技术突破。2018年1月，中央电视台正式录制播出了世界上第一部利用人工智能技术模拟人声配音的大型电视纪录片《创新中国》，这种人工智能模拟声音已经吸引了社会各界的注意，电视台的播音员也称完全分辨不出什么声音是模拟制作的。这种现代化的人声语音仿真技术已经成功运用到社会文化产品制造等领域。另外，由于人工智能技术的应用，音乐语言设计风格、音乐氛围以及音乐气息的视觉模拟等有了进一步的优化。此外，人工智能技术还可以对乐器的声音进行自动模拟，并合成为一个新的乐器声音，辅助音乐家创作。

4. 智能影像处理使影视制作更便捷

人工智能的快速传播使整个影视制作过程变得更加简便，专业化的操作，如画面颜色编辑、特效剪辑制作等都已经可以直接通过人工智能快速实现。[①] 3D动画片虽然已经被认为是当下各家院线的主要制片方式，但是由于其制作的过程很长，一部院线级的2D动画片制作需要花费的时间成本和人力成本远远超过3D动画片，但是随着人工智能技术的融入，这种状况将得到改变。北京邮电大学"聚力维度"计划让院线人工智能在维度转化技术方面实现突破，研发出将电视剧、新闻以及综艺节目等2D影像进行实时转化后变成3D的计算机程序，院线层次电影的维度转制也只需要几个人在一周内即可顺利完成，效率提升了1000倍。

（三）人工智能传播技术优化文化产品营销

互联网时代下文化产品的营销面临机遇与挑战并存的发展境遇，"酒香不怕巷子深"已经不适用当下的社会环境，越是优秀的文化产品在营

---

① 刘润坤：《人工智能取代艺术家？——从本体论视角看人工智能艺术创作》，《民族艺术研究》2017年第2期，第71~76页。

销环节的资本投入也愈发多元和丰富，人工智能的加入，也让文化产品的营销实现了全面升级。

1. 消费者市场调研的智能化

人工智能指导营销必然需要具备稳定和多维度的营销数据，正像人类是通过从食物中获取各种营养来支持自己的身体活动，数据的传递与共享也就为市场调查和研究的智能化发展提供了有利条件。企业的消费者资料按照其来源主要可分为第一方资料、第二方资料以及第三方资料。第一方的数据泛指企业自身所需要积累的资料和数据，越来越多的中国企业已经注意到数据的利用和积累，数据已经成为企业在网络上进行战略决策和营销等的依托。然而，由于企业自身的能力有限，建立属于自己的数据库仍然无法普及，于是企业与数据生产者建立了合作共享的关系，通过第二方引入数据库资源，释放生产效能。如爱奇艺和PPS的关系联姻不仅仅是网页和客户端的全面打通，更深入地说是对资源数据进行深层的整合，爱奇艺和PPS的所有资源和数据都完全可以共享。浙报集团重点实验室已经与网易旗下的云计算和互联网大数据知名品牌网易云达成了战略性合作，今日头条也已经与时装集团、易车以及链家等公司签订了战略性合作协议。企业之间通过战略性的合作实现了数据的分享，让广大消费者的数据实现了横向差异化分享和纵向的深耕。从第三方购买的数据也被认为是常见的数据采集和获取的方式，互联网和大数据技术已经成为信息技术的强大支撑，许多专门用于提供互联网数据的第三方组织机构纷纷出现，由此企业可以准确地掌握所有用户画像，以便指导整个企业运营。

对于消费者的大量数据进行实时反馈，能够跟上消费者的动态，为企业产品有效、精准地进行市场营销提供支撑。消费者的数据大致可分为两种：静态数据和动态数据。静态数据是指消费者的性别、年龄等基础信息；动态数据主要指消费者通过互联网平台进行搜索、浏览、购买以及评价产品所遗留下来的行走轨迹等数据。它们都是不断发生变化的。在以往的生产形态中，大量的数据是无法被企业挖掘和利用的，但在技术加持的今天，在数据库技术、算法优化技术、云计算技术驱动下，数据采集、清洗、分析和反馈等程序实现了飞跃式发展，并且可以直接作用于营销环节，实现营销智能化。这就大大缩短了企业从消费者手中将数据直接传递给管理层的时间，使得企业能够更好地获得先发制人的营销战略。在移动互联网时代，消费者对文化产品的消费偏好、消费习惯等的变化更加容易引起产品市场的急剧变动，通过人工智能技术将消费者信息实时反馈给企业，能够使这些文化产品在恰当的时间、场景中被推送出去，供给正在产生消费需求的消费者。

2. 文化产品营销预测的智能化

营销预测法就是指企业通过对市场营销信息的综合分析和研究，寻找当下市场营销活动的规律，并以此为依据进行未来发展趋势的推测，为下一步的决策制定提供参考，这是企业制定市场营销战略的基础和前提。对于文化产品而言，制定正确的营销策划方案至关重要，利用人工智能的预测功能，企业可以使营销策划方案更加科学合理，从而获得更高的经济价值与社会效益。以往针对文化类产品的销售预测过程复杂而且质量低，未来要充分考虑消费者的需求以及行业竞争者动向等诸多方面的因素，搜集相关资料和数据。许多企业依据预测者的本身经历或者不完整数据得出结果，导致营销计划的制定与传统模式相悖，营销效果较差。智能营销预测系统的出现极大提升了营销预测的效率与质量。目前我国已有的智能营销预测实例大部分都聚焦于影视产业。

猫眼电影公司推出的猫眼电商专业版电影 App 基本上已经具备了猫眼电影票房自动统计和实时预测两大功能，能够依托猫眼深度学习统计算法，对所有猫眼电商平台的电影用户消费行为以及数据进行实时分析。① 目前已经成功地预测了《功夫瑜伽》《爱乐之城》等国内外大热影视，这些预测误差均能控制在 10% 以内，为国内的电影行业在市场营销推广、解决方案的设计以及定制市场推广应用等环节提供了有效参考和决策指导。智能化自动排片系统彻底改变了传统影院排片的操作流程，还在其中加入了一些个性化的功能，比如错峰自动排片、补缺自动排片、竞争自动推广以及促销自动排片等，实现了较好的营销效果。

3. 文化产品广告投放的智能化

过去所有文化类的产品主要通过互联网和媒介投放广告，其精确性

---

① 黄美玲、向辉：《人工智能与文化产业融合模式及规制路径研究》，《企业科技与发展》2018年第11期，第117~120页。

低,而且覆盖率很高,这给企业带来了高昂的广告投放费用。比如一部电视剧或电影在上映临期,其公司就会选择在各大网络社交平台投入宣传界面,多平台、高频率、全覆盖的数字营销服务为电视剧或电影塑造形象、扩大宣传效果具有重要的作用。这一过程也耗费了巨额的宣传经费,所以当宣传的范围超过了目标网站的用户总数后,效益的递增速度就会变慢,收视的回报和宣传的投入不匹配,超出临界值的宣传投入将会被认为是无效的。如今,基于大量消费者信息和数据的算法成功地解决了这个网络营销的痛点,越来越多的网络文化公司愿意通过与技术性强的网络营销服务平台合作来实现更加精准的广告投放,从而提高网络营销的转化率。此类服务平台通过对目标消费者的偏好资料进行实时的收集和整理分析,自动产生一个目标消费者的用户画像,并对画像进行实时跨屏的信息跟踪,同时根据广告产品的品牌定位,实时捕捉到每一个目标品牌消费者,从而对该品牌广告产品进行定向投放。现在几乎所有的商品都已经可以向平台采取程式化的购买方法,即基于一种自动化的系统和大量数据资源来进行数字广告的投放,与其他普遍使用的人工购物模式相比,它充分利用了客户的大量数据,在合适的时机、合宜的环境中对合适的商品和用户进行覆盖,大大提高了数字广告的投放质量和效率。

4. 文化产品内容推荐的智能化

在人工智能时代,线下信息流通和营销已不能满足大部分人的需求。线上的信息内容已经成为人们日常生活中最普遍的一类文化产品。线上内容主要指的是以网络平台为传播渠道的各类内容输出产品,如电子图书、音乐、短视频、网络小说、电子游戏等。依托移动互联网技术,线上内容可以通过手机客户端与公众建立直接联系,所有的互动都可线上完成。这种新型的消费模式也不断推动线上新经济的发展,会员制、付费点播、付费免广告等也是网络内容产品营销的不同方式。在智能化内容分发服务平台日益涌现的背景下,智能化内容推荐服务平台的建设具有重大的意义。大量的资讯文章也同样可以实现精准的内容推荐。腾讯的网络精准分析推荐服务平台已经能够做到在一天内成功完成对2亿个网络视频和1亿条网络新闻进行精准分析,能够真正做到让每一位腾讯用户看到优质的内容,让用户找到符合自己需要的优质平台。

随着移动 UGC 的不断普及和迅速流行，资讯、小视频等各类内容尝试运用人工智能信息科技等新手段来不断优化其推荐的内容。利用人工智能新技术把这些具有高品质但又比较小众的优质消费内容准确地寻找出来，并且及时推荐给用户，让优质的消费内容在这个网络信息纷杂的时代能够展现出新的价值，对于企业而言具有重要意义。搜狐互动新闻主要通过两种推荐途径自动挖掘优质的网站内容。一种就是对自动发布优质内容的网站账号进行自动评级和推荐考核，自动分析其网站内容的日均订阅用户次数，上榜者的频率、品牌以及口碑等，对用户评级高的新闻网站及其账号在发布优质内容时进行自动推荐；另一种则主要是对已经自动发布的网站内容获得的用户收藏、点击以及评论的具体情况进行自动分析，扩大对这些高分内容的自动推荐覆盖范围。

（四）人工智能传播技术实现文化消费升级

人工智能技术不仅对我国文化产业的发展起到了有力的助推和促进作用，还为我国衍生出了新型的文化产品和服务，促进了文化消费的升级。

1. 体感游戏及体感游戏设备

电子游戏始终以培养沉浸感作为发展的目标，每一次的游戏和网络设备升级都与科学技术的进步密切相关。从 1952 年第一款网络电子游戏诞生，到现代电子游戏的风靡，电子游戏的操作模式并没有发生任何本质性的改变，都只能通过键盘、触摸屏或者游戏手柄来进行控制，玩家与整个游戏情景仍然是分开的，无法体验到身临其境的沉浸感。体感技术的引入充分满足了大多数玩家的奇妙幻想。更加高级的沉浸技术、语言识别系统等不仅实现了人机交互，而且为用户带来新鲜的游戏体验感，这种智能化游戏已经成为广大玩家的心之所向。

马克思主义政治经济学强调机器价值应扩展至广阔的公共文化空间。当前，中国的贸易额不断扩大，国际创新环境日益优化，多元互动的人文交流格局正在形成。借助 VR 和球幕电影等技术，影视消费者获得了身临其境的体验。"数字敦煌"项目打破了时空限制，使海外消费者穿越千年感受莫高窟的艺术、历史以及文化的魅力。腾讯在美洲、欧洲以及东南亚等地的近60个国家推出Arena of Valor游戏,结合Atari深度学习模型引进了孙悟空、赵云等人物形象,同时也增加了神奇女侠、蝙蝠侠等国外人物角色。通过文化交流,我国增强了海外用户的游戏消费意愿,提高了游戏留存率、活跃度以及ARPU值①,让世界各国的人们体验到了中国文化。

2. 人工智能虚拟偶像

网络虚拟真人偶像虽然并不都是由一个网络真人秀所扮演的虚拟偶像,但是其商业模式相似,主要是凭借说唱和歌舞的形式传播自己的独特魅力,从而获得利润。2007年底,日本克里普敦未来媒体有限公司制作发行的《初音未来》大片巨获成功。虚拟现实偶像的中国市场也初具规模,中文网络语境下的大型虚拟现实偶像比较著名的有洛天依、零、涂山苏苏等,这些大型虚拟现实偶像已经彻底突破了二次元的时间限制,通过全息立体投影成像技术②可以形成3D的立体形象图,并能够为各种大型的网络剧和综艺节目所采用,甚至还能够出现在各种重大的文艺晚会上。这些大型虚拟现实偶像被越来越多的人所认识、接受并喜爱。

3. 文化娱乐场馆机器人

机器人始终是人工智能的关键领域,在各个方面已经有了较为成熟的应用。近两年来,在旅游和娱乐活动中出现的人类智能机器人成功博得了人们的眼球。2015年10月,以贤二为原型的贤二机器僧在中国北京龙泉寺正式亮相,是目前世界上唯一一台拥有人工智能的机器僧。他以人工智能的信息处理技术为承载,用佛法与人进行聊天交流,在诵读经文的过程中也可以做出一些简单的肢体动作。一时间,这款机器人成为网红,在传统佛教文化的传播过程中具有极其重要的价值,也为北京龙泉寺进行了一次全新的宣传推广,吸引了大量的游客前来参观。以互动机器人作为发展切入口,其他文化场所也不断推出文化服务机器人。

---

① ARPU值是运营商用来测定其每个用户收入的一个指标,但并不反映最终的利润率。
② 3D级的全息立体投影成像技术是一种利用干涉和衍射原理记录并再现物体真实的三维图像,是一种观众无需配戴眼镜便可以看到立体的虚拟人物的3D技术。

4. 人工智能引领智能文化消费理念

以体验、思维、知觉、情感以及行动为内核，人工智能带来多元、娱乐、互动的智慧消费感受，通过营造氛围，增强心理认同，提升了消费者的忠诚度、满意度以及依赖度。在线上，人工智能改变了某些一般性消费品的形态甚至功能，为消费者精准提供具有高科技附加值以及跨界融合和沉浸体验特征的文化消费选择。在线下，人工智能助力消费者、文化产品以及场景形成智慧互动，促进文化公共参与，形成科技与信息相交织、娱乐与文化相交融、虚拟与现实相交互的消费景观，实现文化消费的智能化转型。

七 走向人机友好的人工智能社会

新一轮科技革命蓄势待发，在对人工智能技术进行伦理化后，现代智能化社会即将到来。

（一）人机友好的智能社会的景观

在我国经济发展、社会进步的过程中，社会组织占据重要地位，个人的能力和服务方式之间的差别往往被忽略，"以人为本"更像是一种口号。智慧社会在客观上要求人们必须专注科学与技术的进步，实现智慧社会的目标，充分运用数字化技术、数码化设备及移动互联网的巨大潜力来提高人们的生活水平①。人机友好型的人工智能时代主张"以人为本"，人工智能技术支持下的各应用领域需要紧紧围绕人类发展进行创新实践，提供劳务支持，满足人的需求。在这样一个智慧型的社会，企业能够随时掌握用户的各种日常生活需求，为用户更加精准地提供相应的产品与服务。同时，现代社会也可以帮助人们从烦琐的日常生活和忙碌的工作环境中彻底解脱，确保每一个人都能够过上舒适的生活。生产力的快速发展必将促使社会发生转型，我们即将步入一个可持续发展的现代智慧社会。在这个社会，我们能够有效应对现代科技不断创新和全

---

① 王先庆、雷韶辉：《新零售环境下人工智能对消费及购物体验的影响研究——基于商业零售变革和人货场体系重构视角》，《商业经济研究》2018年第17期，第5~8页。

球经济迅猛发展所带来的国际竞争等复杂问题。在这个社会，新的智能社会价值形式正在逐步形成，现代智能资源共享的价值理念正在形成，新经济时代、智能社会"以人为本"的社会内涵正在形成。

（二）智慧公民支撑的智能社会

在智能社会，人们使用的智能科学技术已经成为影响他们工作和生活的主要因素。研究发现，智能科学技术水平较高的国家公民参与智慧社会的意识和积极性更强。许多国家的政府都在制定关于智能科学技术的发展方案，用来解决公民的智能科学技术知识缺乏的问题。智能科学技术既可以较好地适应和满足群众的需求，又可以解决经济和社会发展带来的种种问题。公众无疑是人工智能时代的受益者和主体，无论是企业研发产品还是社会治理转型、服务型政府的转变都围绕"以人民为中心"的发展理念。在智能时代，"智慧公民"不仅泛指那些专业技术娴熟的公民，也可以泛指那些积极参与社会、经济、政治和文化等各种实践时能够做出明智选择的公民。公民利用智能技术来提升其参与治理能力的同时，也受到政府的信任度、技术的复杂性、智能知识水平以及智能技术的获得率等诸多因素的影响。

（三）认知与决策自动化支持的智能社会

在人工智能时代，人们非常希望能够借助更好的行动传感器和评估算法来改善自身的行动判断决策。人类已经拥有的一些知识虽然可以用来弥合人类感知处理数据和那些具有特定意义数据解释之间的"语义鸿沟"，但是智能社会应该为人类感知和处理决策过程提供完全自动化的技术支撑。通过利用物联网、人工智能与工业机器人等最新一代科学信息技术，智能社会为个人及社会组织提供了一种完全自动化的工作平台，有利于建立起高效、互动的协作关系。

同时，智能社会的基本意识形态与实际运行也发生了深刻的变化：实在型智能社会和虚拟型智能社会相互融合、不断演进。智慧经济社会被认为是一个没有条件限制的、可以发生互动的信息社会，万物信息互联正在重构整个智慧社会的生产工具、经营方式及人们的日常生活。人们已经能够随时连接到整个互联网当中，人、物、数据在互联机器和网络的复杂大环境下可以随时进行各种流程化再造。在人与物相互联通的智能化社会，物理网络世界、信息网络空间以及"人的网络"三者之间已经紧密融合，社会由个体性的智能、系统性的智能、局部性的智能向全方位的智能转变。在智能社会，每一个社会人同时处于虚实两界，同时具有两种身份、扮演两种角色。随着超级计算、万物互联与人工智能的深度演进，网络世界与人类世界在本质上真正实现了融合，传统意义上人与自然的界限被打破，人类社会的概念被拓展，每个物理空间（例如城市）同样呈现出虚和实两种存在，"孪生数字城市"等模式几乎架构了各种领域，人类的一切社会行动都将在这一模式下进行。

（四）社会与技术生态融合的智能社会

智能社会正向科学技术和自然生态系统融合的方向发展，生命的各个物理维度和虚拟性维度彼此交织，人与人之间的互动也就更加频繁地出现在一台机器上，或者由另一台机器来协助他们进行互动。[①]

智能社会充分运用了现代社会科学信息技术的先进性和发展优势，有效解决了现代社会所面临的各种问题和挑战，是当前信息经济社会和知识经济社会发展的一个重要阶段。其最显著的特征之一是人们自身和人们所处的社区虽然具有不同的价值观，但由于具有共同的身份而紧密地联系在一起。智能信息技术社会提升基础设施的服务效率，为普通民众提供一种智能信息可视化的服务，并使这种智能信息服务产品具备了诸多优势。

（五）以"人"为中心的人工智能社会

加快实现人工智能型健康社会，不但需要不断提高国家的核心技术水平和新兴产业的综合竞争力，也需要加快实现全民健康生活的智能化。人工智能通过融合现代物联网、机器人、移动工业互联网和移动互联大数据等新技术，将衣、食、住、行各个环节融合到一起，不断地提升普通民众的生活舒适度和便捷度，构建了一个富裕且永远健康、充满活力

---

① M. I. Manda, J. Back house, "Towards a Smart Society, Through a Connected and Smart Citizenry in South Africa: A Review of the National Broadband Strategy and Policy", International Federation for Information Processing, 2016, pp. 232-234.

的新型智能经济社会。在这个智能化的信息时代，人们最为常见和普遍使用的家电系统是"理想家电"。目前，许多国家都在生产和销售新型移动智能家用电器，而智能手机能够使家庭商品的在线交易变得更加便利。智慧社会系统致力于为每一个年轻人提供必需的日用品和生活服务，尽可能多地满足他们对于智能社会的生活需要，使每一个年轻人能够及时获得优质的生活服务。通过整合智能社会的子系统，对涵盖人类自然地理、城市轨道交通等各个领域的大数据进行横向综合的应用，我们有望创造性地推出更具创新活力与更高舒适度的超大型智能社区。

与此同时，人类社会将会高度集成。智能革命不断深化，不仅无限地为人类社会发展拓展时空，而且将物理世界、人类社会和虚拟社会等各种元素高度集成，形成实在时空与虚拟时空的一体融合，实现人与人、人与物、物与物以及社会事件与社会行动的紧密连接。目前所呈现的"互联网+""物联网+""人工智能+""云计算+"等模式，构建了千姿百态的智能工业互联网、能源互联网、汽车互联网、太空互联网等一批重要的基础性设施，支撑智能地球、智能城市、智能政府、智能教育、智能健康、智能医学、智能农业、智能能源以及智能生态等各领域的转型和升级，推动人类的生产和生活方式、企业的经营模式、人的学习以及思维模式等方面发生更大的改变。同时，无处不在的传感器、智能信息系统和管理控制系统、五花八门的嵌入式移动终端智能信息管理控制系统、无限拓展的空间地理信息系统、支撑社会运行的超级计算系统以及融合各种系统的社会机制，将人类集成为一个完美的整体，实现了人类社会的高度集成。

智能社会有望在社会和经济等各个方面提供超智能化的服务，同时新一代的互联网、物联网、云计算、大数据等技术也为解决人类社会的复杂问题带来了无限可能，但我们仍要防范人工智能传播中出现的安全、隐私以及信任的伦理问题。毋庸置疑，智能社会是值得人们憧憬的，政府、社会和公众必须共同努力，才能实现美好的智能图景。